문법

모든것

위의

모든것

시리즈의 교재 개발에 도움을 주신 모든 선생님들께 깊이 감사드립니다.

서울

강경한 영신여고	강명구 홍익대사대부고	강호영 성남고	강호준 보인고
고정재 배문고	공원기 대신고	곽동훈 세화고	김경완 휘경여고
김동진 건국대사대부고	김선호 배재고	김영희 휘문고	김은형 인헌고
김정관 경신고	김채현 중앙고	김호영 대진여고	남미선 혜성여고
박거성 상문고	박정준 오산고	박철한 신광여고	박한나 대원외고
박현주 상암고	박현주 동덕여고	박형석 중산고	서정의 진선여고
서진숙 배화여고	송원석 서울여고	송제훈 동성고	신 원 예일디자인고
신홍규 한양대사대부고	오재혁 혜화여고	윤나경 영동일고	윤지형 숭문고
이경호 중동고	이석준 용문고	이승필 송곡여고	이진희 서초고
이호형 서라벌고	임현도 동국대사대부고	임현아 배재고	정용준 개포고
정형욱 대진고	조성혁 장충고	차화자 당곡고	최진평 경희여고
최현일 대원여고	한명국 경성고	한선희 서문여고	한창석 대원고
현 홍 명지고	황보성 동국대사대부여고		

경기·인천

강신구 숙지고	강희란 수원여고	강희수 송림고	김나영 평택여고
김문성 진위고	김옥순 계양고	김용기 신천고	김지은 일산대진고
김학성 비전고	김한성 태광고	김호식 영복여고	김황곤 영생고
남성일 영복여고	문준영 은혜고	민수연 은행고	박명희 모락고
박성순 평택고	박완호 풍생고	박윤희 영복여고	박진주 영생고
박혜정 안양공고	배준식 태원고	변경수 청북고	손병욱 현화고
손흥국 송림고	송미영 시흥고	안규상 신한고	엄내리 돌마고
엄정선 한광여고	오복섭 낙생고	윤숙현 정왕고	윤정현 안성고
이경숙 군포e비즈니스고	이광은 안산동산고	이동주 성문고	이수진 분당고
이원재 분당영덕여고	이재현 야탑고	이지은 수성고	이지현 수일고
이태훈 성일고	이혜영 영복여고	이혜영 인천예일고	임광택 동광고
임윤정 인천산곡고	장재진 명신여고	전원선 효명고	정남식 한광고
정대영 라온고	정유정 수성고	정지윤 세원고	정해철 창조고
정현숙 안성여고	조석제 백영고	조성임 평촌고	조소정 인천외고
한진숙 수원여고	홍민영 작전고	황지은 계산여고	

광주·전라

강성일 성심여고	강영준 상산고	구미향 광주동신고	김경숙 근영여고
김대강 송원고	김민영 우석고	김민재 빛고을고	김병호 신흥고
김상영 해성고	김수진 수완고	김영우 서강고	김용국 정광고

김윤정 장덕고   김정열 보문고   김중빈 동아여고   김학문 능주고
김희석 동암고   민경호 설월여고   박규남 살레시오여고   박영우 광주서석고
백지열 영생고   손영란 양현고   송혜진 전주대사대부고   안성섭 전북대사대부고
양근승 광주동성고   양학식 순천매산고   오금식 순천매산여고   옹기현 전일고
원태성 제일고   유기영 전북여고   유옥우 광주대동고   유재주 전주한일고
유환백 순천매산여고   이미화 전남대사대부고   이상준 전일고   이성연 순천매산고
이성용 문성고   이성환 숭덕고   이영미 전주고   이인경 전주여고
이정송 중앙여고   임은주 완산고   전영철 제일고   정복진 호남제일고
정은주 광주숭일고   정준호 창평고   정태성 조선대부고   조영선 전라고
조영식 대성여고   조현수 기전여고   차재형 광주석산고   최영주 광주동신여고
최　진 광주인성고   홍지혜 솔내고

🖌 대구·경북

강정민 달성고   공진익 정동고   권석영 도원고   권오직 상인고
권창범 송현여고   권형중 경북고   김균홍 포항중앙고   김대현 오천고
김병학 동지고   김성진 대동고   김언동 다사고   김해진 대건고
김현수 포항고   남영동 영남고   노재규 경명여고   류지은 상원고
박세원 영일고   박영순 운암고   박재범 청구고   박창동 심인고
박춘수 포산고   박현진 강동고   박호현 현풍고   백승재 경화여고
서민정 영송여고   서보경 신명고   성재영 상산전자고   송준은 매천고
신혜영 대곡고   윤동희 남산고   윤수환 영진고   윤원경 포항여고
윤정옥 수성고   이미숙 와룡고   이수진 포항동성고   이연호 경신고
이진혁 상주공업고   이창호 대진고   이향주 경원고   이헌욱 대구고
이혜민 영신고   임정욱 우석여고   장정화 대구여고   정기웅 강북고
정석진 칠성고   정수길 효성여고   조남선 성광고   조정래 경북여고
지상훈 정화여고   최가은 유성여고   최대영 포항영신고   최원오 동부고
최은정 세화고   최정자 포항중앙여고   최지웅 성화여고   편동현 능인고
허남수 원화여고   허정동 중앙고   홍성만 경북대사대부고   홍은아 서부고
홍지훈 성산고

🖌 대전·충청·강원

강수경 청주여고   강은영 천안중앙고   곽지연 둔산여고   구교민 신탄진고
김동욱 청석고   김동철 성수여고   김록한 양청고   김　미 반석고
김병빈 관저고   김빛나 둔원고   김성률 한빛고   김용길 천안청수고
김우진 대전외고   김유진 충주여고   김은숙 반석고   김은지 천안여고
김한주 대덕고   노영희 일신고   류권섭 남대전고   명세현 춘천고
문철호 청란여고   박광순 이문고   박민정 도안고   박영선 청주신흥고
박윤숙 청주중앙여고   박윤지 천안여고   박종희 청원고   박주희 한밭고
박진현 유성여고   박충배 대전고   박현정 송촌고   방승호 우송고
변경환 강원고   서아람 봉명고   서용의 보문고   양다미 봉의고
양선모 성모여고   양종순 대전외고   오현주 세광고   오홍주 서일여고
유혜선 상당고   윤정실 산남고   윤종준 만년고   윤태호 청주신흥고
윤홍식 충주대원고   이문섭 충북고   이선옥 청주고   이수정 둔원고

이승희 둔산여고   이옥경 한밭고   이웅룡 동산고   이윤희 지족고
이은재 대덕고   이재신 대전여고   이지원 괴정고   이철진 중일고
이학근 유봉여고   임미자 청주고   임수빈 노은고   장광현 성수고
전소라 춘천여고   정규선 서원고   정몽주 서일고   정복기 서대전고
정선혜 청주중앙여고   정재훈 천안여고   주미정 강원대사대부고   진광언 서대전여고
최기풍 중산고   최연화 유성고   최재웅 우송중   허종필 운호고
홍영은 오송고   황연호 충남고   김경식 김한춘김경식학원   정유진 정유진학원
오지혜 관저수학원

🖋 부산·울산·경남

고인숙 부산일과학고   권주빈 남목고   권태윤 경혜여고   김건수 진주제일여고
김덕곤 성일여고   김동현 가야고   김병훈 대아고   김봉식 테레사여고
김상환 방어진고   김새밝 삼현고   김성훈 경해여고   김원재 범서고
김 인 신정고   김정희 다대고   김준우 명호고   김지윤 창원봉림고
김창덕 경상고   김현경 부산자동차고   김형천 동성고   김혜진 창원신월고
나영선 부산진여고   류재현 창원경일여고   민병관 금성고   박서윤 삼성여고
박수진 남창고   박영이 건국고   박인규 성광고   박재홍 동천고
박정자 제일고   박지민 문현고   박춘남 성도고   박태진 창원성민여고
박혜민 화암고   방기주 창원경일고   배준형 언양고   서석명 제일고
서필란 창원대암고   서 헌 삼진고   서호진 대동고   선민주 온산고
손규상 천상고   송경선 창원중앙고   신희범 삼일여고   안성철 화봉고
안세영 삼산고   유승기 양산제일고   이규민 부산진고   이동환 우신고
이병직 덕문여고   이성환 성모여고   이승주 웅상고   이승호 진해세화여고
이정림 진해세화여고   이진아 마산중앙고   이진형 부산여고   이태조 개성고
이태식 창원고   이호영 대덕여고   장영수 부산대저고   정문화 다운고
정상민 창원남고   정영수 양산고   정재영 창원대암고   정지훈 동아고
정철원 진해세화여고   조영민 부일외고   주이회 경남외고   진대호 학성고
진동일 대연고   차광진 동명고   채미란 문수고   최경덕 무거고
최선길 광명고   최호성 부산동고   하순희 경남고   허수진 마산무학여고
허정아 개성고   황은미 중앙고

문법·어휘의

모든것

★ 수능 · 내신 대비 필수 문법 개념 & 필수 어휘 **총망라**

고등학교 문법 교과서를 기준으로 하여, 수능과 내신 시험에 꼭 필요한 문법 개념을 **빠짐없이** 수록하였습니다. 또한 고유어, 한자어, 관용어, 속담, 한자 성어 등 필수로 알아야 할 어휘들을 모두 모았습니다.

★ **체계**적이고 **효율**적인 정리

짧은 시간 안에 모든 문법 · 어휘를 쉽고 정확하게 이해할 수 있도록 문법의 핵심적인 내용을 압축하여 정리하였고, 어휘의 용례와 뜻풀이를 한번에 정리하여 효율적으로 공부할 수 있도록 구성하였습니다.

★ **출제 빈도**가 높은 필수 문제 엄선

필수 개념과 관련된 문제를 풀면서 자연스럽게 개념을 이해하고 활용할 수 있도록 구성하였으며, 학습한 내용을 종합적으로 복습할 수 있는 문제를 통해 내신과 수능에 대한 실전 감각을 키울 수 있도록 하였습니다.

문법 · 어휘 각 부의 내용과 성격을 재미있는 그림을 통해 보여 주는 '개관 학습'으로 학습 동기를 충분히 유발할 수 있게 하였습니다.

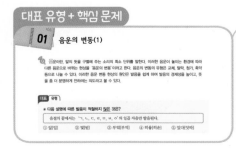

수능과 내신 등 각종 시험에 자주 출제되는 '대표 유형' 문제를 싣고, 유제 형식의 '핵심 문제'를 이어서 실어 문제를 통해 문법 · 어휘 개념을 확실하게 익힐 수 있도록 하였습니다.

대표 유형 + 핵심 문제 풀이

'대표 유형'과 '핵심 문제' 뒤에 해당 문제에 대한 '풀이'를 정리하여, 문제를 푼 뒤 관련된 이론을 바로바로 이해하고 학습할 수 있도록 구성하였습니다.

핵심 개념

고등학교에서 다루는 문법 내용 중 핵심적인 내용을 압축 정리하여, 빠르고 정확하게 개념을 이해할 수 있도록 하였습니다.

· 문법 내용에 대한 해석은 교과서별, 학교별로 상이할 수 있습니다.
· 내신 대비를 할 때는 반드시 해당 학교의 선생님께서 어떻게 해석하고 있는지 확인해 주세요.

종합 문제

수능 출제 유형과 최신 기출 문제를 반영한 '종합 문제'를 통해 실전 감각을 익히고 시험에 대한 자신감을 키울 수 있도록 하였습니다.

보충 학습

시험에 대비하기 위해 더 알아야 할 어휘들을 '보충 학습'에서 빠짐없이 정리하여, 고등학교 필수 어휘들을 모두 익힐 수 있도록 하였습니다.

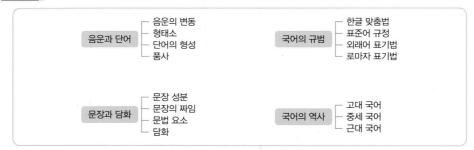 문법 공부법

1단계 국어 문법 영역의 전체적인 체계와 출제 경향을 파악한다.

음운과 단어	┌ 음운의 변동 ├ 형태소 ├ 단어의 형성 └ 품사	국어의 규범	┌ 한글 맞춤법 ├ 표준어 규정 ├ 외래어 표기법 └ 로마자 표기법
문장과 담화	┌ 문장 성분 ├ 문장의 짜임 ├ 문법 요소 └ 담화	국어의 역사	┌ 고대 국어 ├ 중세 국어 └ 근대 국어

····▸ 문법 영역은 위와 같이 음운, 단어, 문장, 담화, 국어의 규범, 국어의 역사 등 전 영역에 걸쳐 고르게 출제된다. 문법을 어려워하는 학생들은 대부분 모든 문법 개념을 암기하려고 하는데, 먼저 수능에 출제되는 국어 문법의 전체적인 체계를 파악하고 이해하려는 노력이 중요하다.

2단계 필수 개념과 관련된 문제를 풀면서 '용례'를 통해 문법 개념을 이해한다.

※ 다음 설명에 해당하는 예로 적절하지 <u>않은</u> 것을 고르시오.

　음절의 끝에 오는 'ㄱ, ㄷ, ㅂ' 뒤에 'ㄱ, ㄷ, ㅂ, ㅅ, ㅈ' 같은 예사소리가 오거나, 'ㄴ, ㅁ'으로 끝나는 어간 뒤에 'ㄱ, ㄷ, ㅅ, ㅈ'으로 시작하는 어미가 오면 뒷말이 된소리로 바뀐다.

① 국밥　　　② 곡물　　　③ 돕다　　　④ 감다　　　⑤ 답고

····▸ 수능 문법 문제는 대부분 위와 같이 '발문–〈보기〉'의 문법 개념–선택지의 용례 적용'과 같은 유형으로 출제된다. 따라서 용례에 문법 개념을 적용하는 방법을 알아야 실전에서 문제를 해결할 수 있으므로, 문법 개념은 반드시 그에 해당하는 '용례'와 함께 묶어서 이해하는 것이 좋다. 예를 들어 문법에서 '된소리되기'의 개념에 대해 공부했다면, '국밥[국빱]'이 왜 된소리되기의 용례에 해당하는지를 알 수 있어야 한다.

3단계 문제를 반복해서 풀어보고, 모르는 개념은 바로 복습하는 것이 중요하다.

····▸ 문법 개념은 개념을 학습한 뒤에 문제를 통해 공부했더라도, 정확하게 이해하고 외우지 않았을 경우 쉽게 잊어버릴 수 있다. 따라서 개념이 확실하게 이해될 때까지 다양한 문제를 통해 자연스럽게 개념을 익힐 수 있도록 많은 문제를 여러 번 반복해서 풀어보는 것이 중요하다. 틀린 문제와 맞은 문제 모두 답을 찾는 과정까지 맞았는지를 확인하며 모르는 문법 개념은 바로 복습한다.

 어휘 공부법

1단계 수능에 출제되는 어휘 문제의 일반적인 유형을 파악한다.

> 어휘의 의미 ┌ 사전적 의미
> └ 함축적 의미
>
> 관용어 · 속담 · 한자 성어
>
> 어휘의 관계 ┌ 유의 관계
> ├ 반의 관계
> ├ 상하 관계
> ├ 동음이의 관계
> └ 다의 관계

···▶ 수능에 출제되는 어휘 문제는 일정한 유형이 있는데, 이를 미리 파악하고 있으면 문제 해결에 도움이 된다. 어휘 문제 유형에는 지문의 어휘를 문맥에 맞는 어휘로 바꿔 쓰기, 사전적 의미 파악하기, 문맥적 의미 파악하기, 상황에 맞는 한자 성어 파악하기 등이 있다.

2단계 문맥적으로 적절한 어휘를 파악하는 방법을 반복해서 훈련한다.

> ※ 문맥상 빈칸에 들어갈 말로 가장 적절한 것은?
>
> 　권위주의 사회에서는 합리적인 의사소통 방법과 예절을 교육받지 않은 사람들이 자신들의 이해관계에 근거한 일방적 커뮤니케이션을 추구한다. 구성원들이 상대방에 대한 배려보다 자신의 목적 달성을 추구하고 갈등을 빚으면서 공동체는 (　　　)화된다.
>
> ① 보수(保守)　　　　② 파편(破片)　　　　③ 무력(無力)
> ④ 활성(活性)　　　　⑤ 상투(常套)

···▶ 어휘 문제의 빈칸에 들어갈 적절한 어휘는 앞뒤의 문장 내용을 통해 문맥적으로 추론할 수 있다는 점을 명심하자. 문장에서 해당 어휘가 부정적 의미인지 긍정적 의미인지 등을 문맥을 통해 미루어 짐작하면서, 선택지에서 이에 해당하는 적절한 어휘를 파악하여 문제를 해결한다.

3단계 한자 성어, 관용어와 속담이 다양한 상황에 따라 어떻게 사용되는지 익힌다.

···▶ 한자 성어, 관용어와 속담은 문자 그대로의 기본적인 의미만으로는 그 뜻을 알아내기가 어렵다. 그러므로 자주 출제되는 중요한 한자 성어, 관용어와 속담은 시간이 있을 때 미리미리 익혀 두도록 한다. 여러 가지 상황에서 어떻게 적용되는지를 다양한 문제와 예시를 통해 익히면 더 기억에 오래 남는다.

4단계 평소에 모르는 어휘는 꼭 사전을 찾아서 의미를 확인한다.

···▶ 평소에 다양한 독서를 하면서 만약 의미를 헷갈리거나 모르는 어휘가 있다면 사전을 찾아 그 의미를 익혀 두고, 문장에서 실제로 어떻게 사용되는지 용례까지 확인하여 정확하게 익히도록 하자. 사전을 찾는 습관을 갖는 것이 어휘력을 기르는 가장 효과적인 방법이다.

차례

Ⅰ 음운과 단어

01	음운의 변동(1)	10
02	음운의 변동(2)	14
03	단어(1) – 형태소	22
04	단어(2) – 단어의 형성	26
05	품사(1)	32
06	품사(2)	36
★	종합 문제	44

Ⅱ 문장과 담화

07	문장(1) – 문장 성분	52
08	문장(2) – 안긴문장	56
09	문장(3) – 이어진문장	60
10	문법 요소(1) – 종결 표현	64
11	문법 요소(2) – 높임 표현	68
12	문법 요소(3) – 시간 표현	72
13	문법 요소(4) – 사동 · 피동 표현	76
14	문법 요소(5) – 부정 표현	80
15	올바른 문장(1)	84
16	올바른 문장(2)	88
17	담화	94
★	종합 문제	98

Ⅲ 국어의 규범

18	한글 맞춤법(1)	106
19	한글 맞춤법(2)	114
20	한글 맞춤법(3)	118
21	한글 맞춤법(4)	122
22	한글 맞춤법(5)	130
23	한글 맞춤법(6)	134
24	표준어 규정(1)	138
25	표준어 규정(2)	146
26	표준어 규정(3)	158
27	표준어 규정(4)	162
28	외래어 표기법	168
29	로마자 표기법	172
★	종합 문제	176

Ⅳ 국어의 역사

30	국어의 역사(1)	186
31	국어의 역사(2)	190
32	국어의 역사(3)	194
★	종합 문제	198

Ⅴ 어휘의 의미

33	고유어	206
34	한자어	210
35	고유어 : 한자어 (1)	218
36	고유어 : 한자어 (2)	222
★	종합 문제	226
★	보충 더 알아야 할 고유어 · 한자어	230

Ⅶ 어휘의 관용적 표현

48	관용어 (1)	294
49	관용어 (2)	298
50	관용어 (3)	302
51	속담 (1)	306
52	속담 (2)	310
53	한자 성어 (1)	318
54	한자 성어 (2)	322
55	한자 성어 (3)	326
56	한자 성어 (4)	334
★	종합 문제	338
★	보충 더 알아야 할 관용어, 속담, 한자 성어	342

Ⅵ 어휘의 관계

37	유의 관계 (1)	236
38	유의 관계 (2)	240
39	반의 관계 (1)	244
40	반의 관계 (2)	248
41	상하 관계 (1)	252
42	상하 관계 (2)	256
43	동음이의 및 다의 관계 (1)	260
44	동음이의 및 다의 관계 (2)	266
45	동음이의 및 다의 관계 (3)	274
46	개념 간의 관계 (1)	280
47	개념 간의 관계 (2)	284
★	종합 문제	288

정답 및 해설	350
찾아보기	360

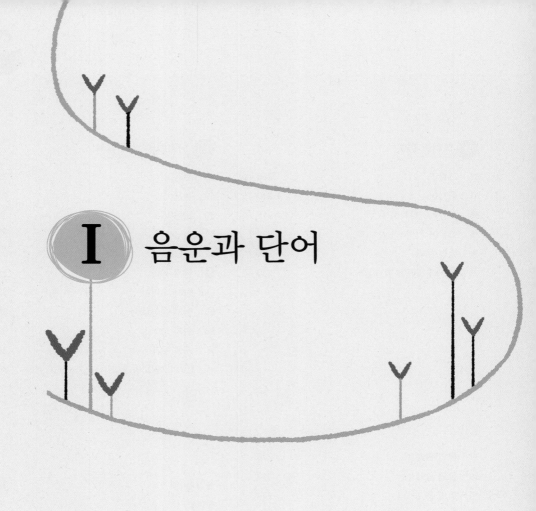

I 음운과 단어

국어의 문법은 우리말과 글을 바르게 말하고 쓰고, 정확하게 듣고 읽는 능력을 함양하기 위한 바탕이 된다. 풍요로운 언어생활을 위해서는 우리말에 대한 이해가 바탕이 되어야 한다. 문법을 공부하면 우리말과 글에 대한 이해가 더욱 깊어질 뿐만 아니라, 우리말과 글의 언어·문화적 가치를 깨달아 우리말과 글이 우리 민족이 가진 가장 중요한 문화유산이라는 것을 인식할 수 있다.

여기에서는 말의 뜻을 구별하여 주는 소리의 가장 작은 단위인 음운, 뜻을 가진 가장 작은 말의 단위인 형태소, 분리하여 자립하여 쓰일 수 있는 말의 단위인 단어, 단어를 기능·형태·의미에 따라 나눈 품사의 다채로운 양상에 대해 학습한다. 구체적으로 어떤 음운이 다른 음운과 만나면서 음운의 모양이 달라지는 음운의 변동, 자립 여부나 의미에 따른 형태소의 분류, 어근과 접사의 다양한 결합을 보여 주는 단어의 형성, 기능·형태·의미에 따른 품사의 분류와 특징에 대해 살펴보도록 한다.

01 음운의 변동(1)

음운이란, 말의 뜻을 구별해 주는 소리의 최소 단위를 말한다. 이러한 음운이 놓이는 환경에 따라 다른 음운으로 바뀌는 현상을 '음운의 변동'이라고 한다. 음운의 변동의 유형은 교체, 탈락, 첨가, 축약 등으로 나눌 수 있다. 이러한 음운 변동 현상의 원인은 발음을 쉽게 하여 발음의 경제성을 높이고, 뜻을 좀 더 분명하게 전하려는 의도라고 볼 수 있다.

대표 유형

● 다음 설명에 따른 발음이 적절하지 않은 것은?

음절의 끝에서는 'ㄱ, ㄴ, ㄷ, ㄹ, ㅁ, ㅂ, ㅇ'의 일곱 자음만 발음된다.

① 잎[입]　　② 빛[빋]　　③ 부엌[부억]　　④ 히읗[히은]　　⑤ 있다[읻따]

핵심 문제

※ 다음 설명에 따른 발음이 적절하지 않은 것을 고르시오.

01

'ㄳ, ㄵ, ㄶ, ㄽ, ㄾ, ㅀ, ㅄ'은 첫째 자음대로, 'ㄻ, ㄿ'은 둘째 자음대로 발음된다. 또한, 'ㄺ, ㄼ'은 불규칙적으로 발음된다.

① 몫도[목또]　　② 핥고[할꼬]　　③ 읊다[을따]　　④ 읽지[익찌]　　⑤ 밟다[밥따]

02

1. 음절의 끝 자음으로 놓인 파열음 'ㄱ, ㄷ, ㅂ'이 그 뒤에 오는 비음 'ㄴ, ㅁ'을 만날 때, 비음 'ㅇ, ㄴ, ㅁ'으로 발음된다.
2. 'ㄹ'이 'ㄱ, ㄷ, ㅂ'과 만나면 'ㄹ'이 'ㄴ'이 된 후에, 바뀐 'ㄴ'이 'ㄱ, ㄷ, ㅂ'을 비음화시킨다.
3. 비음 'ㅁ, ㅇ' 뒤에서 'ㄹ'은 'ㄴ'으로 발음된다.

① 섭리[섭니]　　② 백로[뱅노]　　③ 남루[남누]　　④ 막는[망는]　　⑤ 종로[종노]

03

자음 'ㄴ'과 'ㄹ'이 만나면 유음인 'ㄹ'의 영향으로 'ㄴ'이 'ㄹ'로 바뀌어 발음된다.

① 천리[철리]　　② 신라[실라]　　③ 난로[날로]　　④ 난리[날리]　　⑤ 훑는[훌는]

04

> 끝소리가 'ㄷ, ㅌ'인 형태소가 'ㅣ' 모음이나 반모음 'ㅣ'를 만나면 구개음 'ㅈ, ㅊ'으로 바뀌어 발음된다.

① 맏이[마지] ② 꽃이[꼬치] ③ 굳이[구지]
④ 피붙이[피부치] ⑤ 미닫이[미다지]

05

> 전설 모음 'ㅣ' 소리의 앞에서 'ㅏ, ㅓ, ㅗ, ㅜ'는 'ㅐ, ㅔ, ㅚ, ㅟ'로, 'ㅣ' 소리의 뒤에서 'ㅓ, ㅗ'는 'ㅕ, ㅛ'로 바뀌어 발음된다.

① 고기[괴기] ② 기어[기여] ③ 먹이다[매기다]
④ 죽이다[쥐기다] ⑤ 미시오[미시요]

※ 다음 설명에 해당하는 예로 적절하지 <u>않은</u> 것을 고르시오.

06

> 음절의 끝에 오는 'ㄱ, ㄷ, ㅂ' 뒤에 'ㄱ, ㄷ, ㅂ, ㅅ, ㅈ' 같은 예사소리가 오거나, 'ㄴ, ㅁ'으로 끝나는 어간 뒤에 'ㄱ, ㄷ, ㅅ, ㅈ'으로 시작하는 어미가 오면 뒷말이 된소리로 바뀐다.

① 국밥 ② 곡물 ③ 돕다 ④ 감다 ⑤ 담고

07

> 자음 'ㄱ, ㄷ, ㅂ, ㅈ'과 'ㅎ'이 만나면 각각 'ㅋ, ㅌ, ㅍ, ㅊ'으로 줄어들고, 모음 'ㅣ'나 'ㅗ/ㅜ'가 다른 모음과 만나면 이중 모음으로 줄어든다.

① 뒀다 ② 쓰여 ③ 옳지 ④ 먹히다 ⑤ 맞추다

08

> 두 개의 자음 혹은 모음이 만나면 그중 한 음운이 탈락하는 경우가 있다.

① 우는 ② 따님 ③ 담가 ④ 이르러 ⑤ 끓이다

09

> 순우리말끼리, 또는 순우리말과 한자어가 어울려 합성어를 이룰 때는 사잇소리가 첨가되어 뒤 형태소의 첫소리가 된소리로 발음되는 경우가 있다. 이때 앞말이 모음으로 끝났을 때는 받침으로 사이시옷을 쓴다.

① 촛점 ② 촛불 ③ 밤길 ④ 길가 ⑤ 뱃사공

대표 유형 풀이

| ① 잎[입] | ㅍ → ㅂ | ② 빛[빋] | ㅊ → ㄷ |
| ③ 부엌[부억] | ㅋ → ㄱ | ④ 히읗[히은] | ㅎ → ㄷ |

정답 ⑤ '있다'의 받침 'ㅆ'은 음절의 끝소리 규칙에 따라 'ㄷ'으로 바뀌므로 [읻따]로 발음된다.

핵심 문제 풀이

01

정답 ③ '읊다'의 겹받침 'ㄿ'은 자음군 단순화에 따라 'ㄹ'이 탈락된다. 또한 음절의 끝소리 규칙에 따라 'ㅍ'은 'ㅂ'으로 바뀌므로 '읊다'는 [읍따]로 발음된다.

02

정답 ① '섭리'의 'ㄹ'이 'ㅂ'과 만나면 비음 'ㄴ'으로 바뀌고, 바뀐 'ㄴ'은 다시 앞말의 'ㅂ'에 영향을 주어 'ㅂ'이 비음 'ㅁ'으로 바뀐다. 따라서 '섭리'는 [섬니]로 발음된다.

03

정답 ⑤ '훑는'의 겹받침 'ㄾ'은 자음군 단순화에 따라 'ㅌ'이 탈락된다. 또한 'ㄹ'은 뒷말의 'ㄴ'에 영향을 주어 'ㄴ'이 'ㄹ'로 바뀌므로, '훑는[훌는→훌른]'으로 발음된다.

04

정답 ② '꽃이'는 앞말의 'ㅊ'이 모음으로 시작하는 뒷말에 그대로 연음되어 [꼬치]로 발음된 경우로, 이는 구개음화라고 볼 수 없다.

05

> **정답** ③ 'ㅓ'는 전설 모음 'ㅣ' 소리의 앞에서 'ㅔ'로 바뀌므로, '먹이다'는 [메기다]로 발음된다.

06

① 국밥[국빱]	③ 돕다[돕따]
④ 감다[감따]	⑤ 담고[담꼬]

> **정답** ② '곡물'은 앞말의 'ㄱ'이 뒷말의 'ㅁ'의 영향을 받아 'ㅇ'으로 바뀌어 [공물]로 발음된다.

07

① 두 + 었다 → 뒀다: 모음 축약	② 쓰 + 이어 → 쓰여: 모음 축약
③ 옳지 → [올치]: 자음 축약 (ㅎ + ㅈ → ㅊ)	④ 먹히다 → [머키다]: 자음 축약(ㄱ + ㅎ → ㅋ)

> **정답** ⑤ 음절의 끝에 있는 'ㅈ'이 'ㄷ'으로 바뀌어 [맏추다]로 발음된다. 음운의 축약은 일어나지 않는다.

08

① 울(다) + 는 → 우는: 'ㄹ' 탈락	② 딸 + 님 → 따님: 'ㄹ' 탈락
③ 담그 + 아 → 담가: 'ㅡ' 탈락	⑤ 끊이다[끄리다]: 'ㅎ' 탈락

> **정답** ④ '이르러'는 '이르- + -어 → 이르러'가 되는 '러' 불규칙 활용이 나타난 것으로, 음운의 탈락은 일어나지 않았다.

09

② 촛불[초뿔/촏뿔]	③ 밤길[밤낄]
④ 길가[길까]	⑤ 뱃사공[배싸공/밷싸공]

> **정답** ① '초점(焦點)'은 사잇소리 현상이 나타나 [초쩜]으로 발음되지만, 한자만으로 이루어진 합성어의 경우 사잇소리 현상이 일어나도 대부분 사이시옷을 표기하지 않으므로 '초점'으로 표기한다.

음운의 변동(2)

● 다음 중 음운의 변동이 <u>잘못</u> 연결된 것은?

① 같이[가치]: 구개음화
② 많다[만타]: 자음 탈락
③ 광한루[광할루]: 자음 동화
④ 콧날[콘날]: 사잇소리 현상
⑤ 낮과[낟꽈]: 음절의 끝소리 규칙

※ 다음 중 음운의 변동이 <u>잘못</u> 연결된 것을 고르시오.

01
① 먹는다[멍는다]: 모음 동화
② 좋은[조은]: 자음 탈락
③ 굳히다[구치다]: 구개음화
④ 집일[짐닐]: 사잇소리 현상
⑤ 읽고[일꼬]: 자음군 단순화

02
① 놓아[노아]: 자음 탈락
② 여닫이[여다지]: 구개음화
③ 산길[산낄]: 사잇소리 현상
④ 값만[감만]: 자음 축약
⑤ 담그- + -아도 → 담가도: 모음 탈락

03
① 보이- + -어 → 보여: 모음 축약
② 동란[동난]: 자음 탈락
③ 넓죽하다[넙쭈카다]: 자음 축약
④ 부엌일[부엉닐]: 사잇소리 현상
⑤ 삶다[삼따]: 자음군 단순화

04
① 고기[괴기]: 모음 동화
② 옳지[올치]: 자음 축약
③ 붙이다[부치다]: 구개음화
④ 여덟[여덜]: 자음 동화
⑤ 냇물[낸물]: 사잇소리 현상

05
① 왕릉: 자음 동화
② 쌓지: 자음 축약
③ 바느질: 자음 탈락
④ 겉이: 음절의 끝소리 규칙
⑤ 봄빛: 음절의 끝소리 규칙

06
① 봐: 모음 축약
② 띄다: 모음 탈락
③ 가을걷이: 구개음화
④ 속리산: 자음 동화
⑤ 논일: 사잇소리 현상

07
① 급류: 자음 동화
② 부삽: 자음 탈락
③ 미뤄: 모음 축약
④ 맏형: 된소리되기
⑤ 옷 안: 음절의 끝소리 규칙

08
① 돼: 모음 축약
② 훈련: 자음 동화
③ 싸전: 자음 탈락
④ 반닫이: 구개음화
⑤ 머리말: 사잇소리 현상

09
① 잡히다: 자음 축약
② 박사: 된소리되기
③ 대관령: 자음 동화
④ 노니: 자음 탈락
⑤ 묽게: 사잇소리 현상

10
① 팥이: 구개음화
② 합리: 자음 동화
③ 국물: 모음 동화
④ 화살: 자음 탈락
⑤ 촌사람: 사잇소리 현상

대표 유형 풀이

① 같이[가치]	구개음화	받침 'ㅌ'이 모음 'ㅣ'를 만나서 구개음 'ㅊ'으로 바뀐다.
② 많다[만타]	자음 축약	'ㅎ'과 'ㄷ'이 만나 'ㅌ'으로 축약된다.
③ 광한루[광할루]	자음 동화(유음화)	받침 'ㄴ'이 유음 'ㄹ'의 영향으로 'ㄹ'로 바뀐다.
④ 콧날[콘날]	사잇소리 현상	합성어를 이룰 때 앞말이 모음으로 끝나고 뒷말이 'ㄴ'으로 시작되어 'ㄴ' 소리가 첨가된다.
⑤ 낮과[낟꽈]	음절의 끝소리 규칙, 된소리되기	받침 'ㅈ'이 대표음 'ㄷ'으로 바뀌고, 'ㄷ' 뒤에 오는 'ㄱ'이 된소리 'ㄲ'으로 바뀐다.

정답 ②

핵심 문제 풀이

01

① 먹는다[멍는다]	자음 동화(비음화)	받침 'ㄱ'이 비음인 'ㄴ'의 영향을 받아 비음 'ㅇ'으로 바뀐다.
② 좋은[조은]	자음 탈락	앞말의 자음 'ㅎ'이 모음으로 시작하는 어미 앞에서 탈락한다.
③ 굳히다[구티다 → 구치다]	자음 축약, 구개음화	받침 'ㄷ'이 'ㅎ'과 만나 'ㅌ'으로 축약된 후, 모음 'ㅣ'와 만나서 'ㅊ'으로 바뀐다.
④ 집일[집닐 → 짐닐]	사잇소리 현상, 자음 동화(비음화)	합성어를 이룰 때, 뒷말이 모음 'ㅣ'로 시작되어 'ㄴ'이 첨가된 후, 앞말의 'ㅂ'이 비음 'ㄴ'의 영향으로 'ㅁ'으로 바뀐다.
⑤ 읽고[일꼬]	된소리되기, 자음군 단순화	겹받침 'ㄻ' 뒤에 오는 'ㄱ'이 된소리 'ㄲ'으로 바뀌고, 겹받침 'ㄻ'에서 'ㄱ'은 탈락하고 'ㄹ'로만 발음된다.

정답 ①

02

① 놓아[노아]	자음 탈락	동사의 어간 말 자음 'ㅎ'이 모음으로 시작하는 어미 앞에서 탈락한다.
② 여닫이[여다지]	구개음화	'ㄷ'이 모음 'ㅣ'와 만나 'ㅈ'으로 발음된다.
③ 산길[산낄]	사잇소리 현상	합성어를 이룰 때, 울림소리 'ㄴ'이 안울림 예사소리 'ㄱ'과 만나 'ㄱ'이 된소리 'ㄲ'으로 바뀐다.
④ 값만[감만]	자음군 단순화, 자음 동화(비음화)	겹받침 'ㅄ'에서 'ㅅ'은 탈락하고 'ㅂ'이 되었다가, 'ㅁ'의 영향으로 비음 'ㅁ'으로 바뀐다.
⑤ 담그- + -아도 → 담가도	모음 탈락	'담그-'의 'ㅡ'가 모음으로 시작하는 어미 앞에서 탈락한다.

정답 ④

03

① 보이- + -어 → 보여	모음 축약	'보이-'의 'ㅣ'와 'ㅓ'가 만나 'ㅕ'로 줄어든다.
② 동란[동난]	자음 동화(비음화)	'ㄹ'이 비음 'ㅇ'의 영향으로 비음 'ㄴ'으로 바뀐다.
③ 넓죽하다[넙죽하다 → 넙쭈카다]	자음군 단순화, 된소리되기, 자음 축약	겹받침 'ㄼ'에서 'ㄹ'이 탈락하여 'ㅂ'으로만 발음되고, 'ㅂ'의 영향으로 'ㅈ'이 된소리 'ㅉ'으로 바뀐다. 또한 받침 'ㄱ'이 뒤 음절의 'ㅎ'과 만나 'ㅋ'으로 줄어든다.
④ 부엌일[부억일 → 부엉닐]	음절의 끝소리 규칙, 사잇소리 현상, 자음 동화(비음화)	받침 'ㅋ'이 대표음 'ㄱ'으로 발음되고, 뒷말이 모음 'ㅣ'로 시작되어 'ㄴ'이 첨가된 후, 'ㄴ'의 영향으로 'ㄱ'이 비음 'ㅇ'으로 바뀐다.
⑤ 삶다[삼따]	자음군 단순화, 된소리되기	겹받침 'ㄻ'에서 'ㄹ'이 탈락하여 'ㅁ'으로만 발음되고, 'ㅁ'으로 끝나는 어간 뒤의 'ㄷ'이 된소리 'ㄸ'으로 바뀐다.

정답 ②

04

① 고기[괴기]	모음 동화	모음 'ㅗ'가 뒤에 오는 모음 'ㅣ'의 영향을 받아 'ㅚ'로 바뀐다. * 'ㅣ' 모음 역행 동화는 표준어가 된 일부 단어를 제외하고는 표준 발음으로 인정하지 않는다.
② 옳지[올치]	자음 축약	겹받침 'ㅀ'의 'ㅎ'이 뒷말의 'ㅈ'과 만나 'ㅊ'으로 줄어든다.
③ 붙이다[부티다 → 부치다]	구개음화	받침 'ㅌ'이 모음 'ㅣ'를 만나 'ㅊ'으로 바뀐다.
④ 여덟[여덜]	자음군 단순화	겹받침 'ㄼ'에서 'ㅂ'이 탈락하여 'ㄹ'로만 발음된다.
⑤ 냇물[낸물]	사잇소리 현상	합성어를 이룰 때, 앞말이 모음으로 끝나고 뒷말이 'ㅁ'으로 시작되면 앞말의 끝소리에 'ㄴ'이 첨가가 된다.

정답 ④

05

① 왕릉[왕능]	자음 동화(비음화)	'ㄹ'이 비음 'ㅇ'의 영향으로 비음 'ㄴ'으로 바뀐다.
② 쌓지[싸치]	자음 축약	'ㅎ'과 'ㅈ'이 만나 'ㅊ'으로 축약된다.
③ 바늘 + 질 → 바느질	자음 탈락	'바늘'과 '질'이 만나 'ㅈ' 앞에서 받침 'ㄹ'이 탈락된다.
④ 겉이[거티 → 거치]	구개음화	받침 'ㅌ'이 모음 'ㅣ'를 만나 구개음 'ㅊ'으로 바뀐다.
⑤ 봄빛[봄삗]	사잇소리 현상, 음절의 끝소리 규칙	합성어를 이룰 때, 울림소리 'ㅁ'이 안울림 예사소리 'ㅂ'과 만나 된소리 'ㅃ'으로 발음되고, 받침 'ㅊ'은 대표음 'ㄷ'으로 바뀐다.

정답 ④

06

① 보 + 아 → 봐	모음 축약	'보-'의 'ㅗ'와 'ㅏ'가 만나 'ㅘ'로 줄어든다.
② 뜨 + 이다 → 띄다	모음 축약	'뜨-'의 'ㅡ'와 'ㅣ'가 만나 'ㅢ'로 줄어든다.
③ 가을걷이[가을거지]	구개음화	받침 'ㄷ'이 모음 'ㅣ'를 만나 구개음 'ㅈ'으로 바뀐다.
④ 속리산[속니산 → 송니산]	자음 동화(비음화)	받침 'ㄱ'의 영향으로 뒤 음절의 'ㄹ'이 'ㄴ'이 되고, 바뀐 'ㄴ'의 영향으로 'ㄱ'이 비음 'ㅇ'으로 바뀐다.
⑤ 논일[논닐]	사잇소리 현상	합성어를 이룰 때, 뒷말이 모음 'ㅣ'로 시작되어 'ㄴ'이 첨가된다.

정답 ②

07

① 급류[금뉴]	자음 동화(비음화)	'ㅂ'의 영향으로 'ㄹ'이 'ㄴ'이 되고, 바뀐 'ㄴ'의 영향으로 'ㅂ'이 비음 'ㅁ'으로 바뀐다.
② 불 + 삽 → 부삽	자음 탈락	'불'과 '삽'이 만나 받침 'ㄹ'이 탈락된다.
③ 미루 + 어 → 미뤄	모음 축약	'미루-'의 'ㅜ'와 'ㅓ'가 만나 'ㅝ'로 줄어든다.
④ 맏형[마텽]	자음 축약	받침 'ㄷ'과 뒤 음절의 'ㅎ'이 만나 'ㅌ'으로 줄어든다.
⑤ 옷 안[온안 → 오단]	음절의 끝소리 규칙	받침 'ㅅ'이 'ㄷ'으로 바뀌고 모음으로 시작하는 다음 음절의 첫소리로 이동하여 발음된다.

정답 ④

08

① 되 + 어 → 돼	모음 축약	'되-'의 'ㅚ'와 'ㅓ'가 만나 'ㅙ'로 줄어든다.
② 훈련[훌련]	자음 동화(유음화)	받침 'ㄴ'이 'ㄹ'을 만나 유음 'ㄹ'로 바뀐다.
③ 쌀 + 전 → 싸전	자음 탈락	'쌀'과 '전'이 만나 받침 'ㄹ'이 탈락된다.
④ 반닫이[반다지]	구개음화	받침 'ㄷ'이 모음 'ㅣ'를 만나 구개음 'ㅈ'으로 바뀐다.
⑤ 머리말[머리말]	사잇소리 현상 ×	사잇소리 현상은 일정한 규칙성을 찾기는 어렵다. '노랫말, 혼잣말'은 사잇소리 현상이 적용되고, '인사말, 예사말, 머리말'은 사잇소리 현상이 적용되지 않는 등 사잇소리 현상은 같은 조건 내에서도 다르게 발음되거나 표기되는 경우도 있고, 예외적인 현상도 많다.

정답 ⑤

09

① 잡히다[자피다]	자음 축약	'ㅂ'이 'ㅎ'과 만나 'ㅍ'으로 줄어든다.
② 박사[박싸]	된소리되기	받침 'ㄱ'의 영향으로 'ㅅ'이 된소리 'ㅆ'으로 바뀐다.
③ 대관령[대괄령]	자음 동화(유음화)	'ㄴ'이 'ㄹ'의 영향으로 유음 'ㄹ'로 바뀐다.
④ 놀(다) + 니 → 노니	자음 탈락	'놀(다)'과 '-니'가 만나 받침 'ㄹ'이 탈락된다.
⑤ 묽게[물께]	된소리되기, 자음군 단순화	겹받침 'ㄹㄱ' 뒤에 오는 'ㄱ'이 된소리 'ㄲ'으로 바뀌고, 겹받침 'ㄹㄱ'은 'ㄱ'이 탈락하여 'ㄹ'로만 발음된다.

정답 ⑤

① 팥이[파치]	구개음화	받침 'ㅌ'이 모음 'ㅣ'를 만나 구개음 'ㅊ'으로 발음된다.
② 합리[합니 → 함니]	자음 동화(비음화)	받침 'ㅂ'의 영향으로 뒤 음절의 'ㄹ'이 'ㄴ'으로 바뀐 후, 'ㄴ'의 영향으로 'ㅂ'이 비음 'ㅁ'으로 바뀐다.
③ 국물[궁물]	자음 동화(비음화)	받침 'ㄱ'이 뒤 음절 'ㅁ'의 영향으로 비음 'ㅇ'으로 바뀐다.
④ 활 + 살 → 화살	자음 탈락	'활'과 '살'이 만나 받침 'ㄹ'이 탈락된다.
⑤ 촌사람[촌싸람]	사잇소리 현상	합성어를 이룰 때, 울림소리 'ㄴ'이 안울림 예사소리 'ㅅ'과 만나 'ㅅ'이 된소리 'ㅆ'으로 발음된다.

정답 ③

핵심 개념

음운의 변동

1. **음운 변동**: 어떤 음운이 놓이는 환경에 따라 다른 음운으로 바뀌어 소리 나는 현상을 말한다.
2. **음운 변동의 유형**

교체(交替)	어떤 음운이 다른 음운으로 바뀌는 현상	음절의 끝소리 규칙, 비음화, 유음화, 구개음화, 된소리되기
탈락(脫落)	원래 있던 음운이 없어지는 현상	자음군 단순화, 'ㄹ' 탈락, 'ㅎ' 탈락, 'ㅡ' 탈락, 'ㅏ, ㅓ' 탈락
첨가(添加)	없던 음운이 새로 생기는 현상	'ㄴ' 첨가
축약(縮約)	두 음운이나 음절이 한 음운이나 음절로 줄어드는 현상	자음 축약(거센소리되기), 모음 축약

교체

1. **음절의 끝소리 규칙**: 우리말의 음절의 끝에서는 'ㄱ, ㄴ, ㄷ, ㄹ, ㅁ, ㅂ, ㅇ'의 일곱 개의 자음으로만 발음된다.

ㄱ, ㄲ, ㅋ	[ㄱ]	박[박], 밖[박], 부엌[부억]
ㄴ	[ㄴ]	간[간], 난초[난초]
ㄷ, ㅌ, ㅅ, ㅆ, ㅈ, ㅊ, ㅎ	[ㄷ]	낟[낟], 낱[낟], 낫[낟], 났(다)[낟(따)], 낮[낟], 낯[낟], 히읗[히읃]
ㄹ	[ㄹ]	탈[탈], 울타리[울타리]
ㅂ, ㅍ	[ㅂ]	법[법], 잎[입]
ㅇ	[ㅇ]	강[강], 사랑[사랑]

2. **음운의 동화**: 인접한 두 음운이 서로 닮는 현상을 말한다.

   (1) **자음 동화**: 자음과 자음이 만나면, 서로 영향을 주고받아 한쪽이나 양쪽 모두 비슷한 소리로 바뀐다.

   ① 자음 동화의 종류

	순행 동화	뒷소리가 앞소리를 닮는 경우	칼날[칼랄], 종로[종노]
방향	역행 동화	앞소리가 뒷소리를 닮는 경우	난로[날로], 학문[항문]
	상호 동화	앞뒤 소리가 서로 닮는 경우	급류[금뉴], 독립[동닙]
정도	완전 동화	같은 소리로 바뀌는 경우	신라[실라], 값만[감만]
	불완전 동화	비슷한 소리로 바뀌는 경우	백로[뱅노], 국물[궁물]

② 자음 동화 적용의 예
• 비음화(鼻音化): 비음이 아닌 자음이 비음의 영향으로 비음 'ㄴ, ㅁ, ㅇ'이 된다.

ㄱ, ㄷ, ㅂ		ㄴ, ㅁ		ㅇ, ㄴ, ㅁ		ㄴ, ㅁ	국물[궁물], 닫는[단는]
ㄱ, ㄷ, ㅂ	+	ㄹ	→	ㅇ, ㄴ, ㅁ	+	ㄴ	백로[뱅노], 섭리[섬니]
ㅁ, ㅇ		ㄹ		ㅁ, ㅇ		ㄴ	담력[담녁], 남루[남누]

• 유음화(流音化): 유음이 아닌 자음이 유음의 영향으로 유음 'ㄹ'이 된다.

ㄹ		ㄴ		ㄹ		ㄹ	칼날[칼랄]
ㄴ	+	ㄹ	→	ㄹ	+	ㄹ	난로[날로], 신라[실라]

(2) **모음 동화**: 후설 모음 'ㅏ, ㅓ, ㅗ, ㅜ'가 뒤에 오는 모음 'ㅣ'의 영향을 받아 각각 'ㅐ, ㅔ, ㅚ, ㅟ'로 바뀐다.
예 아비[애비], 잡히다[재피다]
모음 동화에 의한 발음은 원래 표준 발음으로 인정하지 않지만, 예외적으로 표준 발음으로 인정하는 단어들도 있다.
예 냄비, 멋쟁이, 서울내기 등

3. **구개음화**: 받침 'ㄷ, ㅌ'이 모음 'ㅣ'를 만나면 구개음 'ㅈ, ㅊ'으로 바뀐다.

ㄷ				ㅈ	굳이[구지], 맏이[마지], 해돋이[해도지]
ㅌ	+	ㅣ	→	ㅊ	같이[가치], 걷이[거치], 피붙이[피부치]

4. **된소리되기**: 예사소리가 된소리로 바뀌는 현상을 말하며 경음화(硬音化)라고도 한다.
(1) 음절의 끝에 오는 'ㄱ, ㄷ, ㅂ' 뒤에 'ㄱ, ㄷ, ㅂ, ㅅ, ㅈ'과 같은 안울림 예사소리가 오면 뒷말이 된소리로 바뀐다.
예 국재[국짜], 밥솥[밥쏟]
(2) 'ㄴ, ㅁ'으로 끝나는 어간 뒤에 'ㄱ, ㄷ, ㅅ, ㅈ'으로 시작하는 어미가 오면 뒷말이 된소리로 바뀐다. **예** 감대[감때], 담고[담꼬]
(3) 한자어의 'ㄹ' 받침 뒤에서 'ㄷ, ㅅ, ㅈ'이 된소리로 바뀐다. **예** 갈등 → [갈뜽], 말살 → [말쌀]
(4) 관형사형 '-(으)ㄹ'의 뒤에서 'ㄱ, ㄷ, ㅂ, ㅅ, ㅈ'이 된소리로 바뀐다. **예** 할 것을 → [할꺼슬], 갈 데가 → [갈떼가]

탈락

두 음운이 만나면서 한 음운이 아예 사라져 소리 나지 않는 현상을 말한다.
1. **자음 탈락**

'ㄹ' 탈락	용언의 어간 말 자음 'ㄹ'이 몇몇 어미 앞에서 탈락	날다 = 나니, 나는, 나오
	합성어나 파생어에서 앞말의 끝소리 'ㄹ'이 'ㄴ, ㄷ, ㅅ, ㅈ' 앞에서 탈락	솔 + 나무 → 소나무
'ㅎ' 탈락	용언의 어간 말 자음 'ㅎ'이 모음으로 시작하는 어미 앞에서 탈락	좋은[조은], 많이[마니]

2. **자음군 단순화**: 음절의 끝소리에 자음이 두 개가 오면 하나는 탈락한다.

ㄳ, ㄵ, ㄼ, ㄽ, ㄾ, ㅄ	어말 또는 자음 앞에서 뒤의 자음이 탈락함	넋[넉], 앉다[안따], 여덟[여덜], 외곬[외골], 핥고[할꼬], 값[갑]
ㄺ, ㄻ, ㄿ	어말 또는 자음 앞에서 앞의 자음이 탈락함	닭[닥], 젊다[점:따], 읊고[읍꼬]

※**자음군 단순화의 예외**

ㄺ	용언의 어간 말음 'ㄺ'은 'ㄱ' 앞에서 뒤의 'ㄱ'이 탈락됨	맑게[말께], 묽고[물꼬]
ㄼ	'밟-'은 자음 앞에서 앞의 [ㄹ]이 탈락됨	밟다[밥:따], 밟지[밥:찌]
	'넓-'은 일부 경우에 앞의 [ㄹ]이 탈락됨	넓죽하다[넙쭈카다], 넓둥글다[넙뚱글다]

문법·어휘의 모든 것

20

3. 모음 탈락

동음 탈락	연접된 동음 중 모음이 탈락	가- + -아서 → 가서
'ㅡ' 탈락	용언의 어간 말 모음 'ㅡ'가 모음 'ㅏ/ㅓ'로 시작하는 어미 앞에서 탈락	쓰- + -어 → 써 잠그- + -아 → 잠가
'ㅏ' 탈락	어근이 울림소리인 것에 '-하-'가 붙을 때, 어간 '-하-'에서 'ㅏ' 탈락	흔- + -하지 → 흔치
'ㅓ' 탈락	어간 'ㅔ, ㅐ' 아래서 'ㅓ' 탈락	캐- + -어 → 캐

첨가

1. **'ㄴ'첨가**: 합성어 및 파생어에서 앞말이 자음으로 끝나고 뒷말이 모음 'ㅣ'나 반모음 'ㅣ'로 시작할 때 'ㄴ'이 새로 생기는 현상을 말한다.
   예 솜 + 이불 → [솜:니불], 맨- + 입 → [맨닙]

2. **사잇소리 현상**: 두 개의 형태소 또는 단어가 합쳐져서 합성어가 될 때, 뒤의 예사소리가 된소리로 변하거나 'ㄴ' 또는 'ㄴㄴ'이 첨가되는 현상을 말한다.

   (1) 합성어를 이룰 때, 앞말의 끝소리가 울림소리이고 뒷말의 첫소리가 안울림 예사소리이면 뒤의 예사소리가 된소리로 변한다. 이때, 앞말이 모음으로 끝난 경우, 사이시옷을 표기한다.
      예 시냇가(시내 + 가) → [시내까]
      • 한자만으로 이루어진 합성어에는 사잇소리 현상이 일어나도 사이시옷을 붙이지 않는 것이 원칙이지만, '곳간(庫間), 찻간(車間), 툇간(退間), 셋방(貰房), 숫자(數字), 횟수(回數)'에는 사이시옷을 적는다.

   (2) **'ㄴ'첨가**: 합성어를 이룰 때, 앞말이 모음으로 끝나고 뒷말이 'ㄴ, ㅁ'으로 시작되면 앞말의 끝소리에 'ㄴ' 소리가 첨가되고, 뒷말이 모음 'ㅣ'나 반모음 'ㅣ'로 시작되어도 'ㄴ'이나 'ㄴㄴ' 소리가 첨가된다.
      예 잇몸(이 + 몸) → [인몸], 나뭇잎(나무 + 잎) → [나문닙]

※ **사잇소리 현상과 의미 분화**
사잇소리 현상의 유무에 따라 의미 분화의 기능을 하기도 한다.
예 고기배 → [고기배]: 고기의 배 / 고깃배 → [고기빼]: 고기잡이 배

축약

두 음운이 합쳐져서 하나의 음운으로 줄어 소리 나는 현상을 말한다.

1. **자음 축약(거센소리되기)**: 'ㄱ, ㄷ, ㅂ, ㅈ'과 'ㅎ'이 만나면 거센소리인 'ㅋ, ㅌ, ㅍ, ㅊ'으로 줄어 소리 난다.

ㄱ			ㅋ	축해[추카], 국화[구콰]
ㄷ	+	ㅎ →	ㅌ	좋다[조타], 파랗다[파라타]
ㅂ			ㅍ	잡히다[자피다], 좁히다[조피다]
ㅈ			ㅊ	좋지[조치], 젖히다[저치다]

2. **모음 축약(음절 축약)**: 앞뒤 형태소의 두 모음 중에서 하나의 모음이 반모음으로 변하여 한 음절로 줄어 소리 난다.

ㅡ		ㅣ		ㅢ	뜨 + 이다 → 띄다
ㅗ		ㅣ, ㅏ		ㅚ, ㅘ	보 + 이다 → 뵈다, 보 + 아라 → 봐라
ㅜ	+	ㅣ, ㅓ	→	ㅟ, ㅝ	누 + 이어 → 뉘어, 두 + 었다 → 뒀다
ㅚ		ㅓ		ㅙ	되 + 어 → 돼
ㅣ		ㅓ, ㅐ		ㅕ, ㅒ	가지 + 어 → 가져
ㅏ				ㅐ	하 + 여 → 해

03 단어(1) - 형태소

형태소는 뜻을 가진 가장 작은 말의 단위를 말한다. 자립성 유무에 따라 혼자 쓰일 수 있는 자립 형태소와 반드시 다른 말에 기대어 쓰이는 의존 형태소로 분류되고, 실질적 의미 유무에 따라 구체적인 대상이나 상태를 나타내는 실질 형태소와 실질 형태소에 붙어서 문법적 관계를 표시해 주는 형식 형태소로 분류된다.

대표 유형

◉ 다음 ㉠~㉤에 대한 형태소의 명칭이 잘못된 것은?

> 꼬마㉠는 ㉡앓아 누워 있㉢고, 아주머니는 휴가를 얻어 자기 아이㉣들을 보러 갔다는 ㉤것이었습니다.

① ㉠ - 의존 형태소, 형식 형태소　　　② ㉡ - 의존 형태소, 실질 형태소
③ ㉢ - 의존 형태소, 형식 형태소　　　④ ㉣ - 의존 형태소, 실질 형태소
⑤ ㉤ - 자립 형태소, 실질 형태소

핵심 문제

※ 다음 ㉠~㉤에 대한 형태소의 명칭이 잘못된 것을 고르시오.

01
> 다양한 생각㉠이 모두 가치 ㉡있는 것으로 인정되는 ㉢이 사회가 진정㉣으로 열린 사회이고, 창조적인 발전의 가능성이 있는 ㉤사회라고 할 수 있다.

① ㉠ - 의존 형태소, 형식 형태소　　　② ㉡ - 의존 형태소, 실질 형태소
③ ㉢ - 자립 형태소, 형식 형태소　　　④ ㉣ - 의존 형태소, 형식 형태소
⑤ ㉤ - 자립 형태소, 실질 형태소

02
> ㉠정말 그렇다면, ㉡왜 아내를 얻고, 집을 짓고, 소를 사서 논밭을 갈고 지내려 ㉢하지 않는가? 그럼 도둑놈 소리도 ㉣안 듣고 살면서, 집에는 부부의 낙(樂)이 있을 것이㉤요, 돌아다녀도 잡힐까 걱정을 않고 마음 편히 생활할 수 있을 텐데.

① ㉠ - 자립 형태소, 실질 형태소　　　② ㉡ - 자립 형태소, 실질 형태소
③ ㉢ - 의존 형태소, 실질 형태소　　　④ ㉣ - 자립 형태소, 형식 형태소
⑤ ㉤ - 의존 형태소, 형식 형태소

03

ㄱ아침 일찍 버스 정류장에 나가서 아무리 기다려도 버스가 오지 않는다. 시간이 지났는데도 기다리는 손님이 ㄴ여느 날ㄷ처럼 많지 않다. 생각해 보니, 어제부터 노선이 ㄹ바뀌어서 버스가 오지 않는 듯싶ㅁ다.

① ㄱ – 자립 형태소, 실질 형태소 　　② ㄴ – 자립 형태소, 실질 형태소
③ ㄷ – 의존 형태소, 형식 형태소 　　④ ㄹ – 의존 형태소, 형식 형태소
⑤ ㅁ – 의존 형태소, 형식 형태소

04

남편ㄱ은 본래 고구마를 좋아하지도 않는데다가 식전(食前)ㄴ에 그런 것을 먹는 것이 뭔지 부담스럽게 느껴졌ㄷ지만, 아내를 대접하는 뜻에서 ㄹ그 가운데 제일 작은 놈을 ㅁ하나 골라 먹었다.

① ㄱ – 의존 형태소, 형식 형태소 　　② ㄴ – 의존 형태소, 형식 형태소
③ ㄷ – 의존 형태소, 실질 형태소 　　④ ㄹ – 자립 형태소, 실질 형태소
⑤ ㅁ – 자립 형태소, 실질 형태소

05

전통은 과거로ㄱ부터 이어 온 것을 말한다. 이 전통은 대체로 그 사회 ㄴ및 사회의 구성원인 개인의 몸에 배ㄷ어 있는 것이다. ㄹ따라서 스스로 ㅁ깨닫지 못하는 사이에 전통이 우리의 의식에 영향을 끼치는 경우가 있다.

① ㄱ – 의존 형태소, 형식 형태소 　　② ㄴ – 의존 형태소, 형식 형태소
③ ㄷ – 의존 형태소, 형식 형태소 　　④ ㄹ – 자립 형태소, 실질 형태소
⑤ ㅁ – 의존 형태소, 실질 형태소

06

ㄱ우리는 세상을 자신의 기준으로 판단하기 때문에 ㄴ결코 ㄷ한 번도 객관ㄹ적으로 바라보지 못한다. 즉, 실제로 있는 대로 ㅁ모든 것을 보는 것이 아니라 볼 수 있는 것만 볼 뿐이다.

① ㄱ – 자립 형태소, 실질 형태소 　　② ㄴ – 자립 형태소, 실질 형태소
③ ㄷ – 자립 형태소, 형식 형태소 　　④ ㄹ – 의존 형태소, 형식 형태소
⑤ ㅁ – 자립 형태소, 실질 형태소

대표 유형 풀이

㉠ 는	문장 속에서 어떤 대상이 화제임을 나타내는 보조사이다.	의존 형태소, 형식 형태소
㉡ 앓-	기본형 '앓다' 의 어간이다.	의존 형태소, 실질 형태소
㉢ -고	두 가지 이상의 사실을 대등하게 이어 주는 연결 어미이다.	의존 형태소, 형식 형태소
㉣ -들	셀 수 있는 명사나 대명사 뒤에 붙어 '복수(複數)' 의 뜻을 더하는 접미사이다.	의존 형태소, 형식 형태소
㉤ 것	사물, 일, 현상 따위를 추상적으로 이르는 의존 명사이다.	자립 형태소, 실질 형태소

정답 ④

핵심 문제 풀이

01

㉠ 이	앞말이 서술어의 주어임을 나타내는 주격 조사이다.	의존 형태소, 형식 형태소
㉡ 있-	기본형 '있다' 의 어간이다.	의존 형태소, 실질 형태소
㉢ 이	말하는 이에게 가까이 있거나 말하는 이가 생각하고 있는 대상을 가리킬 때 쓰는 관형사이다.	자립 형태소, 실질 형태소
㉣ 으로	어떤 사물에 대하여 생각하는 바임을 나타내는 격 조사이다.	의존 형태소, 형식 형태소
㉤ 사회	'인간 집단' 을 의미하는 명사이다.	자립 형태소, 실질 형태소

정답 ③

02

㉠ 정말	정말로. '거짓이 없이 말 그대로' 라는 의미를 지닌 부사이다.	자립 형태소, 실질 형태소
㉡ 왜	'무슨 까닭으로. 또는 어째서' 라는 의미를 지닌 부사이다.	자립 형태소, 실질 형태소
㉢ 하-	기본형 '하다' 의 어간이다.	의존 형태소, 실질 형태소
㉣ 안	부사 '아니' 의 준말이다.	자립 형태소, 실질 형태소
㉤ -요	어떤 사물이나 사실 따위를 열거할 때 쓰이는 연결 어미이다.	의존 형태소, 형식 형태소

정답 ④

03

㉠ 아침	'날이 새면서 오전 반나절쯤까지의 동안' 을 의미하는 명사이다.	자립 형태소, 실질 형태소
㉡ 여느	'그 밖의 예사로운. 또는 다른 보통의' 를 의미하는 관형사이다.	자립 형태소, 실질 형태소
㉢ 처럼	모양이 서로 비슷하거나 같음을 나타내는 격 조사이다.	의존 형태소, 형식 형태소
㉣ 바꾸-	기본형 '바꾸다' 의 어간이다.	의존 형태소, 실질 형태소
㉤ -다	현재 사건이나 사실을 서술하는 뜻을 나타내는 종결 어미이다.	의존 형태소, 형식 형태소

정답 ④

㉠ 은	문장 속에서 어떤 대상이 화제임을 나타내는 보조사이다.	의존 형태소, 형식 형태소
㉡ 에	(체언 뒤에 붙어) 앞말이 시간의 부사어임을 나타내는 격 조사이다.	의존 형태소, 형식 형태소
㉢ -지만	-지마는. 어떤 사실이나 내용을 시인하면서 그에 반대되는 내용을 말하거나 조건을 붙여 말할 때에 쓰는 연결 어미이다.	의존 형태소, 형식 형태소
㉣ 그	앞에서 이미 이야기한 대상을 가리킬 때 쓰는 관형사이다.	자립 형태소, 실질 형태소
㉤ 하나	'수효를 세는 맨 처음 수'를 나타내는 수사이다.	자립 형태소, 실질 형태소

정답 ③

㉠ 부터	어떤 일이나 상태 따위에 관련된 범위의 시작임을 나타내는 보조사이다.	의존 형태소, 형식 형태소
㉡ 및	문장에서 같은 종류의 성분을 연결할 때 쓰는 부사이다.	자립 형태소, 실질 형태소
㉢ -어	본용언과 보조 용언을 연결하는 데 쓰는 연결 어미이다.	의존 형태소, 형식 형태소
㉣ 따라서	앞의 내용이 뒤의 내용의 이유나 원인, 근거가 될 때 쓰는 부사이다.	자립 형태소, 실질 형태소
㉤ 깨닫-	기본형 '깨닫다'의 어간이다.	의존 형태소, 실질 형태소

정답 ②

06

㉠ 우리	말하는 이가 자기와 듣는 이, 또는 자기와 듣는 이를 포함한 여러 사람을 가리키는 일인칭 대명사이다.	자립 형태소, 실질 형태소
㉡ 결코	'어떤 경우에도 절대로'의 의미를 지닌 부사이다.	자립 형태소, 실질 형태소
㉢ 한	그 수량이 하나임을 나타내는 관형사이다.	자립 형태소, 실질 형태소
㉣ -적	(일부 명사 뒤에 붙어) '그 성격을 띠는', '그에 관계된', '그 상태로 된'의 뜻을 더하는 접미사이다.	의존 형태소, 형식 형태소
㉤ 모든	'빠짐이나 남김 없이 전부의'라는 의미를 나타내는 관형사이다.	자립 형태소, 실질 형태소

정답 ③

핵심 개념

형태소의 분류

기준	종류	성격	예
자립성 유무	자립 형태소	단독으로 쓰일 수 있는 형태소	체언(명사, 대명사, 수사), 수식언(관형사, 부사), 독립언(감탄사)
	의존 형태소	다른 형태소에 기대어 쓰이는 형태소	조사, 용언의 어간과 어미, 접사
의미의 실질성 유무	실질 형태소 (어휘 형태소)	실질적 의미를 지닌 형태소로, 구체적인 대상이나 상태, 동작을 표시하는 형태소	자립 형태소 전부, 용언의 어간
	형식 형태소 (문법 형태소)	문법적 관계를 나타내는 형태소	용언의 어미, 접사, 조사

단어(2) - 단어의 형성

단어란 일정한 뜻과 기능을 가지고 있으면서 홀로 쓰일 수 있는 가장 작은 말의 단위를 말한다. 단어를 형성할 때 실질적인 의미를 나타내는 중심 부분을 '어근'이라고 하고, 어근에 붙어 그 뜻을 제한하는 주변 부분을 '접사'라고 하는데, 이때 단어의 파생에 기여하는 접사는 '파생 접사', 문법적 기능을 하는 접사는 '굴절 접사'라고 한다. 단어에서 하나의 어근으로만 이루어진 단어의 경우에는 '단일어', 둘 이상의 어근이나 어근과 파생 접사로 이루어진 단어는 '복합어'라고 한다. 또한 복합어는 둘 이상의 어근끼리 결합해서 이루어진 '합성어'와, 어근과 파생 접사가 결합한 '파생어'로 나뉜다.

대표 유형

⊙ **다음 중 단어의 성격이 <u>다른</u> 하나는?**

① 걸음　　　② 오가다　　　③ 헛고생　　　④ 바느질　　　⑤ 기다랗다

핵심 문제

※ 다음 중 단어의 성격이 <u>다른</u> 하나를 고르시오.

01　① 올벼　　② 하늘　　③ 개살구　　④ 이슬비　　⑤ 길바닥

02　① 군밤　　② 접칼　　③ 선생님　　④ 첫사랑　　⑤ 굶주리다

03　① 날뛰다　　② 새롭다　　③ 본받다　　④ 돌아가다　　⑤ 찾아보다

04　① 열쇠　　② 덧니　　③ 일꾼　　④ 들장미　　⑤ 짓누르다

05　① 맨입　　② 풋사과　　③ 산나물　　④ 치뜨다　　⑤ 값어치

※ 다음 밑줄 친 단어 중, 성격이 <u>다른</u> 하나를 고르시오.

06
① 이제 중간고사가 얼마 남지 않아서 <u>밤낮</u>으로 열심히 공부하고 있다.
② 바람은 불지 않았으나 낙엽이 <u>시나브로</u> 날려 발밑에 쌓이고 있었다.
③ 점심시간 내내 축구를 했더니 땀이 나서 <u>손수건</u>으로 땀을 닦았다.
④ 나는 아궁이에 불을 넣고 방구석에 앉아, <u>온종일</u> 책상에서 공부를 했다.
⑤ 하루 종일 일을 해도 워낙 수입이 적어서 <u>가난뱅이</u> 신세를 면하기가 어려웠다.

07
① 공부를 열심히 하는 모습을 보니 <u>학생답다</u>.
② <u>마소</u>의 새끼는 시골로, 사람의 자식은 서울로 보내라는 속담이 있다.
③ 이번 추석에 시골에 갔다가 <u>밤나무</u> 아래에 떨어진 밤을 많이 주워 왔다.
④ 어제 아버지께서 생일 선물로 사 주신 시계를 차니 내 <u>손목</u>이 눈부시게 빛난다.
⑤ 오늘 아침에 어머니께서 손수 해 주신 <u>버섯전골</u>을 먹어서 그런지 종일 배가 든든하다.

08
① 3월은 추위를 피해 땅속에 있던 새싹들이 파랗게 <u>돋아나는</u> 시기이다.
② 도로 폭이 좁아서 통행이 어려우니 시청에 건의해서 <u>넓히는</u> 것이 좋겠어.
③ 방학을 마치고 오랜만에 학교에 가려니 마음이 <u>설레고</u>, 한편으로 걱정도 된다.
④ 어제는 바람이 몹시 세차게 불더니 오늘은 언제 그랬냐는 듯이 <u>바람</u>이 잔잔하다.
⑤ 시험 기간이라 의자에 오래 앉아 있으니 <u>허리</u>가 아프고, 머리가 어지럽기까지 하다.

09
① 그 사이 한 해가 저물고 <u>새해</u>가 왔다.
② 가을철에는 <u>산불</u>을 예방하기 위해 노력해야 한다.
③ 친구가 장난삼아 쓴 낙서를 지우려고 아무리 <u>지우개</u>를 찾아봐도 없다.
④ <u>돌다리</u>도 두들겨 보고 건너라는 어머니의 말씀을 잊지 않으려고 애쓰고 있다.
⑤ 햇살에 나뭇잎은 싱그럽게 반짝이고 울긋불긋한 꽃들이 <u>꽃밭</u> 가득 피어 있었다.

10
① 그는 슬픔에 <u>젖어</u> 말을 하지 못하였다.
② 간호사는 환자의 팔뚝에 붕대를 <u>휘감았다</u>.
③ 아이는 마당에서 <u>맨발</u>로 돌아다니다가 유리 조각에 찔렸다.
④ 그의 집은 인근에서 천석꾼 부럽지 않은 <u>알부자</u>로 소문난 집이었다.
⑤ 할머니께서는 비만 오면 <u>팔다리</u>가 쑤시고 아프다며 나에게 주물러 달라고 하셨다.

대표 유형 풀이

① 걸음	걷-(어근) + -음(명사를 만드는 접미사)	파생어
② 오가다	오-(어근) + 가-(어근)	합성어
③ 헛고생	헛-('이유 없는', '보람 없는'의 뜻을 더하는 접두사) + 고생(어근)	파생어
④ 바느질	바늘(어근) + -질('그 도구를 가지고 하는 일'의 뜻을 더하는 접미사)	파생어
⑤ 기다랗다	길-(어근) + -다랗다('그 정도가 꽤 뚜렷함'의 뜻을 더하는 접미사)	파생어

정답 ②

핵심 문제 풀이

01

① 올벼	올-('빨리 자란'의 뜻을 더하는 접두사) + 벼(어근)	복합어(파생어)
② 하늘	하늘(어근)	단일어
③ 개살구	개-('야생 상태의' 또는 '질이 떨어지는'의 뜻을 더하는 접두사) + 살구(어근)	복합어(파생어)
④ 이슬비	이슬(어근) + 비(어근)	복합어(합성어)
⑤ 길바닥	길(어근) + 바닥(어근)	복합어(합성어)

정답 ②

02

① 군밤	굽-(어근) + 밤(어근)	합성어
② 접칼	접-(어근) + 칼(어근)	합성어
③ 선생님	선생(어근) + -님('높임'의 뜻을 더하는 접미사)	파생어
④ 첫사랑	첫(어근) + 사랑(어근)	합성어
⑤ 굶주리다	굶-(어근) + 주리-(어근)	합성어

정답 ③

03

① 날뛰다	날-(어근) + 뛰-(어근)	합성어
② 새롭다	새(어근) + -롭다('그러함' 또는 '그럴 만함'의 뜻을 더하고 형용사를 만드는 접미사)	파생어
③ 본받다	본(어근) + 받-(어근)	합성어
④ 돌아가다	돌-(어근) + 가-(어근)	합성어
⑤ 찾아보다	찾-(어근) + 보-(어근)	합성어

정답 ②

① 열쇠	열(어근) + 쇠(어근)	합성어
② 덧니	덧-('거듭된' 또는 '겹쳐 신거나 입는'의 뜻을 더하는 접두사) + 이(어근)	파생어
③ 일꾼	일(어근) + -꾼('어떤 일 때문에 모인 사람'의 뜻을 더하는 접미사)	파생어
④ 들장미	들-('야생으로 자라는'의 뜻을 더하는 접두사) + 장미(어근)	파생어
⑤ 짓누르다	짓-('마구', '함부로', '몹시'의 뜻을 더하는 접두사) + 누르-(어근)	파생어

정답 ①

① 맨입	맨-('다른 것이 없는'의 뜻을 더하는 접두사) + 입(어근)	파생어
② 풋사과	풋-('처음 나온' 또는 '덜 익은'의 뜻을 더하는 접두사) + 사과(어근)	파생어
③ 산나물	산(어근) + 나물(어근)	합성어
④ 치뜨다	치-('위로 향하게' 또는 '위로 올려'의 뜻을 더하는 접두사) + 뜨-(어근)	파생어
⑤ 값어치	값(어근) + -어치('그 값에 해당하는 분량'의 뜻을 더하는 접미사)	파생어

정답 ③

① 밤낮	밤(어근) + 낮(어근)	복합어(합성어)
② 시나브로	시나브로(어근)	단일어
③ 손수건	손(어근) + 수건(어근)	복합어(합성어)
④ 온종일	온-('꽉 찬', '완전한', '전부의' 따위의 뜻을 더하는 접두사) + 종일(어근)	복합어(파생어)
⑤ 가난뱅이	가난(어근) + -뱅이('그것을 특성으로 가진 사람'의 뜻을 더하는 접미사)	복합어(파생어)

정답 ②

① 학생답다	학생(어근) + -답다('성질이나 특성이 있음'의 뜻을 더하고 형용사를 만드는 접미사)	파생어
② 마소	말(어근) + 소(어근)	합성어
③ 밤나무	밤(어근) + 나무(어근)	합성어
④ 손목	손(어근) + 목(어근)	합성어
⑤ 버섯전골	버섯(어근) + 전골(어근)	합성어

정답 ①

08

① 파랗다	파랗-(어근)	단일어
② 넓히다	넓-(어근) + -히-('사동'의 뜻을 더하는 접미사)	복합어(파생어)
③ 마음	마음(어근)	단일어
④ 바람	바람(어근)	단일어
⑤ 허리	허리(어근)	단일어

정답 ②

09

① 새해	새(어근) + 해(어근)	합성어
② 산불	산(어근) + 불(어근)	합성어
③ 지우개	지우-(어근) +-개('간단한 도구'의 뜻을 더하고 명사를 만드는 접미사)	파생어
④ 돌다리	돌(어근) + 다리(어근)	합성어
⑤ 꽃밭	꽃(어근) + 밭(어근)	합성어

정답 ③

10

① 슬픔	슬프-(어근) + -ㅁ(명사를 만드는 접미사)	파생어
② 휘감다	휘-('마구' 또는 '매우 심하게'의 뜻을 더하는 접두사) + 감-(어근)	파생어
③ 맨발	맨-('다른 것이 없는'의 뜻을 더하는 접두사) + 발(어근)	파생어
④ 알부자	알-('진짜, 알짜'의 뜻을 더하는 접두사) + 부자(어근)	파생어
⑤ 팔다리	팔(어근) + 다리(어근)	합성어

정답 ⑤

어근과 접사

1. **어근**: 실질적 의미를 나타내는 중심 부분을 의미한다.   예 <u>위반</u>하다
   ※ **어간**: 활용어가 활용할 때 변하지 않는 부분을 의미한다.   예 <u>위반하</u>다
2. **접사**: 어근의 앞뒤에 붙어 그 뜻을 제한하는 주변 부분을 의미한다.
   ※ **어미**: 용언 및 서술격 조사가 활용하여 변하는 부분을 의미한다.

위치에 따라	접두사	어근 앞에 놓이는 접사	맨손, 덧버선
	접미사	어근 뒤에 놓이는 접사	덮개, 사람들
기능에 따라	한정적 접사	품사는 그대로 두고 어근의 뜻만 제한하는 접사	놓치다, 높다랗다
	지배적 접사	품사를 바꾸는 접사	울음(동사 → 명사), 학생답다(명사 → 형용사)

단어의 분류

1. **단일어**: 하나의 어근으로만 이루어진 단어를 말한다.   예 하늘, 나무, 별
2. **복합어**: 둘 이상의 어근이나, 어근과 접사가 결합하여 이루어진 단어를 말한다.
   (1) **파생어**: 어근과 접사가 결합된 단어   예 맨몸=맨-(접사) + 몸(어근), 새파랗다=새-(접사) + 파랗-(어근)
   (2) **합성어**: 둘 이상의 어근이 결합된 단어   예 밤나무=밤(어근) + 나무(어근), 여닫다=열-(어근) + 닫-(어근)

합성어의 구분

1. **통사적 합성어**: 우리말의 일반적 어순이나 단어 배열과 일치하는 방식으로 이루어진 합성어를 말한다.

명사 + 명사	돌다리, 길바닥, 돌부처, 이슬비, 눈물, 집안
관형사 + 명사	새해, 이승, 저승, 첫사랑
관형사형 + 명사	늙은이, 젊은이, 굳은살, 군밤, 디딜방아
주어 + 서술어	힘들다, 재미나다, 철들다, 정들다, 낯설다, 형편없다, 배부르다
목적어 + 서술어	본받다, 힘쓰다, 장가들다, 애쓰다
부사어 + 서술어	앞서다, 가로놓이다, 앞세우다, 뒤서다
본용언 + 보조 용언	돌아가다, 알아보다, 찾아보다, 스며들다

2. **비통사적 합성어**: 우리말의 일반적 어순이나 단어 배열과 일치하지 않는 방식으로 이루어진 합성어를 말한다.

용언의 어간 + 명사	들것, 접쇠, 꺾쇠, 누비옷, 검버섯
부사 + 명사	부슬비, 산들바람, 촐랑새, 척척박사
용언의 어간 + 용언의 어간	날뛰다, 오르내리다, 우짖다, 굶주리다, 굳세다

※ 우리말에서 조사는 생략이 가능하나, 어미는 생략되지 않는다. 그러므로 어미가 생략되면 비통사적 합성어가 된다.

파생어의 유형

1. **접두사에 의한 파생**: 접두사는 특정한 뜻을 더하거나 강조하면서 새말을 만들지만 품사를 바꾸지는 못한다.
   예 헛기침(헛- + 기침), 풋사과(풋- + 사과)
2. **접미사에 의한 파생**: 접두사로 이루어진 파생어보다 종류가 많으며 특정한 뜻을 더할 뿐 아니라, 어근의 품사를 바꾸기도 한다.   예 걸레질(걸레 + -질), 어른스럽다(어른 + -스럽다)

품사(1)

품사는 문법적 성질이 공통된 단어들끼리 모아 분류해 놓은 갈래를 말한다. 국어의 품사는 문장 속에서 단어가 담당하는 기능, 문장 속의 일정한 자리에서 단어가 보이는 형태, 그리고 단어가 나타내는 의미의 세 가지 기준에 따라 나누어지며, 국어에는 '명사, 대명사, 수사, 조사, 동사, 형용사, 관형사, 부사, 감탄사'의 아홉 개 품사가 있다.

대표 유형

● **다음 밑줄 친 단어 중, 품사가 다른 하나는?**

① 우리 <u>같이</u> 살아가자.
② 친구와 밥을 <u>실컷</u> 먹었다.
③ 네가 원하는 <u>대로</u> 해 봐라.
④ 소식은 <u>더러</u> 듣기는 했지만 얼굴은 못 봤다.
⑤ <u>없이</u> 사는 설움은 겪어 보지 않으면 모른다.

핵심 문제

※ 다음 밑줄 친 단어 중, 품사가 다른 하나를 고르시오.

01
① 네가 말한 <u>거기</u>가 어디냐?
② <u>나</u>는 내일 여행을 떠날 것이다.
③ <u>너</u>는 왜 항상 약속 시간을 어기는 거니?
④ 국군의 날 행사를 <u>여기</u>에서 치를 예정이다.
⑤ <u>첫째</u>도 안전, 둘째도 안전, 안전이 최우선입니다.

02
① 흠이 있어서 <u>새</u> 물건으로 바꿨다.
② 생일 케이크에 초를 <u>몇</u> 개나 꽂아야 하지?
③ <u>아무</u> 의사라도 좋으니 빨리 좀 모셔 오세요.
④ 저기 걸려 있는 <u>저것</u>이 우리 누나가 사 준 옷이랍니다.
⑤ 올림픽 개막식에 참가한 <u>모든</u> 국가들이 입장을 마쳤다.

03
① 오늘은 날씨<u>가</u> 화창해서 소풍 가기에 제격이다.
② 수업이 끝난 뒤에 곧바로 동쪽 축구장<u>으로</u> 모여라.
③ 교내 백일장에서 철수<u>의</u> 작품이 대상으로 선정되었다.
④ <u>저</u> 산만 넘으면 국경이 바뀌게 되므로 주의해야 된다.
⑤ 나는 박지성 선수 같은 최고의 골잡이가 되는 것이 소원<u>이다</u>.

04
① 이제 다시는 그 사람을 <u>안</u> 만나겠다.
② <u>이리</u> 가까이 앉아라! 떨고 있지 말고.
③ 그는 해외로 출장을 <u>매우</u> 자주 다닌다.
④ <u>과연</u> 이 일은 앞으로 어떻게 될 것인가?
⑤ <u>온갖</u> 종류의 꽃들이 이번 전시회에 전시될 것이다.

05
① 우리나라에서 가장 <u>높은</u> 산은 백두산이다.
② 울다<u>가</u> 웃으면 어떻게 되는지 다들 알고 있지?
③ 병원 검진 때문에 어젯밤부터 아무것도 못 <u>먹었다</u>.
④ 수업 시간이 축구 중계 시간과 겹쳐서 재방송으로 이제야 <u>본다</u>.
⑤ 어제는 편지를 <u>쓰느라</u> 수고했는데, 오늘은 선물을 사느라 수고해야겠다.

06
① 너무 힘이 들어서 <u>뛰다</u> 걷다를 반복했다.
② 그 책을 오늘 밤까지 다 <u>읽어야</u> 내일 반납할 수 있다.
③ 학교로 <u>가는</u> 길은 많으나 이 길이 가장 가까운 편이다.
④ 정월 대보름에 뜨는 달이 그 어느 때보다 가장 <u>밝은</u> 것 같다.
⑤ 철수는 어젯밤에 집으로 <u>오다가</u> 교통사고를 당해서 입원했다.

07
① <u>그래</u>, 바로 저기가 마라도야.
② <u>음</u>, 이 맛은 어릴 적 어머니의 손맛이야.
③ 철수에게 영희를 좋아하느냐고 물었더니 펄쩍 뛰었다.
④ 너 혹시 동수니? <u>어머나</u>, 우리 이게 정말 얼마만이야!
⑤ 시간이 지나면 해결될 일을, <u>허허</u> 왜 이리 야단이시오.

① 같이	부사	② 실컷	부사
④ 더러	부사	⑤ 없이	부사

정답 ③ '대로'는 '어떤 모양이나 상태와 같이'라는 의미의 의존 명사이다.

핵심 문제 풀이

01

① 거기	(지시) 대명사	② 나	(인칭) 대명사
③ 너	(인칭) 대명사	④ 여기	(지시) 대명사

정답 ⑤ '첫째'는 사물의 순서를 나타내는 (서)수사이다.

02

① 새	(성상) 관형사	② 몇	(수) 관형사
③ 아무	(지시) 관형사	⑤ 모든	(수) 관형사

정답 ④ '저것'은 말하는 이나 듣는 이로부터 멀리 있는 사물을 가리킬 때 쓰는 (지시) 대명사이다.

03

① 가	(주격) 조사	② 으로	(처소 부사격) 조사
③ 의	(관형격) 조사	⑤ 이다	(서술격) 조사

정답 ④ '저'는 말하는 이와 듣는 이로부터 멀리 있는 대상을 가리킬 때 쓰는 말로, 뒤에 오는 체언 '산'을 수식하는 (지시) 관형사이다.

04

① 안	(성분) 부사	② 이리	(성분) 부사
③ 매우	(성분) 부사	④ 과연	(문장) 부사

정답 ⑤ '온갖'은 '이런저런 여러 가지의'의 의미로, 뒤에 오는 '종류'를 꾸며 주는 관형사이다.

05

② 울다	동사	③ 먹다	동사
④ 보다	동사	⑤ 쓰다	동사

정답 ① '높다'는 '아래에서 위까지의 길이가 길다'라는 상태를 나타내는 (성상) 형용사이다.

06

① 뛰다	동사	② 읽다	동사
③ 가다	동사	⑤ 오다	동사

정답 ④ '밝다'는 불빛의 상태가 환함을 나타내는 (성상) 형용사이다.

07

① 그래	감탄사	② 음	감탄사
④ 어머나	감탄사	⑤ 허허	감탄사

정답 ③ '펄쩍'은 뒤에 오는 용언 '뛰었다'를 수식하는 (성분) 부사이다.

06 품사(2)

대표 유형

● ㉠~㉤의 품사가 잘못 연결된 것은?

> 요사이 ㉠우리 사회는 ㉡터진 봇물처럼 마구 흘러드는 외래 문명에 정신을 차리지 못할 지경이다. 세계화가 미국이라는 ㉢한 나라의 주도하에 이루어지고 있다. 일본은 얼마 전 영어를 ㉣아예 공용어로 채택하는 ㉤안을 검토하고 있다.

① ㉠ – 대명사 ② ㉡ – 동사 ③ ㉢ – 관형사
④ ㉣ – 부사 ⑤ ㉤ – 부사

핵심 문제

※ ㉠~㉤의 품사가 잘못 연결된 것을 고르시오.

01

> 영어만 ㉠잘 하면 성공한다는 ㉡믿음에 ㉢온 나라가 야단법석이다. 배워서 나쁠 ㉣것 없고, 국제 경쟁력을 키우는 차원에서 영어를 반드시 배워야 한다. ㉤하지만 영어보다 더 중요한 것은 우리말과 우리글임을 잊지 말아야 한다.

① ㉠ – 부사 ② ㉡ – 동사 ③ ㉢ – 관형사
④ ㉣ – 명사 ⑤ ㉤ – 부사

02

> 논 가운데서 장인님도 이상한 눈을 ㉠해 가지고 한참 날 노려보더니,
> "넌 ㉡의 자식, 왜 또 이래 ㉢웅?"
> "배가 좀 ㉣아파서유!"
> 하고 풀 위에 슬며시 쓰러지니까 장인님은 약이 올랐다. 저㉤도 논에서 철벙철벙 둑으로 올라오더니 잡은 참 내 멱살을 움켜잡고 뺨을 치는 것이 아닌가.

① ㉠ – 명사 ② ㉡ – 관형사 ③ ㉢ – 감탄사
④ ㉣ – 형용사 ⑤ ㉤ – 조사

03

"예술이란 미를 만들어 내는 것이다." 이 말은 ㉠가장 널리 알려진 예술에 대한 정의이다. 이 고전적인 예술에 대한 정의는 18세기에 확립되어 ㉡오늘날까지 전수되고 있다. ㉢즉, 예술은 미를 목표로 ㉣삼고, ㉤또한 미를 달성하는 의도적인 인간 활동이라는 것이다.

① ㉠ – 부사　　　　　② ㉡ – 명사　　　　　③ ㉢ – 부사
④ ㉣ – 동사　　　　　⑤ ㉤ – 관형사

04

예방 접종에 사용되는 물질을 '백신(vaccine)'이라고 하는데, ㉠이것은 ㉡어떤 감염에 대하여 ㉢인공적으로 면역을 ㉣주기 위하여 항원(抗原)에 적당한 조작을 가해서 체내의 자연 면역 체제를 발동시키는 작용을 한다. 현재는 독감, 소아마비, 장티푸스, 홍역, 결핵 ㉤등 많은 질병에 대한 백신이 나와 있다.

① ㉠ – 대명사　　　　② ㉡ – 형용사　　　　③ ㉢ – 명사
④ ㉣ – 동사　　　　　⑤ ㉤ – 명사

05

귀류법(歸謬法)이란 어떤 명제가 참임을 직접 증명하는 대신, 그 부정 명제가 참이라고 ㉠가정하여 그것의 불합리성을 증명함으로써 원래의 명제가 참인 것을 보여 주는 간접 증명법이다. 이 귀류법은 유클리드가 처음으로 생각해 낸 방법은 ㉡아니다. 하지만 ㉢그는 귀류법을 완전한 증명법의 ㉣하나로 본격적으로 ㉤사용하기 시작한 최초의 수학자임에 틀림없다.

① ㉠ – 동사　　　　　② ㉡ – 형용사　　　　③ ㉢ – 대명사
④ ㉣ – 수사　　　　　⑤ ㉤ – 명사

06

말뚝이: 쉬이. (춤과 반주 그친다.) ㉠여보, 악공들 말씀 들으시오. 오음 육률(五音六律) 다 버리고 ㉡저 버드나무 홀뚜기 뽑아다 ㉢불고 바가지 장단 좀 쳐 주오.
양반들: ㉣야아, 이놈, 뭐야!
말뚝이: 아, 이 양반들, 어찌 듣소. 용두 해금(奚琴), 북, 장고, 피리, 젓대 한 가락도 뽑지 말고 건건드러지게 치라고 ㉤그리 하였소.

① ㉠ – 감탄사　　　　② ㉡ – 대명사　　　　③ ㉢ – 동사
④ ㉣ – 감탄사　　　　⑤ ㉤ – 부사

대표 유형 풀이

⊙ 우리	대명사	'우리'는 말하는 이가 자기와 듣는 이, 또는 자기와 듣는 이를 포함한 여러 사람을 가리키는 대명사이다.
ⓒ 터지다	동사	'터지다'는 '둘러싸여 막혔던 것이 갈라져서 무너지다'의 의미를 지니며 뒤에 오는 체언 '봇물'의 움직임을 나타내는 동사이다.
ⓒ 한	관형사	'한'은 그 수량이 하나임을 나타내는 말로, 뒤에 오는 체언을 수식하는 관형사이다.
ⓔ 아예	부사	'아예'는 '일시적이거나 부분적이 아니라 전적으로'라는 의미를 지니며, 문장 전체를 수식하는 문장 부사이다.

정답 ⑤ '안'은 '토의하거나 조사하여야 할 사실'이라는 뜻의 명사이다.

핵심 문제 풀이

01

⊙ 잘	부사	'잘'은 '익숙하고 능란하게'의 뜻으로, 뒤에 오는 용언 '하다'를 수식하는 부사이다.
ⓒ 온	관형사	'온'은 '전부의'의 뜻으로 뒤에 오는 체언 '나라'를 수식하는 관형사이다.
ⓔ 것	명사	'것'은 말하는 이의 전망이나 추측, 또는 주관적 소신 따위를 나타내는 의존 명사이다.
ⓜ 하지만	부사	'하지만'은 서로 일치하지 아니하거나 상반되는 사실을 나타내는 두 문장을 이을 때 쓰는 접속 부사이다.

정답 ② '믿음'은 용언의 어간 '믿-'에 명사 파생 접미사 '-음'이 결합된 명사이다.

02

ⓒ 이	관형사	'이'는 말하는 이에게 가까이 있거나 말하는 이가 생각하고 있는 대상을 가리킬 때 쓰며, 뒤에 오는 체언 '자식'을 수식하는 관형사이다.
ⓒ 응	감탄사	'응'은 상대편의 대답을 재촉하거나 다짐해 둘 때 쓰는 감탄사이다.
ⓔ 아프다	형용사	'아프다'는 몸이 병이 나거나 들어 앓는 상태에 있음을 나타내는 형용사이다.
ⓜ 도	조사	'도'는 체언 뒤에 붙어 '역시'의 뜻을 더하는 보조사이다.

정답 ① '해'는 기본형인 '하다'의 활용형으로 '표정이나 태도 따위를 짓거나 나타내다'라는 의미의 동사이다.

03

⊙ 가장	부사	'가장'은 '여럿 가운데 어느 것보다 정도가 높거나 세게'라는 뜻으로 뒤에 오는 부사 '널리'를 수식하는 부사이다.
ⓒ 오늘날	명사	'오늘날'은 '지금의 시대'라는 의미의 명사이다.
ⓒ 즉	부사	'즉'은 '다른 것이 아니라 곧. 다시 말하여'라는 뜻으로, 앞 문장의 뜻을 뒤 문장에 이어 주면서 뒤 문장을 꾸며 주는 접속 부사이다.
ⓔ 삼다	동사	'삼다'는 '무엇을 무엇이 되게 하거나 여기다'라는 뜻으로, 사람이나 사물의 동작이나 작용을 나타내는 동사이다.

정답 ⑤ '또한'은 '그 위에 더. 또는 거기에다 더'라는 의미를 지닌 접속 부사이다.

㉠ 이것	대명사	'이것'은 바로 앞에서 이야기한 대상을 가리키는 대명사이다.
㉢ 인공적	명사	'인공적'은 '사람의 힘으로 만든 것'이라는 의미를 지니며, 뒤의 부사격 조사 '으로' 와 결합된 명사이다.
㉣ 주다	동사	'주다'는 '남에게 어떤 자격이나 권리, 점수 따위를 가지게 하다'의 의미로, 사람이 나 사물의 동작이나 작용을 나타내는 동사이다.
㉤ 등	명사	'등'은 그 밖에도 같은 종류의 것이 더 있음을 나타내는 의존 명사이다.

정답 ② '어떤'은 대상을 뚜렷이 밝히지 아니하고 이를 때 쓰는 관형사이다.

㉠ 가정하다	동사	'가정하다'는 '사실이 아니거나 또는 사실인지 아닌지 분명하지 않은 것을 임시로 인 정하다'라는 의미로, 사람이나 사물의 동작이나 작용을 나타내는 동사이다.
㉡ 아니다	형용사	'아니다'는 어떤 사실을 부정하는 뜻을 나타내는 형용사이다.
㉢ 그	대명사	'그'는 말하는 이와 듣는 이가 아닌 사람을 가리킬 때 쓰는 삼인칭 대명사이다.
㉣ 하나	수사	'하나'는 '수효를 세는 맨 처음 수'라는 뜻을 지니며, 뒤에 조사 '로'가 붙고 증명의 방법 중에 '하나'를 일컫는 수사이다.

정답 ⑤ '사용하기'는 용언의 어간 '사용하-'에 명사형 전성 어미 '-기'가 결합한 형태이다. 명사형 전성 어미가 결합되더라 도 품사는 바뀌지 않으므로, '사용하기'는 동사이다.

㉠ 여보	감탄사	'여보'는 어른이, 가까이 있는 자기와 비슷한 나이 또래의 사람을 부를 때 쓰는 감탄 사이다.
㉢ 불다	동사	'불다'는 '입술을 좁게 오므리고 그 사이로 숨을 내쉬어 소리를 내다'라는 의미의 동사이다.
㉣ 야아	감탄사	'야아'는 매우 놀랄 때 내는 소리로, 감정을 넣어 말하는 이의 놀람을 나타내는 감탄 사이다.
㉤ 그리	부사	'그리'는 '상태, 모양, 성질 따위가 그러한 모양'이라는 의미로, 뒤에 오는 용언 '하 였소'를 수식하는 부사이다.

정답 ② '저'는 말하는 이와 듣는 이로부터 멀리 있는 대상을 가리킬 때 쓰는 관형사로, 뒤에 오는 명사 '버드나무'를 수식한다.

품사의 특성

1. 뜻: 성질이 같은 단어끼리 모아 놓은 갈래
2. 분류

형태		기능	의미
불변어	체언	문장의 주체적인 성분을 이룸	명사, 대명사, 수사
	수식언	다른 말을 수식하거나 한정함	관형사, 부사
	독립언	문장에서 독립적으로 쓰임	감탄사
가변어	관계언	다른 말과의 관계를 나타냄	조사
			서술격 조사 '-이다'
	용언	문장에서 서술어의 기능을 함	동사, 형용사

체언(명사, 대명사, 수사)

1. 명사
   (1) 뜻: 사람이나 사물, 장소 등의 이름을 나타내는 단어 예 이순신, 하늘, 꽃, 책
   (2) 성질
      ① 조사가 붙어 다양하게 쓰인다. 예 이순신은(주어), 하늘에(부사어)
      ② 형태가 변하지 않는 불변어이다.
      ③ 관형사나 관형어의 꾸밈을 받을 수 있다. 예 새로운 사실, 모든 종류
      ④ 복수 접미사(-들, -네)가 붙어 복수형을 이룰 수 있다. 예 사람 → 사람들
   (3) 종류

사용 범위에 따라	고유 명사	특정한 대상을 다른 것들과 구별하기 위해 쓰이는 이름	이순신, 백두산
	보통 명사	어떤 속성을 지닌 대상들에 두루 쓰이는 이름	꽃, 나무
자립성 여부에 따라	자립 명사	다른 말의 도움 없이 단독으로 쓰일 수 있는 명사	나무, 하늘
	의존 명사	의미가 형식적이어서 다른 말의 도움을 받아야 쓰일 수 있는 명사	것, 뿐, 따름

2. 대명사
   (1) 뜻: 사람, 사물, 장소의 이름을 대신하여 가리키는 단어 예 이것, 그것, 저것, 자네, 너희
   (2) 성질
      ① 조사가 붙어 다양하게 쓰인다. 예 너희가(주어), 이것을(목적어)
      ② 관형사의 꾸밈은 받을 수 없으나, 용언의 관형형의 꾸밈을 받을 수 있다. 예 온갖 자네(×), 멋진 자네(○)
   (3) 종류

인칭 대명사	사람의 이름 대신 쓰이는 말		나, 너, 그, 당신, 이분
지시 대명사	사물 대명사	사물의 이름 대신 쓰이는 말	그것, 이것, 저것, 무엇
	장소 대명사	장소의 이름 대신 쓰이는 말	여기, 거기, 저기, 어디

3. 수사
   (1) 뜻: 사물의 수량이나 순서를 가리키는 단어 예 하나, 둘, 셋, 첫째, 둘째
   (2) 성질
      ① 조사가 붙어 다양하게 쓰인다. 예 하나는(주어), 둘을(목적어), 셋이다(서술어)
      ② 관형사나 용언의 관형형의 꾸밈을 받을 수 없다. 예 온갖 하나(×), 아름다운 하나(×)
   (3) 종류

양수사	사물의 수량을 나타내는 말	하나, 둘, 셋
서수사	사물의 순서를 나타내는 말	첫째, 둘째, 셋째

용언(동사, 형용사)

1. 동사
(1) 뜻: 주어의 움직임이나 작용을 나타내는 단어 **예** 가다, 먹다, 흐르다
(2) 성질
  ① 형태가 변하는 가변어이다.
  ② 어미가 변화(활용)하여 다양한 성분으로 쓰인다. **예** 먹는(관형어), 먹다(서술어)
  ③ 명령형이나 청유형으로 활용이 가능하다. **예** 집으로 가라.(명령문) / 집으로 가자.(청유문)
(3) 종류

동작 동사	사람이나 동물의 움직임을 나타내는 동사(명령문, 청유문 ○)	먹다, 자다
작용 동사	자연의 움직임을 나타내는 동사(명령문, 청유문 ×)	흐르다, 불다

2. 형용사
(1) 뜻: 주어의 성질이나 상태를 나타내는 단어 **예** 곱다, 예쁘다, 착하다
(2) 성질
  ① 어미가 변화(활용)하여 다양한 성분으로 쓰인다. **예** 예쁜(관형어), 예쁘다(서술어)
  ② 명령형이나 청유형으로 활용할 수 없다. **예** 얼굴이 고와라.(명령문 ×, 감탄문 ○) / 우리 예쁘자.(×)
(3) 종류

성상 형용사	성질이나 상태를 나타내는 형용사	좋다, 깨끗하다
지시 형용사	지시성을 나타내는 형용사	이러하다, 그러하다, 저러하다

※ 동사와 형용사의 대표적인 구별법
1. 동사는 '-ㄴ(는)다', '-는'이라는 현재형 어미와 결합이 가능하지만, 형용사는 결합이 불가능하다.
  예 먹다: 먹는대(○) → 동사 / 예쁘다: 예쁜대(×) → 형용사, 자다: 자는(○) → 동사 / 귀엽다: 귀엽는(×) → 형용사
2. 동사는 명령형, 청유형 어미와 결합이 가능하지만, 형용사는 결합이 불가능하다.
  예 앉다: 앉아라(명령형 ○), 앉자(청유형 ○) → 동사 / 많다: 많아라(명령형 ×), 많자(청유형 ×) → 형용사

※ 본용언과 보조 용언

본용언	보조 용언의 도움을 받아, 문장의 실질적인 의미를 나타내는 용언	나는 학교에 가고 싶다.
보조 용언	본용언과 연결되어 의미를 더해 주는 용언	본용언 └보조 용언

※ 용언의 활용
1. 뜻: 용언의 어간(활용할 때 형태가 변하지 않는 부분)에 어미(어간 뒤에 붙어 형태가 변하는 부분)가 다양하게 결합하는 현상으로, 어간에 종결 어미 '-다'를 붙인 형태를 '기본형'이라고 한다. **예** 뛰다: 뛰고, 뛰니, 뛰어서
                      어간┘└ 어미

2. 분류
(1) 규칙 활용: 어간과 어미가 결합하는 과정에서 어간, 어미 모두 형태의 변화가 없는 활용 **예** 먹다: 먹어, 먹고, 먹으니
(2) 불규칙 활용: 어간과 어미가 결합하는 과정에서 어간이나 어미가 바뀌어 불규칙적인 모습을 보이는 활용

어간	'ㅅ' 불규칙	어간의 끝소리 'ㅅ'이 모음 어미 앞에서 탈락함	짓- + -어 → 지어
	'ㅂ' 불규칙	어간의 끝소리 'ㅂ'이 모음 어미 앞에서 '-오/-우'로 바뀜	돕- + -아 → 도와
	'ㄷ' 불규칙	어간의 끝소리 'ㄷ'이 모음 어미 앞에서 'ㄹ'로 바뀜	싣- + -어 → 실어
	'ㄹ' 불규칙	어간의 끝소리 'ㄹ'가 모음 어미 앞에서 탈락하면서 'ㄹㄹ'이 덧생김	오르- + -어 → 올라
	'우' 불규칙	어간의 끝소리 '우'가 모음 어미 앞에서 탈락함	푸- + -어 → 퍼
어미	'여' 불규칙	'하-' 뒤에 오는 어미 '-어'가 '-여'로 바뀜	하- + -어 → 하여
	'러' 불규칙	어간이 '르'로 끝나는 용언의 어미 '-어'가 '-러'로 바뀜	푸르- + -어 → 푸르러
	'너라' 불규칙	'오-' 뒤에서 명령형 어미 '-아라'가 '-너라'로 바뀜	오- + -아라 → 오너라
	'오' 불규칙	'달-'의 명령형 어미로 '-오'가 나타남	다오
어간과 어미	'ㅎ' 불규칙	어간의 'ㅎ'이 탈락하면서 어미도 모습이 바뀜	파랗- + -아 → 파래

※ 어미

1. 어말 어미: 단어의 끝자리에 위치하는 어미

(1) 종결 어미: 한 문장을 끝맺는 기능을 하는 어미

평서형 종결 어미	단순한 설명으로 끝맺음	-다, -네, -(으)오, -(으)ㅂ니다, -느니라
감탄형 종결 어미	감탄의 뜻으로 끝맺음	-(는)구나, -군, -로구나, -도다
의문형 종결 어미	물음의 뜻으로 끝맺음	-느냐, -ㄴ가, -니, -(으)ㅂ니까, -나
명령형 종결 어미	명령의 뜻으로 끝맺음	-어라/-아라, -게, -(으)오, -(으)십시오
청유형 종결 어미	권유의 뜻으로 끝맺음	-자, -세, -(으)ㅂ시다

(2) 연결 어미: 문장이나 단어를 연결해 주는 어미

대등적 연결 어미	문장을 대등하게 이어 줌	-고, (으)며, -면서, -거나, -느니
종속적 연결 어미	문장을 종속적으로 이어 줌	-(으)면, -려고, -(으)니(까), -(으)므로, -어도, -ㄹ수록
보조적 연결 어미	본용언과 보조 용언을 이어 줌	-아/-어, -게, -지, -고

(3) 전성 어미: 용언이 다른 품사의 기능을 수행하게 하는 어미

관형사형 전성 어미	관형사처럼 만들어서 관형어로 쓰이게 함	-(으)ㄴ, -는, -(으)ㄹ, -던
명사형 전성 어미	명사처럼 만들어서 체언과 같은 성분으로 쓰이게 함	-(으)ㅁ, -기
부사형 전성 어미	부사처럼 만들어서 부사어로 쓰이게 함	-게, -도록

- 명사형 전성 어미 '-(으)ㅁ, -기'는 문장에서 명사처럼 쓰이나 품사는 변하지 않는다. 하지만 '-(으)ㅁ, -기'가 명사 파생 접미사로 쓰일 때에는 품사가 명사로 바뀐다.
  예 꿈을 꿈은 청소년의 특권이다.
  　　 명사　동사
  → 앞의 '꿈'은 '꾸-(어간) + -ㅁ(명사 파생 접미사)'으로, '꾸다'라는 동사를 명사로 바꾸어 줌
  → 뒤의 '꿈'은 '꾸-(어간) + -ㅁ(명사형 전성 어미)'으로, 동사라는 품사는 바뀌지 않음

- '-아/-어, -게, -지, -고'는 대등적 연결 어미, 종속적 연결 어미, 보조적 연결 어미 모두 쓰일 수 있다.
  예 나는 학교에 가고, 동생은 집으로 간다. → 대등적 연결 어미 / 정우야, 밥을 먹고 가라. → 종속적 연결 어미
  　　형은 설거지를 하고 있다. → 보조적 연결 어미

2. 선어말 어미: 어말 어미 앞에 오는 어미(경우에 따라 있거나 없으며 둘 이상이 붙기도 함)

시제 선어말 어미	행위가 이루어진 때를 표시함	-ㄴ-/-는-, -았-/-었-, -겠-, -더-
높임 선어말 어미	주체를 높임	-시-
공손 선어말 어미	공손한 뜻을 나타냄	-오-, -옵-

수식언(관형사, 부사)

1. 관형사

(1) 뜻: 체언을 꾸며 주는 역할을 하는 단어　예 그, 온갖, 새, 모든

(2) 성질
① 조사와 결합할 수 없다.
② 형태가 변하지 않는 불변어이다.
③ 항상 관형어로만 쓰인다.

성상 관형사	사물의 성질이나 상태를 나타내는 관형사	옛, 갖은, 온갖
지시 관형사	어떤 대상을 가리키는 관형사	이, 저, 그
수 관형사	수량이나 순서와 같은 수 개념을 나타내는 관형사	한, 두

2. 부사
  (1) 뜻: 주로 용언을 꾸미고, 때로는 다른 부사나 관형사, 문장 전체를 꾸미기도 한다.　예 매우, 몹시, 이리, 갑자기, 아직
  (2) 성질
    ① 격 조사와는 결합할 수 없지만, 보조사는 붙을 수 있다.　예 몹시도
    ② 형태가 변하지 않는 불변어이다.
  (3) 갈래

성분 부사 (문장의 한 성분을 꾸며 줌)	성상 부사	사람이나 사물의 상태나 정도를 나타내는 부사	잘, 매우, 바로, 가장
	지시 부사	장소나 시간, 앞에 나온 사실 등을 가리키는 부사	이리, 그리, 내일, 오늘
	부정 부사	용언의 앞에 놓여 그 용언의 의미를 부정하는 부사	아니, 안, 못
문장 부사 (문장 전체를 꾸며 줌)	양태 부사	말하는 이의 태도를 나타내는 부사	과연, 정말, 설마
	접속 부사	문장이나 단어를 이어 주는 부사	그러나, 즉, 또는, 및

관계언(조사)

1. 뜻: 체언 뒤에 붙어서 다른 말과의 문법적 관계를 나타내거나 특별한 뜻을 더해 주는 역할을 하는 단어
   예 이(가), 은(는), 을(를)

2. 성질
   ① 주로 체언 뒤에 붙고 관형사에는 붙지 않는다.　예 철수가, 영희를
   ② 형태가 변하지 않지만, 서술격 조사(이다)는 형태가 변한다.
   ③ 자립성은 없지만, 하나의 단어로 인정한다.

3. 종류

격 조사	앞에 오는 체언에 붙어 문장 안에서 일정한 자격을 갖게 하는 조사	주격 조사	이/가, 에서, 께서
		목적격 조사	을/를
		보격 조사	이/가
		서술격 조사	이다
		관형격 조사	의
		부사격 조사	에, 에서, 에게
		호격 조사	아/야, 이여, 이시여
보조사	주어, 목적어, 보어 등 여러 자리에 두루 붙어 앞말에 특별한 의미를 덧붙이는 조사		은/는(대조), 도(역시), 만(유일), 뿐(단독)
접속 조사	두 단어를 같은 자격으로 이어 주는 조사		와/과, (이)랑, (이)나, 하고

독립언(감탄사)

1. 뜻: 감정을 넣어 말하는 이의 놀람, 느낌, 부름이나 대답 등을 나타내는 단어　예 이크, 여보게, 야호, 예
2. 성질: 다른 말들과 관계없이 독립어로만 쓰인다.

01 음운의 변동 현상을 고려해 볼 때, ㉠~㉤을 잘못 발음한 것은?

[앵커] 기발한 상상력을 ㉠ 낳은[나은] 프랑스 작가 '베르베르'가 오늘 독자들과 만남의 시간을 가졌습니다. ○○○ 기자가 다녀왔습니다.

[기자] 《개미》, 《뇌》를 포함해 지금까지 우리말로 번역된 ㉡ 책만[챙만] 11종. 프랑스보다 우리나라에서 더 유명한 작가 베르베르는 가장 큰 행운이 무엇이었느냐는 질문에 "바로 지금 한국 독자와의 만남"이라며 유독 한국 사랑을 강조했습니다. "하고 싶은 일을 열정을 가지고 하다 보니 ㉢ 젊어졌고[절머졋꼬] 행복해졌다. 여러분도 ㉣ 그렇게[그러케] 하라.", 이것이 6년 만에 한국 독자를 만난 '기발한 ㉤ 상상력[상상녁]의 소유자 베르베르'의 '권장 사항'이었습니다. 베르베르는 화요일부터 열리는 국내 첫 과학 포럼인 월드사이언스 포럼에 참석하기 위해 우리나라에 왔습니다. 베르베르는 수요일 오전 월드사이언스 포럼에서 '뇌의 비밀'이라는 주제로 특별 강연을 할 예정입니다.

① ㉠   ② ㉡   ③ ㉢   ④ ㉣   ⑤ ㉤

02 〈보기〉의 ㉠~㉢에 대한 용례를 찾아보는 수행 평가를 실시한다고 할 때, 각각의 예로 가장 적절한 것은?

보기

사잇소리 현상

㉠ 사잇소리 현상이 있고 없음에 따라 의미가 달라지는 단어들이 있다.

㉡ 한자로 이루어진 합성어의 경우, 사잇소리 현상이 일어나더라도 사이시옷을 붙이지 않지만, 예외도 있다.

㉢ 합성 명사가 될 때 사잇소리 현상 자체가 일어나지 않는 경우도 있다.

	㉠에 대한 용례	㉡에 대한 용례	㉢에 대한 용례
①	회수 / 횟수	곳간(庫間), 셋방(貰房)	고래기름, 기와집
②	고기배 / 고깃배	숫자(數字), 찻간(車間)	산길, 콩밥
③	나무집 / 나뭇집	툇간(退間), 곳간(庫間)	돌담, 산불
④	갈비뼈 / 갈빗뼈	숫자(數字), 찻간(車間)	손잡이, 해돋이
⑤	머리말 / 머릿말	횟수(回數), 툇간(退間)	굴밥, 질그릇

03 〈보기〉의 ㉠~㉤의 밑줄 친 부분과 동일한 음운 변동이 일어나는 예가 모두 바르게 제시된 것은?

국어에는 자음군 단순화, 구개음화, 비음화, 된소리되기, 거센소리되기 등의 음운 변동이 있다.

㉠ 우리는 자리를 옮겨서[옴겨서] 밥을 먹었다.
㉡ 그녀는 내 말을 굳이[구지] 따지려 들지는 않았다.
㉢ 그는 정계에 입문하여[임문하여] 활동을 시작했다.
㉣ 나는 말을 더듬지[더듬찌] 않고 또박또박 대답했다.
㉤ 그는 듬직한[듬지칸] 성품으로 주변에 친구가 많았다.

① ㉠의 예: 굵기다, 급하다　　　　　② ㉡의 예: 미닫이, 뻗대다
③ ㉢의 예: 집문서, 맏누이　　　　　④ ㉣의 예: 껴안다, 꿈같이
⑤ ㉤의 예: 굽히다, 한여름

04 〈보기〉는 음운 변동에 대한 수업의 한 장면이다. 학생들의 활동 결과로 적절한 것은?

선생님: 지난 시간에는 음운 변동 현상인 교체, 탈락, 축약, 첨가에 대해서 배웠습니다. 오늘은 음운 변동이 두 가지 이상 나타나는 단어를 통해 지난 시간에 배운 내용을 적용해 보겠습니다. 모둠별로 칠판에 제시한 단어에서 일어나는 음운 변동 현상을 분석한 후, 분석 결과에 따라 해당 항목에 알맞은 단어 카드를 붙여 볼까요?

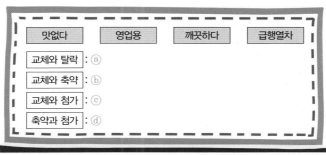

	ⓐ	ⓑ	ⓒ	ⓓ
①	급행열차	깨끗하다	맛없다	영업용
②	맛없다	급행열차	영업용	깨끗하다
③	맛없다	깨끗하다	영업용	급행열차
④	깨끗하다	영업용	맛없다	급행열차
⑤	깨끗하다	맛없다	급행열차	영업용

05 다음은 접사와 어근의 결합 양상에 대해 수업 중 발표한 내용이다. 이에 대한 학생들의 반응으로 적절하지 <u>않은</u> 것은?

[발표 내용]

> **발표 1**: 어근에 접두사가 결합되면 어근에 의미가 더해집니다. 예를 들어 '선무당'은 어근 '무당'에 접두사 '선-'이 결합하여 '서툰'이라는 의미가 더해진 것입니다. '군말', '군살'도 그 예에 속합니다.

> **발표 2**: 어근에 접미사가 결합되면 어근에 의미가 더해집니다. 예를 들어 '꾀보'는 어근 '꾀'에 접미사 '-보'가 결합하여 '그것을 즐기거나 그 정도가 심한 사람'의 의미가 더해진 것입니다.

> **발표 3**: 어근에 접미사가 결합하면 품사가 바뀌기도 합니다. 예를 들어 '사랑'은 '-하다'가 붙으면 명사에서 동사로 품사가 바뀝니다.

---

① '발표 1'의 내용 중 '군말', '군살'의 '군-'은 '쓸데없는'의 의미를 어근에 더해 주는군.
② '발표 1'과 '발표 2'를 종합해 보면, 접두사와 접미사는 어근과 결합하여 새로운 단어를 만드는군.
③ '발표 2'의 단어에 '멋쟁이', '장난꾸러기'를 더 추가할 수 있겠군.
④ '발표 2'와 '발표 3'을 종합해 보면, '꾀보'는 '-보'에 의해 의미가 더해지고 품사가 바뀌었군.
⑤ '발표 3'에는 '숙제하다'를 더 추가할 수 있겠군.

06 밑줄 친 말 중 ㉠의 예로 적절하지 <u>않은</u> 것은?

조사는 주로 체언에 붙어서, 그 체언이 문장 중의 다른 단어와 맺는 관계를 나타내거나 특별한 뜻을 더해 주는 단어이다. 조사는 체언이 문장 속에서 다른 말과 맺는 관계를 표현하는 격조사, 둘 이상의 체언을 같은 자격으로 이어서 하나의 명사구를 형성하는 접속 조사, ㉠ <u>앞말에 특별한 뜻을 더해 주는 보조사</u>로 구분된다.

---

① 오직 새소리<u>만</u> 들렸다.
② 시험까지 한 달<u>도</u> 안 남았다.
③ 나는 개<u>와</u> 고양이를 좋아한다.
④ 할아버지께서<u>는</u> 신문을 보셨다.
⑤ 그는 평생 가족<u>밖에</u> 모르고 살았다.

07 다음 조건을 만족하는 용례를 <u>잘못</u> 연결한 것은?

기준	종류	성격	조건
자립성 유무	자립 형태소	다른 말에 의존하지 아니하고 혼자 쓰일 수 있는 형태소	조건 1
	의존 형태소	반드시 다른 말에 의존하여 쓰이는 형태소	조건 2
의미의 실질성 유무	실질 형태소	구체적인 대상이나 동작, 상태를 표시하는 형태소로 어휘적 의미를 나타냄.	조건 3
	형식 형태소	실질 형태소에 붙어, 말과 말 사이의 문법적 관계를 나타내는 형태소	조건 4

	조건 1	조건 2	조건 3	조건 4	용례
①	○	×	×	○	<u>아</u>, 슬프다. 벌써 방학이 끝났다니.
②	×	○	○	×	내가 우리 반에서 제일 <u>빠르</u>다.
③	×	○	×	○	아버지께서 오늘은 일찍 들어오시는구나.
④	○	×	○	×	얼굴이 홍당무처럼 빨갛게 달아올랐다.
⑤	×	○	×	○	친구<u>가</u> 오늘 우리 집에 놀러오기로 했어요.

08 다음 '중국 자매학교 방문기'의 초고를 고쳐 쓰기 위한 방안으로 적절하지 <u>않은</u> 것은?

> 지난 겨울에 중국의 조선족 중학교에 다녀왔다. 역사적으로 우리나라와 밀접한 관계를 맺은, '중국'이라는 나라를 내 발로 밟았다는 사실㉠은 자랑스럽게 느껴졌다. ㉡첫째날 비행기로 약 2시간 걸려서 중국 하얼빈 공항에 도착했다. 공항에서 나오자마자 관광버스를 타고 학교로 향했다. 그런데 아무리 가도 평원의 끝이 보이지를 않았다. 수시간을 차로 달려 자매학교에 도착했다. 그 순간, 나를 포함한 ㉢모든 거의 아이들이 감탄하지 않을 수 없었다. 학교 시설이 굉장히 컸기 때문이다. 마치 시골 분교처럼 작고, 초라한 시설일 것이라고 ㉣생각한건 나뿐이 아니었나 보다. 다음 날은 조식을 먹고 학교에서 멀리 떨어져 있지 않은 한 공원에 갔다. 그 공원에서 일본군들과의 싸움이 시작되었다고 안내원이 설명해 주었다. 석판에 길게 새겨진 글이 있었는데 모두 한자로 ㉤쓰여 있었다. 조금 더 가 보니 일제에 대항해서 싸운 사람들의 손자국을 새겨 놓은 판 같은 것이 수십 개 있었다. ……

① ㉠ - '은'은 '강조'의 의미를 더해 주는 보조사로, 문맥을 고려하여 주격 조사 '이'로 고쳐야 한다.

② ㉡ - '첫째날'의 경우, '첫째'는 수 관형사이고, '날'은 명사이므로 '첫째'와 '날'은 띄어 써야 한다.

③ ㉢ - '모든'은 관형사로 체언을 수식하는 기능을 하므로 '아이들'의 앞으로 위치를 바꾸어야 한다.

④ ㉣ - '생각한건'의 '건'은 '것은'의 구어체 표기로, '것'은 의존 명사에 해당하므로 '생각한'과 '건'을 띄어 써야 한다.

⑤ ㉤ - '쓰여'는 '쓰이어'의 준말이므로 'ㅡ'와 'ㅣ'의 축약 형태인 '씌어'로 고쳐 써야 한다.

09 〈보기〉를 바탕으로 음운의 첨가에 대해 이해한다고 할 때, 적절하지 **않은** 것은?

>
> '음운의 첨가'란 원래는 없던 소리가 첨가되어 발음되는 것을 말한다. 합성어에서 앞 단어의 끝소리가 울림소리이고 뒤 단어의 첫소리가 예사소리이면 뒤의 단어가 된소리로 변하고, 합성어나 파생어에서 앞말의 끝이 자음이고 뒷말이 '이, 야, 여, 요, 유'로 시작하는 경우에는 뒷말의 첫소리에 'ㄴ' 소리가 첨가된다. 또한 합성어에서 앞말이 모음으로 끝나고 뒷말이 'ㄴ, ㅁ'으로 시작하는 경우에도 앞말의 끝소리에 'ㄴ'이 첨가된다. 이때에는 '뒷문[뒨문]'과 같이 앞말에 사이시옷을 넣어 표시하기도 한다.

① '신여성[신녀성]'은 앞말이 자음으로 끝나고 뒷말이 '여'로 시작되어서 'ㄴ' 소리가 첨가되었군.

② '논둑'은 앞말의 끝이 울림소리이고 뒤 단어의 첫소리가 예사소리인 합성어이므로 [논뚝]이라고 발음되겠군.

③ '콧날[콘날]'은 앞말이 모음으로 끝나고 뒷말이 'ㄴ'으로 시작되는 합성어이므로 앞말의 끝소리에 'ㄴ' 소리가 첨가되었군.

④ '밤길'은 앞말의 끝이 울림소리이고 뒤 단어의 첫소리가 예사소리이지만 합성어나 파생어가 아니므로 표기 그대로 [밤길]로 발음되겠군.

⑤ '뱃사공[배싸공]'은 결합할 때 사잇소리가 첨가되어 뒤 형태소의 첫소리가 된소리로 발음되었군. 또한 앞말이 모음으로 끝나므로 이를 나타내기 위해 표기에 'ㅅ'을 첨가한 것을 알 수 있어.

10 다음 설명에 해당하는 용례가 바르게 짝지어진 것은?

> ㄱ. **용언**: 문장의 주체를 서술하는 기능을 가진 동사와 형용사를 통틀어 이르는 단어.
> ㄴ. **대명사**: 사람이나 사물, 장소의 이름을 대신하여 가리키는 단어.

① ㄱ. 나는 사과 하나를 사 왔다.
   ㄴ. 어느 곳에 놓을까요?

② ㄱ. 틀린 것은 꼭 복습해야 된다.
   ㄴ. 내가 말한 사람이 그 사람이야.

③ ㄱ. 오늘은 열심히 청소하자.
   ㄴ. 저기에 놓으면 좋겠어.

④ ㄱ. 이것과 저것은 다른 책이다.
   ㄴ. 그가 우리 집에 왔대.

⑤ ㄱ. 이제 새롭게 시작하자.
   ㄴ. 그런 경우에는 어떻게 해?

11 다음 순서도에 따라 A, B, C의 결과물로 도출된 단어들이 바르게 나열된 것은?

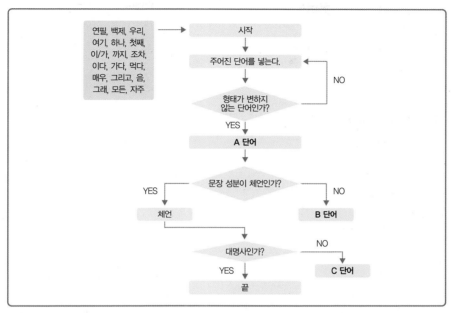

	A 단어	B 단어	C 단어
①	백제, 우리	여기, 조차	이다, 가다
②	하나, 첫째	이/가, 까지	여기, 백제
③	연필, 백제	까지, 조차	하나, 첫째
④	여기, 모든	매우, 자주	백제, 우리
⑤	연필, 이다	그리고, 그래	백제, 첫째

12 다음 단어들에서 합성어인 경우에 '+5점'을, 파생어인 경우에는 '−2점'을 준다고 했을 때, 모두 더한 값은?

새해	덮밥	들볶다	어깨동무	풋사과	일꾼	가난뱅이	책가방

① 11점   ② 12점   ③ 13점   ④ 14점   ⑤ 15점

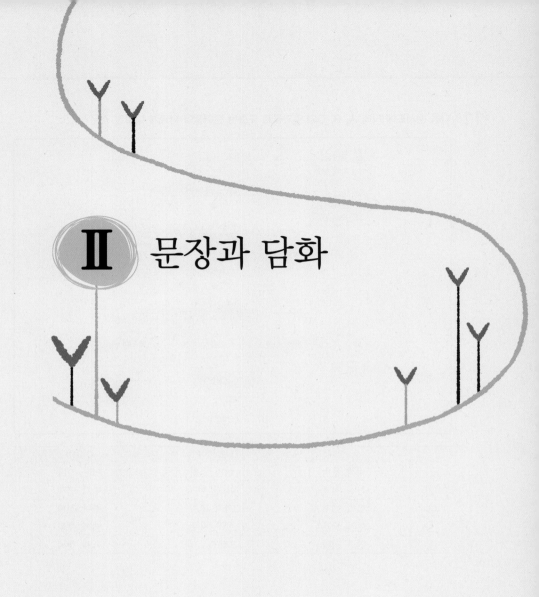

Ⅱ 문장과 담화

문장은 생각이나 감정을 말로 표현할 때 완결된 내용을 나타내는 최소의 단위이다. 그러나 국어의 모어 화자로서 바른 문장을 사용하는 경우가 그리 많지 않다. 여기에서는 바른 언어생활에서 기본이 되는 문장과, 관련된 여러 문법 사항, 그리고 우리말의 흐름에 대해 자세하게 알아보자.

구체적으로 문장 안에서 문장을 구성하면서 일정한 문법 기능을 하는 부분인 문장 성분의 분류와 특징, 문장끼리의 연결 관계를 탐구하는 문장의 짜임, 문장의 끝을 맺는 종결 표현, 상대에 따라 높임과 낮춤을 언어적으로 구분하는 높임 표현, 시제와 상을 통해 시간을 나타내는 시간 표현, 동작의 시키고 당함을 나타내는 피동·사동 표현, 언어 내용의 의미를 부정하는 부정 표현, 문법에 어긋나는 문장을 바로잡는 문장 다듬기, 일정한 상황 속에서 실제로 사용되는 담화에 대해 살펴보도록 한다.

문장(1) - 문장 성분

문장이란, 생각이나 감정을 말로 표현할 때 완결된 내용을 나타내는 최소의 단위를 말한다. 문장 안에서 일정한 문법적 기능을 하는 부분을 문장 성분이라고 하는데, 주어, 목적어, 보어, 서술어와 같이 문장을 구성하는 데 반드시 필요한 '주성분', 관형어, 부사어와 같이 다른 성분을 수식하는 역할을 하는 '부속 성분', 독립어와 같이 독립적으로 사용되는 '독립 성분'으로 나눌 수 있다.

대표 유형

⊙ 다음 밑줄 친 부분의 문장 성분을 잘못 말한 것은?

① 그의 <u>장점은</u> 키가 크다는 것이다. (→ 주어)
② 이번 방학 동안 <u>축구를</u> 실컷 했다. (→ 목적어)
③ 나는 <u>학교에서</u> 우연히 준성이를 만났다. (→ 보어)
④ 여러분에게 <u>아름다운</u> 결실이 있기를 바랍니다. (→ 관형어)
⑤ 창문을 조금만 열어 두면 방 안 공기가 <u>환기된다.</u> (→ 서술어)

핵심 문제

※ 다음 밑줄 친 부분의 문장 성분을 잘못 말한 것을 고르시오.

01
① 나는 <u>그의</u> 첫인상이 나쁘지 않았다. (→ 관형어)
② 나는 공부에 열중하여 <u>장학생이</u> 되겠다. (→ 보어)
③ 그의 사상이 표출되어 있는 것이 <u>바로</u> 이 책이다. (→ 부사어)
④ 어제부터 비가 그치지 않아 소풍에 지장이 <u>생겼다.</u> (→ 서술어)
⑤ 한 아이는 그을음을 <u>전혀</u> 묻히지 않은 깨끗한 얼굴로 내려왔다. (→ 관형어)

02
① <u>아니요,</u> 저는 못 들었습니다.(→ 독립어)
② 휴가는 <u>동해에서</u> 보내는 것이 어때요? (→ 부사어)
③ <u>우리가</u> 모두 힘을 합하면 못할 일이 없다. (→ 주어)
④ 순간 그의 뇌리를 <u>스치는</u> 기억이 하나 있었다. (→ 목적어)
⑤ 오늘 날씨가 매우 춥다고 하니 옷을 <u>꼭</u> 갖춰 입어야 한다. (→ 관형어)

03
① 어머니, 옆집 아주머니께서 떡을 주셨어요.(→ 주어)
② 그가 너에게 선물을 보냈다는 것을 잊지 말아야 한다. (→ 부사어)
③ 그 판사는 "모든 국민은 법 앞에서 평등하다."라고 말했다. (→ 관형어)
④ 이번 일에 대해 정부에서 면밀히 조사한 결과가 발표되었다. (→ 주어)
⑤ 불행하게도 그는 그렇게 사고를 당하고 나서 가족들까지 잃었다. (→ 부사어)

04
① 성준이는 전교 회장 후보에 추천되었다. (→ 부사어)
② 구청에서 차가 지나갈 만한 넓은 길을 냈다. (→ 관형어)
③ 재원이는 손가락에 고추장을 찍어 맛을 보았다. (→ 목적어)
④ 많은 사람들의 목숨이 내걸린 무모한 싸움이었다. (→ 관형어)
⑤ 그는 어머니께서 주시는 용돈을 두 손으로 받았다. (→ 부사어)

05
① 정성이 지극하면 바위에도 꽃이 핀다. (→ 주어)
② 인간은 환경에 의해 성격이 형성된다. (→ 서술어)
③ 짜증을 내는 아이는 좋은 말로 달래자. (→ 부사어)
④ 귀를 곤두세우며 열심히 들었지만 아무 소용없었다. (→ 관형어)
⑤ 지성이는 부모님께 여행을 다녀와도 좋다는 허락을 받았다. (→ 목적어)

06
① 이제 그런 기회는 다시 오지 않을 것이다. (→ 부사어)
② 어머니는 아들이 시험에 꼭 붙기를 빌었다. (→ 목적어)
③ 그 새는 하늘 높이 날아 어디론가 사라져 버렸다. (→ 보어)
④ 새로 부임한 군수에게 마을 사람들이 선물을 보냈다. (→ 관형어)
⑤ 피나는 연습으로 그녀는 세계 대회에서 3관왕이 되었다. (→ 보어)

07
① 그는 그곳을 급히 빠져나왔다. (→ 목적어)
② 나는 생각한다. 그러므로 존재한다. (→ 부사어)
③ 그는 면도를 끝내고, 거품을 닦아 냈다. (→ 서술어)
④ 분명히 그날 나는 청소 당번이 아니었다. (→ 부사어)
⑤ 낡은 자동차였지만 차의 성능은 훌륭했다. (→ 관형어)

정답 및 해설

정답 ③ ③의 '학교에서'는 장소를 나타내는 부사어이다. ①의 '장점은'은 문장의 주어이다. ②의 '축구를'은 '했다'의 목적어이다. ④의 '아름다운'은 뒤에 오는 '결실'을 수식하는 관형어이다. ⑤의 '환기된다'는 문장의 서술어이다.

핵심 **문제 풀이**

01

정답 ⑤ ⑤의 '전혀'는 뒤에 오는 서술어 '묻히지'를 수식하는 부사어이다. ①의 '그의'는 뒤에 오는 '첫인상'을 수식하는 관형어이다. ②의 '장학생이'는 서술어 '되겠다'의 보어이다. ③의 '바로'는 뒤에 오는 말을 수식하는 부사어이다. ④의 '생겼다'는 문장의 서술어이다.

02

정답 ⑤ ⑤의 '꼭'은 뒤에 오는 서술어 '갖춰 입어야 한다'를 수식하는 부사어이다. ①의 '아니요'는 문장에서 다른 성분과 관련이 없는 독립어이다. ②의 '동해에서'는 장소를 나타내는 말로 부사어이다. ③의 '우리가'는 문장의 주어이다. ④의 '뇌리를'은 서술어 '스치는'의 목적어이다.

03

정답 ① ①의 '어머니'는 문장에서 다른 성분과 관련이 없는 독립어이다. ②의 '너에게'는 '보냈다는'의 대상이 되는 부사어이다. ③의 '모든'은 뒤에 오는 '국민'을 수식하는 관형어이다. ④의 '정부에서'는 앞말이 주어임을 나타내는 격 조사 '에서'가 붙은 주어이다. ⑤의 '불행하게도'는 문장 전체를 수식하는 부사어이다.

04

정답 ⑤ ⑤의 '어머니께서'는 서술어 '주시는'의 주어이다. ①의 '후보에'는 맡아 보는 자리를 나타내는 부사어이다. ②의 '넓은'은 뒤에 오는 '길'을 수식하는 관형어이다. ③의 '맛을'은 '보았다'의 목적어이다. ④의 '사람들의'는 뒤에 오는 체언 '목숨'을 수식하는 관형어이다.

05

정답 ④ ④의 '열심히'는 서술어 '들었지만'을 수식하는 부사어이다. ①의 '꽃이'는 서술어 '핀다'의 주어이다. ②의 '형성된다'는 문장의 서술어이다. ③의 '말로'는 서술어 '달래자'를 수식하는 부사어이다. ⑤의 '허락을'은 서술어 '받았다'의 목적어이다.

정답 ③ ③의 '어디론가'는 서술어 '사라져 버렸다'를 수식하는 부사어이다. ①의 '이제'는 시간을 나타내는 부사어이다. ②의 '붙기를'은 서술어 '빌었다'의 목적어이다. ④의 '부임한'은 체언 '군수'를 수식하는 관형어이다. ⑤의 '3관왕이'는 서술어 '되었다'의 보어이다.

정답 ④ ④의 '당번이'는 서술어 '아니었다'의 보어이다. ①의 '그곳을'은 서술어 '빠져나왔다'의 목적어이다. ②의 '그러므로'는 앞뒤 내용을 이어 주는 부사어이다. ③의 '끝내고'는 주어 '그는'의 서술어이다. ⑤의 '차의'는 뒤에 오는 '성능'을 수식하는 관형어이다.

핵심 개념

문장 성분

문장 안에서 문장을 구성하면서 일정한 문법적인 기능을 하는 각 부분을 의미한다.

주성분	문장의 골격을 이루는 필수 성분	주어, 서술어, 목적어, 보어
부속 성분	주성분을 꾸며 뜻을 더하여 주는 성분	관형어, 부사어
독립 성분	다른 성분과 직접적인 관련을 맺지 아니하고 따로 떨어져 있는 성분	독립어

1. 주성분

주어	동작 또는 상태나 성질의 주체를 나타내는 문장 성분으로, '누가, 무엇이'에 해당함 예 그녀는 예뻤다. / 할아버지께서 선물을 주셨다.
서술어	주어의 동작, 상태, 성질 따위를 풀이하는 기능을 하는 문장 성분으로, '어찌하다, 어떠하다, 무엇이다'에 해당함. 필요로 하는 문장 성분의 수에 따라 한 자리 서술어, 두 자리 서술어, 세 자리 서술어가 있음 예 나는 친구를 만났다. / 승찬이는 동생이 태어났음을 알았다.
목적어	서술어의 행위나 동작의 대상이 되는 문장 성분으로, '누구를, 무엇을'에 해당함 예 그가 애썼다는 사실을 알고 있다. / 그 책을 읽은 사람은 나뿐이었다.
보어	서술어 '되다', '아니다' 앞에 놓여 서술어를 보충해 주는 문장 성분으로, 보격 조사 '이/가'와 결합함 예 물이 얼음이 되었다. / 그것은 자동차가 아니었다.

2. 부속 성분

관형어	체언 앞에서 체언을 꾸며서 그 의미를 한정해 주는 문장 성분으로, '어떤, 무슨'에 해당함 예 그는 시골의 풍경을 좋아한다. / 그녀는 예쁜 학생이다.
부사어	용언, 관형어, 다른 부사어, 문장 전체를 수식하거나 문장이나 단어를 이어 주는 문장 성분으로, '어떻게, 어디서, 언제, 누구와' 등에 해당함 예 매우 아름다운 꽃이 피었다. / 봄이 왔다. 그러나 꽃이 피지 않았다.

3. 독립 성분

독립어	문장의 다른 성분과 직접적인 관련 없이 독립적으로 쓰이는 문장 성분으로, 일반적으로 감탄사, 체언에 호격 조사가 붙은 형태, 제시어, 대답하는 말 등이 해당함 예 어머나, 지갑을 두고 왔네! / 주한아, 산에 가자. / 청춘, 이는 듣기만 해도 가슴 설레는 말이다.

문장(2) - 안긴문장

문장은 주어와 서술어의 관계가 한 번씩만 이루어진 홑문장과 두 번 이상 이루어진 겹문장으로 나 뉜다. 겹문장은 다시 안은문장과 이어진문장으로 나뉜다. 한 문장이 절의 형태로 바뀌어 전체 문장 속 에 하나의 성분처럼 포함되어 있는 문장을 안긴문장이라고 하며, 안긴문장을 포함한 전체의 문장을 안 은문장이라고 한다. 안긴문장에는 명사절, 관형절, 부사절, 서술절, 인용절이 있다. 또한 두 개 이상의 홑문장이 연결 어미에 의해 이어진 전체 문장을 이어진문장이라고 한다. 이어진문장에는 대등하게 이 어진 문장과 종속적으로 이어진 문장이 있다.

대표 유형

◉ **다음 밑줄 친 부분과 같은 종류의 안긴문장이 포함된 것은?**

> 그는 <u>형과 달리</u> 말을 잘한다.

① 코끼리는 코가 매우 길다.
② 그 사람은 아무도 모르게 가방을 챙겼다.
③ 이번 주말에 할머니께서 오신다는 소식을 들었다.
④ 올해도 농사가 잘되기를 진심으로 기원하겠습니다.
⑤ 그는 이곳이 세상에서 가장 예쁜 정원이라고 말했다.

핵심 문제

※ **다음 밑줄 친 부분과 같은 종류의 안긴문장이 포함된 것을 고르시오.**

01

> <u>할아버지께서 태어나신</u> 1945년에 우리나라는 독립을 하였다.

① 철수는 바람이 통하도록 문을 열었다.
② 나는 정작 그가 의사였음을 잊고 있었어.
③ 지연이는 네가 헤어지기를 기다리고 있을 텐데?
④ 그녀는 그가 작가라는 이야기를 친구에게서 들었다.
⑤ 아버지께서는 여진이가 신문도 읽지 않는다고 꾸중하셨다.

02 수영이가 남몰래 봉사를 해왔음이 알려졌다.

① 그녀가 얼굴에 미소를 띠었다.
② 여름이 되어서 매미가 많이 늘어났다.
③ 엊그제 아침에는 밥을 먹다가 지각을 했다.
④ 우리는 그가 나쁜 사람임을 잘 알고 있었다.
⑤ 그는 우리에게 "내가 뭘 잘못했는데?"라고 말했다.

03 그는 이번 일이 참 유감스러웠다고 말했다.

① 정아는 미모가 뛰어나다.
② 하늘이 눈이 시리게 파랗다.
③ 우리는 그가 옳았음을 깨달았다.
④ 어머니께서는 자장면이 싫다고 말씀하셨어.
⑤ 명수는 작별 인사도 없이 친구들 곁을 떠났다.

04 지난 밤에 그 사람은 말도 없이 떠났다.

① 넌 공부를 하나도 안 했잖아?
② 그 운동선수는 키가 정말 크다.
③ 하루 종일 눈이 소리도 없이 내렸다.
④ 우리는 그가 돌아왔다는 사실을 몰랐다.
⑤ 잘 살기를 바란다고 그가 마지막 인사를 했다.

05 시골의 집은 마당이 넓다.

① 영희는 손이 예쁘다.
② 한민이는 땀이 나도록 뛰었다.
③ 드디어 그가 틀렸음이 밝혀졌다.
④ 그 사람은 나에게 그녀를 사랑한다고 말했다.
⑤ 내가 집에 가는데, 저쪽에서 누군가 달려왔다.

대표 유형 풀이

예문	안긴문장
① 코끼리는 <u>코가 매우 길다.</u>	서술절
② 그 사람은 <u>아무도 모르게</u> 가방을 챙겼다.	부사절
③ 이번 주말에 <u>할머니께서 오신다는</u> 소식을 들었다.	관형절
④ 올해도 <u>농사가 잘되기</u>를 진심으로 기원하겠습니다.	명사절
⑤ 그는 <u>이곳이 세상에서 가장 예쁜 정원이라고</u> 말했다.	인용절(관형절 포함)

정답 ② '형과 달리'는 전체 문장에서 서술어를 수식하는 역할을 하는 부사절이다.

핵심 문제 풀이

01

예문	안긴문장
① 철수는 <u>바람이 통하도록</u> 문을 열었다.	부사절
② 나는 정작 <u>그가 의사였음</u>을 잊고 있었어.	명사절
③ 지연이는 <u>네가 헤어지기</u>를 기다리고 있을 텐데?	명사절
④ 그녀는 <u>그가 작가라는</u> 이야기를 친구에게서 들었다.	관형절
⑤ 아버지께서는 <u>여진이가 신문도 읽지 않는다고</u> 꾸중하셨다.	인용절

정답 ④ '할아버지께서 태어나신'은 문장에서 '1945년'을 수식하는 역할을 하는 관형절이다.

02

예문	안긴문장
① 그녀가 얼굴에 미소를 띠었다.	홑문장
② 여름이 되어서 매미가 많이 늘어났다.	이어진문장
③ 엊그제 아침에는 밥을 먹다가 지각을 했다.	이어진문장
④ 우리는 <u>그가 나쁜 사람임</u>을 잘 알고 있었다.	명사절(관형절 포함)
⑤ 그는 우리에게 <u>"내가 뭘 잘못했는데?"라고</u> 말했다.	인용절

정답 ④ '수영이가 남몰래 봉사를 해왔음'은 문장에서 주어 역할을 하는 명사절이다.

03

예문	안긴문장
① 정아는 <u>미모가 뛰어나다.</u>	서술절
② 하늘이 <u>눈이 시리게</u> 파랗다.	부사절
③ 우리는 <u>그가 옳았음</u>을 깨달았다.	명사절
④ 어머니께서는 <u>자장면이 싫다고</u> 말씀하셨어.	인용절
⑤ 명수는 <u>작별 인사도 없이</u> 친구들 곁을 떠났다.	부사절

정답 ④ '이번 일이 참 유감스러웠다고'는 다른 사람의 말을 인용한 인용절이다.

04

예문	안긴문장
① 넌 공부를 하나도 안 했잖아?	홑문장
② 그 운동선수는 <u>키가 정말 크다</u>.	서술절
③ 하루 종일 눈이 <u>소리도 없이</u> 내렸다.	부사절
④ 우리는 <u>그가 돌아왔다는</u> 사실을 몰랐다.	관형절
⑤ <u>잘 살기를 바란다고</u> 그가 마지막 인사를 했다.	인용절(명사절 포함)

정답 ③ '말도 없이'는 문장에서 서술어 '떠났다'를 수식하는 역할을 하는 부사절이다.

05

예문	안긴문장
① 영희는 <u>손이 예쁘다</u>.	서술절
② 한민이는 <u>땀이 나도록</u> 뛰었다.	부사절
③ 드디어 <u>그가 틀렸음</u>이 밝혀졌다.	명사절
④ 그 사람은 나에게 <u>그녀를 사랑한다고</u> 말했다.	인용절
⑤ 내가 집에 가는데, 저쪽에서 누군가 달려왔다.	이어진문장

정답 ① '마당이 넓다'는 문장에서 서술어 역할을 하는 서술절이다.

핵심 개념

안은문장과 안긴문장

1. 안은문장: 안긴문장을 포함한 전체 문장

2. 안긴문장: 한 문장이 성분절의 형태로 바뀌어 전체 문장 속에 포함되어 있는 문장

명사절	문장에서 주어, 목적어, 부사어 등 명사의 기능을 하는 절로, 명사형 어미 '-(으)ㅁ, -기', '-(은/는) 것' 등을 통해 실현됨 예 그가 범인임이 밝혀졌다.
관형절	문장에서 관형어의 기능을 하는 절로, 관형사형 어미 '-(으)ㄴ/-는, -던, -(으)ㄹ'을 통해 실현됨 예 이 책은 내가 읽던 책이다.
부사절	문장에서 부사와 같이 서술어를 수식하는 기능을 갖는 절로, 부사 파생 접미사 '-이', 활용 어미 '-(아)서', '-게', '-도록' 등을 통해 실현됨 예 선생님께서는 말씀도 없이 글씨만 쓰셨다.
서술절	문장에서 서술어로 쓰이는 절로, 서술어 한 개에 주어가 두 개 이상 있는 문장에서 나타남 예 곰은 예상 외로 꾀가 많다.
인용절	말하는 이의 생각 또는 남의 말을 인용한 문장을 인용의 부사격 조사로 표현한 절로, 직접 인용을 나타내는 조사 '라고'나 간접 인용을 나타내는 조사 '고'를 통해 실현됨 예 그녀는 "이제 나는 떠날 거야."라고 말했다.

09 문장(3) - 이어진문장

대표 유형

◉ 다음 중 이어진문장의 성격이 <u>다른</u> 것은?

> ㉠ 기업이 없으면 근로자도 없다.
> ㉡ 운동장이 넓어서 학생들이 좋아한다.
> ㉢ 잔칫집에서 떡도 먹고, 고기도 먹었다.
> ㉣ 눈이 많이 내려서 길이 미끄럽다.
> ㉤ 우리는 한라산 등반을 하려고 아침 일찍 집을 떠났다.

① ㉠   ② ㉡   ③ ㉢   ④ ㉣   ⑤ ㉤

핵심 문제

※ 다음 중 이어진문장의 성격이 <u>다른</u> 것을 고르시오.

01

> ㉠ 인생은 짧고 예술은 길다.
> ㉡ 절약은 부자를 만드나, 절제는 사람을 만든다.
> ㉢ 그는 이곳에서 태어났고, 평생 동안 이곳에서 살았다.
> ㉣ 그가 아무렇지도 않게 웃어서 나는 더욱 속상했다.
> ㉤ 학교를 향해 재석이는 열심히 뛰었지만, 명수는 천천히 걸었다.

① ㉠   ② ㉡   ③ ㉢   ④ ㉣   ⑤ ㉤

02

> ㉠ 하늘은 파랗고, 나무는 푸르다.
> ㉡ 공부하는데, 자꾸 전화가 걸려 왔다.
> ㉢ 성적이 안 좋으면 부모님께 혼이 난다.
> ㉣ 동건이가 자리에서 일어서자 나머지도 따라 일어섰다.
> ㉤ 만일 네가 계속 이런 식으로 나오면 나도 더 이상은 어쩔 수가 없어.

① ㉠   ② ㉡   ③ ㉢   ④ ㉣   ⑤ ㉤

※ 다음 중 문장의 성격이 <u>다른</u> 것을 고르시오.

03

ㄱ 낙엽이 소리도 없이 떨어진다.
ㄴ 우리가 기다리던 소풍날이 되었다.
ㄷ 선생님께서는 철수가 부지런하다고 칭찬하셨다.
ㄹ 내가 일찍 일어나면 아버지께서 칭찬을 해 주신다.
ㅁ 그녀는 나에게 "이번 주에 바다로 놀러 가지 않을래?"라고 말했다.

① ㄱ   ② ㄴ   ③ ㄷ   ④ ㄹ   ⑤ ㅁ

04

ㄱ 먹구름이 끼고, 번개가 쳤다.
ㄴ 그는 갔지만, 그의 혼은 살아 있다.
ㄷ 손님들이 오시거든 반갑게 맞이해라.
ㄹ 그는 내게 택배를 보내 달라고 부탁했다.
ㅁ 우리는 해돋이를 보려고 일찍 일어났다.

① ㄱ   ② ㄴ   ③ ㄷ   ④ ㄹ   ⑤ ㅁ

05

ㄱ 봄이 되니 몸이 나른하다.
ㄴ 나는 미선이가 학교에 갈 것이라고 말했다.
ㄷ 남쪽에는 평야가 많고, 북쪽에는 산이 많다.
ㄹ 사슴이 들판을 뛰어다니고, 파랑새가 하늘을 날고 있었다.
ㅁ 나무는 소년을 사랑했지만, 소년은 나무를 아끼지 않았다.

① ㄱ   ② ㄴ   ③ ㄷ   ④ ㄹ   ⑤ ㅁ

06

ㄱ 학원에 가기가 싫다.
ㄴ 사공이 많으면 배가 산으로 간다
ㄷ 햇볕은 따사롭고, 바람은 잠잠하다.
ㄹ 우리들이 아니면 누가 우리 조국을 지키랴?
ㅁ 윤아는 숙제를 마쳤지만, 수영이는 계속 놀고 있다.

① ㄱ   ② ㄴ   ③ ㄷ   ④ ㄹ   ⑤ ㅁ

대표 **유형 풀이**

예문	문장의 종류
㉠ 기업이 없으면 근로자도 없다.	종속(조건)
㉡ 운동장이 넓어서 학생들이 좋아한다.	종속(인과)
㉢ 잔칫집에서 떡도 먹고, 고기도 먹었다.	대등(나열)
㉣ 눈이 많이 내려서 길이 미끄럽다.	종속(인과)
㉤ 우리는 한라산 등반을 하려고 아침 일찍 집을 떠났다.	종속(의도)

정답 ③ ㉢은 대등적 연결 어미 '-고'에 의해 대등하게 이어진 문장이다. 나머지는 종속적으로 이어진 문장이다.

핵심 **문제 풀이**

01

예문	문장의 종류
㉠ 인생은 짧고 예술은 길다.	대등(나열)
㉡ 절약은 부자를 만드나, 절제는 사람을 만든다.	대등(대조)
㉢ 그는 이곳에서 태어났고, 평생 동안 이곳에서 살았다.	대등(나열)
㉣ 그가 아무렇지도 않게 웃어서 나는 더욱 속상했다.	종속(이유)
㉤ 학교를 향해 재석이는 열심히 뛰었지만, 명수는 천천히 걸었다.	대등(대조)

정답 ④ ㉣은 종속적 연결 어미 '-어서'에 의해 종속적으로 이어진 문장이다. 나머지는 대등하게 이어진 문장이다.

02

예문	문장의 종류
㉠ 하늘은 파랗고, 나무는 푸르다.	대등(나열)
㉡ 공부하는데, 자꾸 전화가 걸려 왔다.	종속(배경)
㉢ 성적이 안 좋으면 부모님께 혼이 난다.	종속(조건)
㉣ 동건이가 자리에서 일어서자 나머지도 따라 일어섰다.	종속(이유)
㉤ 만일 네가 계속 이런 식으로 나오면 나도 더 이상은 어쩔 수가 없어.	종속(조건)

정답 ① ㉠은 대등적 연결 어미 '-고'에 의해 대등하게 이어진 문장이고, 나머지는 종속적으로 이어진 문장이다.

03

예문	문장의 종류
㉠ 낙엽이 소리도 없이 떨어진다.	안은문장(부사절)
㉡ 우리가 기다리던 소풍날이 되었다.	안은문장(관형절)
㉢ 선생님께서는 철수가 부지런하다고 칭찬하셨다.	안은문장(인용절)
㉣ 내가 일찍 일어나면 아버지께서 칭찬을 해 주신다.	이어진문장(종속)
㉤ 그녀는 나에게 "이번 주에 바다로 놀러 가지 않을래?"라고 말했다.	안은문장(인용절)

정답 ④ ㉣은 종속적 연결 어미 '-면'에 의해 종속적으로 이어진 문장이고, 나머지는 안은문장이다.

04

예문	문장의 종류
㉠ 먹구름이 끼고, 번개가 쳤다.	이어진문장(대등)
㉡ 그는 갔지만, 그의 혼은 살아 있다.	이어진문장(대등)
㉢ 손님들이 오시거든 반갑게 맞이해라.	이어진문장(종속)
㉣ 그는 내게 택배를 보내 달라고 부탁했다.	안은문장(인용절)
㉤ 우리는 해돋이를 보려고 일찍 일어났다.	이어진문장(종속)

정답 ④ ㉣은 인용절로 안긴 문장을 포함한 안은문장이고, 나머지는 이어진문장이다.

05

예문	문장의 종류
㉠ 봄이 되니 몸이 나른하다.	이어진문장(종속)
㉡ 나는 미선이가 학교에 갈 것이라고 말했다.	안은문장(인용절)
㉢ 남쪽에는 평야가 많고, 북쪽에는 산이 많다.	이어진문장(대등)
㉣ 사슴이 들판을 뛰어다니고, 파랑새가 하늘을 날고 있었다.	이어진문장(대등)
㉤ 나무는 소년을 사랑했지만, 소년은 나무를 아끼지 않았다.	이어진문장(대등)

정답 ② ㉡은 인용절로 안긴 문장을 포함한 안은문장이고, 나머지는 이어진문장이다.

06

예문	문장의 종류
㉠ 학원에 가기가 싫다.	안은문장(명사절)
㉡ 사공이 많으면 배가 산으로 간다.	이어진문장(종속)
㉢ 햇볕은 따사롭고, 바람은 잠잠하다.	이어진문장(대등)
㉣ 우리들이 아니면 누가 우리 조국을 지키랴?	이어진문장(종속)
㉤ 윤아는 숙제를 마쳤지만, 수영이는 계속 놀고 있다.	이어진문장(대등)

정답 ① ㉠은 명사절로 안긴 문장을 포함한 안은문장이고, 나머지는 이어진문장이다.

핵심 개념

이어진문장

두 개 이상의 홑문장이 연결 어미에 의해 이어진 문장

대등하게 이어진 문장	두 개 이상의 홑문장이 '-고, -(으)며, -(으)나, -지만'과 같은 대등적 연결 어미에 의해 이어진 문장으로, 나열, 대조, 선택 등의 의미 관계를 가짐 **예** 낮말은 새가 듣고, 밤말은 쥐가 듣는다.
종속적으로 이어진 문장	두 개 이상의 홑문장이 '-(아)서, -(으)면, -(으)려고, -(으)ㄹ지라도'와 같은 종속적 연결 어미에 의해 이어진 문장으로, 앞절이 뒷절에 대해 이유, 조건, 배경, 양보, 의도, 결과, 전환 등의 의미 관계를 가짐 **예** 봄이 오면 꽃이 핀다.

10 문법 요소(1) – 종결 표현

국어에서는 문장의 종결 표현 방식에 따라 문장의 종류가 결정된다. 말하는 사람은 기능에 맞는 적절한 종결 표현을 사용하여 자신의 생각과 느낌을 표현할 수 있다. 국어의 문장은 종결 어미에 따라 평서문, 의문문, 명령문, 청유문, 감탄문으로 나뉜다. 그런데 문장의 종류와 의미가 항상 일치하는 것은 아니다. 문장의 최종적인 기능은 종결 표현뿐 아니라 실제 사용되는 맥락에 의해 결정된다.

대표 유형

◉ 다음 중 종결 표현 방식에 따른 문장의 종류가 <u>잘못</u> 연결된 것은?

> ㉠ 약속 장소에 같이 나가자. – 청유문
> ㉡ 밥 먹기 전에 손을 씻었니? – 의문문
> ㉢ 어제는 비바람이 몰아쳤다. – 평서문
> ㉣ 비가 오더니 꽃이 벌써 다 졌구나! – 감탄문
> ㉤ 내 것이라면 함부로 쓰고 버리겠습니까? – 명령문

① ㉠   ② ㉡   ③ ㉢   ④ ㉣   ⑤ ㉤

핵심 문제

※ 다음 중 종결 표현 방식에 따른 문장의 종류가 <u>잘못</u> 연결된 것을 고르시오.

01
> ㉠ 정말 기발한 생각이구나! – 감탄문
> ㉡ 단풍으로 산이 물들었다. – 청유문
> ㉢ 이번 주말에 낚시하러 간다. – 평서문
> ㉣ 집에서 나올 때 가스 불은 껐지? – 의문문
> ㉤ 안색이 별로 안 좋은데 병원에 가 봐라. – 명령문

① ㉠   ② ㉡   ③ ㉢   ④ ㉣   ⑤ ㉤

02
> ㉠ 여름 휴가는 다녀왔습니까? – 의문문
> ㉡ 어디에서 바람이 불어오는가? – 감탄문
> ㉢ 여행가기 전에 준비를 철저히 해라. – 명령문
> ㉣ 날씨가 좋으니 꽃구경하러 가보세. – 청유문
> ㉤ 상대방의 말에 귀를 기울여야 합니다. – 평서문

① ㉠   ② ㉡   ③ ㉢   ④ ㉣   ⑤ ㉤

03

㉠ 할머니의 짐을 들어 드려라. – 명령문
㉡ 우리는 먼저 출발합시다. – 청유문
㉢ 도구를 사용하니 정말 편하구나! – 감탄문
㉣ 이 시간까지 도대체 무엇을 했는가? – 의문문
㉤ 그들은 조국을 위해 목숨을 바쳤도다. – 평서문

① ㉠   ② ㉡   ③ ㉢   ④ ㉣   ⑤ ㉤

04

㉠ 숙제는 다했니? – 의문문
㉡ 벌써 겨울이구나! – 감탄문
㉢ 자리 정돈이 끝났다. – 평서문
㉣ 요리 재료를 같이 골라보자. – 청유문
㉤ 이제 그만 자리에서 일어나세. – 명령문

① ㉠   ② ㉡   ③ ㉢   ④ ㉣   ⑤ ㉤

※ 다음 중 문장의 형식과 실제의 기능을 각각 바르게 나열한 것을 고르시오.

05

(밤늦게 친구를 만나겠다는 아이에게) 지금은 친구를 만나기엔 늦은 시간이다.

① 평서문 – 명령   ② 명령문 – 진술   ③ 평서문 – 진술
④ 청유문 – 명령   ⑤ 감탄문 – 요청

06

(윗사람이 아랫사람을 만나서) 우리 마주치면 인사 좀 하자.

① 청유문 – 청유   ② 평서문 – 요청   ③ 청유문 – 명령
④ 감탄문 – 평서   ⑤ 의문문 – 진술

07

조금만 기다릴 수 있니?

① 감탄문 – 청유, 명령   ② 의문문 – 의문, 요청   ③ 평서문 – 진술, 명령
④ 청유문 – 요청, 명령   ⑤ 명령문 – 청유, 명령

08

(방 안에 들어와 닫힌 창문 옆의 상대방을 보며) 날이 참 덥구나!

① 평서문 – 요청, 청유   ② 청유문 – 의문, 명령   ③ 청유문 – 요청, 청유
④ 감탄문 – 진술, 감탄   ⑤ 감탄문 – 요청, 명령

대표 유형 풀이

정답 ⑤ ⑩은 종결 어미 '-(으)ㄴ까' 로 실현되는 의문문 중 청자의 대답을 요구하지 않고 진술이나 명령, 감탄 등의 효과를 나타내는 수사 의문문에 속한다. ㉠은 종결 어미 '-자' 를 사용하여 화자가 청자에게 어떤 행동을 함께 하기를 요청하는 청유문이다. ㉡은 종결 어미 '-니' 를 사용하여 화자가 청자에게 대답을 요구하는 의문문 중, 긍정이나 부정의 대답을 요구하는 판정 의문문이다. ㉢은 종결 어미 '-다' 를 사용하여 단순하게 진술하는 평서문이다. ㉣은 종결 어미 '-구나' 를 사용하여 화자가 자신의 생각이나 느낌을 표현하는 감탄문이다.

핵심 문제 풀이

01

정답 ② ㉡은 종결 어미 '-다' 로 실현되는 평서문으로, 상황을 단순하게 진술하고 있다. ㉠은 종결 어미 '-구나' 를 사용하여 화자가 자신의 생각이나 느낌을 표현하는 감탄문이다. ㉢은 종결 어미 '-다' 를 사용하여 단순하게 진술하는 평서문이다. ㉣은 종결 어미 '-니' 를 사용하여 화자가 청자에게 대답을 요구하는 의문문 중, 긍정이나 부정의 대답을 요구하는 판정 의문문이다. ㉤은 종결 어미 '-아라' 를 사용하여 화자가 청자에게 어떤 행동을 하도록 요구하는 명령문이다.

02

정답 ② ㉡은 종결 어미 '-는가' 로 실현되는 의문문 중 청자에게 구체적인 설명을 요구하는 설명 의문문이다. ㉠은 종결 어미 '-(으)십니까' 를 사용하여 화자가 청자에게 대답을 요구하는 의문문 중, 긍정이나 부정의 대답을 요구하는 판정 의문문이다. ㉢은 종결 어미 '-아라' 를 사용하여 화자가 청자에게 어떤 행동을 하도록 요구하는 명령문이다. ㉣은 종결 어미 '-세' 를 사용하여 화자가 청자에게 어떤 행동을 함께 하도록 요구하는 청유문이다. ㉤은 종결 어미 '-ㅂ니다' 를 사용하여 화자의 생각을 단순하게 진술하는 평서문이다.

03

정답 ⑤ ⑩은 종결 어미 '-도다' 로 실현되는 감탄문으로, 화자가 자신의 느낌을 표현하고 있다. ㉠은 종결 어미 '-어라' 를 사용하여 화자가 청자에게 어떤 행동을 하도록 요구하는 명령문이다. ㉡은 종결 어미 '-ㅂ시다' 를 사용하여 화자가 청자에게 어떤 행동을 함께 하도록 요구하는 청유문이다. ㉢은 종결 어미 '-구나' 를 사용하여 자신의 생각이나 느낌을 표현하는 감탄문이다. ㉣은 종결 어미 '-는가' 를 사용하여 화자가 청자에게 대답을 요구하는 의문문 중, 일정한 설명을 요구하는 설명 의문문이다.

04

정답 ⑤ ⑩은 종결 어미 '-세' 를 사용하여 화자가 청자에게 어떤 행동을 함께 하도록 요구하는 청유문이다. ㉠은 종결 어미 '-니' 를 사용하여 화자가 청자에게 대답을 요구하는 의문문 중, 긍정이나 부정의 대답을 요구하는 판정 의문문이다. ㉡은 종결 어미 '-구나' 를 사용하여 자신의 생각이나 느낌을 표현하는 감탄문이다. ㉢은 종결 어미 '-다' 를 사용하여 화자가 단순하게 진술하는 평서문이다. ㉣은 종결 어미 '-자' 로 실현되는 청유문으로, 화자가 청자에게 같이 행동할 것을 요청하고 있다.

정답 ① '지금은 친구를 ~ 시간이다.'는 형식상 종결 어미 '-다'를 사용하여 단순하게 진술하는 평서문이지만, 밤늦게 친구를 만나려는 아이에게 말하는 상황을 고려하면, 친구를 만나지 말라는 명령의 기능을 한다고 볼 수 있다.

정답 ③ '우리 마주치면 인사 좀 하자.'는 형식상 종결 어미 '-자'를 사용하여 청자에게 어떤 행동을 함께할 것을 요청하는 청유문이지만, 윗사람이 아랫사람을 만나서 하는 말이라는 상황을 고려하면, 서로 마주쳤을 때 인사를 하라는 명령의 기능을 한다고 볼 수 있다.

정답 ② '조금만 기다릴 수 있니?'는 형식상 종결 어미 '-니'를 사용하여 대답을 요구하는 의문문이지만, 실제로는 대답을 요구하는 의문과 함께 기다려 달라는 요청의 기능을 한다고 볼 수 있다.

정답 ⑤ '날이 참 덥구나!'는 형식상 종결 어미 '-구나'를 사용하여 생각이나 느낌을 표현하는 감탄문이지만, 닫힌 창문 옆의 상대방을 보며 말하는 상황을 고려하면, 창문을 열어달라는 요청이나 명령의 기능을 한다고 볼 수 있다.

핵심 개념

종결 표현

국어의 문장은 종결 표현 방식에 따라 종류가 달라진다. 문장의 종류에는 평서문, 의문문, 명령문, 청유문, 감탄문 등이 있다. 화자는 자신의 생각이나 느낌을 문장으로 표현할 때, 그에 맞는 적절한 종결 표현을 선택한다.

기준	개념	종결 어미
평서문	화자가 청자에게 특별히 요구하는 바 없이 단순하게 진술하는 문장	'-다', '-ㅂ니다' 등을 통해 실현됨
의문문	화자가 청자에게 질문을 하여 답을 요구하는 문장 ※ 의문문에는 일정한 설명을 요구하는 설명 의문문, 단순히 긍정이나 부정의 대답을 요구하는 판정 의문문, 굳이 대답을 요구하지 않고 서술이나 명령의 효과를 내는 수사 의문문 등이 있음	'-느냐/-냐', '-니', '-ㄴ가', '-(으)ㄹ까' 등을 통해 실현됨
명령문	화자가 청자에게 어떤 행동을 하도록 요구하는 문장	'-아라/어라', '-게' 등을 통해 실현됨
청유문	화자가 청자에게 어떤 행동을 함께할 것을 요청하거나 제안하는 문장	'-자', '-(으)ㅂ시다' 등을 통해 실현됨
감탄문	화자가 청자를 별로 의식하지 않거나 독백하는 상태에서 자신의 생각이나 느낌을 표현하는 문장	'-구나', '-군' 등을 통해 실현됨

11

문법 요소(2) - 높임 표현

높임 표현은 화자가 어떤 대상이나 상대에 대하여 그의 높고 낮은 정도에 따라 언어적으로 구별하는 표현 방식을 말한다. 높임법은 높임의 대상에 따라 문장의 주체를 높이는 주체 높임법, 서술의 객체를 높이는 객체 높임법, 화자가 청자에 대하여 높이거나 낮추어 말하는 상대 높임법으로 나뉜다.

대표 유형

● 다음 밑줄 친 부분의 높임 표현이 옳지 않은 것은?

① 명희 어머님께서 몹시 <u>언짢으신가</u> 봐요.
② 할아버지께서는 요즘 고민이 <u>계신</u> 것 같다.
③ 나는 어제 증조할머니를 <u>모시고</u> 병원에 갔다.
④ 변변히 차리지 못하였습니다만, 많이 <u>잡수십시오</u>.
⑤ 옥희 아버지는 수술한 자리가 그렇게 <u>불편하시대</u>.

핵심 문제

※ 다음 밑줄 친 부분의 높임 표현이 옳지 <u>않은</u> 것을 고르시오.

01
① 그 책을 할아버지께 <u>드려라</u>.
② 그가 아버지께 용돈을 <u>줬다</u>.
③ 어머니를 <u>모시고</u> 곧장 오구려.
④ 드디어 회장님께서 <u>들어오십니다</u>.
⑤ 내일 직접 뵙고 <u>말씀드리겠습니다</u>.

02
① 아버지께서 신문을 <u>보신다</u>.
② 구입한 금액이 총 <u>5만 원이십니다</u>.
③ 아저씨께서는 지붕을 고치고 <u>계신다</u>.
④ 집안일 문제를 시어머니께 <u>여쭈고</u> 왔네.
⑤ 할아버지께서 <u>말씀하신</u> 대로 공부를 열심히 하도록 해라.

03
① 오늘 공연은 <u>만족하셨습니까?</u>
② 선생님께서는 어디에 <u>계시오?</u>
③ 알려 주신 계좌로 10만 원을 <u>입금하였습니다.</u>
④ 지은 죄가 많아 찾아 <u>뵙기</u> 정말 죄송할 정도였지요.
⑤ 연락 없이 들렀건만 할머니께서는 반갑게 <u>맞아 줬다.</u>

04
① 아버지께서 <u>진지를</u> 드시는구나.
② 사장님 말씀이 <u>있으시겠습니다.</u>
③ <u>부군께서는</u> 어떤 일을 하시는가?
④ 할아버지께 문안 인사를 <u>하고</u> 오렴.
⑤ 어머니께서 <u>병환</u>으로 병원에 누워 계세요.

05
① 교수님께서 언제 <u>귀국하셨나요?</u>
② 큰아버지, 아버지가 지금 <u>왔습니다.</u>
③ 할머니께서는 아직 귀가 <u>밝습니다.</u>
④ 아버지께서는 늘 걱정거리가 <u>많으시다.</u>
⑤ 말씀도 <u>없으신</u> 채, 그분께서는 그냥 앉아 계셨습니다.

06
① 오늘은 할머니께서 <u>오시는</u> 날이다.
② 삼촌은 마루에서 주무시고 <u>계시니?</u>
③ 8시부터 10시까지 상담이 <u>가능합니다.</u>
④ 아버지께서 하신 <u>말씀</u>이 바로 그 의미이다.
⑤ 영희야, 선생님께서 빨리 교무실로 <u>오시래.</u>

정답 및 해설

①	-님 / 께서 / 언짢다 + -시- (주체 높임)	봐요 (두루높임: 해요체)
③	모시다 (객체 높임)	갔다 (아주낮춤: 해라체)
④	잡수시다 (주체 높임)	잡수십시오 (아주높임: 하십시오체)
⑤	불편하다 + -시- (주체 높임)	불편하시대 (두루낮춤: 해체)

정답 ② '계시다'는 '고민'을 높인 표현이므로, '있으시다'라고 해야 한다.

핵심 **문제 풀이**

01

①	께 / 드리다 (객체 높임)	드려라 (아주낮춤: 해라체)
③	모시다 (객체 높임)	오구려 (예사높임: 하오체)
④	-님 / 께서 / 들어오다 + -시- (주체 높임)	들어오십니다 (아주높임: 하십시오체)
⑤	뵙다 / 말씀드리다 (객체 높임)	말씀드리겠습니다 (아주높임: 하십시오체)

정답 ② 서술의 객체인 '아버지'를 높여야 하므로, '줬다'가 아닌 '드렸다'라고 해야 한다.

02

①	께서 / 보다 + -시- (주체 높임)	보신다 (아주낮춤: 해라체)
③	께서 / 계시다 (주체 높임)	계신다 (아주낮춤: 해라체)
④	께 / 여쭈다 (객체 높임)	왔네 (예사낮춤: 하게체)
⑤	께서 / 말씀하시다 (주체 높임)	해라 (아주낮춤: 해라체)

정답 ② '5만 원'을 높인 표현이므로, '구입하신 금액이 총 5만 원입니다'라고 해야 한다.

03

①	만족하다 + -시- (주체 높임)	만족하셨습니까 (아주높임: 하십시오체)
②	-님 / 께서 / 계시다 (주체 높임)	계시오 (예사높임: 하오체)
③	알려 주다 + -시- (주체 높임)	입금하였습니다 (아주높임: 하십시오체)
④	뵙다 (객체 높임)	정도였지요 (두루높임: 해요체)

정답 ⑤ 문장의 주체인 '할머니'를 높여야 하므로, '맞아 줬다'가 아닌 '맞아 주셨다'라고 해야 한다.

04

①	께서 / 진지 / 드시다 (주체 높임)	드시는구나 (아주낮춤: 해라체)
②	-님 / 말씀 / 있다 + -시- (주체 높임)	있으시겠습니다 (아주높임: 하십시오체)
③	부군 / 께서 / 하다 + -시- (주체 높임)	하시는가 (예사낮춤: 하게체)
⑤	께서 / 병환 / 계시다 (주체 높임)	계세요 (두루높임: 해요체)

정답 ④ 서술의 객체인 '할아버지'를 높여야 하므로, '하고'가 아닌 '드리고'라고 해야 한다.

①	-님 / 께서 / 귀국하다 + -시- (주체 높임)	귀국하셨나요 (두루높임: 해요체)
②	압존법: 문장의 주체가 화자보다는 높지만 청자보다는 낮아, 그 주체를 높이지 못하는 어법	왔습니다 (아주높임: 하십시오체)
④	께서 / 많다 + -시- (주체 높임)	많으시다 (아주낮춤: 해라체)
⑤	말씀 / 없다 + -시- / 분, 께서 / 계시다 (주체 높임)	계셨습니다 (아주높임: 하십시오체)

> **정답** ③ '할머니'와 관련된 대상인 '귀'를 통해 '할머니'를 간접적으로 높여야 하므로, '밝습니다'가 아닌 '밝으십니다'라고 해야 한다.

①	께서 / 오다 + -시- (주체 높임)	날이다 (아주낮춤: 해라체)
②	주무시다 / 계시다 (주체 높임)	계시니 (아주낮춤: 해라체)
③	주체 높임 ×, 객체 높임 ×	가능합니다 (아주높임: 하십시오체)
④	께서 / 하다 + -시- / 말씀 (주체 높임)	의미이다 (아주낮춤: 해라체)

> **정답** ⑤ '오시래'는 선생님이 아닌 영희를 높인 표현이므로, '오라고 하셔' 또는 '오라셔'라고 해야 한다.

핵심 개념

높임 표현

1. **주체 높임법**: 서술상의 주체가 화자보다 나이가 많거나 사회적 지위가 높을 때 서술의 주체를 높이는 표현이다.
   - **주체 높임의 실현 방법**
   (1) **주체 높임 선어말 어미**: '-(으)시-'를 붙이거나 주격 조사 '이/가' 대신 '께서'가 쓰이기도 하고, 주어 명사에 접미사 '-님'이 덧붙기도 한다. **예** 선생님께서 그 책을 읽으셨다.
   (2) **특수 어휘에 의한 높임**: '계시다, 주무시다, 잡수시다, 편찮으시다' 등을 사용한다. **예** 선생님께서는 교실에 계신다.
   ※ **간접적인 주체 높임**: 높여야 할 대상의 '신체, 소유물, 생각' 등과 관련된 말에 높임의 선어말 어미 '-시-'를 결합시켜 주체를 간접적으로 높인다. **예** 선생님의 말씀이 타당하시다.
   ※ **압존법**: 서술의 주체가 화자보다 높고, 청자가 주체보다 높으면 주체를 높이지 않는다. **예** 할머니, 아버지가 지금 퇴근했습니다.

2. **객체 높임법**: 목적어나 부사어가 지시하는 동작의 대상, 곧 서술의 객체를 높이는 표현이다.
   - **객체 높임의 실현 방법**
   (1) **부사격 조사**: '에게' 대신 '께'를 사용한다. **예** 아버지가 할아버지께 책을 드렸습니다.
   (2) **특수 어휘에 의한 높임**: '드리다, 모시다, 여쭙다, 뵙다' 등의 어휘를 사용한다. **예** 나는 아버지를 모시고 병원에 갔다.

3. **상대 높임법**: 화자가 청자를 높이거나 낮추는 표현
   - **상대 높임의 실현 방법**: 다양한 종결 어미를 사용한다.

	격식체				비격식체	
	해라체 (아주낮춤)	하게체 (예사낮춤)	하오체 (예사높임)	하십시오체 (아주높임)	해체 (두루낮춤)	해요체 (두루높임)
평서형	-(는/ㄴ)다	-네	-(으)오	-(으)십니다	-아/-어	-아요/-어요
의문형	-(느)냐?, -니?	-(느)ㄴ가?	-(으)오?	-(으)십니까?	-아/-어?	-아요/-어요?
명령형	-(어)라/-(아)라	-게	-(으)오	-(으)십시오	-아/-어	-아요/-어요
청유형	-자	-세	-(으)ㅂ시다	-(으)시지요	-아/-어	-아요/-어요
감탄형	-(는)구나	-(는)구먼	-(는)구려	—	-(는)군	-(는)군요

12

문법 요소(3) – 시간 표현

시간 표현은 시간을 나타내는 표현을 말하며, 국어에서는 '시제'와 '동작상'이라는 문법 요소로 실현된다. 시제는 화자가 말하는 시점을 기준으로 하여 말하고자 하는 사건이 언제 일어났는지에 따라 과거 시제·현재 시제·미래 시제로 나타내는 문법 범주이다. 동작상은 발화시를 기준으로 동작이 진행되고 있는지, 완결되었는지를 나타내는 문법 범주로, 동작이 진행되고 있음을 나타내는 진행상과 동작이 완료되었음을 나타내는 완료상이 있다.

대표 유형

◉ 다음 문장의 '시제'와 '동작상'을 바르게 짝지은 것은?

> 그는 지갑을 잃어버렸다.

	시제	동작상		시제	동작상		시제	동작상
①	현재	진행	②	현재	완료	③	과거	진행
④	과거	완료	⑤	미래	완료			

핵심 문제

※ 다음 문장의 '시제'와 '동작상'을 바르게 짝지은 것을 고르시오.

01

> 학생들이 지금 도서관에서 책을 읽고 있다.

	시제	동작상		시제	동작상		시제	동작상
①	현재	진행	②	현재	완료	③	미래	완료
④	과거	완료	⑤	과거	진행			

02

> 작년에 부여 박물관으로 현장 학습을 갔었다.

	시제	동작상		시제	동작상		시제	동작상
①	미래	완료	②	과거	진행	③	현재	완료
④	과거	완료	⑤	현재	진행			

03

내일도 너를 못 만나면 그냥 가 버리겠다.

	시제	동작상		시제	동작상		시제	동작상
①	과거	진행	②	미래	진행	③	현재	진행
④	미래	완료	⑤	과거	완료			

04

소희는 밥을 다 먹어 간다.

	시제	동작상		시제	동작상		시제	동작상
①	현재	진행	②	현재	완료	③	과거	진행
④	과거	완료	⑤	미래	완료			

05

춘향이는 광한루에서 그네를 탔다.

	시제	동작상		시제	동작상		시제	동작상
①	현재	진행	②	현재	완료	③	과거	완료
④	과거	진행	⑤	미래	완료			

06

주홍이는 다정이에게 그 편지를 전해 주었다.

	시제	동작상		시제	동작상		시제	동작상
①	현재	완료	②	현재	진행	③	미래	완료
④	과거	진행	⑤	과거	완료			

07

나는 지금 의자에 앉아 있다.

	시제	동작상		시제	동작상		시제	동작상
①	현재	완료	②	현재	진행	③	과거	진행
④	과거	완료	⑤	미래	완료			

정답 및 해설

예문	시제	동작상
그는 지갑을 잃어버렸다.	과거 / -었-	완료

정답 ④ '잃어버렸다'는 사건시가 발화시보다 앞서는 과거 시제이며, 동작이 완료되었으므로 완료상에 해당한다.

핵심 **문제 풀이**

01

예문	시제	동작상
학생들이 지금 도서관에서 책을 읽고 있다.	현재 / 지금, -고 있다	진행

정답 ① '지금 ~ 읽고 있다'는 사건시와 발화시가 일치하는 현재 시제이며, 동작이 진행되고 있으므로 진행상에 해당한다.

02

예문	시제	동작상
작년에 부여 박물관으로 현장 학습을 갔었다.	과거 / 작년, -았었-	완료

정답 ④ '작년에 ~ 갔었다'는 사건시가 발화시보다 앞서는 과거 시제이며, 동작이 완료되었으므로 완료상에 해당한다.

03

예문	시제	동작상
내일도 너를 못 만나면 그냥 가 버리겠다.	미래(추측) / 내일, -겠-	완료

정답 ④ '내일도 ~ 가 버리겠다'는 사건시가 발화시보다 나중인 미래 시제이며, 동작이 완료됨을 나타내는 완료상에 해당한다.

04

예문	시제	동작상
소희는 밥을 다 먹어 간다.	현재 / -ㄴ-	진행

정답 ① '먹어 간다'는 사건시와 발화시가 일치하는 현재 시제이며, 동작이 진행되고 있으므로 진행상에 해당한다.

05

예문	시제	동작상
춘향이는 광한루에서 그네를 탔다.	과거 / -았-	완료

정답 ③ '탔다'는 과거 시제이며, 동작이 완료되었으므로 완료상에 해당한다.

06

예문	시제	동작상
주홍이는 다정이에게 그 편지를 전해 주었다.	과거 / -었-	완료

정답 ⑤ '전해 주었다'는 과거 시제이며, 동작이 완료되었으므로 완료상에 해당한다.

07

예문	시제	동작상
나는 지금 의자에 앉아 있다.	현재 / 지금, -아 있다	완료

정답 ① '지금 ~ 앉아 있다'는 현재 시제이고, 동작이 완료되었으므로 완료상에 해당한다.

핵심 개념

시제

화자가 말하는 시점(발화시)을 기준으로 하여 동작이나 상태가 일어난 시점(사건시)이 현재, 과거, 미래의 어느 시점에서 일어났는지를 나타내는 문법 범주를 말한다.

과거 시제 (사건시> 발화시)	선어말 어미 '-았-/-었-(-았었-/-었었-)', '-더-'	• 영화를 보았다.	• 영화를 보더라.
	관형사형 어미 '-(으)ㄴ', '-던'	• 어제 본 영화	• 어제 보던 영화
	시간 부사어	나는 어제 친구를 만났다.	
현재 시제 (사건시= 발화시)	동사: 선어말 어미 '-ㄴ-/-는-', 관형사형 어미 '-는'	• 축구를 한다.	• 축구를 하는 학생들
	형용사, 서술격 조사: 선어말 어미 붙지 않음, 관형사형 어미 '-(으)ㄴ'	• 꽃이 예쁘다.	
		• 예쁜 꽃	
	시간 부사어	기차가 지금 출발한다.	
미래 시제 (사건시< 발화시)	선어말 어미 '-겠-', '-리-'	• 내일 가겠습니다.	• 내일 가리라.
	관형사형 어미 '-(으)ㄹ'	내일이면 떠날 사람	
	시간 부사어	내일 출발합니다.	

동작상

발화시를 기준으로 동작이 진행되고 있는지 완결되었는지를 나타내는 문법 범주

진행상	말하는 시점을 기준으로 동작이 진행되고 있음	-고 있다, -는 중이다, -아/-어 가다, -(으)면서
완료상	말하는 시점을 기준으로 동작이 완료됨	-아/-어 있다, -아/-어 버리다, -고서

주체가 다른 주체에 의해서 어떤 동작을 당하게 되는 것을 피동(被動)이라 하고, 주체가 다른 주체에게 어떤 동작을 하도록 시키는 것을 사동(使動)이라 한다. 또한 이들이 실현되는 표현을 각각 피동 표현, 사동 표현이라 한다. 피동 표현과 사동 표현은 동사의 어간에 피동 접미사, 사동 접미사가 붙어서 만들어진다.

대표 유형

◉ 다음 문장을 피동 표현과 사동 표현으로 나눌 때, 그 성격이 <u>다른</u> 하나는?

① 나뭇가지가 바람에 <u>꺾였다</u>.
② 그는 자식에게 빚만 <u>지우고</u> 세상을 떠났다.
③ 나는 어제 교무실로 선생님에게 <u>불려</u> 갔다.
④ 경찰에게 <u>잡힌</u> 도둑은 순순히 범행 사실을 시인했다.
⑤ 그는 영화가 새 영화로 <u>바뀔</u> 때마다 놓치지 않고 극장에 간다.

핵심 문제

※ 다음 문장을 피동 표현과 사동 표현으로 나눌 때, 그 성격이 <u>다른</u> 하나를 고르시오.

01
① 옷이 철조망에 걸려 <u>찢겼다</u>.
② 옆집 아이가 개에게 <u>물렸다</u>.
③ 누나가 동생에게 밥을 <u>먹인다</u>.
④ 지난 밤 태풍에 나무가 뿌리째 <u>뽑혀</u> 나갔다.
⑤ 네 옷장 속의 옷이 가지런히 <u>접혀</u> 있으니 보기 좋다.

02
① 아름다운 경치가 그의 눈앞에 <u>펼쳐졌다</u>.
② 그 약을 먹고 나니 <u>막혔던</u> 코가 뻥 뚫렸어.
③ 파랑새가 지저귀는 소리가 나의 귀에 <u>들렸다</u>.
④ 이 책은 수많은 사람에게 <u>읽혀</u> 온 불후의 명작이야.
⑤ 수업 시간 내내 정말 열심히 공부했으니 쉬는 시간을 좀 <u>늘려</u> 주세요.

03

① 내가 살던 집이 어떤 노인에게 <u>팔렸다.</u>
② 바람이 휘몰아쳐 그녀의 치마가 <u>뒤집혔다.</u>
③ 아이들의 장난 때문에 벽에 구멍이 <u>뚫렸다.</u>
④ 기계를 한번 <u>세우면</u> 재가동하는 데 손실이 크다.
⑤ 감독은 기본기가 제대로 <u>닦여</u> 있는 선수를 선발하기로 했다.

04

① 올림픽 개막식에서 수많은 비둘기를 <u>날렸다.</u>
② 무슨 짓을 하더라도 내가 너는 <u>굶기지</u> 않겠다.
③ 따뜻한 마음이면 죽어 가던 사람도 <u>살릴</u> 수 있다.
④ 할머니께서 줄줄이 <u>엮인</u> 굴비 두름을 가지고 오셨다.
⑤ 나는 돌아가신 어머니에 대한 그리움을 <u>잠재울</u> 수 없었다.

05

① 짜증 내는 진혁이의 양손 가득 쓰레기봉투가 <u>들렸다.</u>
② 다큐멘터리는 섬 사람들의 삶과 문화를 <u>엿보게 했다.</u>
③ 그 대학교에 가려면 성적을 좀 더 <u>높일</u> 필요가 있겠다.
④ 종국이는 승기가 실적을 <u>부풀려</u> 보고한 사실을 알아냈다.
⑤ 다시마를 살짝 <u>익혀서</u> 초장에 찍어 먹으면 그 맛이 일품이다.

06

① 따스한 햇살이 고드름을 <u>녹였다.</u>
② 여물을 썰다 작두날에 손이 <u>베였다.</u>
③ 나는 물을 세게 틀어서 욕조에 물을 <u>채웠다.</u>
④ 한여름 뙤약볕에 달아오른 얼굴을 찬물로 <u>식혔다.</u>
⑤ 그는 자기가 하는 일에 이유를 <u>붙여야</u> 직성이 풀린다.

정답 및 해설

대표 유형 풀이

① 나뭇가지가 바람에 꺾였다.	피동 / -이-
② 그는 자식에게 빚만 지우고 세상을 떠났다.	사동 / -우-
③ 나는 어제 교무실로 선생님에게 불려 갔다.	피동 / -리-
④ 경찰에게 잡힌 도둑은 순순히 범행 사실을 시인했다.	피동 / -히-
⑤ 그는 영화가 새 영화로 바뀔 때마다 놓치지 않고 극장에 간다.	피동 / -이-

정답 ② ②는 '그'가 '자식'에게 빚을 지게 만든다는 사동 표현이고, 나머지는 주체가 동작을 당하는 피동 표현이다.

핵심 문제 풀이

01

① 옷이 철조망에 걸려 찢겼다.	피동 / -기-
② 옆집 아이가 개에게 물렸다.	피동 / -리-
③ 누나가 동생에게 밥을 먹인다.	사동 / -이-
④ 지난 밤 태풍에 나무가 뿌리째 뽑혀 나갔다.	피동 / -히-
⑤ 네 옷장 속의 옷이 가지런히 접혀 있으니 보기 좋다.	피동 / -히-

정답 ③ ③은 '누나'가 '동생'에게 밥을 먹게 시키는 사동 표현이고, 나머지는 주체가 동작을 당하는 피동 표현이다.

02

① 아름다운 경치가 그의 눈앞에 펼쳐졌다.	피동 / -어지다
② 그 약을 먹고 나니 막혔던 코가 뻥 뚫렸어.	피동 / -히-
③ 파랑새가 지저귀는 소리가 나의 귀에 들렸다.	피동 / -리-
④ 이 책은 수많은 사람에게 읽혀 온 불후의 명작이야.	피동 / -히-
⑤ 수업 시간 내내 정말 열심히 공부했으니 쉬는 시간을 좀 늘려 주세요.	사동 / -리-

정답 ⑤ ⑤는 주체가 쉬는 시간을 늘게 만든다는 사동 표현이고, 나머지는 주체가 동작을 당하는 피동 표현이다.

03

① 내가 살던 집이 어떤 노인에게 팔렸다.	피동 / -리-
② 바람이 휘몰아쳐 그녀의 치마가 뒤집혔다.	피동 / -히-
③ 아이들의 장난 때문에 벽에 구멍이 뚫렸다.	피동 / -리-
④ 기계를 한번 세우면 재가동하는 데 손실이 크다.	사동 / -이-, -우-
⑤ 감독은 기본기가 제대로 닦여 있는 선수를 선발하기로 했다.	피동 / -이-

정답 ④ ④는 주체가 '기계'를 서게 만든다는 사동 표현이다. 일부 자동사의 경우, 두 개의 사동 접미사가 연속으로 붙어 사동사를 만들기도 한다. (서다 → 세우다) 나머지는 주체가 동작을 당하는 피동 표현이다.

04

① 올림픽 개막식에서 수많은 비둘기를 날렸다.	사동 / -리-
② 무슨 짓을 하더라도 내가 너는 굶기지 않겠다.	사동 / -기-
③ 따뜻한 마음이면 죽어 가던 사람도 살릴 수 있다.	사동 / -리-
④ 할머니께서 줄줄이 엮인 굴비 두름을 가지고 오셨다.	피동 / -이-
⑤ 나는 돌아가신 어머니에 대한 그리움을 잠재울 수 없었다.	사동 / -이-, -우-

정답 ④ ④는 '굴비'가 엮는 동작을 당하는 피동 표현이고, 나머지는 사동 표현이다.

05

① 짜증 내는 진혁이의 양손 가득 쓰레기봉투가 들렸다.	피동 / -리-
② 다큐멘터리는 섬 사람들의 삶과 문화를 엿보게 했다.	사동 / -게 하다
③ 그 대학교에 가려면 성적을 좀 더 높일 필요가 있겠다.	사동 / -이-
④ 종국이는 승기가 실적을 부풀려 보고한 사실을 알아냈다.	사동 / -리-
⑤ 다시마를 살짝 익혀서 초장에 찍어 먹으면 그 맛이 일품이다.	사동 / -히-

정답 ① ①은 '쓰레기봉투'가 드는 동작을 당하는 피동 표현이고, 나머지는 사동 표현이다.

06

① 따스한 햇살이 고드름을 녹였다.	사동 / -이-
② 여물을 썰다 작두날에 손이 베였다.	피동 / -이-
③ 나는 물을 세게 틀어서 욕조에 물을 채웠다.	사동 / -이-, -우-
④ 한여름 뙤약볕에 달아오른 얼굴을 찬물로 식혔다.	사동 / -히-
⑤ 그는 자기가 하는 일에 이유를 붙여야 직성이 풀린다.	사동 / -이-

정답 ② ②는 작두날에 베는 동작을 당하는 피동 표현이고, 나머지는 사동 표현이다.

핵심 개념

피동 표현

1. **능동(能動)**: 주어가 어떤 동작을 자기의 힘으로 하는 것을 의미한다.
2. **피동(被動)**: 주어가 다른 주체에 의해서 어떤 동작을 당하게 되는 것을 의미한다.

파생적 피동	능동사의 어간+피동 접미사 '-이-, -히-, -리-, -기-', 명사+접미사 '-되다' 예 쥐가 고양이에게 물리다.
통사적 피동	능동사의 어간+ '-아/-어지다, -게 되다' 예 얼굴이 붉어지다.

사동 표현

1. **주동(主動)**: 주어가 어떤 동작을 직접 하는 것을 의미한다.
2. **사동(使動)**: 주어가 다른 주체에게 어떤 동작을 하도록 시키는 것을 의미한다.

파생적 사동	• 주동사의 어간+사동 접미사 '-이-, -히-, -리-, -기-, -우-, -구-, -추-' 예 길을 넓히다. • 주동사의 어간+ '-시키다' 예 차를 정지 시키다.
통사적 사동	주동사의 어간+ '-게 하다' 예 짐을 지게 하다.

※ **사동 표현의 의미**: 주어의 직접적 행위를 의미할 수도 있고, 간접적 행위를 의미할 수도 있다.

예 엄마가 아들에게 옷을 입히셨다. (의미: 엄마가 직접 아들에게 옷을 입히셨다. / 엄마가 아들이 스스로 옷을 입도록 시키셨다.)

부정 표현은 긍정 표현에 대하여, 언어 내용의 의미를 부정하는 표현 방식을 말한다. 부정 표현은 부정 부사 '안', '못'을 사용하는 짧은 부정문과 부정 용언 '아니하다', '못하다'를 사용하는 긴 부정문으로 나눌 수 있다. 또한 명령문이나 청유문의 경우에는 '말다'와 같은 부정 용언을 사용하여 부정문을 만든다.

대표 유형

◉ 다음 빈칸에 들어갈 부정 표현을 바르게 나열한 것은?

- 그를 다시 만나고 싶지만, 다시는 (　) 만나겠지.
- 오늘 수학여행을 가는데 비가 (　) 와서 정말 다행이야.
- 어제 축구를 하고 싶었지만 눈이 오는 바람에 (　) 했어.

① 안 – 못 – 안　　　　② 안 – 못 – 못　　　　③ 못 – 못 – 안
④ 못 – 안 – 못　　　　⑤ 못 – 안 – 안

핵심 문제

※ 다음 빈칸에 들어갈 부정 표현을 바르게 나열한 것을 고르시오.

01

- 나는 전혀 (　) 추운데?
- (　) 먹는 감 찔러나 본다.
- 아무리 그래도 (　) 먹고 살 수는 없다.

① 안 – 못 – 안　　　　② 안 – 못 – 못　　　　③ 못 – 못 – 안
④ 못 – 안 – 못　　　　⑤ 못 – 안 – 안

02

- 눈이 (　) 온다.
- 너무 졸려서 숙제를 (　) 했어요.
- 어제 선생님들 회의가 있어서 일찍 퇴근하지 (　　).

① 안 – 못 – 않았다　　　　② 안 – 못 – 못했다　　　　③ 못 – 못 – 않았다
④ 못 – 안 – 못했다　　　　⑤ 못 – 안 – 않았다

03

- ( ) 오를 나무는 쳐다보지도 마라.
- 나는 앞으로 그 사람을 절대 ( ) 만나겠어.
- 어젯밤에 지하철이 끊겨서 집에 가지 ( ).

① 안 – 못 – 않았다　　　　　② 안 – 못 – 못했다
③ 못 – 못 – 못했다　　　　　④ 못 – 안 – 않았다
⑤ 못 – 안 – 못했다

04

- 너 밥 먹기 싫으면 먹지 ( ).
- 경기가 ( ) 좋아서 장사가 잘 되지 않는다.
- 주문이 밀려서 일을 제때에 ( ) 마쳤다.

① 마라 – 못 – 안　　　　　② 마라 – 안 – 못
③ 마라 – 안 – 안　　　　　④ 않아라 – 안 – 못
⑤ 않아라 – 못 – 안

05

- 그들은 이곳에 다시는 오지 ( )고 약속했다.
- 인영이는 속이 아파서 점심을 먹지 ( ).
- 공부가 잘 ( ) 되어서 잠깐 쉬고 있었을 뿐이야.

① 않자 – 못했다 – 안　　　　　② 말자 – 못했다 – 못
③ 말자 – 못했다 – 안　　　　　④ 않자 – 않았다 – 못
⑤ 말자 – 않았다 – 안

06

- 복숭아는 좀 덜 익은 것 같기에 ( ) 사왔는데?
- 나는 선생님의 은혜를 언제까지나 잊지 ( ) 다짐했다.
- 종신이는 파도를 너무 무서워해서 바다에 들어가지 ( ).

① 못 – 못하겠다고 – 못했다　　　　　② 못 – 말겠다고 – 못했다
③ 안 – 않겠다고 – 않았다　　　　　④ 안 – 않겠다고 – 못했다
⑤ 안 – 말겠다고 – 않았다

정답 및 해설

예문	부정 표현
그를 다시 만나고 싶지만, 다시는 **못** 만나겠지.	못 / 외부적 원인
오늘 수학여행을 가는데 비가 **안** 와서 정말 다행이야.	안 / 단순 부정
어제 축구를 하고 싶었지만 눈이 오는 바람에 **못** 했어.	못 / 외부적 원인

정답 ④

핵심 문제 풀이

01

예문	부정 표현
나는 전혀 **안** 추운데?	안 / 단순 부정
못 먹는 감 찔러나 본다.	못 / 능력 부족
아무리 그래도 **안** 먹고 살 수는 없다.	안 / 의지 부정

정답 ①

02

예문	부정 표현
눈이 **안** 온다.	안 / 단순 부정
너무 졸려서 숙제를 **못** 했어요.	못 / 능력 부족
어제 선생님들 회의가 있어서 일찍 퇴근하지 **못했다**.	못하다 / 외부적 원인

정답 ②

03

예문	부정 표현
못 오를 나무는 쳐다보지도 마라.	못 / 능력 부족
나는 앞으로 그 사람을 절대 **안** 만나겠어.	안 / 의지 부정
어젯밤에 지하철이 끊겨서 집에 가지 **못했다**.	못하다 / 외부적 원인

정답 ⑤

04

예문	부정 표현
너 밥 먹기 싫으면 먹지 **마라**.	말다 / 명령문
경기가 **안** 좋아서 장사가 잘 되지 않는다.	안 / 단순 부정
주문이 밀려서 일을 제때에 **못** 마쳤다.	못 / 외부적 원인

정답 ②

05

예문	부정 표현
그들은 이곳에 다시는 오지 **말자**고 약속했다.	말다 / 청유문
인영이는 속이 아파서 점심을 먹지 **못했다.**	못하다 / 외부적 원인
공부가 잘 **안** 되어서 잠깐 쉬고 있었을 뿐이야.	안 / 의지 부정

정답 ③

06

예문	부정 표현
복숭아는 좀 덜 익은 것 같기에 **안** 사왔는데?	안 / 의지 부정
나는 선생님의 은혜를 언제까지나 잊지 **않겠다**고 다짐했다.	아니하다 / 의지 부정
종신이는 파도를 너무 무서워해서 바다에 들어가지 **못했다.**	못하다 / 능력 부족

정답 ④

핵심 개념

부정 표현

1. 길이에 따른 분류

짧은 부정문	부정 부사 '안' 이나 '못' 을 사용한 부정문	나는 숙제를 안 했다.
긴 부정문	부정 용언 '아니하다(않다), 못하다, 말다' 를 사용한 부정문	나는 숙제를 하지 않았다.

2. 의미에 따른 분류

'안' 부정문	부정 부사 '안' 이나 부정 용언 '아니하다(않다)' 를 사용한 부정문 → 단순 부정, 의지 부정을 나타냄	• 어제는 비가 안 왔다. → 단순 부정(객관적인 사실에 의한 부정) • 나는 학교에 안 갔다. → 의지 부정(주체의 의지에 의한 부정)
'못' 부정문	부정 부사 '못' 이나 부정 용언 '못하다' 를 사용한 부정문 → 능력 부정을 나타냄	나는 그 문제를 못 풀었다. → 능력 부정(주체의 능력의 부족 또는 외부적 원인에 따른 부정)
'말다' 부정문	부정 용언 '말다' 를 사용한 부정문 → 명령문이나 청유문에 쓰임	• 밖에 나가지 마라. → 명령문 • 밖에 나가지 말자. → 청유문

3. '안' 부정문의 특징

(1) '-하다' 파생 동사의 부정문은 '- 안 하다, -하지 않다' 의 형식이 된다.
   예 그는 오늘 종일 일 안 했지? / 그는 오늘 종일 일하지 않았지?

(2) '-하다' 파생 형용사의 부정문은 '안 -하다, -하지 않다' 의 형식이 된다.
   예 집이 안 깨끗하다. / 집이 깨끗하지 않다.

(3) 무엇을 부정하는가에 따라 문장의 의미가 달라진다. (중의성)
   예 손님이 다 오지 않았다. (의미: 손님 모두가 오지 않았다. / 손님 일부가 오지 않았다.)

4. '못' 부정문의 특징

(1) 짧은 부정문은 '못 -하다' 로 쓰이지 않고, '- 못하다' 의 형식이 된다.
   예 나는 오늘 못 일한다. (×) / 나는 오늘 일 못한다. (○)

(2) 중의성 관련 문제는 '안' 부정문과 동일하다.
   예 답을 몇 개 쓰지 못했다. (의미: 답을 몇 개는 쓰지 못했다. / 답을 몇 개밖에 쓰지 못했다.)

15 올바른 문장(1)

바른 문장을 만들려면 국어의 어법을 따라야 한다. 올바른 문장 표현을 위해서는 문장 성분 간의 호응은 적절한지, 필수적인 문장 성분이 누락되지는 않았는지, 불필요한 문장 성분은 없는지, 의미가 중복되지는 않았는지, 불필요한 피동·사동 표현을 쓰지는 않았는지, 우리말답지 않은 표현이 있는지 등을 주의 깊게 검토하여 바로잡아야 한다.

대표 유형

● 다음 중 어법에 맞고 가장 자연스러운 문장은?

① 교지에 영어 수업 참여 학생 모집 광고가 실렸어.
② 한국인의 협동은 집단보다는 개개인의 이해관계를 중심으로 하여 협동한다.
③ 작년 여름에는 휴가를 못 가서 올해는 남해 바다에 갈 계획을 세워 보려 한다.
④ 그때의 대화는 결코 가벼운 주제가 아니었지만 모두가 대화에 유쾌하게 참여하였다.
⑤ 이 작품은 세대 간의 갈등을 다루고 있으며 가치관의 변화에 대한 통찰을 엿볼 수 있다.

핵심 문제

※ 다음 중 어법에 맞고 가장 자연스러운 문장을 고르시오.

01
① 복잡한 도시에서 벗어난 그는 첩첩산중에서 신선처럼 살았다.
② 심한 바람이 부는 날인데도 노인은 어김없이 외출할 생각을 마음먹었다.
③ 그녀는 자신이 이기적인 줄을 알면서도 남에게서는 무척 듣기 싫어한다.
④ 회원 각자의 현재의 자기 상황에 최선을 다하는 것은 매우 중요한 일이다.
⑤ 그의 얼굴에 나타난 감정은 누구에게도 감출 수 없는 사랑의 표정이었다.

02
① 이 시험의 목적은 학생들의 학습 능력을 평가하는 데 있다.
② 우리 가게에는 모든 등산 용품과 친절한 안내원이 대기하고 있다.
③ 평일에 4인 이상의 가족이 함께 입장하면 무료로 관람할 수 있다.
④ 마땅히 할 일이 없어서 그는 오후 내내 영화와 소설을 읽으면서 시간을 보냈다.
⑤ 우리가 인체를 탐구하는 것은 그 속에 인간을 창조한 모든 비밀이 숨어 있다고 생각한다.

03
① 음료수와 밥을 먹었더니 기운이 조금은 회복되었다.
② 연말이 되면 불우한 이웃을 돕자는 목소리가 높아진다.
③ 희원이가 그 문제를 명쾌하게 해결할 것으로 예상되는 것이다.
④ 사실 얼마 동안은 무엇을 할지도, 딱히 해야 할 일도 없었습니다.
⑤ 우리가 사용하는 언어는 의사 전달의 수단일 뿐만 아니라 생각, 곧 사고일 뿐이다.

04
① 초라한 힘없는 선생님의 모습을 보니 마음이 아팠다.
② 걱정하는 마음으로 관심 어린 어머니의 모습이 따스하게 느껴집니다.
③ 어제 새벽부터 내린 눈으로 제주도 산간 지방은 기막힌 설경을 이루었다.
④ 기재 사항의 정정 또는 금융 기관의 수납인 및 취급자인이 없으면 무효입니다.
⑤ 부모님의 따스한 격려에도 불구하고 그의 마지막 투혼을 불러일으키기에는 충분하였다.

05
① 아버지께서는 가정을 위하여 직장에서 열심히 일한다.
② 우리가 명심해야 할 것은 사치와 향락은 파멸을 초래하는 점이다.
③ 아마도 그는 자신의 신념과 현실 사이에서 갈등을 겪고 있는 것 같다.
④ 만약 인류가 불을 사용하지 않아서, 문명 생활을 지속할 수 없었을 것이다.
⑤ 문학은 다양한 삶의 체험을 보여 주는 예술의 장르 중 하나로 문학을 즐길 예술적 본능을 지닌다.

① 교지에 **영어 수업 참여 학생 모집** 광고가 실렸어.
→ 교지에 **영어 수업에 참여하고 싶은 학생을 모집하는** 광고가 실렸어.

② 한국인**의 협동은** 집단보다는 개개인의 이해관계를 중심으로 하여 협동한다.
→ 한국인**은** 집단보다는 개개인의 이해관계를 중심으로 하여 협동한다.

③ 작년 여름에는 휴가를 못 가서 올해는 **남해 바다에** 갈 계획을 세워 보려 한다.
→ 작년 여름에는 휴가를 못 가서 올해는 **남해에** 갈 계획을 세워 보려 한다.

⑤ 이 작품은 세대 간의 갈등을 다루고 있으며 가치관의 변화에 대한 통찰을 엿볼 수 있다.
→ 이 작품은 세대 간의 갈등을 다루고 있으며 **독자는 이 작품을 통해** 가치관의 변화에 대한 통찰을 엿볼 수 있다.

정답 ④ ①의 '영어 수업 참여 학생 모집'은 과도한 명사화 구성이다. ②의 '협동'이 중복으로 사용되었고, 주어와 서술어의 호응이 어색하다. ③의 '남해 바다'는 '해(海)'와 '바다'가 중복으로 사용되었다. ⑤는 뒤절의 주어 '독자는' 등의 성분이 생략되어 있다.

01

② 심한 바람이 부는 날인데도 노인은 어김없이 외출할 생각을 **마음먹었다.**
→ 심한 바람이 부는 날인데도 노인은 어김없이 외출할 생각을 **했다.**

③ 그녀는 자신이 이기적인 줄을 알면서도 남에게서는 무척 듣기 싫어한다.
→ 그녀는 자신이 이기적인 줄을 알면서도 남에게서는 **그 말을** 무척 듣기 싫어한다.

④ 회원 각자**의** 현재의 자기 상황에 최선을 다하는 것은 매우 중요한 일이다.
→ 회원 각자**가** 현재의 자기 상황에 최선을 다하는 것은 매우 중요한 일이다.

⑤ 그의 얼굴에 나타난 **감정은** 누구에게도 감출 수 없는 사랑의 **표정**이었다.
→ 그의 얼굴에 나타난 **것은** 누구에게도 감출 수 없는 사랑의 **감정**이었다.

정답 ① ②는 '생각'과 '마음먹다'의 의미가 중복되었다. ③은 '듣기 싫어한다'의 목적어가 생략되어 있다. ④는 '회원 각자의'에서 조사의 쓰임이 자연스럽지 못하다. ⑤는 주어 '감정은'과 서술어 '표정이었다'의 호응이 어색하다.

02

② 우리 가게에는 모든 등산 용품**과** 친절한 안내원이 대기하고 있다.
→ 우리 가게에는 모든 등산 용품**이 구비되어 있고**, 친절한 안내원이 대기하고 있다.

③ 평일에 4인 이상의 가족이 함께 입장하면 무료로 관람할 수 있다.
→ 평일에 4인 이상의 가족이 함께 입장하면 **동물원을** 무료로 관람할 수 있다.

④ 마땅히 할 일이 없어서 그는 오후 내내 영화**와** 소설을 읽으면서 시간을 보냈다.
→ 마땅히 할 일이 없어서 그는 오후 내내 영화**를 보고** 소설을 읽으면서 시간을 보냈다.

⑤ 우리가 인체를 탐구하는 것은 그 속에 인간을 창조한 모든 비밀이 숨어 있다고 생각**한다.**
→ 우리가 인체를 탐구하는 것은 그 속에 인간을 창조한 모든 비밀이 숨어 있다고 생각**하기 때문이다.**

정답 ① ②는 '등산 용품'과 '대기하고 있다'의 호응이 어색하다. ③은 서술어 '관람할 수 있다'의 목적어가 생략되어 있다. ④는 목적어 '영화(를)'의 서술어가 생략되어 있다. ⑤는 '우리가 인체를 탐구하는 것은'과 '생각한다'의 호응이 어색하다.

03

① 음료수와 밥을 먹었더니 기운이 조금은 회복되었다.

→ 음료수**를 마시고** 밥을 먹었더니 기운이 조금은 회복되었다.

③ 희원이가 그 문제를 명쾌하게 해결할 것으로 예상**되는 것이다.**

→ 희원이가 그 문제를 명쾌하게 해결할 것으로 예상**된다.**

④ 사실 얼마 동안은 무엇을 할지도, 딱히 해야 할 일도 없었습니다.

→ 사실 얼마 동안은 무엇을 할지도 **몰랐었고,** 딱히 해야 할 일도 없었습니다.

⑤ 우리가 사용하는 언어는 의사 전달의 수단일 뿐만 아니라 생각, 곧 사고**일 뿐이다.**

→ 우리가 사용하는 언어는 의사 전달의 수단일 뿐만 아니라 생각, 곧 사고**의 수단이기도 하다.**

> **정답** ② ①은 목적어 '음료수(를)' 의 서술어가 생략되어 있다. ③은 '것' 을 이용한 명사화 구성을 남용하고 있다. ④는 앞 절의 서술어가 생략되어 있다. ⑤는 '언어는' 과 '사고일 뿐이다' 의 호응이 자연스럽지 못하다.

04

① **초라한** 힘없는 선생님의 모습을 보니 마음이 아팠다.

→ **초라하고** 힘없는 선생님의 모습을 보니 마음이 아팠다.

② **걱정하는 마음으로 관심 어린** 어머니의 모습이 따스하게 느껴집니다.

→ **관심을 가지고 걱정해 주시는** 어머니의 모습이 따스하게 느껴집니다.

④ 기재 사항**의** 정정 **또는** 금융 기관의 수납인 및 취급자인이 없으면 무효입니다.

→ 기재 사항**을** 정정**하거나** 금융 기관의 수납인 및 취급자인이 없으면 무효입니다.

⑤ 부모님의 따스한 격려**에도** **불구하고** 그의 마지막 투혼을 불러일으키기에는 **충분하였다.**

→ 부모님의 따스한 격려**도** 그의 마지막 투혼을 불러일으키기에는 **충분하지 못했다.**

> **정답** ③ ①, ② '초라한 힘없는' 과 '걱정하는 마음으로 관심 어린' 이라는 관형화 구성이 어색하다. ④는 '기재 사항의 정정' 과 '없으면' 의 호응이 부자연스럽다. ⑤는 '~에도 불구하고' 는 부정어와 호응하므로 서술어 '충분하였다' 와 호응이 어색하다.

05

① 아버지께서는 가정을 위하여 직장에서 열심히 **일한다.**

→ 아버지께서는 가정을 위하여 직장에서 열심히 **일하신다.**

② 우리가 명심해야 할 것은 사치와 향락은 파멸을 초래**하는** 점이다.

→ 우리가 명심해야 할 것은 사치와 향락이 파멸을 초래**한다는** 점이다.

④ 만약 인류가 불을 사용하지 **않아서,** 문명 생활을 지속할 수 없었을 것이다.

→ 만약 인류가 불을 사용하지 **않았다면,** 문명 생활을 지속할 수 없었을 것이다.

⑤ 문학은 다양한 삶의 체험을 보여 주는 예술의 장르 중 하나로 문학을 즐길 예술적 본능을 지닌다.

→ 문학은 다양한 삶의 체험을 보여 주는 예술의 장르 중 하나로 **인간은** 문학을 즐길 예술적 본능을 지닌다.

> **정답** ③ ①은 '아버지께서는' 과 '일한다' 의 높임 표현의 호응이 어색하다. ②는 주어와 서술어의 호응이 어색하다. ④는 '만약' 은 가정의 부사어이므로 서술어 '않아서' 와 호응이 어색하다. ⑤는 '본능을 지닌다' 의 주어가 생략되어 있다.

16

올바른 문장(2)

대표 유형

● 다음 문장과 같은 <u>잘못</u>이 나타나 있는 것은?

> 정민이는 생일이 되면 항상 피자와 콜라를 마셨다.

① 대학에 떨어진 이유는 게임방에 너무 자주 갔다.
② 출발 시간이 남아서 역전 앞 가게에서 밥을 먹었다.
③ 기상청은 언론 매체를 통해 해일 경보와 대피를 권고했다.
④ 네가 싫다 하더라도 부모님에게만큼은 절대로 잘해야 한다.
⑤ 어제 결정한 문제이긴 하지만 이 자리에서 다시 재론을 해 봅시다.

핵심 문제

※ 다음 문장과 같은 <u>잘못</u>이 나타나 있는 것을 고르시오.

01

> 그 선수의 장점은 경기의 흐름을 잘 읽고, 다른 선수들에게 공을 잘 보내 준다.

① 어머니께서 간식으로 사과와 귤 두 개를 주셨다.
② 그것이 요즈음 학생들에게 많이 읽혀지고 있는 책이다.
③ 1년 내내 쉬지 않고 기계를 가동시키던 공장이 휴업에 들어갔다.
④ 비록 내가 백만장자가 된다면, 가난한 사람들을 도우면서 살 것이다.
⑤ 무엇보다 중요한 것은 인간이 기술을 자신을 위하여 슬기롭게 사용해야 한다.

02

> 위염과 식도염이 있으니 4주 이상의 치료를 요한다는 진단을 받았다.

① 그는 어제 화초에게 물을 흠뻑 주었습니다.
② 겨울이 되면 화재 방지 대책 마련에 철저를 기해야 한다.
③ 나는 어제 사진을 보면서 어릴 적 친구들을 그리워하다.
④ 그의 딱한 이야기를 듣고 있노라니 차마 울 수밖에 없었다.
⑤ 내일 시청 앞에서 벼룩시장이 열리오니, 많은 참여 있으시기 바랍니다.

철수는 영수와 순이에게 줄 선물을 샀다.

① 나는 수학 선생님과 과학 선생님을 방문했다.
② 그날 새벽에 떠오를 태양을 보며 감격에 잠겼었다.
③ 어른도 못 하는 일인데, 하물며 너 같은 아이가 할 수 있지.
④ 교수님, 어제 선배님들이 많이 오셔서 좋은 시간을 보냈습니다.
⑤ 이 차량은 안내원이 없으므로 승객 여러분께서는 유의하시기 바랍니다.

 새해 첫날에는 동해 바다에 가서 떠오르는 해를 볼 것이다.

① 이번에 새로 나온 음반은 그다지 좋은 편이다.
② 나는 그에게 영어로 씌여진 글을 읽어 달라고 부탁했다.
③ 그는 정계에서 은퇴한 후, 남은 여생을 전원에서 보냈다.
④ 탐구 영역에는 사회 탐구와 과학 탐구 두 가지로 나뉜다.
⑤ 짐승은 다른 동물에게 잡아먹히기도 하고, 잡아먹기도 한다.

 사랑스러운 그의 손을 잡고 있으니 마음이 편안해졌다.

① 어제는 비와 바람이 많이 불었다.
② 우리는 한글을 만드신 것에 감사해야 한다.
③ 죄송한데요, 저 아직 학교에 도착하고 있지 않습니다.
④ 그리운 학창 시절의 선생님을 드디어 내일 만날 수 있다.
⑤ 아무리 글을 잘 쓰려고 하다 보니 내용이 떠오르지 않습니다.

대표 유형 풀이

정민이는 생일이 되면 항상 피자**와** 콜라를 마셨다. → 정민이는 생일이 되면 항상 피자**를 먹고** 콜라를 마셨다.	목적어와 서술어의 호응이 어색함
① 대학에 떨어진 이유는 게임방에 너무 자주 **갔다.** → 대학에 떨어진 이유는 게임방에 너무 자주 **갔기 때문이다.**	주어와 서술어의 호응이 어색함
② 출발 시간이 남아서 ***역전 앞** 가게에서 밥을 먹었다. → 출발 시간이 남아서 **역 앞** 가게에서 밥을 먹었다. *역전(驛前): '전(前)' 은 앞을 의미하므로 '역전 앞' 은 의미가 중복됨	한자어와 우리말의 의미가 중복됨
③ 기상청은 언론 매체를 통해 해일 경보**와** 대피를 권고했다. → 기상청은 언론 매체를 통해 해일 경보를 **발령하고** 대피를 권고했다.	목적어와 서술어의 호응이 어색함
④ 네가 싫다 하더라도 부모님에게만큼은 ***절대로** 잘해야 한다. → 네가 싫다 하더라도 부모님에게만큼은 **반드시** 잘해야 한다. * '절대로' 는 부정어와 호응하는 부사어임	부사어와 서술어의 호응이 어색함
⑤ 어제 결정한 문제지만 이 자리에서 **다시** *재론을 해 봅시다. → 어제 결정한 문제지만 이 자리에서 **재론**을 해 봅시다. *재론(再論): '재(再)' 는 '다시 한 번' 을 의미하므로 '다시 재론' 은 의미가 중복됨	한자어와 우리말의 의미가 중복됨

정답 ③

핵심 문제 풀이

01

그 선수의 장점은 경기의 흐름을 잘 읽고, 다른 선수들에게 공을 잘 **보내 준다.** → 그 선수의 장점은 경기의 흐름을 잘 읽고, 다른 선수들에게 공을 잘 **보내 준다**는 것이다.	주어와 서술어의 호응이 어색함
① 어머니께서 간식으로 **사과와 귤 두 개**를 주셨다. → 어머니께서 간식으로 **사과 한 개와 귤 한 개**를 주셨다. → 어머니께서 간식으로 **사과 한 개와 귤 두 개**를 주셨다.	병렬 구문의 중의성이 나타남
② 그것이 요즈음 학생들에게 많이 **읽혀지고** 있는 책이다. → 그것이 요즈음 학생들에게 많이 **읽히는** 책이다.	불필요한 피동 표현을 사용함
③ 1년 내내 쉬지 않고 기계를 **가동시키던** 공장이 휴업에 들어갔다. → 1년 내내 쉬지 않고 기계를 **가동하던** 공장이 휴업에 들어갔다.	잘못된 사동 표현을 사용함
④ ***비록** 내가 백만장자가 **된다면**, 가난한 사람들을 도우면서 살 것이다. → **만약** 내가 백만장자가 **된다면**, 가난한 사람들을 도우면서 살 것이다. * '비록' 은 '−ㄹ지라도', '−지마는' 과 같은 어미와 호응함	부사어와 서술어의 호응이 어색함
⑤ 무엇보다 중요한 것은 인간이 기술을 자신을 위하여 슬기롭게 사용해야 **한다.** → 무엇보다 중요한 것은 인간이 기술을 자신을 위하여 슬기롭게 사용해야 **한다**는 것이다.	주어와 서술어의 호응이 어색함

정답 ⑤

02

위염과 식도염이 있으니 4주 이상의 치료를 **요한다는** 진단을 받았다. → 위염과 식도염이 있으니 4주 이상의 치료를 **받아야 한다는** 진단을 받았다.	우리말답지 않은 표현을 사용함(일어의 영향)
① 그는 어제 화초**에게** 물을 흠뻑 주었습니다. → 그는 어제 화초**에** 물을 흠뻑 주었습니다.	조사가 잘못 사용됨
② 겨울이 되면 **화재 방지 대책 마련**에 철저를 기해야 한다. → 겨울이 되면 **화재를 방지할 대책을 마련하는 데** 철저를 기해야 한다.	명사화 구성이 남용되어 어색함
③ 나는 어제 사진을 보면서 어릴 적 친구들을 **그리워하다.** → 나는 어제 사진을 보면서 어릴 적 친구들을 **그리워했다.**	시제가 일치하지 않음
④ 그의 딱한 이야기를 듣고 있노라니 ***차마** 울 수밖에 없었다. → 그의 딱한 이야기를 듣고 있노라니 **차마** 울지 **않을** 수 없었다. * '차마'는 부정어와 호응하는 부사임	부사어와 서술어의 호응이 어색함
⑤ 내일 시청 앞에서 벼룩시장이 열리오니, **많은 참여 있으시기** 바랍니다. → 내일 시청 앞에서 벼룩시장이 열리오니, **많이 참여해 주시기** 바랍니다.	우리말답지 않은 표현을 사용함(일어의 영향)

정답 ⑤

03

철수는 **영수와 순이에게 줄 선물을 샀다.*** → 철수는 **영수와 함께, 순이에게 줄 선물을 샀다.** → 철수는 **영수와 순이 두 사람에게 줄 선물을 샀다.** *철수가 영수와 함께 순이에게 줄 선물을 산 것인지, 철수 혼자 영수와 순이 모두에게 줄 선물을 산 것인지 분명하지 않음	병렬 구문의 중의성이 나타남
① 나는 **수학 선생님과 과학 선생님을** 방문했다.* → 나는 **수학 선생님과 함께, 과학 선생님을** 방문했다. → 나는 **수학 선생님도 방문하고, 과학 선생님도** 방문했다. * '나'와 수학 선생님이 함께 과학 선생님을 방문한 것인지, '나' 혼자 수학 선생님과 과학 선생님을 차례로 방문한 것인지 분명하지 않음	병렬 구문의 중의성이 나타남
② 그날 새벽에 **떠오를** 태양을 보며 감격에 잠겼었다. → 그날 새벽에 **떠오른** 태양을 보며 감격에 잠겼었다.	시제의 호응이 어색함
③ 어른도 못 하는 일인데, ***하물며** 너 같은 아이가 할 수 **있지.** → 어른도 못 하는 일인데, **하물며** 너 같은 아이가 할 수 **있겠니?** * '하물며'는 의문형, 감탄형 어미와 호응하는 부사임	부사어와 서술어의 호응이 어색함
④ 교수님, 어제 **선배님**들이 많이 **오셔서** 좋은 시간을 보냈습니다.* → 교수님, 어제 **선배**들이 많이 **와서** 좋은 시간을 보냈습니다. *청자인 '교수님'이 문장의 주체(선배)보다 높기 때문에 주체를 낮춰 '선배'와 '와서'로 표현해야 함	높임 표현이 잘못 사용됨
⑤ 이 차량은 안내원이 없으므로 승객 여러분께서는 유의하시기 바랍니다. → 이 차량은 안내원이 없으므로 승객 여러분께서는 **이 점에** 유의하시기 바랍니다.	필수적인 부사어가 생략됨

정답 ①

04

새해 첫날에는 *동해 바다에 가서 떠오르는 해를 볼 것이다.

→ 새해에는 동해에 가서 떠오르는 해를 볼 것이다.

*동해(東海): '해(海)'는 '바다'를 의미하여 '동해 바다'는 의미가 중복되므로 함께 쓰일 수 없음

| 한자어와 우리말의 의미가 중복됨 |

① 이번에 새로 나온 음반은 *그다지 좋은 편이다.

→ 이번에 새로 나온 음반은 그다지 좋은 편이 아니다.

* '그다지'는 부정어와 호응하는 부사어임

| 부사어와 서술어의 호응이 어색함 |

② 나는 그에게 영어로 씌여진 글을 읽어 달라고 부탁했다.

→ 나는 그에게 영어로 쓰인 글을 읽어 달라고 부탁했다.

| 잘못된 피동 표현을 사용함 |

③ 그는 정계에서 은퇴한 후, *남은 여생을 전원에서 보냈다.

→ 그는 정계에서 은퇴한 후, 여생을 전원에서 보냈다.

*여생(餘生): '여(餘)'는 '남다'를 의미하여 '남은 여생'은 의미가 중복되므로 함께 쓰일 수 없음

| 한자어와 우리말의 의미가 중복됨 |

④ 탐구 영역에는 사회 탐구와 과학 탐구 두 가지로 나뉜다.

→ 탐구 영역은 사회 탐구와 과학 탐구 두 가지로 나뉜다.

| 조사가 잘못 사용됨 |

⑤ 짐승은 다른 동물에게 잡아먹히기도 하고, 잡아먹기도 한다.

→ 짐승은 다른 동물에게 잡아먹히기도 하고, 다른 동물을 잡아먹기도 한다.

| 필수적인 목적어가 생략됨 |

정답 ③

05

사랑스러운 그의 손*을 잡고 있으니 마음이 편안해졌다.

→ 사랑스러운, 그의 손을 잡고 있으니 마음이 편안해졌다.

→ 그의 사랑스러운 손을 잡고 있으니 마음이 편안해졌다.

*그의 손이 사랑스러운 것인지, 그가 사랑스러운 것인지 분명하지 않음

| 수식 관계의 중의성이 나타남 |

① 어제는 비와 바람이 많이 불었다.

→ 어제는 비가 내렸고, 바람이 많이 불었다.

| 주어와 서술어의 호응이 어색함 |

② 우리는 한글을 만드신 것에 감사해야 한다.

→ 우리는 세종대왕이 한글을 만드신 것에 감사해야 한다.

| 필수적인 주어가 생략됨 |

③ 죄송한데요, 저 아직 학교에 도착하고 있지 않습니다.

→ 죄송한데요, 저 아직 학교에 도착하지 않았습니다.

| 부사어와 시제의 호응이 어색함 |

④ 그리운 학창 시절의 선생님*을 드디어 내일 만날 수 있다.

→ 그리운, 학창 시절의 선생님을 드디어 내일 만날 수 있다.

→ 그리운 학창 시절의, 선생님을 드디어 내일 만날 수 있다.

*학창 시절이 그리운 것인지, 선생님이 그리운 것인지 분명하지 않음

| 수식 관계의 중의성이 나타남 |

⑤ *아무리 글을 잘 쓰려고 하다 보니 내용이 떠오르지 않습니다.

→ 아무리 글을 잘 쓰려고 해도 내용이 떠오르지 않습니다.

* '아무리'는 주로 '-아도/-어도'가 붙은 동사와 함께 쓰이는 부사어임

| 부사어와 서술어의 호응이 어색함 |

정답 ④

올바른 문장

1. 문장 성분의 생략과 호응: 올바른 문장 표현을 위해서는 필요한 문장 성분을 갖춰야 하고, 문장 성분들 간의 호응을 고려해야 한다.

  (1) 주어와 서술어의 호응: 주어가 지나치게 생략되거나 주어와 서술어가 호응하지 않으면 어법에 어긋난다.

    예 공사가 언제 시작되고, 언제 개통될지 모른다.(×) → 공사가 언제 시작되고, 도로가 언제 개통될지 모른다.

    우리의 목표는 승리한다.(×) → 우리의 목표는 승리하는 것이다.

  (2) 목적어와 서술어의 호응: 목적어가 두 개 이상인 경우, 각 목적어에 호응하는 서술어가 생략되면 어법에 어긋난다.

    예 나는 케이크와 차를 마셨다.(×) → 나는 케이크를 먹고, 차를 마셨다.

  (3) 부사어와 서술어의 호응: 서술어가 필요로 하는 부사어가 생략되거나 부사어와 서술어가 호응하지 않으면 어법에 어긋난다.

    예 인간은 환경을 지배하기도 하고, 순응하기도 한다.(×) → 인간은 인간은 환경을 지배하기도 하고, 환경에 순응하기도 한다.

    수업 시간에는 절대로 조용히 해야 한다.(×) → 수업 시간에는 반드시 조용히 해야 한다.

2. 중의적 표현: 두 가지 이상의 의미로 해석되는 표현을 말한다.

  (1) 수식 관계에 의한 중의성: 수식어의 범위가 명확하지 않다.

    예 귀여운 민수의 동생을 만났다. → '귀여운'이 민수를 꾸미는지 민수의 동생을 꾸미는지 명확하지 않음

  (2) 접속 표현에 의한 중의성: 병렬 구분의 의미가 명확하지 않다.

    예 참외와 복숭아 세 개를 샀다. → '참외 한 개와 복숭아 세 개'인지, '참외와 복숭아가 각각 세 개'인지, '참외와 복숭아를 합하여 모두 세 개'인지 명확하지 않음

  (3) 비교 구문에 의한 중의성: 비교 대상이 명확하지 않다.

    예 나는 엄마보다 드라마를 더 좋아한다. → '엄마와 드라마'를 비교하는지, '내가 드라마를 좋아하는 정도와 엄마가 드라마를 좋아하는 정도'를 비교하는지 명확하지 않음

  (4) 조사 '의'에 의한 중의성: 조사 '의'의 범위가 명확하지 않다.

    예 할머니의 그림을 보았다. → '할머니 소유의 그림'인지 '할머니가 그린 그림'인지 '할머니를 그린 그림'인지 명확하지 않음

  (5) 부정문에 의한 중의성: 부정의 범위가 명확하지 않다.

    예 친구들이 다 오지 않았다. → '친구들이 한 명도 오지 않은 경우'인지 '친구들이 몇 명만 온 경우'인지 명확하지 않음

※ 중의성의 해소 방법

1. 반점(,)을 사용하거나, 수식어를 피수식어 바로 앞에 놓는다.

    예 귀여운 민수의 동생을 만났다. (민수의 동생이 귀여운 경우) → 귀여운, 민수의 동생을 만났다. / 민수의 귀여운 동생을 만났다.

2. 접속 조사를 바르게 사용하여 대상을 분명히 한다.

    예 나는 철수와 영희를 만났다. (두 사람을 만난 경우) → 나는 철수와 영희 두 사람을 만났다.

3. 비교 대상을 명확하게 제시한다.

    예 나는 엄마보다 드라마를 더 좋아한다. (드라마를 좋아하는 경우) → 나는 엄마가 드라마를 좋아하는 것보다 더 드라마를 좋아한다.

3. 잘못된 피동 · 사동 표현

  (1) 이중 피동: 피동 표현을 중복해서 사용하는 표현은 어법에 어긋난다.

    예 네가 했던 그 말이 잊혀지지 않는다. → 네가 했던 그 말이 잊히지 않는다.(피동 표현의 중복)

  (2) 사동 표현의 남용: 불필요하게 사동 표현을 사용하는 것은 어법에 어긋난다.

    예 좋은 사람 있으면 소개시켜 줘. → 좋은 사람 있으면 소개해 줘.(불필요한 사동 표현)

4. 우리말답지 않은 표현: 일본어식 표현이나 영어의 번역 투 표현은 어법에 어긋난다.

  (1) 일본어식 표현: '-로의', '-에 있어서', '-에 다름 아니다', '-에 대하여', '-로부터'의 남용

    예 눈의 꽃 → 눈꽃

    내일 비가 온다는 소식을 수정이로부터 들었다. → 내일 비가 온다는 소식을 수정이에게서 들었다.

  (2) 영어의 번역 투 표현: 피동형 · 수동형 표현, 전치사나 관용구를 직역한 표현

    예 지역 문화재 탐방을 위한 조별 모임을 가졌다. → 지역 문화재 탐방을 위한 조별 모임이 있었다.

    네 입장도 이해가 간다. → 네 입장도 이해한다.

17

담화

담화는 하나 이상의 문장이나 발화의 연속체로, 그 구성 요소는 화자, 청자, 언어(발화), 맥락 등이다. 담화의 의미를 바르게 파악하기 위해서는 언어적 맥락은 물론 상황 맥락이나 사회·문화적 맥락을 모두 고려해야 한다. 또한 발화들이 모여서 담화를 이루려면 내용 면에서 하나로 통일된 통일성과, 형식 면에서 각 발화가 관련 있음을 나타내는 응집성을 갖추어야 한다.

대표 유형

⊙ **다음 중 상황 맥락에 따른 발화의 기능으로 적절한 것은?**

> (엄마가 시험 전날 텔레비전을 보는 딸에게) "드라마가 재미있니?"

① 선언　　　　　　② 요청　　　　　　③ 제안
④ 질책　　　　　　⑤ 약속

핵심 문제

※ 다음 중 상황 맥락에 따른 발화의 기능으로 적절한 것을 고르시오.

 01

> (방과 후 함께 집에 가는 친구에게) "살짝 출출하네."

① 명령　　　　　　② 질문　　　　　　③ 제안
④ 경고　　　　　　⑤ 축하

 02

> (창문을 열고 청소하시는 엄마에게) "엄마 추워요."

① 금지　　　　　　② 명령　　　　　　③ 선언
④ 위로　　　　　　⑤ 요청

03

> (수학을 잘하는 친구에게 어려운 수학 문제를 가리키며) "이 문제 풀었니?"

① 경고   ② 제안   ③ 축하
④ 요청   ⑤ 명령

04

> (선생님이 수업 시간에 떠드는 학생들에게) "수업 중인데 시끄럽구나."

① 경고   ② 선언   ③ 호소
④ 질문   ⑤ 약속

※ 다음 빈칸에 들어갈 지시·대용·접속 표현을 바르게 나열한 것을 고르시오.

05

> • 언니, 옆에 있는 (　　　) 연필 좀 건네줘.
> • 풍속화는 시대상을 나타낸다. 김홍도의 그림은 바로 (　　　) 예이다.
> • 원윳값이 올랐다. (　　　) 국내의 기름값도 오를 것이다.

① 이 – 그 – 예컨대   ② 이 – 이 – 게다가
③ 그 – 저 – 그렇지만   ④ 그 – 그 – 따라서
⑤ 저 – 이 – 예컨대

06

> • 상민아, 인사하렴. (　　　)분은 우리 어머니야.
> • '금오신화'는 우리나라 최초의 한문 소설이다. (　　　) 소설의 저자는 김시습이다.
> • 철민이는 밤새 공부를 했다. (　　　) 이번 시험에서 좋은 결과가 있을 것이다.

① 저 – 이 – 따라서   ② 저 – 그 – 그러면서
③ 이 – 이 – 그러나   ④ 이 – 이 – 그러므로
⑤ 그 – 그 – 그래서

07

> • (우산을 건네며) 비가 오니 (　　　)을 가져가라.
> • 너는 가수가 되고 싶다고 했잖아. (　　　) 꿈을 포기하지 마.
> • 이번 일은 결국 실패했다. (　　　) 끊임없이 노력한다면 좋은 결실을 맺을 것이다.

① 저것 – 그 – 그러면서   ② 저것 – 이 – 그래서
③ 그것 – 저 – 다음으로   ④ 이것 – 이 – 따라서
⑤ 이것 – 그 – 하지만

정답 및 해설

상황 맥락	발화	기능
엄마가 시험 전날 텔레비전을 보는 딸에게	드라마가 재미있니?	질책

정답 ④ 시험 전날 텔레비전을 보는 딸에게 엄마가 "드라마가 재미있니?"라고 하는 말은 공부를 하지 않고 드라마를 보고 있다는 '질책'의 의미로 이해할 수 있다.

핵심 **문제 풀이**

01

상황 맥락	발화	기능
방과 후 함께 집에 가는 친구에게	살짝 출출하네.	제안

정답 ③ 방과 후 함께 집에 가는 친구에게 "살짝 출출하네."라고 하는 말은 같이 먹을 것을 먹자는 '제안'의 의미로 이해할 수 있다.

02

상황 맥락	발화	기능
창문을 열고 청소하시는 엄마에게	엄마, 추워요.	요청

정답 ⑤ 창문을 열고 청소하시는 엄마에게 "엄마, 추워요."라고 하는 말은 추우니 창문을 닫아 달라는 '요청'의 의미로 이해할 수 있다.

03

상황 맥락	발화	기능
수학을 잘하는 친구에게 어려운 수학 문제를 가리키며	이 문제 풀었니?	요청

정답 ④ 수학을 잘하는 친구에게 어려운 수학 문제를 가리키며 "이 문제 풀었니?"라고 하는 말은 문제를 못 풀겠으니 풀이 방법을 알려 달라는 '요청'의 의미로 이해할 수 있다.

04

상황 맥락	발화	기능
선생님이 수업 시간에 떠드는 학생들에게	수업 중인데 시끄럽구나.	경고

정답 ① 선생님이 수업 시간에 떠드는 학생들에게 "수업 중인데 시끄럽구나."라고 하는 말은 수업 시간이니 떠들지 말라는 '경고'의 의미로 이해할 수 있다.

05

예문	담화 표현
언니, 옆에 있는 **그** 연필 좀 건네줘.	그 / 지시 표현(대상이 화자에게 멀고 청자 가까이에 있음)
풍속화는 시대상을 나타낸다. 김홍도의 그림이 바로 **그** 예이다.	그 / 대용 표현
원윳값이 올랐다. **따라서** 국내의 기름값도 오를 것이다.	따라서 / 접속 표현(인과 관계)

정답 ④

06

예문	담화 표현
상민아, 인사하렴. **이분**은 우리 어머니야.	이 / 지시 표현(대상이 화자에 가까이 있음)
'금오신화' 는 우리나라 최초의 한문 소설이다. **이** 소설의 저자는 김시습이다.	이 / 대용 표현
철민이는 밤새 공부를 했다. **그러므로** 이번 시험에서 좋은 결과가 있을 것이다.	그러므로 / 접속 표현(인과 관계)

정답 ④

07

예문	담화 표현
(우산을 건네며) 비가 오니 **이것**을 가져가라.	이것 / 지시 표현(대상이 화자에 가까이 있음)
너는 가수가 되고 싶다고 했잖아. **그** 꿈을 포기하지 마.	그 / 대용 표현
이번 일은 결국 실패했다. **하지만** 끊임없이 노력한다면 좋은 결실을 맺을 것이다.	하지만 / 접속 표현(역접 관계)

정답 ⑤

핵심 개념

1. **담화**: 구체적인 문맥 속에서 이루어지는 발화(화자의 느낌, 생각, 믿음 등이 문장 단위로 실현된 말)나 발화의 연속체이다.
   (1) **담화의 구성 요소**: 화자(글쓴이), 청자(독자), 발화 내용(언어 표현), 맥락
   (2) **맥락의 개념과 유형**: 담화가 이루어지는 상황을 의미하며, 담화의 흐름이나 의미 해석에 결정적인 역할을 한다.
      ① 상황 맥락: 담화의 수용·생산 활동에 직접적으로 개입하는 맥락 **예** 언어 행위의 주체(화자, 시간, 공간, 환경, 청자), 주제, 목적 등
      ② 사회·문화적 맥락: 담화의 수용·생산 활동에 간접적으로 개입하는 맥락 **예** 역사적·사회적 상황, 이념, 문화·가치 등

2. **담화의 통일성과 응집성**
   (1) **통일성**: 담화의 구성 요소들이 내용적 측면에서 연결되어 있는 것을 말한다.
   (2) **응집성**: 담화의 구성 요소들이 형식적 측면에서 연결되어 있는 것을 말한다.
      ① 지시 표현: 사물을 본래 명칭이 아닌 다른 말로 지칭하는 것. '이, 그, 저', '이것, 그것, 저것', '여기, 저기' 등이 있다.
      ② 대용 표현: 앞에서 언급한 내용을 다른 표현으로 대신하는 것. 국어의 대용 표현은 '이' 부류와 '그' 부류가 있으며, 지시 표현과는 다르게 '저' 부류는 쓰이지 않는다.
      ③ 접속 표현: 발화와 발화, 문장과 문장을 연결해 하나로 이어 주는 것. 순접, 역접, 인과, 병렬 관계를 나타내는 접속 부사가 쓰인다.

[01~02] 다음을 읽고, 물음에 답하시오.

근래에 들어서 대중의 언어생활에 막대한 영향을 끼치는 ⓐ방송 언어가 잘못 사용된 경우가 발견된다. ㉠"지금 중부 지방의 날씨는 맑고 있습니다."와 같은 일기 예보, ⓑ"당신은 참으로 대단한 미모를 가지셨군요."라는 대담 프로그램 아나운서의 말을 들으면 우리말을 듣고 있는 것인지 외국어를 듣고 있는지 ⓒ분간이 되지 않을 때가 많다. '맑다'는 형용사이다. 따라서 진행형으로 쓸 수가 없다. '아름답고 있다, 깨끗하고 있다.'라는 표현이 있을 수 없는 것처럼 '맑고 있다.'라는 ⓓ말은 잘못된 표현이다. 굳이 '맑다'라는 말을 쓰고 싶으면 "날씨가 맑아지고 있다."라고 해야 할 것이요, 그렇지 않으면 ⓔ"날이 개고 있다." 혹은 "날이 개어 가고 있다."라고 해야 할 것이다. "미모를 가졌다."는 결코 우리말이라 할 수 없다. 왜 "당신은 참 아름다우시군요."라고 하지 못할까? 정 '미모'라는 말을 써야겠으면 "미모가 뛰어나시군요."라고 할 수가 있다. '미모'를 가지다니, '미모'를 주머니 속에 넣고 다닌다는 말인가?

01 ㉠과 같은 유형의 잘못이 나타난 문장은?

① 우리는 자유에 대해서 배우지만, 누릴 수는 없다.
② 고개 위에 낙조가 붉고 있는 것이 매우 아름답구나.
③ 국제화 시대에 외국어를 배우는 것은 불가결한 일이다.
④ 날씨가 너무 더워서 차가운 냉수를 벌컥벌컥 들이켰다.
⑤ 컴퓨터 게임이 아이들에게 미치는 나쁜 영향은 가족 간의 대화를 단절시킨다.

02 ⓐ~ⓔ 중, 문장 성분이 다른 하나는?

① ⓐ   ② ⓑ   ③ ⓒ   ④ ⓓ   ⑤ ⓔ

03 다음 자료를 바탕으로 국어의 문장 구조에 관한 탐구 활동을 진행하였다. 그 결과로 적절하지 않은 것은?

ㄱ. 그녀는 아빠와 달리 일을 잘한다.
ㄴ. 1950년에 일어난 전쟁이 한국 전쟁이다.
ㄷ. 그가 정당했음을 깨달은 사람들은 눈물을 흘렸다.

① ㄱ, ㄴ, ㄷ은 밑줄 친 부분을 다른 문장이 안고 있는 안은문장이다.
② 우리말은 문장 속에 문장을 안은 형태로 다양한 생각을 표현할 수 있다.
③ ㄷ은 밑줄 친 부분뿐 아니라, '그가 정당했음을 깨달은'도 안긴문장이다.
④ ㄱ, ㄴ, ㄷ에서 밑줄 친 부분은 각각 서술어, 관형어, 목적어의 구실을 하고 있다.
⑤ ㄱ의 밑줄 친 부분에는 주어가 나타나 있지 않은데, 생략된 주어는 '그녀는'이다.

다음에 나타난 문장의 유형으로 옳지 <u>않은</u> 것은?

> 지금은 남의 땅— 빼앗긴 들에도 봄은 오는가?
>
> 나는 온몸에 햇살을 받고,
> 푸른 하늘 푸른 들이 맞붙은 곳으로,
> 가르마 같은 논길을 따라 꿈속을 가듯 걸어만 간다.
>
> 입술을 다문 하늘아, 들아,
> 내 맘에는 나 혼자 온 것 같지를 않구나!
> 네가 끌었느냐, 누가 부르더냐, 답답워라, 말을 해 다오.
>
> 바람은 내 귀에 속삭이며,
> 한 자욱도 섰지 마라, 옷자락을 흔들고.
> 종다리는 울타리 너머 아씨같이 구름 뒤에서 반갑다 웃네.
>
> 고맙게 잘 자란 보리밭아,
> 간밤 자정이 넘어 내리던 고운 비로
> 너는 삼단 같은 머리를 감았구나. 내 머리조차 가뿐하다.
>
> — 이상화, 〈빼앗긴 들에도 봄은 오는가〉

① 1연: 의문문   ② 2연: 평서문   ③ 3연: 감탄문, 의문문, 청유문
④ 4연: 명령문, 평서문   ⑤ 5연: 감탄문, 평서문

 다음에 나타난 높임 표현에 대한 설명으로 적절하지 <u>않은</u> 것은?

> ㉠ 할아버지, 아버지가 들어왔습니다.
> ㉡ 아버님, 진지를 잡수시고 가십시오.
> ㉢ 여보게, 자네는 이름이 뭐라고 했지?
> ㉣ 그는 이모님을 집까지 모시고 와서 식사를 대접했다.
> ㉤ 이번 프로젝트에는 저 대신 다른 사람을 보내겠습니다.

① ㉠은 청자가 행동의 주체보다 높아서 주체를 높이지 못했다.
② ㉡은 행위의 주체가 높임의 대상이기에 높임말을 사용하였다.
③ ㉢은 청자가 화자보다 아랫사람인 경우에 사용하는 표현이다.
④ ㉣에는 행위의 주체와 객체를 동시에 높이고자 하는 의도가 드러나 있다.
⑤ ㉤은 윗사람인 청자를 높이고 자기를 낮추어 가리키는 표현이 드러나 있다.

06 다음 글을 고쳐 쓰기 위해 토론한 내용으로 적절하지 <u>않은</u> 것은?

꿈틀일보　　　　　　　　　　　　　　　　　　　○○○○년 ○○월 ○○일

30대 여인, 숨진 채 발견돼

어젯밤 11시경, 서울시 변두리의 어느 빈민 가옥에서 30대 여인이 숨진 채 ㉠발견되어졌다. 시신을 처음 발견한 사람은 죽은 여인의 남편 김○○ 씨다. 김 씨는 그날따라 인력거벌이가 좋아 늦게까지 일을 하였는데, 집에 돌아와 아내를 발견했을 때 아내는 이미 유명(幽明)을 ㉡달리한다고 한다. 김 씨의 아내는 오랜 지병을 앓고 있었으나 극도로 궁핍한 생활 여건 때문에 김 씨가 약은커녕 끼니도 제대로 ㉢먹이지 못하여 그 병세가 매우 ㉣악화한 것으로 추측된다. 평소 아내가 먹고 싶다고 소원하던 설렁탕을 사 들고 귀가했던 남편 김 씨가 "왜 먹지를 ㉤아니하니……. 오늘은 괴상하게 운이 좋더니만……."이라고 하며 아내의 주검 앞에서 오열하여 주위를 더욱 안타깝게 했다.

① ㉠은 불필요한 피동 표현이므로 '발견되었다.'로 바꾸는 게 좋겠어.
② ㉡은 시간 표현이 어색하므로 '달리했다고'로 바꾸는 게 좋겠어.
③ ㉢은 잘못된 사동 표현이므로 '먹히지'로 바꾸는 게 좋겠어.
④ ㉣은 문장의 의미를 고려하여 '악화된'으로 바꾸는 게 좋겠어.
⑤ ㉤은 부정 표현의 의미를 고려하여 '못하니'로 바꾸는 게 좋겠어.

07 ㉠~㉤에 들어갈 담화 표현으로 적절하지 <u>않은</u> 것은?

　　간디 사상의 요체인 비폭력주의는 하나의 유효한 정치적 투쟁 수단이기 이전에 근원적으로 만유의 법칙을 사랑으로 파악하는 위대한 종교적·철학적 전통에 뿌리를 두고 있는 것이다. ⃞㉠ 비폭력주의 운동은 결코 수동적인 저항만은 아니었다. ⃞㉡ 은 악에 대한 보답을 악으로 하지 않고 사랑으로 해야 한다는, 거의 불가사의하게 깊고 부드러운 영혼 속에서 우러나오는 실천적 행동이었다.
　　간디는 절대로 몽상가는 아니다. ⃞㉢ 가 말한 것은 폭력을 통해서는 인도의 해방도, 보편적인 인간 해방도 없다는 것이었다. 민족 해방은 단지 외국 지배자의 퇴각을 의미하는 것일 수는 없다. 참다운 해방은 지배와 착취와 억압의 구조를 타파하고 ⃞㉣ 구조에 길들여져 온 심리적 습관과 욕망을 뿌리로부터 변화시키는 일 ― ⃞㉤ 일체의 '칼의 교의(教義)'로부터의 초월을 실현하는 것이다.
　　　　　　　　　　　　　　　　　　　　　　　　　　　　　　　　　- 김종철, 〈간디의 물레〉

① ㉠: 따라서　　　　　② ㉡: 그것　　　　　③ ㉢: 그
④ ㉣: 그　　　　　　　⑤ ㉤: 예를 들면

08 〈보기〉의 ㉠~㉤에 대한 설명으로 옳지 <u>않은</u> 것은?

① ㉠은, ㉡과 ㉢이 대등하게 연결된 이어진문장이다.
② ㉡은, '나는'의 서술어인 ㉣을 안고 있다.
③ ㉡과 ㉢은, 각각 '주어-서술어'의 관계가 두 번 이상 나타난다.
④ ㉣과 ㉤은, '주어-서술어'의 관계가 한 번씩만 나타난다.
⑤ ㉤은, '책'을 수식하는 관형어 역할을 하면서 ㉢에 안겨 있다.

09 〈보기〉는 '학습 활동'에 대해 짝 토론을 한 것이다. ㉠~㉢에 알맞은 말을 바르게 연결한 것은?

> [학습 활동] 다음 문장의 짜임에 대해 알아보자.
>   그가 아끼던 제자가 상을 받았음을 그녀가 알려 줬다.

> 보기
>
> 학생 1: 어제 보았던 거꾸로 수업 동영상 강의에서 문장 속에 들어가 있는 절을 '안긴문장'이라고 하고, 절을 포함하고 있는 문장을 '안은문장'이라고 했지?
> 학생 2: 그래. 그리고 어떤 문장의 짜임을 이해하려면 그 문장의 주어와 서술어를 파악하는 것이 중요하다고 했어. 그럼, 먼저 주어를 서술하는 기능을 가진 단어부터 찾아보자. 음……. '알려 줬다'와 '받았음' 이렇게 두 개인가?
> 학생 1: 아니야. '아끼던'도 서술 기능이 있잖아.
> 학생 2: 그렇구나. 그러면 그중에서 문장 전체의 서술어는 '알려 줬다'이고, 그것의 주어는 (㉠)이겠다.
> 학생 1: 맞아. 그럼 '받았음'의 주어는 (㉡)이겠지?
> 학생 2: 응. 명사절이 문장 전체의 목적어 역할을 하며 안겨 있는 거지.
> 학생 1: 명사절 외에 관형절도 있잖아. 그러면 이 관형절의 주어는 (㉢)이겠다.
> 학생 2: 그래. 국어의 안은문장은 이렇게 여러 개의 안긴문장으로 이루어질 수 있는 거구나.

	㉠	㉡	㉢
①	그녀가	제자가	그가
②	그녀가	그가	제자가
③	그가	그녀가	제자가
④	그가	제자가	그녀가
⑤	제자가	그녀가	그가

10 〈보기〉의 (가)~(다)에 대한 설명으로 적절하지 <u>않은</u> 것은?

> 보기
>
> 겹문장 속에서 하나의 '주어+서술어' 관계가 이루어진 부분을 '절'이라고 한다. '절'은 전체 문장의 한 성분으로 안기거나 서로 이어지거나 한다.
>
> (가) <u>봄이</u> <u>오면</u> 꽃이 핀다.
>   ㉠   ㉡
>
> (나) <u>눈이</u> <u>내린</u> 마을은 고요했다.
>   ㉢   ㉣
>
> (다) 나는 <u>그가 왔음을</u> 몰랐다.
>   ㉤

① (가)에서 ㉠과 ㉡의 위치를 바꾸면 의미가 달라진다.
② (나)에서 ㉢은 ㉣의 주어를 꾸며 주는 역할을 한다.
③ (다)의 ㉤을 생략하면 전체 문장의 의미가 불완전해진다.
④ (나)와 달리 (다)는 절이 전체 문장의 한 성분으로 안겨 있다.
⑤ (가), (나), (다)는 모두 '주어+서술어' 관계가 두 번 나타난다.

11 〈보기〉를 통해 부정 표현의 특성에 대해 탐구한 내용으로 적절하지 <u>않은</u> 것은?

> 보기
>
> ㄱ. 나는 수학 공부를 안 했다.
>   나는 수학 문제가 어려워서 못 풀었다.
> ㄴ. 여기에는 이제 해가 비치지 {않는다 / 못한다}.
> ㄷ. 그녀를 만나지 {*않아라 / *못해라 / 마라}.
> ㄹ. 그는 결코 그 일을 {*했다 / 안 했다}.
>   그는 분명히 그 일을 {했다 / 안 했다}.
> ㅁ. 교실이 {안 / *못} 깨끗하다.
>
> *비문법적 표현

① ㄱ을 보니, '안' 부정문은 '의지 부정'을 나타내고, '못' 부정문은 '능력 부정'을 나타내는군.
② ㄴ을 보니, 행동 주체의 의지를 부정할 때는 '긴 부정문'만 쓸 수 있군.
③ ㄷ을 보니, 명령문의 부정 표현은 보조 용언 '말다'를 활용하여 사용하는군.
④ ㄹ을 보니, 어떤 부사는 반드시 부정 표현과 함께 쓰여야 하는군.
⑤ ㅁ을 보니, 형용사를 부정할 때에는 부사 '못'을 사용하여 부정 표현을 나타낼 수 없군.

12 〈보기〉의 담화 상황을 고려할 때, ㉠~㉤에 대한 이해로 적절하지 <u>않은</u> 것은?

>
> 엄마: 너 지금 뭐하니? 늦었는데 빨리 학교 가야 하지 않니?
> 아들: ㉠예, 가요. 뭐 좀 챙긴다구요.
> 엄마: 그런데 네 방이 많이 어질러져 있더라. 평소에는 잘 하더니, ㉡어제는 청소 안 한 거니?
> 아들: 저기, ㉢그게 어제 밤늦게까지 과제 발표를 준비하느라 시간이 없었어요.
> 엄마: 그랬구나. 그래, 발표 준비는 다 했구?
> 아들: 열심히 준비하긴 했는데, 친구들 앞에만 서면 떨려서 제대로 ㉣못 할 것 같아요.
> 엄마: 아니야, 잘 할 수 있을 거야. 자신감을 가져. 그래도 너무 떨리면 발표 전에 심호흡을 세 번만 ㉤해 보자.
> 아들: 네, 엄마. 그럴게요.

① ㉠: 부정의 물음에 대해 긍정의 대답을 사용하여 학교에 갈 것이라는 의미를 나타내고 있다.
② ㉡: 보조사를 사용하여 다른 날에는 '아들'이 청소를 했다는 사실과 대조하고 있다.
③ ㉢: 지시 대명사를 사용하여 '엄마'의 이야기에 언급된 내용을 다시 언급하는 것이므로 '이게'와 바꿔 쓸 수 없다.
④ ㉣: '못' 부정문을 사용하여 앞으로의 상황이 자신의 능력 부족 때문에 발생할 수 있음을 나타내고 있다.
⑤ ㉤: 청유형 종결 어미를 사용하여 '엄마'가 '아들'에게 함께 심호흡할 것을 제안하고 있다.

13 〈보기〉를 바탕으로 피동문과 사동문에 대해 이해한 내용으로 적절하지 <u>않은</u> 것은?

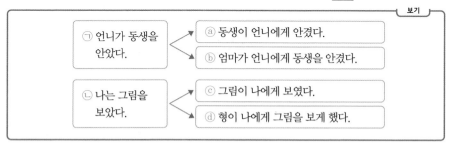

① ㉠과 ⓐ를 보니 능동문의 주어는 피동문에서 부사어가 되는군.
② ㉡과 ⓒ를 보니 능동문의 목적어는 피동문에서도 목적어가 되는군.
③ ㉡과 ⓓ를 보니 주동문이 사동문으로 바뀌면 새로운 주어가 나타나는군.
④ ⓐ와 ⓑ를 보니 피동사와 사동사의 형태가 같을 수 있군.
⑤ ⓑ와 ⓓ를 보니 사동사나 '-게 하다'를 활용하여 사동문을 만들 수 있군.

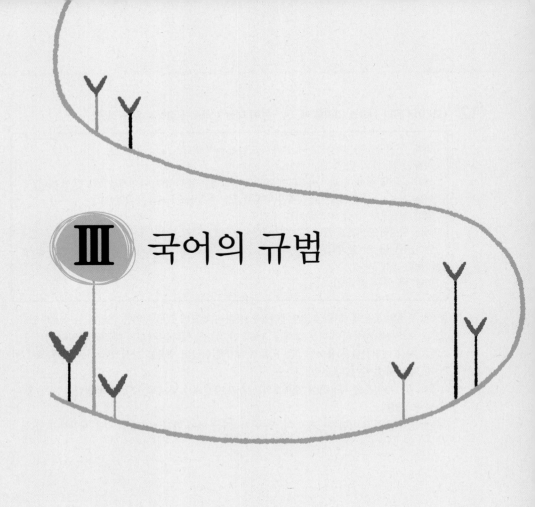

Ⅲ 국어의 규범

어문 규정은 말을 하고 글을 쓰는 과정에서 지켜야 하는 규칙을 말한다. 우리말의 어문 규정에는 한글 맞춤법과 표준어 규정, 외래어 표기법, 로마자 표기법이 있는데, 이들 규범을 잘 지키지 않으면 의사소통을 원활하게 하는 데 어려움을 겪을 수도 있다. 모어 화자끼리는 규범대로 말하지 않아도 의미가 전달되기 때문에 어문 규정이 불필요하다고 느껴질 수 있다. 하지만 어문 규정을 준수하지 않으면 우리말의 규칙이 혼동되고, 의사소통의 불편함을 초래할 수도 있다. 따라서 규정을 숙지하고 그에 따라 바른 언어생활을 하는 것은 우리말의 발전을 위해서 중요한 일이라고 할 수 있다.

여기에서는 한글로써 우리말을 표기하는 규칙의 전반인 한글 맞춤법, 표준어 사정과 표준 발음법을 체계화한 표준어 규정, 외래어를 우리말로 적는 규정인 외래어 표기법, 우리말을 국제 문자인 로마자로 표기하는 방법을 규정한 로마자 표기법에 대해 알아보도록 한다.

18

한글 맞춤법(1)

한글 맞춤법은 국어를 사용하는 사람들의 어문 생활에 도움을 주고 의사소통의 혼란을 막고자 정한 것으로, 우리말을 표기하는 규칙의 전반을 이르는 말이다. 현재의 한글 맞춤법은 1933년의 '한글 맞춤법 통일안'을 기본으로 하여, 1988년 1월 문교부가 확정·고시한 것이다.

대표 유형

◉ **다음 한글 맞춤법 규정을 참고할 때, 표기가 <u>잘못된</u> 것은?**

> **제5항** 한 단어 안에서 뚜렷한 까닭 없이 나는 된소리는 다음 음절의 첫소리를 된소리로 적는다. 다만, 'ㄱ, ㅂ' 받침 뒤에서 나는 된소리는, 같은 음절이나 비슷한 음절이 겹쳐 나는 경우가 아니면 된소리로 적지 아니한다.

① 법썩   ② 몽땅   ③ 잔뜩   ④ 움찔   ⑤ 해쓱하다

핵심 문제

※ **다음 한글 맞춤법 규정을 참고할 때, 표기가 <u>잘못된</u> 것을 고르시오.**

01

> **제6항** 'ㄷ, ㅌ' 받침 뒤에 종속적 관계를 가진 '-이(-)'나 '-히-'가 올 적에는, 그 'ㄷ, ㅌ'이 'ㅈ, ㅊ'으로 소리 나더라도 'ㄷ, ㅌ'으로 적는다.
> **제7항** 'ㄷ' 소리로 나는 받침 중에서 'ㄷ'으로 적을 근거가 없는 것은 'ㅅ'으로 적는다.
> _{종속적 관계} 형태소 연결에 있어서 실질 형태소인 체언, 어근, 용언 어간 등에 형식 형태소인 조사, 접미사, 어미 등이 결합하는 관계.

① 무릇   ② 같이   ③ 걷히다   ④ 웃어른   ⑤ 덛저고리

02

> **제8항** '계, 례, 몌, 폐, 혜'의 'ㅖ'는 'ㅔ'로 소리 나는 경우가 있더라도 'ㅖ'로 적는다.
> **제9항** '의'나, 자음을 첫소리로 가지고 있는 음절의 'ㅢ'는 'ㅣ'로 소리 나는 경우가 있더라도 'ㅢ'로 적는다.

① 계수(桂樹)   ② 의의(意義)   ③ 닐리리   ④ 하늬바람   ⑤ 띄어쓰기

03

第10항 한자음 '녀, 뇨, 뉴, 니'가 단어 첫머리에 올 적에는, 두음 법칙에 따라 '여, 요, 유, 이'로 적는다.

[붙임 1] 단어의 첫머리 이외의 경우에는 본음대로 적는다.

[붙임 2] 접두사처럼 쓰이는 한자가 붙어서 된 말이나 합성어에서, 뒷말의 첫소리가 'ㄴ'소리로 나더라도 두음 법칙에 따라 적는다.

[붙임 3] 둘 이상의 단어로 이루어진 고유 명사를 붙여 쓰는 경우에도 붙임 2에 준하여 적는다.

① 유대(紐帶) ② 은닉(隱匿) ③ 남여(男女)
④ 신여성(新女性) ⑤ 한국여자대학

04

第16항 어간의 끝음절 모음이 'ㅏ, ㅗ'일 때에는 어미를 '-아'로 적고, 그 밖의 모음일 때에는 '-어'로 적는다.

① 얇아도 ② 좁아서 ③ 막아서
④ 개아도 ⑤ 돌아도

05

第19항 어간에 '-이'나 '-음/-ㅁ'이 붙어서 명사로 된 것과 '-이'나 '-히'가 붙어서 부사로 된 것은 그 어간의 원형을 밝히어 적는다.

다만, 어간에 '-이'나 '-음'이 붙어서 명사로 바뀐 것이라도 그 어간의 뜻과 멀어진 것은 그 원형을 밝히어 적지 아니한다.

[붙임] 어간에 '-이'나 '-음' 이외의 모음으로 시작된 접미사가 붙어서 다른 품사로 바뀐 것은 그 어간의 원형을 밝히어 적지 아니한다.

① 마개 ② 엮음 ③ 묻엄
④ 쇠붙이 ⑤ 귀머거리

06

第20항 명사 뒤에 '-이'가 붙어서 된 말은 그 명사의 원형을 밝히어 적는다.

[붙임] '-이' 이외의 모음으로 시작된 접미사가 붙어서 된 말은 그 명사의 원형을 밝히어 적지 아니한다.

① 곳곳이 ② 굴엉 ③ 낱낱이
④ 육손이 ⑤ 끄트러기

대표 유형 풀이

제5항 한 단어 안에서 뚜렷한 까닭 없이 나는 된소리는 다음 음절의 첫소리를 된소리로 적는다.
　1. 두 모음 사이에서 나는 된소리
　소쩍새　어깨　오빠　으뜸　아끼다　기쁘다　깨끗하다　어떠하다　해쓱하다　가끔　거꾸로　부썩　어찌　이따금
　2. 'ㄴ, ㄹ, ㅁ, ㅇ' 받침 뒤에서 나는 된소리　산뜻하다　잔뜩　살짝　훨씬　담뿍　움찔　몽땅　엉뚱하다
　다만, 'ㄱ, ㅂ' 받침 뒤에서 나는 된소리는, 같은 음절이나 비슷한 음절이 겹쳐 나는 경우가 아니면 된소리로 적지 아니한다.
　국수　깍두기　딱지　색시　싹둑　법석　갑자기　몹시

정답 ① 'ㅂ' 받침 뒤에서 나는 된소리는, 같거나 비슷한 음절이 겹쳐 나는 경우가 아니면 된소리로 적지 않으므로, ①의 '법썩'은 '법석'으로 적는다.

핵심 문제 풀이

01

제6항 'ㄷ, ㅌ' 받침 뒤에 종속적 관계를 가진 '-이(-)'나 '-히-'가 올 적에는, 그 'ㄷ, ㅌ'이 'ㅈ, ㅊ'으로 소리 나더라도 'ㄷ, ㅌ'으로 적는다.
　맏이　해돋이　굳이　같이　끝이　핥이다　걷히다　닫히다　묻히다

제7항 'ㄷ' 소리로 나는 받침 중에서 'ㄷ'으로 적을 근거가 없는 것은 'ㅅ'으로 적는다.
　덧저고리　돗자리　엇셈　웃어른　핫옷　무릇　사뭇　얼핏　자칫하면　뭇[衆]　옛　첫　헛

정답 ⑤ 'ㄷ' 소리로 나는 받침 중에서 'ㄷ'으로 적을 근거가 없는 것은 'ㅅ'으로 적으므로, '덛저고리'는 '덧저고리'로 적는다.

02

제8항 '계, 례, 몌, 폐, 혜'의 'ㅖ'는 'ㅔ'로 소리나는 경우가 있더라도 'ㅖ'로 적는다.
　계수(桂樹)　사례(謝禮)　연몌(連袂)　폐품(廢品)　혜택(惠澤)　계집　핑계　계시다
　다만, 다음 말은 본음대로 적는다.
　게송(偈頌)，　게시판(揭示板)　휴게실(休憩室)

제9항 '의'나, 자음을 첫소리로 가지고 있는 음절의 'ㅢ'는 'ㅣ'로 소리나는 경우가 있더라도 'ㅢ'로 적는다.
　의의(意義)　본의(本義)　무늬(紋)　하늬바람　늴리리　늦큼　띄어쓰기　씌어　틔어　희망(希望)　희다　유희(遊戲)

정답 ③ 자음 'ㄴ'을 첫소리로 가지고 있는 음절의 'ㅢ'는 'ㅣ'로 소리나더라도 'ㅢ'로 적어야 하므로, '닐리리'는 '늴리리'로 적는다.

03

제10항 한자음 '녀, 뇨, 뉴, 니'가 단어 첫머리에 올 적에는, 두음 법칙에 따라 '여, 요, 유, 이'로 적는다.
　여자(女子)　연세(年歲)　요소(尿素)　유대(紐帶)　이토(泥土)　익명(匿名)
　다만, 다음과 같은 의존 명사에서는 '냐, 녀'음을 인정한다.　냥(兩)　냥쭝(兩-)　년(年)
　[붙임 1] 단어의 첫머리 이외의 경우에는 본음대로 적는다.　남녀(男女)　당뇨(糖尿)　결뉴(結紐)　은닉(隱匿)
　[붙임 2] 접두사처럼 쓰이는 한자가 붙어서 된 말이나 합성어에서, 뒷말의 첫소리가 'ㄴ' 소리로 나더라도 두음 법칙에 따라 적는다.　신여성(新女性)　공염불(空念佛)　남존여비(男尊女卑)
　[붙임 3] 둘 이상의 단어로 이루어진 고유 명사를 붙여 쓰는 경우에도 붙임 2에 준하여 적는다.
　한국여자대학　대한요소비료회사

정답 ③ 단어의 첫머리 이외의 경우에는 두음 법칙이 적용되지 않으므로, '남여'는 '남녀'로 적는다.

04

제16항 어간의 끝음절 모음이 'ㅏ, ㅗ'일 때에는 어미를 '-아'로 적고, 그 밖의 모음일 때에는 '-어'로 적는다.

1. '-아'로 적는 경우

나아 나아도 나아서 막아 막아도 막아서 얇아 얇아도 얇아서 돌아 돌아도 돌아서 보아 보아도 보아서

2. '-어'로 적는 경우

개어 개어도 개어서 겪어 겪어도 겪어서 되어 되어도 되어서 베어 베어도 베어서 쉬어 쉬어도 쉬어서
저어 저어도 저어서 주어 주어도 주어서 피어 피어도 피어서 희어 희어도 희어서

정답 ④ 어간의 끝음절 모음이 'ㅏ, ㅗ'가 아닐 때에는 '-어'로 적어야 하므로, '개아도'가 아닌 '개어도'로 적는다.

05

제19항 어간에 '-이'나 '-음/-ㅁ'이 붙어서 명사로 된 것과 '-이'나 '-히'가 붙어서 부사로 된 것은 그 어간의 원형을 밝히어 적는다.

1. '-이'가 붙어서 명사로 된 것

길이 깊이 높이 다듬이 땀받이 달맞이 먹이 미닫이 벌이 벼훑이 살림살이 쇠붙이

2. '-음/-ㅁ'이 붙어서 명사로 된 것

걸음 묶음 믿음 얼음 엮음 울음 웃음 졸음 죽음 앎

3. '-이'가 붙어서 부사로 된 것 같이 굳이 길이 높이 많이 실없이 좋이 짓궂이

4. '-히'가 붙어서 부사로 된 것 밝히 익히 작히

다만, 어간에 '-이'나 '-음'이 붙어서 명사로 바뀐 것이라도 그 어간의 뜻과 멀어진 것은 원형을 밝히어 적지 아니한다.

굽도리 다리[髢] 목거리(목병) 무녀리 코끼리 거름(비료) 고름[膿] 노름(도박)

[붙임] 어간에 '-이'나 '-음' 이외의 모음으로 시작된 접미사가 붙어서 다른 품사로 바뀐 것은 그 어간의 원형을 밝히어 적지 아니한다.

(1) 명사로 바뀐 것

귀머거리 까마귀 너머 뜨더귀 마감 마개 마중 무덤 비렁뱅이 쓰레기 올가미 주검

(2) 부사로 바뀐 것

거뭇거뭇 너무 도로 뜨덤뜨덤 바투 불긋불긋 비로소 오긋오긋 자주 차마

(3) 조사로 바뀌어 뜻이 달라진 것 나마 부터 조차

정답 ③ 어간에 '-이'나 '-음' 이외의 모음으로 시작된 접미사가 붙어서 다른 품사로 바뀐 것은 그 어간의 원형을 밝혀 적지 않으므로, '묻엄'은 '무덤'으로 적는다.

06

제20항 명사 뒤에 '-이'가 붙어서 된 말은 그 명사의 원형을 밝히어 적는다.

1. 부사로 된 것 곳곳이 낱낱이 몫몫이 샅샅이 앞앞이 집집이

2. 명사로 된 것 곰배팔이 바둑이 삼발이 애꾸눈이 육손이 절뚝발이/절름발이

[붙임] 명사 뒤에 '-이' 이외의 모음으로 시작된 접미사가 결합하여 된 단어의 경우는, 그것이 규칙적으로 널리 결합하는 형식이 아니므로, 명사의 형태를 밝히어 적지 아니한다.

고랑(골앙) 구렁(굴엉) 끄트러기(끝으러기) 모가지(목아지) 사태고기(샅애-) 소가지(속아지) 소댕(솥앵)
오라기(올아기) 터럭(털억)

정답 ② 명사 '굴' 뒤에 '-이' 이외의 모음으로 시작된 접미사인 '-엉'이 결합한 단어는 명사의 원형을 밝혀 적지 않으므로, '굴엉'은 '구렁'으로 적는다.

※ 다음 한글 맞춤법 규정을 참고할 때, 표기가 <u>잘못된</u> 것을 고르시오.

07

> **제21항** 명사나 혹은 용언의 어간 뒤에 자음으로 시작된 접미사가 붙어서 된 말은 그 명사나 어간의 원형을 밝히어 적는다.
> 다만, 겹받침의 끝소리가 드러나지 아니하는 것, 어원이 분명하지 아니하거나 본뜻에서 멀어진 것은 소리대로 적는다.

① 덮개   ② 올무   ③ 값지다   ④ 널따랗다   ⑤ 갉작거리다

08

> **제23항** '-하다'나 '-거리다'가 붙는 어근에 '-이'가 붙어서 명사가 된 것은 그 원형을 밝히어 적는다.
> [붙임] '-하다'나 '-거리다'가 붙을 수 없는 어근에 '-이'나 또는 다른 모음으로 시작되는 접미사가 붙어서 명사가 된 것은 그 원형을 밝히어 적지 아니한다.

① 누더기   ② 오뚜기   ③ 날라리   ④ 두드러기   ⑤ 배불뚝이

09

> **제25항** '-하다'가 붙는 어근에 '-히'나 '-이'가 붙어서 부사가 되거나, 부사에 '-이'가 붙어서 뜻을 더하는 경우에는 그 어근이나 부사의 원형을 밝히어 적는다.
> [붙임] '-하다'가 붙지 않는 경우에는 소리대로 적는다.

① 깨끗이   ② 갑작이   ③ 더욱이   ④ 일찍이   ⑤ 반드시(꼭)

10

> **제27항** 둘 이상의 단어가 어울리거나 접두사가 붙어서 이루어진 말은 각각 그 원형을 밝히어 적는다.
> [붙임 1] 어원은 분명하나 소리만 특이하게 변한 것은 변한 대로 적는다.
> [붙임 2] 어원이 분명하지 아니한 것은 원형을 밝히어 적지 아니한다.
> [붙임 3] '이[齒, 蝨]'가 합성어나 이에 준하는 말에서 '니' 또는 '리'로 소리 날 때에는 '니'로 적는다.

① 부리나케   ② 싫증   ③ 홀아비   ④ 사랑니   ⑤ 며칠

11

제28항 끝소리가 'ㄹ'인 말과 딴 말이 어울릴 적에 'ㄹ' 소리가 나지 아니하는 것은 아니 나는 대로 적는다.

제29항 끝소리가 'ㄹ'인 말과 딴 말이 어울릴 적에 'ㄹ' 소리가 'ㄷ' 소리로 나는 것은 'ㄷ'으로 적는다.

① 다달이　　② 따님　　③ 사흘날　　④ 부나비　　⑤ 반짇고리

12

제30항 사이시옷은 다음과 같은 경우에 받치어 적는다.

1. 순우리말로 된 합성어나 순우리말과 한자어로 된 합성어로서 앞말이 모음으로 끝난 경우
(1) 뒷말의 첫소리가 된소리로 나는 것
(2) 뒷말의 첫소리 'ㄴ, ㅁ' 앞에서 'ㄴ' 소리가 덧나는 것
(3) 뒷말의 첫소리 모음 앞에서 'ㄴㄴ' 소리가 덧나는 것
2. 두 음절로 된 몇몇 한자어

① 등굣길　　② 제삿날　　③ 예삿일　　④ 소숫점　　⑤ 자릿세

13

제40항 어간의 끝음절 '하'의 'ㅏ'가 줄고 'ㅎ'이 다음 음절의 첫소리와 어울려 거센소리로 될 적에는 거센소리로 적는다.

[붙임] 어간의 끝음절 '하'가 아주 줄 적에는 준 대로 적는다.

① 간편케　　② 연구토록　　③ 생각컨대　　④ 못지않다　　⑤ 익숙지 않다

14

제51항 부사의 끝음절이 분명히 '이'로만 나는 것은 '-이'로 적고, '히'로만 나거나 '이'나 '히'로 나는 것은 '-히'로 적는다.

① 느긋이　　② 급급히　　③ 버젓이　　④ 꼼꼼이　　⑤ 정확히

07

제21항 명사나 혹은 용언의 어간 뒤에 자음으로 시작된 접미사가 붙어서 된 말은 그 명사나 어간의 원형을 밝히어 적는다.

1. 명사 뒤에 자음으로 시작된 접미사가 붙어서 된 것 값지다 홑지다 넋두리 빛깔 옆댕이 잎사귀
2. 어간 뒤에 자음으로 시작된 접미사가 붙어서 된 것 낚시 늙정이 덮개 뜯게질 갉작갉작하다 갉작거리다
뜯적거리다 뜯적뜯적하다 굵다랗다 굵직하다 깊숙하다 넓적하다 높다랗다 늙수그레하다 얽죽얽죽하다

다만, 다음과 같은 말은 소리대로 적는다.
(1) 겹받침의 끝소리가 드러나지 아니하는 것 널따랗다 널찍하다 말끔하다 말쑥하다 알따랗다 짤막하다 실컷
(2) 어원이 분명하지 아니하거나 본뜻에서 멀어진 것 넙치 올무 골막하다 납작하다

> **정답** ⑤ 용언의 어간 뒤에 자음으로 시작된 접미사가 붙어서 된 말은 그 어간의 원형을 밝혀 적으므로, '갉작거리다' 는 '갉작 거리다' 로 적는다.

08

제23항 '-하다' 나 '-거리다' 가 붙는 어근에 '-이' 가 붙어서 명사가 된 것은 그 원형을 밝히어 적는다.

깔쭉이 꿀꿀이 눈깜짝이 더펄이 배불뚝이 삐죽이 살살이 쌕쌕이 오뚝이 코납작이 푸석이 홀쭉이

[붙임] '-하다' 나 '-거리다' 가 붙을 수 없는 어근에 '-이' 나 또는 다른 모음으로 시작되는 접미사가 붙어서 명사가 된 것은 그 원형을 밝히어 적지 아니한다.

개구리 귀뚜라미 기러기 깍두기 꽹과리 날라리 누더기 두드러기 딱따구리 매미 부스러기 뻐꾸기
얼루기 칼싹두기

> **정답** ② '-하다' 나 '-거리다' 가 붙는 어근에 '-이' 가 붙어 명사가 되는 경우 그 원형을 밝혀 적으므로, '오뚜기' 는 '오뚝이' 로 적는다.

09

제25항 '-하다' 가 붙는 어근에 '-히' 나 '-이' 가 붙어서 부사가 되거나, 부사에 '-이' 가 붙어서 뜻을 더하는 경우에는 그 어근이나 부사의 원형을 밝히어 적는다.

1. '-하다' 가 붙는 어근에 '-히' 나 '-이' 가 붙는 경우 급히 꾸준히 도저히 딱히 어렴풋이 깨끗이
[붙임] '-하다' 가 붙지 않는 경우에는 소리나는 대로 적는다. 갑자기 반드시(꼭) 슬며시
2. 부사에 '-이' 가 붙어서 역시 부사가 되는 경우 곰곰이 더욱이 생긋이 오뚝이 일찍이 해죽이

> **정답** ② '-하다' 가 붙지 않는 경우에는 소리나는 대로 적으므로 '갑작이' 는 '갑자기' 로 적는다.

10

제27항 둘 이상의 단어가 어울리거나 접두사가 붙어서 이루어진 말은 각각 그 원형을 밝히어 적는다.

국말이 꺾꽂이 꽃잎 끝장 물난리 밑천 부엌일 싫증 옷안 웃옷 젖몸살 첫아들 칼날 팥알
헛웃음 홀아비 홀몸 흙내 값없다 겉늙다 굶주리다 낮잡다 맞먹다 받내다 벋놓다 빗나가다 빛나다
새파랗다 샛노랗다 시꺼멓다 싯누렇다 엇나가다 엎누르다 엿듣다 옻오르다 짓이기다 헛되다

[붙임 1] 어원은 분명하나 소리만 특이하게 변한 것은 변한 대로 적는다. 할아버지 할아범
[붙임 2] 어원이 분명하지 아니한 것은 원형을 밝히어 적지 아니한다.
골병 골탕 끌탕 며칠 아재비 오라비 업신여기다 부리나케
[붙임 3] '이[齒, 虱]' 가 합성어나 이에 준하는 말에서 '니' 또는 '리' 로 소리날 때에는 '니' 로 적는다.
간니 덧니 사랑니 송곳니 앞니 어금니 윗니 젖니 톱니 틀니 가랑니 머릿니

> **정답** ③ '홀-' 은 '짝이 없이 혼자뿐인' 의 뜻을 더하는 접두사로, '아비' 에 붙어서 각각 그 원형을 밝혀 적어야 하므로, '홀아 비' 는 '홀아비' 로 적는다.

11

제28항 끝소리가 'ㄹ'인 말과 딴 말이 어울릴 적에 'ㄹ'소리가 나지 아니하는 것은 아니 나는 대로 적는다.

다달이(달-달-이) 따님(딸-님) 마되(말-되) 마소(말-소) 무자위(물-자위) 바느질(바늘-질)

부삽(불-삽) 부손(불-손) 싸전(쌀-전) 여닫이(열-닫이) 우짖다(울-짖다) 화살(활-살)

제29항 끝소리가 'ㄹ'인 말과 딴 말이 어울릴 적에 'ㄹ'소리가 'ㄷ'소리로 나는 것은 'ㄷ'으로 적는다.

반짇고리(바느질~) 사흗날(사흘~) 삼짇날(삼질~) 섣달(설~) 숟가락(술~) 이튿날(이틀~) 잗주름(잘~) 푿소(풀~)

섣부르다(설~) 잗다듬다(잘~) 잗다랗다(잘~)

정답 ③ '사흘'과 '날'이 합해져 끝소리 'ㄹ'소리가 'ㄷ'소리로 나므로, '사흘날'은 '사흗날'로 적는다.

12

제30항 사이시옷은 다음과 같은 경우에 받치어 적는다.

1. 순우리말로 된 합성어로서 앞말이 모음으로 끝난 경우

(1) 뒷말의 첫소리가 된소리로 나는 것 고랫재 귓밥 나룻배 나뭇가지 냇가 댓가지 뒷갈망 맷돌

머릿기름 모깃불 못자리 바닷가 뱃길 볏가리 부싯돌 선짓국 쇳조각 아랫집 우렁잇속 잇자국

잿더미 조갯살 찻집 쳇바퀴 킷값 핏대 햇볕 혓바늘

(2) 뒷말의 첫소리 'ㄴ, ㅁ' 앞에서 'ㄴ' 소리가 덧나는 것

멧나물 아랫니 텃마당 아랫마을 뒷머리 잇몸 깻묵 냇물 빗물

(3) 뒷말의 첫소리 모음 앞에서 'ㄴㄴ' 소리가 덧나는 것

도리깻열 뒷윷 두렛일 뒷일 뒷입맛 베갯잇 욧잇 깻잎 나뭇잎 댓잎

2. 순우리말과 한자어로 된 합성어로서 앞말이 모음으로 끝난 경우

(1) 뒷말의 첫소리가 된소리로 나는 것 귓병 머릿방 뱃병 봇둑 사잣밥 샛강 아랫방 자릿세 전셋집

찻잔 찻종 촛국 콧병 탯줄 텃세 핏기 햇수 횟가루 횟배

(2) 뒷말의 첫소리 'ㄴ, ㅁ' 앞에서 'ㄴ' 소리가 덧나는 것 곗날 제삿날 훗날 툇마루 양칫물

(3) 뒷말의 첫소리 모음 앞에서 'ㄴㄴ' 소리가 덧나는 것 가욋일 사삿일 예삿일 훗일

3. 두 음절로 된 다음 한자어 곳간(庫間) 셋방(貰房) 숫자(數字) 찻간(車間) 툇간(退間) 횟수(回數)

정답 ④ '곳간, 셋방, 숫자, 찻간, 툇간, 횟수'를 제외한 한자어에는 사이시옷을 붙이지 않는 것을 원칙으로 한다. '소수점(小數點)'은 한자어이므로, '소숫점'은 '소수점'으로 적는다.

13

제40항 어간의 끝음절 '하'의 'ㅏ'가 줄고 'ㅎ'이 다음 음절의 첫소리와 어울려 거센소리로 될 적에는 거센소리로 적는다.

간편케(간편하게) 연구토록(연구하도록) 가타(가하다) 다정타(다정하다) 정결타(정결하다) 흔타(흔하다)

[붙임] 어간의 끝음절 '하'가 아주 줄 적에는 준 대로 적는다.

거북지(거북하지) 생각건대(생각하건대) 생각다 못해(생각하다 못해) 깨끗지 않다(깨끗하지 않다)

넉넉지 않다(넉넉하지 않다) 못지않다(못하지 않다) 섭섭지 않다(섭섭하지 않다) 익숙지 않다(익숙하지 않다)

정답 ③ 어간의 끝음절 '하'가 아주 줄 적에는 준 대로 적는다고 했으므로, '생각컨대'는 '생각건대'로 적는다.

14

제51항 부사의 끝음절이 분명히 '이'로만 나는 것은 '-이'로 적고, '히'로만 나거나 '이'나 '히'로 나는 것은 '-히'로 적는다.

1. '이'로만 나는 것 가붓이 깨끗이 나붓이 느긋이 둥긋이 따뜻이 반듯이 버젓이 산뜻이 의젓이

가까이 고이 날카로이 대수로이 번거로이 많이 적이 헛되이 겹겹이 번번이 일일이 집집이 틈틈이

2. '히'로만 나는 것 극히 급히 딱히 속히 작히 족히 특히 엄격히 정확히

3. '이, 히'로 나는 것 솔직히 가만히 간편히 나른히 무단히 각별히 소홀히 쓸쓸히 정결히 과감히 꼼꼼히

심히 열심히 급급히 답답히 섭섭히 공평히 능히 당당히 분명히 상당히 조용히 간소히 고요히 도저히

정답 ④ 부사의 끝음절이 '이'나 '히'로 나는 것은 '-히'로 적는다고 했으므로, '꼼꼼이'는 '꼼꼼히'로 적는다.

대표 유형

◉ 혼동하기 쉬운 말을 구별하여 사용한 예로 **잘못된** 것은?

① ⓐ: 축구를 하다가 실수로 유리창을 <u>부쉈다</u>.
　 ⓑ: 그 아이는 눈이 <u>부시게</u> 흰 스웨터를 입고 있었다.
② ⓐ: 그는 아직도 이상을 <u>지향하는</u> 이상주의자이다.
　 ⓑ: 과도한 주입식 교육을 <u>지양하고</u> 창의성을 존중해야 한다.
③ ⓐ: 그의 이야기는 허황되고 <u>황당한</u> 것이었다.
　 ⓑ: 그는 갑작스러운 사태에 <u>당황하고</u> 겁이 나 부들부들 떨었다.
④ ⓐ: 눈은 빛의 자극을 전기 신호로 <u>변환하여</u> 뇌로 전달한다.
　 ⓑ: 지난 50년간 <u>변천해</u> 온 여성의 생활상을 보여 주는 사진전이 열린다.
⑤ ⓐ: 우리 선조들은 남녀 간에 <u>식별</u>이 있어야 한다고 생각했다.
　 ⓑ: 달빛이 밝아서 멀리 있는 사람도 흐릿하게나마 <u>분별</u>이 가능했다.

핵심 문제

※ 혼동하기 쉬운 말을 구별하여 사용한 예로 **잘못된** 것을 고르시오.

01
① ⓐ: 그녀는 아침마다 남편의 와이셔츠를 <u>다렸다</u>.
　 ⓑ: 마당에서 한약을 <u>달이는</u> 냄새가 구수하게 느껴졌다.
② ⓐ: 그는 딸을 앞에 <u>앉혀</u> 놓고 잘못을 타일렀다.
　 ⓑ: 저녁을 먹기 위해 밥솥에 쌀을 <u>안치러</u> 부엌으로 갔다.
③ ⓐ: 그가 오지 않을까 봐 마음을 <u>조리며</u> 기다렸다.
　 ⓑ: 밑반찬을 만들기 위해 멸치와 고추를 간장에 <u>졸였다</u>.
④ ⓐ: 나는 열 문제 중에서 겨우 세 개만 <u>맞혀서</u> 자존심이 상했다.
　 ⓑ: 시험이 끝나면 아이들은 서로 답을 <u>맞춰</u> 보느라고 정신이 없다.
⑤ ⓐ: 김치를 담그는 과정 중에서 배추를 소금물에 <u>절이는</u> 것이 가장 힘들다.
　 ⓑ: 한참을 꿇어 앉아 있으려니 다리가 <u>저리고</u> 아파서 견딜 수가 없었다.

02 ① ⓐ: 연아는 어제 책을 읽느라고 밤을 새웠다.

ⓑ: 하<u>노라고</u> 했는데 마음에 드실지 모르겠습니다.

② ⓐ: 선배는 지각한 후배들에게 청소를 <u>시켰다.</u>

ⓑ: 평상을 깔고 앉아 무더운 여름밤의 열기를 <u>식혔다.</u>

③ ⓐ: 승리에 대한 선수들의 투지가 승패를 <u>가름했다.</u>

ⓑ: 직접 찾아 뵙고 싶지만 사진을 보내는 것으로 제 인사를 <u>갈음하겠습니다.</u>

④ ⓐ: 아이가 얼마나 밥을 많이 먹<u>든지</u> 배탈 날까 걱정이 되었다.

ⓑ: 계속 가<u>던지</u> 여기 있다가 굶어 죽<u>던지</u> 네가 결정해라.

⑤ ⓐ: 경제가 어려워지는 상황에서 과소비를 <u>줄일</u> 필요가 있다.

ⓑ: 허겁지겁 먹는 모습을 보니, 소영이가 몹시 배를 <u>주리고</u> 있었다는 것을 알 수 있었다.

03 ① ⓐ: 요즘 앞산에는 진달래가 <u>한참</u>이다.

ⓑ: 담장을 따라 <u>한창</u>을 걸어가니 기와집이 나왔다.

② ⓐ: 전화가 고장이 났는지 잘 <u>들리지</u> 않는다.

ⓑ: 퇴근하는 길에 서점에 <u>들렀다가</u> 친구를 만났다.

③ ⓐ: 올해에는 시험 시간을 30분 정도 더 <u>늘렸다.</u>

ⓑ: 사회자는 비슷한 말들만 엿가락처럼 <u>늘여</u> 되풀이하였다.

④ ⓐ: 비가 오는 날이면 <u>반드시</u> 허리가 쑤시곤 했다.

ⓑ: 민호는 <u>반듯이</u> 몸을 누이고 천장을 향해 누워 있었다.

⑤ ⓐ: 어제는 새벽안개가 <u>걷혀</u> 가는 숲속에서 산책을 했다.

ⓑ: 학생들은 초등학교부터 중학교, 고등학교를 <u>거쳐</u> 대학에 입학한다.

04 ① ⓐ: 나를 보는 그의 표정에는 장난기가 <u>배어</u> 있었다.

ⓑ: 그는 잠결에 면도를 하다가 턱을 <u>베어</u> 피가 났다.

② ⓐ: 그는 피곤한 나머지 입을 <u>벌리고</u> 하품을 했다.

ⓑ: 그 일은 이미 <u>벌여</u> 놓은 일이니까 마무리를 해야 한다.

③ ⓐ: 그녀는 쟁반에 커피를 <u>받치고</u> 조심스럽게 걸어왔다.

ⓑ: 국수를 삶아 찬물에 헹군 뒤 체에 <u>밭쳐</u> 놓았다.

④ ⓐ: 너는 사람<u>으로써</u> 어떻게 그런 일을 할 수가 있니?

ⓑ: 부모님은 엄격한 매<u>로서</u> 우리의 잘못을 바로잡아 주었다.

⑤ ⓐ: 그는 눈을 <u>지그시</u> 감고 깊은 한숨을 내쉬었다.

ⓑ: 오랜만에 만난 그녀는 어느덧 나이가 <u>지긋이</u> 들어 보였다.

대표 유형 풀이

① ⓐ 부수다	**동** 단단한 물체를 여러 조각이 나게 두드려 깨뜨리다.
ⓑ 부시다	**형** 빛이나 색채가 강렬하여 마주 보기가 어려운 상태에 있다.
② ⓐ 지향하다	**동** 어떤 목표로 뜻이 쏠리어 향하다.
ⓑ 지양하다	**동** 더 높은 단계로 오르기 위하여 어떠한 것을 하지 아니하다.
③ ⓐ 황당하다	**형** 말이나 행동 따위가 참되지 않고 터무니없다.
ⓑ 당황하다	**동** 놀라거나 다급하여 어찌할 바를 모르다.
④ ⓐ 변환하다	**동** 달라져서 바뀌다. 또는 다르게 하여 바꾸다.
ⓑ 변천하다	**동** 세월이 흐름에 따라 바뀌고 변하다.
⑤ ⓐ 식별(識別)	**명** 분별하여 알아봄.
ⓑ 분별(分別)	**명** 서로 다른 일이나 사물을 구별하여 가름.

정답 ⑤ ⓐ는 '남녀 간을 구별하여 나누어야 한다'는 의미이므로 '분별(分別)'이 적절하고, ⓑ는 '달빛이 밝아서 멀리 있는 사람을 알아본다'는 의미이므로 '식별(識別)'이 적절하다.

핵심 문제 풀이

01

① ⓐ 다리다	**동** 옷이나 천 따위의 주름이나 구김을 펴고 줄을 세우기 위하여 다리미나 인두로 문지르다.
ⓑ 달이다	**동** 약재 따위에 물을 부어 우러나도록 끓이다.
② ⓐ 앉히다	**동** '앉다(사람이나 동물이 윗몸을 바로 한 상태에서 엉덩이에 몸무게를 실어 다른 물건이나 바닥에 몸을 올려놓다)'의 사동사.
ⓑ 안치다	**동** 밥, 떡, 찌개 따위를 만들기 위하여 그 재료를 솥이나 냄비 따위에 넣고 불 위에 올리다.
③ ⓐ 조리다	**동** 양념을 한 고기나 생선, 채소 따위를 국물에 넣고 바짝 끓여서 양념이 배어들게 하다.
ⓑ 졸이다	**동** (주로 '마음', '가슴' 따위와 함께 쓰여) 속을 태우다시피 초조해하다.
④ ⓐ 맞히다	**동** '맞다(문제에 대한 답이 틀리지 아니하다)'의 사동사.
ⓑ 맞추다	**동** 1) 서로 떨어져 있는 부분을 제자리에 맞게 대어 붙이다.
	2) 둘 이상의 일정한 대상들을 나란히 놓고 비교하여 살피다.
⑤ ⓐ 절이다	**동** '절다(푸성귀나 생선 따위에 소금기나 식초, 설탕 따위가 배어들다)'의 사동사.
ⓑ 저리다	**형** 뼈마디나 몸의 일부가 오래 눌려서 피가 잘 통하지 못하여 감각이 둔하고 아리다.

정답 ③ ⓐ는 그가 오지 않을까 봐 '속을 태우다시피 초조해하는' 것이므로 '졸였다'가 적절하고, ⓑ는 멸치와 고추를 간장에 넣고 '바짝 끓여서 양념이 배어들게' 하는 것이므로 '조렸다'가 적절하다.

02

① ⓐ -느라고	**어미** 앞 절의 사태가 뒤 절의 사태에 목적이나 원인이 됨을 나타내는 연결 어미.
ⓑ -노라고	**어미** 자기 나름대로 꽤 노력했음을 나타내는 연결 어미.
② ⓐ 시키다	**동** 어떤 일이나 행동을 하게 하다.
ⓑ 식히다	**동** '식다(더운 기가 없어지다)' 의 사동사.
③ ⓐ 가름하다	**동** 승부나 등수 따위를 정하다.
ⓑ 갈음하다	**동** 다른 것으로 바꾸어 대신하다.
④ ⓐ -든지	**어미** 나열된 동작이나 상태, 대상들 중에서 어느 것이든 선택될 수 있음을 나타내는 연결 어미.
ⓑ -던지	**어미** 막연한 의문이 있는 채로 그것을 뒤 절의 사실과 관련시키는 데 쓰는 연결 어미.
⑤ ⓐ 줄이다	**동** '줄다(수나 분량이 본디보다 적어지다)' 의 사동사.
ⓑ 주리다	**동** 제대로 먹지 못하여 배를 곯다.

정답 ④ ⓐ는 '아이가 밥을 많이 먹었던' 일을 말하고 있는 것이므로 지난 일을 말하는 형식에 쓰이는 '-더' 가 결합된 형태의 '-던지' 가 적절하고, ⓑ는 '가는 것' 과 '굵어 죽는 것' 중에서 선택하라는 의미이므로 '-든지' 가 적절하다.

03

① ⓐ 한참	**명** 시간이 상당히 지나는 동안.
ⓑ 한창	**명** 어떤 일이 가장 활기 있고 왕성하게 일어나는 때. 또는 어떤 상태가 가장 무르익은 때.
② ⓐ 들리다	**동** '듣다(사람이나 동물이 소리를 감각 기관을 통해 알아차리다)' 의 피동사.
ⓑ 들르다	**동** 지나는 길에 잠깐 들어가 머무르다.
③ ⓐ 늘리다	**동** '늘다(수나 분량 따위가 본디보다 많아지다)' 의 사동사.
ⓑ 늘이다	**동** 본디보다 더 길어지게 하다.
④ ⓐ 반드시	**부** 틀림없이 꼭.
ⓑ 반듯이	**부** 작은 물체, 또는 생각이나 행동 따위가 비뚤어지거나 기울거나 굽지 아니하고 바르게.
⑤ ⓐ 걷히다	**동** '걷다(구름이나 안개 따위가 흩어져 없어지다)' 의 피동사.
ⓑ 거치다	**동** 어떤 과정이나 단계를 겪거나 밟다.

정답 ① ⓐ는 진달래가 '가장 왕성한 때' 를 의미하므로 '한창' 이 적절하고, ⓑ는 담장을 따라 '오랜 시간' 걸었다는 의미이므로 '한참' 이 적절하다.

04

① ⓐ 배다	**동** 스며들거나 스며 나오다.
ⓑ 베다	**동** 날이 있는 물건으로 상처를 내다.
② ⓐ 벌리다	**동** 둘 사이를 넓히거나 멀게 하다.
ⓑ 벌이다	**동** 일을 계획하여 시작하거나 펼쳐 놓다.
③ ⓐ 받치다	**동** 물건의 밑이나 옆 따위에 다른 물체를 대다.
ⓑ 밭치다	**동** 구멍이 뚫린 물건 위에 국수나 채소 따위를 올려 물기를 빼다.
④ ⓐ 로써	**조** 어떤 일의 수단이나 도구를 나타내는 격 조사.
ⓑ 로서	**조** 지위나 신분 또는 자격을 나타내는 격 조사.
⑤ ⓐ 지그시	**부** 슬며시 힘을 주는 모양.
ⓑ 지긋이	**부** 나이가 비교적 많아 듬직하게.

정답 ④ ⓐ는 '사람이 되어서' 의 뜻으로, 어떤 지위나 신분을 의미하므로 '로서' 가 적절하고, ⓑ는 '매를 가지고' 의 뜻으로, 어떤 일의 수단이나 도구를 의미하므로 '로써' 가 적절하다.

대표 유형

● 다음 밑줄 친 부분의 표기가 맞는 것끼리 묶인 것은?

> ㉠ <u>오랜만</u>에 뵙겠습니다.
> ㉡ 예천 댁이 <u>싯퍼런</u> 얼굴로 뛰어들었다.
> ㉢ <u>객쩍은</u> 말들에 신경을 쓰지는 마세요.
> ㉣ 그는 자신이 국회 의원이라며 <u>으스대곤</u> 했다.
> ㉤ 그는 간밤에 술을 먹었는지 눈을 <u>거슴치레</u> 뜨고 앉아 있다.

① ㉠, ㉡, ㉤   ② ㉠, ㉢, ㉣   ③ ㉠, ㉢, ㉤
④ ㉡, ㉢, ㉣   ⑤ ㉡, ㉣, ㉤

핵심 문제

※ 다음 밑줄 친 부분의 표기가 맞는 것끼리 묶인 것을 고르시오.

01

> ㉠ 여기가 우리 <u>병원이예요</u>.
> ㉡ 오늘은 <u>여느</u> 때보다 일찍 일어났다.
> ㉢ 선생님은 얼굴에 미소를 <u>띄고</u> 말씀하셨다.
> ㉣ 나도 <u>하노라고</u> 했는데 결과가 기대에 미치지 못했다.
> ㉤ 화가 난 사람들을 달래려고 노력했지만 거센 항의를 <u>막으려야</u> 막을 수 없었다.

① ㉠, ㉡, ㉤   ② ㉠, ㉢, ㉣   ③ ㉠, ㉢, ㉤
④ ㉡, ㉢, ㉣   ⑤ ㉡, ㉣, ㉤

02

> ㉠ 이 책 <u>머리말</u>에는 글쓴이의 약력이 담겼다.
> ㉡ 지금부터 이 도면을 <u>거꾸로</u> 뒤집어서 봐.
> ㉢ 그들은 진실을 <u>은패</u>하는 만행을 서슴지 않았다.
> ㉣ 이제 와서 <u>넋두리</u>를 해 봐야 소용없는 일이었다.
> ㉤ <u>늦깍이</u>로 시작한 연기 생활이었던 만큼 그 길은 순탄치 않았다.

① ㉠, ㉡, ㉣   ② ㉠, ㉢, ㉤   ③ ㉠, ㉣, ㉤
④ ㉡, ㉢, ㉣   ⑤ ㉡, ㉢, ㉤

03

㉠ 그는 밥을 몇 <u>숟가락</u> 뜨다가 밥상을 물렸다.

㉡ 학교 담 너머에 있는 분식집은 <u>만둣국</u>을 잘한다.

㉢ 좋아서 <u>쫓아다니는</u> 것과 스토킹의 차이는 무엇인가?

㉣ 나 대신 숙제해 준 것을 생각하면 <u>어쨋든</u> 고마운 일이다.

㉤ 어제 몸에 열이 얼마나 많이 났던지, 몸이 <u>흥건히</u> 젖어 있었어요.

① ㉠, ㉡, ㉢   ② ㉠, ㉡, ㉣   ③ ㉠, ㉢, ㉤

④ ㉡, ㉢, ㉤   ⑤ ㉢, ㉣, ㉤

04

㉠ 그것은 우리의 <u>희망이요</u>, 목표입니다.

㉡ 그 사람은 교탁 앞에만 나가면 <u>멋적게</u> 머리를 긁적인다.

㉢ <u>나즈막히</u> 들려오는 그대의 기도 소리가 참으로 아름답다.

㉣ 내 소설을 책으로 <u>만듦으로써</u> 대학 생활을 의미 있게 마쳤다.

㉤ 내가 천사의 말을 <u>할지라도</u> 내 마음에 사랑이 없으면 아무것도 아니다.

① ㉠, ㉡, ㉢   ② ㉠, ㉢, ㉣   ③ ㉠, ㉣, ㉤

④ ㉡, ㉢, ㉤   ⑤ ㉡, ㉣, ㉤

05

㉠ 네 마음이 정리될 때까지 조금만 더 <u>기다릴게</u>.

㉡ 나는 수업을 마치면 <u>으레</u> 친구들과 농구를 한다.

㉢ 당시 그들 내외는 집 한 칸도 없는 <u>빈털털이</u>였다.

㉣ 그 사람은 항상 <u>두루뭉술하게</u> 말을 해서 믿음이 가지 않는다.

㉤ 미연이는 주변 사람들에게 항상 <u>올바르게</u> 행동하는 사람으로 평가받는다.

① ㉠, ㉡, ㉣   ② ㉠, ㉢, ㉣   ③ ㉠, ㉣, ㉤

④ ㉡, ㉢, ㉣   ⑤ ㉡, ㉢, ㉤

06

㉠ 국경일에는 반드시 국기를 <u>계양</u>합시다.

㉡ 그는 그 소설에 대해 <u>신랄하게</u> 비판했다.

㉢ 처마 끝에 <u>매달린</u> 등불이 바람에 흔들린다.

㉣ 그는 자기의 실수가 <u>겸연적은지</u> 씩 웃기만 했다.

㉤ 오래 앓아서인지 얼굴은 홀쭉하게 <u>여위고</u> 두 눈만 퀭하였다.

① ㉠, ㉡, ㉤   ② ㉠, ㉢, ㉣   ③ ㉠, ㉣, ㉤

④ ㉡, ㉢, ㉣   ⑤ ㉡, ㉢, ㉤

대표 유형 풀이

	틀린 표현	바른 표현
ⓛ	싯퍼런	시퍼런
ⓜ	거슴치레	거슴츠레(게슴츠레)

정답 ②

핵심 문제 풀이

01

	틀린 표현	바른 표현
㉠	병원이예요	병원이에요
㉢	띄고	띠고

정답 ⑤

02

	틀린 표현	바른 표현
㉢	은패	은폐
㉤	늦깍이	늦깎이

정답 ①

03

	틀린 표현	바른 표현
㉠	숫가락	숟가락
㉣	어쨋든	어쨌든

정답 ④

04

	틀린 표현	바른 표현
㉡	멋적게	멋쩍게
㉢	나즈막히	나지막이

정답 ③

05

	틀린 표현	바른 표현
㉡	으례	으레
㉢	빈털털이	빈털터리

정답 ③

06

	틀린 표현	바른 표현
㉠	계양	게양
㉣	겸연적은지	겸연쩍은지

정답 ⑤

대표 유형

◉ ㉠~㉤ 중, 맞춤법에 맞는 것은?

철수는 어머니를 도와 ㉠설겆이를 하였다. 철수는 먹다 남은 ㉡찌게와 ㉢온갖 반찬 찌꺼기를 쓰레기통에 버리려고 하였다. 그때 ㉣테레비젼을 보고 ㉤계시든 어머니께서 놀라며 말씀을 하셨다. "애, 안 돼. 분리 수거를 해야지."

① ㉠   ② ㉡   ③ ㉢   ④ ㉣   ⑤ ㉤

핵심 문제

※ ㉠~㉤ 중, 맞춤법에 맞는 것을 고르시오.

01

나는 아주 어렸을 때부터 비행기만 보면 가슴이 ㉠설레곤 했다. 그래서 비행기를 타고 하늘을 ㉡날으는 조종사가 되고 싶었다. 지금도 조종사가 ㉢될려는 나의 ㉣바램에는 변함이 없다. 오늘도 맑게 ㉤개인 하늘을 쳐다보며 나의 꿈을 다져 본다.

① ㉠   ② ㉡   ③ ㉢   ④ ㉣   ⑤ ㉤

02

준하는 동생과 둘이서 저녁을 해결해야 했다. 동생은 갈치조림을 먹겠다고 ㉠졸르는데 준하는 내심 ㉡육계장이 먹고 싶었다. 분식점 앞을 지나면서 동생에게 ㉢떡볶기는 어떠냐고 했더니, 좋다고 해서 그냥 그곳으로 들어갔다. 동생은 분식점 안이 ㉣후텁지근하다며 준하에게 짜증을 부렸지만, 음식이 나오자 ㉤금새 표정이 바뀌며 흐뭇해했다.

① ㉠   ② ㉡   ③ ㉢   ④ ㉣   ⑤ ㉤

03

시골 ㉠토배기인 어머니는 1985년에 어린 나를 업고 서울로 이사를 왔다. 어머니는 항상 새벽에 일어나 집 안을 ㉡깨끗히 정돈하고 시장에 나가 장사를 하셨다. ㉢장마비가 쏟아지는 날에도 어머니는 장사를 나가셨다. 우리 가족은 비록 ㉣사글세 생활을 했지만 결코 좌절하지 않고 노력하였다. 그리고 몇 년 뒤 ㉤전세집으로 옮겨 갈 수 있었다.

① ㉠   ② ㉡   ③ ㉢   ④ ㉣   ⑤ ㉤

04

　　요즘 ㉠왠일인지 그녀와의 관계에 대해 생각하는 일이 잦아졌다. 그녀가 나와 헤어지기를 원하고 ㉡있을는지 모른다는 생각이 자꾸 드는 것이다. 지난번 싸운 일을 ㉢곰곰히 생각하니 정말로 그런 것 같기도 했다. 생각이 여기까지 이르자, 그녀에 대한 나의 고민은 더욱더 깊어지게 ㉣됐다. ㉤하옇든 내일은 그녀를 꼭 만나야겠다.

① ㉠　　　　② ㉡　　　　③ ㉢　　　　④ ㉣　　　　⑤ ㉤

05

　　아동 문학의 과제는 전달하려는 내용을 아이들이 이해하기 쉬운 언어로 써야 한다는 데 있다. 이것은 ㉠상당이 어려운 일이다. 아이들에게 ㉡서슴치 않고 너무 많은 것을 ㉢줄려고 욕심을 내다 보면 아이들의 흥미를 끌지 못한다. 또한 너무 이들의 단순성에 ㉣메달리다 보면 아무 의미도 없는, 말 그대로 공허한 환상과 비현실의 세계로 떨어진 유치한 문학이 되기 ㉤십상이다. 곰곰이 생각해 보면 아동 문학이 일반 문학 위에 세워지는 문학이라고 하는 이유가 여기에 있는 것 같다.

① ㉠　　　　② ㉡　　　　③ ㉢　　　　④ ㉣　　　　⑤ ㉤

06

　　어머니께 성적표를 보여 드리니 ㉠씁슬한 표정을 지으셨다. 나와 ㉡연연생인 동생은 상황 파악을 못 하고 있었지만, 나는 어머니의 굳은 표정이 무섭기만 했다. 아버지께서는 분위기를 바꾸기 위해 바닷가로 우리를 데려가셨다. 동생과 나는 바닷가 모래 위에 있는 ㉢조개껍대기를 주워 병에 담았다. 지나온 나의 1년을 ㉣뒤돌아보니 반성할 게 참 많다. 새해에는 ㉤학생으로써 책임을 다하도록 노력해야겠다. 그것만이 부모님께 효도하는 길이니까.

① ㉠　　　　② ㉡　　　　③ ㉢　　　　④ ㉣　　　　⑤ ㉤

07

　　어른들은 아이를 미숙한 존재라고 흔히 생각합니다. 그러나 우리 어머니는 그렇지 않았습니다. 어느 가을날이었습니다. 해 질 ㉠녘 툇마루에 앉아 계시던 어머니는 제게 ㉡넌지시 말씀하셨습니다. "얘야, 너는 무엇이든지 할 수 있단다. 네 속에는 모든 것이 다 들어 있어. 작은 도토리처럼 말이야." 지금 그 말씀을 ㉢가만이 생각해 봅니다. 아무도 도토리에게 푸른 참나무로 커 가는 방법을 ㉣가르켜 주지는 않습니다. 비록 글로 ㉤씌여진 것은 아니지만, 그 작은 씨앗, 그 작은 도토리에는 큰 참나무로 성장할 수 있는 모든 정보가 들어 있습니다. 아이는 스스로 깨우치는 작은 도토리와 같습니다.

① ㉠　　　　② ㉡　　　　③ ㉢　　　　④ ㉣　　　　⑤ ㉤

정답 및 해설

대표 유형 풀이

대표 유형 풀이

	틀린 표현	바른 표현
㉠	설겆이	설거지
㉡	찌게	찌개
㉣	테레비젼	텔레비전
㉤	계시든	계시던

정답 ③

핵심 문제 풀이

01

	틀린 표현	바른 표현
㉡	날으는	나는
㉢	될려는	되려는
㉣	바램	바람
㉤	개인	갠

정답 ①

02

	틀린 표현	바른 표현
㉠	졸르는데	조르는데
㉡	육계장	육개장
㉢	떡볶기	떡볶이
㉤	금새	금세

정답 ④

03

	틀린 표현	바른 표현
㉠	토배기	토박이
㉡	깨끗히	깨끗이
㉢	장마비	장맛비
㉤	전세집	전셋집

정답 ④

04

	틀린 표현	바른 표현
㉠	웬일인지	웬일인지
㉢	곰곰히	곰곰이
㉣	됬다	됐다
㉤	하옇든	하여튼

정답 ②

05

	틀린 표현	바른 표현
㉠	상당이	상당히
㉡	서슴치 않고	서슴지 않고
㉢	줄려고	주려고
㉣	메달리다	매달리다

정답 ⑤

06

	틀린 표현	바른 표현
㉠	씁슬한	씁쓸한
㉡	연연생	연년생
㉢	조개껍대기	조개껍데기
㉤	학생으로써	학생으로서

정답 ④

07

	틀린 표현	바른 표현
㉠	녁	녘
㉢	가만이	가만히
㉣	가르켜	가르쳐
㉤	씌여진	쓰인

정답 ②

※ ㉠～㉤ 중, 맞춤법에 맞는 것을 고르시오.

08

　　오늘 아침 난 평소보다 ㉠가뿐한 마음으로 집을 나섰다. 학교에 가다가 단짝 친구 단비를 만났다. 단비가 책을 사야 한다고 해서 함께 서점에 ㉡들리기로 했다. 이것저것 책을 고르다가 ㉢하마트면 지각할 뻔했다. 선생님께서 우리를 보고 ㉣눈쌀을 ㉤찌푸리셨지만 다행히 혼나지는 않았다.

① ㉠　　　　② ㉡　　　　③ ㉢　　　　④ ㉣　　　　⑤ ㉤

09

　　문득 만나고 싶은 사람들이 있다. 얼굴을 마주 대하고 눈빛을 읽으며 이야기를 나누고 싶은 사람들이 있다. 그런 사람이 떠오를 때 나는 편지를 쓴다. 이 시간은 메마른 내 마음에 기름을 ㉠붇고 심지를 ㉡돋우며 등불을 켜는 시간이다. 다 쓴 편지를 산 ㉢넘어 먼 하늘에 ㉣띠우고 그것을 어떤 사람이 받아 읽을 때, ㉤비로서 불씨는 점화되고 마음과 마음이 하나로 이어진다.

① ㉠　　　　② ㉡　　　　③ ㉢　　　　④ ㉣　　　　⑤ ㉤

10

　　어제는 방문을 ㉠잠궈 놓고 독서에 몰입했다. 인물들 간의 애증을 바탕으로 펼쳐지는 흥미진진한 전개에 시간 가는 줄 모르고 밤을 꼬박 새워 책을 읽었다. 아침에 ㉡눈곱이 낀 푸석한 내 얼굴을 보고, 어머니께선 내가 밤새 인터넷 게임을 한 줄로 알고 버럭 화부터 내셨다. 사실을 말씀드렸더니 어머니께서는 내 머리를 ㉢스다듬으며 칭찬해 주셨다. ㉣더우기 기분 좋았던 것은 책을 읽고 나니 오랜 마음의 짐을 벗은 것처럼 홀가분했다는 것이다. 이런 게 독서의 묘미가 ㉤아닐런지……

① ㉠　　　　② ㉡　　　　③ ㉢　　　　④ ㉣　　　　⑤ ㉤

11

　　㉠'보리고개'라는 말로 알 수 있듯이 우리에게도 먹고살기 ㉡힘들든 때가 있었다. 그 당시 국민 모두가 근면하게 살지 않았더라면 현재의 우리는 없었을 것이다. 지금은 우리나라의 경제 수준이 높아져 세계 ㉢무역량의 상당 부분을 차지하고, 국민 소득 ㉣상승율이 상위권에 위치한 수준이 되었다. 이제는 하루를 살아가기에도 ㉤넉넉치 않은 지구촌의 다른 나라들을 돕는 인류애를 발휘하도록 노력해야 한다.

① ㉠　　　　② ㉡　　　　③ ㉢　　　　④ ㉣　　　　⑤ ㉤

12

　　그는 위험을 ⊙<u>무릎쓰고</u> 나룻배에 올랐다. ⓛ<u>아래마을</u>로 가는 나룻배였다. 그녀는 ⓒ<u>나룻</u>
<u>터</u>에서 이미 그를 기다리고 있었다. 그는 비밀을 유지해 준 ⓔ<u>댓가</u>로 그녀에게 많은 돈을 건
내고 유유히 사라졌다. 그녀는 그에게 받은 돈으로 방을 얻고, ⓜ<u>허드렛일</u>을 하며 하루하루를
살아갔다.

① ㉠　　　　　② ㉡　　　　　③ ㉢　　　　　④ ㉣　　　　　⑤ ㉤

13

　　어릴 적 내 고향에는 멧돼지가 많았다. 밤이 되면 동네 근처 야산에서 내려와 무덤을 파헤치
고 널따란 밭에 들어가 농작물을 짓밟아 놓기가 ⊙<u>일수</u>였다. 우리 마을의 밭에는 ⓛ<u>먹꺼리</u>가
풍성했기 때문이다. 멧돼지가 먹이를 ⓒ<u>구할려고</u> 고구마 밭에 들어가서 기다란 주둥이와 코
로 고구마 두둑을 ⓔ<u>삿삿이</u> 파헤쳐 모조리 먹어 치워 버린 날이면 할아버지는 엉망이 된 고구
마 밭을 바라보며 담배 한 ⓜ<u>개비</u>를 무시곤 하셨다.

① ㉠　　　　　② ㉡　　　　　③ ㉢　　　　　④ ㉣　　　　　⑤ ㉤

14

　　단어와 문장은 ⊙<u>뗄래야</u> 뗄 수 없는 관계이기 때문에 바른 문장 표현을 위해서는 단어에 대
한 정확한 이해와 뛰어난 응용 능력이 필수적이다. 단어에 대한 바른 이해는 단어의 형태와
의미를 정확히 알고 있음을 ⓛ<u>일컫는다</u>. ⓒ<u>요약건대</u>, 단어의 형태에 대해 정확히 이해하려면
무엇보다도 현행 한글 맞춤법ⓔ<u>이라던지</u> 표준어 규정 등을 ⓜ<u>꾸준이</u> 학습해야 할 것이다.

① ㉠　　　　　② ㉡　　　　　③ ㉢　　　　　④ ㉣　　　　　⑤ ㉤

15

　　음식 문화의 다양화란 한국을 찾아오는 외국인들이 식생활로 인한 불편이 없도록 음식 문화
를 개선하고, 음식의 질을 ⊙<u>높히는</u> 것을 말한다. 그러나 막연한 ⓛ<u>가름</u>으로 음식 문화의 다
양화를 추진해서는 안 된다. 주한 외국 공관원이나 우리나라를 방문하는 관광객들이 편안한
마음으로 자국의 음식을 즐길 수 있는 수준으로 음식의 종류와 질을 ⓒ<u>꼼꼼</u> 준비해야 한다.
특히, 음식 문화가 독특한 이란, 파키스탄 등과 같은 회교권 국가나, 최근에 와서 교류가 잦아
진 동구권 여러 나라의 방문객들이 음식에 대해 불편을 겪지 않을 정도로 다양한 메뉴를 개발
하는 일이 시급하다. 우리의 음식 문화의 수준이 높아진다면 ⓔ<u>멀지않아</u> 우리나라도 ⓜ<u>내로</u>
<u>라하는</u> 관광국이 될 수 있을 것이다.

① ㉠　　　　　② ㉡　　　　　③ ㉢　　　　　④ ㉣　　　　　⑤ ㉤

08

	틀린 표현	바른 표현
㉡	들리기로	들르기로
㉢	하마트면	하마터면
㉣	눈쌀	눈살
㉤	찌뿌리셨지만	찌푸리셨지만

정답 ①

09

	틀린 표현	바른 표현
㉠	붇고	붓고
㉢	넘어	너머
㉣	띠우고	띄우고
㉤	비로서	비로소

정답 ②

10

	틀린 표현	바른 표현
㉠	잠궈	잠가
㉢	스다듬으며	쓰다듬으며
㉣	더우기	더욱이
㉤	아닐런지	아닐는지

정답 ②

11

	틀린 표현	바른 표현
㉠	보리고개	보릿고개
㉡	힘들든	힘들던
㉣	상승율	상승률
㉤	넉넉치	넉넉지

정답 ③

12

	틀린 표현	바른 표현
㉠	무릎쓰고	무릅쓰고
㉡	아래마을	아랫마을
㉢	나룻터	나루터
㉣	댓가	대가

정답 ⑤

13

	틀린 표현	바른 표현
㉠	일수	일쑤
㉡	먹꺼리	먹거리, 먹을거리
㉢	구할려고	구하려고
㉣	삿삿이	샅샅이

정답 ⑤

14

	틀린 표현	바른 표현
㉠	뗄래야	떼려야
㉡	일컷는다	일컫는다
㉢	이라던지	이라든지
㉣	꾸준이	꾸준히

정답 ③

15

	틀린 표현	바른 표현
㉠	높히는	높이는
㉡	가름	가늠
㉢	꼼꼼이	꼼꼼히
㉣	멀지않아	머지않아

정답 ⑤

한글 맞춤법(5)

◉ 다음 띄어쓰기 규정을 참고할 때, 띄어쓰기가 <u>잘못된</u> 것은?

> **제41항** 조사는 그 앞말에 붙여 쓴다.

① 꽃밖에   ② 약속한대로   ③ 집에서처럼

④ 옵니다그려   ⑤ 들어가기는커녕

※ 다음 띄어쓰기 규정을 참고할 때, 띄어쓰기가 <u>잘못된</u> 것을 고르시오.

01

> **제42항** 의존 명사는 띄어 쓴다.

① 나도 할 수 있다.   ② 아는 것이 힘이다.

③ 먹을 만큼 먹어라.   ④ 그가 떠난지가 오래다.

⑤ 네가 뜻한 바를 알겠다.

02

> **제43항** 단위를 나타내는 명사는 띄어 쓴다.
>   다만, 순서를 나타내는 경우나 숫자와 어울리어 쓰이는 경우에는 붙여 쓸 수 있다.
> **제44항** 수를 적을 적에는 '만(萬)' 단위로 띄어 쓴다.

① 엽전 두닢   ② 집 한 채

③ 북어 한 쾌   ④ 2시 30분

⑤ 오십육만 칠천팔백구십팔

03

> **제45항** 두 말을 이어 주거나 열거할 적에 쓰이는 말들은 띄어 쓴다.

① 국장겸 과장   ② 책상, 걸상 등
③ 열 내지 스물   ④ 청군 대 백군
⑤ 이사장 및 이사들

04

> **제46항** 단음절로 된 단어가 연이어 나타날 적에는 붙여 쓸 수 있다.
> 　그러나 이 허용 규정은 단음절어인 관형사와 명사, 부사와 부사가 연결되는 경우와 같이, 자연스럽게 의미적으로 한 덩이를 이룰 수 있는 구조에 적용된다. 단음절어이면서 관형어나 부사인 경우라도, 관형어와 관형어, 부사와 관형어는 원칙적으로 띄어 쓰며, 또 부사와 부사가 연결되는 경우에도 의미적 유형이 다른 단어끼리는 붙여 쓰지 않는 게 원칙이다.

① 그때 그곳   ② 내것 네것
③ 이집 저집   ④ 한잎 두잎
⑤ 더큰 책상

05

> **제47항** 보조 용언은 띄어 씀을 원칙으로 하되, 경우에 따라 붙여 씀도 허용한다.
> 　다만, 앞말에 조사가 붙거나 앞말이 합성 용언인 경우, 그리고 중간에 조사가 들어갈 적에는 그 뒤에 오는 보조 용언은 띄어 쓴다.

① 잘난 체를 한다.   ② 비가 올 성싶다.
③ 그가 올 듯도 하다.   ④ 잘 아는 척한다.
⑤ 네가 덤벼들어보아라.

06

> **제48항** 성과 이름, 성과 호 등은 붙여 쓰고, 이에 덧붙는 호칭어, 관직명 등은 띄어 쓴다.
> **제49항** 성명 이외의 고유 명사는 단어별로 띄어 씀을 원칙으로 하되, 단위별로 띄어 쓸 수 있다.
> **제50항** 전문 용어는 단어별로 띄어 씀을 원칙으로 하되, 붙여 쓸 수 있다.

① 김양수(金良洙)   ② 채영신 씨
③ 박동식박사   ④ 만성골수성백혈병
⑤ 한국 대학교 사범 대학

x

대표 **유형 풀이**

제41항 조사는 그 앞말에 붙여 쓴다.

꽃**이** 꽃**마저** 꽃**밖에** 꽃**에서부터** 꽃**으로만** 꽃**이나마** 꽃**이다** 꽃**입니다** 꽃**처럼** 어디**까지나**
거기**도** 멀리**는** 웃고**만**

앞에서 말한 바와 같이, 조사는 독립성이 없기 때문에 다른 단어 뒤에 종속적(從屬的)인 관계로 존재한다. 조사는, 그것이 결합되는 체언이 지니는 문법적 기능을 표시하므로, 그 앞의 단어에 붙여 쓰는 것이다. 조사가 둘 이상 겹쳐지거나, 조사가 어미 뒤에 붙는 경우에도 붙여 쓴다.

집**에서처럼** 학교**에서만이라도** 여기**서부터입니다** 어디**까지입니까** 나가**면서까지도** 들어가**기는커녕**
옵**니다그려** "알았다."**라고**

정답 ② '대로'는 용언의 관형사형 뒤에서 '그와 같이'를 의미하는 의존 명사로 쓰였으므로, 앞말과 띄어 써야 한다.

핵심 **문제 풀이**

01 **제42항** 의존 명사는 띄어 쓴다.

아는 **것**이 힘이다. 나도 할 **수** 있다. 먹을 **만큼** 먹어라. 아는 **이**를 만났다. 네가 뜻한 **바**를 알겠다.
그가 떠난 **지**가 오래다.

의존 명사는 의미적 독립성은 없으나 다른 단어 뒤에 의존하여 명사적 기능을 담당하므로, 하나의 단어로 다루어진다. 독립성이 없기 때문에, 앞 단어에 붙여 쓰느냐 띄어 쓰느냐 하는 문제가 논의의 대상이 되었지만, 문장의 각 단어는 띄어 쓴다는 원칙에 따라 띄어 쓰는 것이다.

정답 ④ '지'는 어미 '-(으)ㄴ' 뒤에 쓰여 어떤 일이 있었던 때로부터 지금까지의 동안을 나타내는 의존 명사이므로, 앞말과 띄어 써야 한다.

---

02 **제43항** 단위를 나타내는 명사는 띄어 쓴다.

한 **개** 차 한 **대** 금 서 **돈** 소 한 **마리** 옷 한 **벌** 열 **살** 조기 한 **손** 연필 한 **자루** 버선 한 **죽** 집 한 **채**
신 두 **켤레** 북어 한 **쾌**

다만, 순서를 나타내는 경우나 숫자와 어울리어 쓰이는 경우에는 붙여 쓸 수 있다.

두시 삼십분 오초 제일**과** 삼학년 육층 1446년 10월 9일 2**대대** 16**동** 502**호** 제1**실습실**
80**원** 10**개** 7**미터**

제44항 수를 적을 적에는 '만(萬)' 단위로 띄어 쓴다.

십이억 삼천사백오십육만 칠천팔백구십팔 12억 3456만 7898

정답 ① '냅'은 납작한 물건을 세는 단위이므로, 앞말과 띄어 써야 한다.

---

03 **제45항** 두 말을 이어 주거나 열거할 적에 쓰이는 말들은 띄어 쓴다.

국장 **겸** 과장 열 **내지** 스물 청군 **대** 백군 책상, 걸상 **등**이 있다. 이사장 **및** 이사들 사과, 배, 귤 **등등**
사과, 배 **등속** 부산, 광주 **등지**

정답 ① '겸'은 둘 이상의 명사 사이에 쓰여 그 명사들이 나타내는 의미를 아울러 지니고 있음을 나타내는 말이므로, 앞말과 띄어 써야 한다.

04 **제46항** 단음절로 된 단어가 연이어 나타날 적에는 붙여 쓸 수 있다.

좀더 큰것   이말 저말   한잎 두잎   이곳 저곳   내것 네것   이집 저집   한잔 술

그러나 이 허용 규정은 단음절어인 관형사와 명사, 부사와 부사가 연결되는 경우와 같이, 자연스럽게 의미적으로 한 덩이를 이룰 수 있는 구조에 적용되는 것이다. 단음절어이면서 관형어나 부사인 경우라도, 관형어와 관형어, 부사와 관형어는 원칙적으로 띄어 쓰며, 또 부사와 부사가 연결되는 경우에도 의미적 유형이 다른 단어끼리는 붙여 쓰지 않는 게 원칙이다.

훨씬 더 큰 새 집   더 큰 이 새 책상   더 못 간다   꽤 안 온다   늘 더 먹는다

정답 ⑤ 부사와 관형어는 원칙적으로 띄어 써야 하기 때문에 '더큰'은 '더 큰'으로 띄어 써야 한다.

05 **제47항** 보조 용언은 띄어 씀을 원칙으로 하되, 경우에 따라 붙여 씀도 허용한다.(ㄱ을 원칙으로 하고, ㄴ을 허용함.)

ㄱ	ㄴ
불이 꺼져 간다.	불이 꺼져간다.
내 힘으로 막아 낸다.	내 힘으로 막아낸다.
어머니를 도와 드린다.	어머니를 도와드린다.
그릇을 깨뜨려 버렸다.	그릇을 깨뜨려버렸다.
비가 올 듯하다.	비가 올듯하다.
그 일은 할 만하다.	그 일은 할만하다.
일이 될 법하다.	일이 될법하다.
비가 올 성싶다.	비가 올성싶다.
잘 아는 척한다.	잘 아는척한다.

다만, 앞말에 조사가 붙거나 앞말이 합성 용언인 경우, 그리고 중간에 조사가 들어갈 적에는 그 뒤에 오는 보조 용언은 띄어 쓴다.

잘도 놀아만 **나는구나!**   책을 읽어도 **보고……**   네가 덤벼들어 **보아라.**   강물에 떠내려가 **버렸다.**   그가 올 듯도 **하다.** 잘난 체를 **한다.**

정답 ⑤ 앞말이 합성 용언인 경우 그 뒤에 오는 보조 용언은 띄어 써야 하므로, '네가 덤벼들어 보아라'로 띄어 써야 한다.

06 **제48항** 성과 이름, 성과 호 등은 붙여 쓰고, 이에 덧붙는 호칭어, 관직명 등은 띄어 쓴다.

김양수(金良洙)   서화담(徐花潭)   채영신 씨   최치원 선생   박동식 박사   충무공 이순신 장군

다만, 성과 이름, 성과 호를 분명히 구분할 필요가 있을 경우에는 띄어 쓸 수 있다.

남궁억/남궁 억   독고준/독고 준   황보지봉(皇甫芝峰)/황보 지봉

제49항 성명 이외의 고유 명사는 단어별로 띄어 씀을 원칙으로 하되, 단위별로 띄어 쓸 수 있다.(ㄱ을 원칙으로 하고, ㄴ을 허용함.)

ㄱ	ㄴ
대한 중학교	대한중학교
한국 대학교 사범 대학	한국대학교 사범대학

제50항 전문 용어는 단어별로 띄어 씀을 원칙으로 하되, 붙여 쓸 수 있다.(ㄱ을 원칙으로 하고, ㄴ을 허용함.)

ㄱ	ㄴ
만성 골수성 백혈병	만성골수성백혈병
중거리 탄도 유도탄	중거리탄도유도탄

정답 ③ 이름에 덧붙는 호칭어나 관직명은 띄어 써야 하므로, '박동식 박사'로 띄어 써야 한다.

대표 유형

● ㉠~㉤의 띄어쓰기를 고친 것으로 바르지 못한 것은?

> 아프리카의 사막화가 ㉠갈 수록 급격해져, ㉡방치될경우 아프리카 숲의 절반이 ㉢1백년 안에 사라지며 아시아의 사막화도 빠른 속도로 ㉣진전 돼 상당한 피해가 생길 것으로 예상된다. 이러한 사막화의 진전은 ㉤자연재해 보다 인간의 부주의에서 기인하는 것으로 나타났다.

① ㉠ → 갈수록
② ㉡ → 방치될∨경우
③ ㉢ → 1백∨년안
④ ㉣ → 진전돼
⑤ ㉤ → 자연재해보다

핵심 문제

※ ㉠~㉤의 띄어쓰기를 고친 것으로 바르지 <u>못한</u> 것은?

01

> 물 건너간 일을 이제 와서 ㉠아쉬워한들 무슨 소용이 있으랴. 사물의 ㉡이치및 순리를 꿰뚫어 보고, 옳고 그름을 ㉢구별할수 있는 예리한 눈, 모난 것은 ㉣모난대로 보아 ㉤줄줄 아는 넉넉한 눈, 이런 눈을 갖고 싶다.

① ㉠ → 아쉬워∨한들
② ㉡ → 이치∨및∨순리
③ ㉢ → 구별할∨수∨있는
④ ㉣ → 모난∨대로
⑤ ㉤ → 줄∨줄

02

> 고대에는 범죄에 대해 개인적이든 집단적이든 사적 제재인 복수가 행하여졌다. 그러나 복수는 일회적인 제재에 ㉠그치지않고 꼬리를 문 복수의 연쇄를 낳는다. 이러한 사적 복수가 공적 형벌로 ㉡대치 된 것은 인류 문명이 이룬 커다란 진보라고 할 수 ㉢있을것이다. 이제 국가는 공적 형벌을 완전히 독점하게 되었다. 끝없는 복수는 법적 평화를 ㉣파괴한다는점에서 공정한 중립적 권력으로서의 국가가 형벌권을 독점한다는 것은 ㉤어느 정도 정당화될 수 있다. 그러나 왜 형벌을 가하는가 하는 문제는 여전히 남는다.

① ㉠ → 그치지∨않고
② ㉡ → 대치된
③ ㉢ → 있을∨것이다.
④ ㉣ → 파괴한다는∨점에서
⑤ ㉤ → 어느정도

03

　　자연은 ㉠협조 뿐만 아니라 경쟁을 통해서도 고루 관계를 맺으며 짜여 ㉡있는 데, 이 때문에 진화를 '공동 진화'라고도 한다. 영양이 달리기를 잘하게 되면, 사자도 더 빨라져야 하거나 새로 사냥할 먹잇감을 다른 환경에서 찾아야 하는 식이다. 바로 이것이 자연의 '군비 경쟁'이다. 이것은 예삿일 같지만 많은 사람들은 ㉢이로인해 창조주에 대한 신앙심을 ㉣순식간에 갖게 되기도 한다. 관계되는 모든 생명체가 서로 조화를 이루며 ㉤기적같은 앙상블을 자주 드러내기 때문이다.

① ㉠ → 협조뿐만　　　　　　　② ㉡ → 있는데
③ ㉢ → 이로∨인해　　　　　　④ ㉣ → 순식∨간에
⑤ ㉤ → 기적∨같은

04

　　지방이라고 해서 모두 해로운 것은 아니다. 지방은 인체에서 비타민이나 ㉠미네랄 만큼 유익한 작용을 많이 한다. 견과류와 채소 기름, ㉡생선등에서 얻는 필수 지방산은 면역계와 피부, 신경 섬유 등에 이로운 구실을 하고 정신 건강을 유지시켜 준다. 불포화 지방의 섭취는 오히려 각종 질병의 위험을 ㉢감소 시키며, 체내의 지방 세포는 장수에 도움을 주기도 한다. 그렇다고 해서 불포화 지방을 무턱대고 많이 섭취하라는 것은 아니다. 인체의 필수 영양소가 균형을 ㉣이루는선에서 섭취하는 것이 가장 ㉤바람직할지 모른다는 생각이다.

① ㉠ → 미네랄만큼　　　　　　② ㉡ → 생선∨등에서
③ ㉢ → 감소시키며　　　　　　④ ㉣ → 이루는∨선에서
⑤ ㉤ → 바람직할∨지

05

　　중고차 시장을 가정해 생각해 보자. 이 중고차 시장에서 팔고 있는 자동차의 절반은 '복숭아(결함이 없는 훌륭한 차)'이고 나머지 절반은 '레몬(결함이 있는 ㉠형편 없는 차)'이다. 판매자들은 자신들이 팔고 있는 차가 레몬인지 복숭아인지 알고 있지만, 구매자들은 자동차가 레몬일 확률과 복숭아일 확률이 50%임을 알고 ㉡있을 뿐이다. 이러한 상황에서 구매자가 중고 자동차를 구입한다고 하자. 구매자가 중고 자동차의 적정 가격이 ㉢200만원이라 생각하고 판매자와 흥정을 하게 된다면 그 가격보다 더 싼 레몬을 갖고 있는 판매자는 주저함 없이 이 자동차를 구매자가 원하는 가격에 팔 것이다. 하지만 이러한 거래가 ㉣몇번 반복되다 보면 구매자는 판매자들이 자신을 속이고 있다는 사실을 ㉤눈치 채게 될 것이다.

① ㉠ → 형편없는　　　　　　　② ㉡ → 있을뿐이다
③ ㉢ → 200만∨원　　　　　　④ ㉣ → 몇∨번
⑤ ㉤ → 눈치채게

대표 **유형풀이**

바른 표현	근거
① 갈수록	'-ㄹ수록'은 앞 절 일의 어떤 정도가 그렇게 더하여 가는 것이, 뒤 절 일의 어떤 정도가 더하거나 덜하게 되는 조건이 됨을 나타내는 연결 어미로, 앞말과 붙여 쓴다.
② 방치될 경우	'경우'는 '놓여 있는 조건이나 놓이게 된 형편'이라는 의미의 명사로, 앞말과 띄어 쓴다.
③ 1백 년 안	'해를 세는 단위'인 '년'은 의존 명사이므로 앞말과 띄어 쓰고, '일정한 표준이나 한계를 넘지 않은 정도'의 의미인 '안'은 명사이므로 앞말과 띄어 쓴다.
④ 진전돼	'-되다'는 '피동'의 뜻을 더하는 접미사로, 서술성을 가진 일부 명사 뒤에 붙여 쓴다.
⑤ 자연재해보다	'보다'는 서로 차이가 있는 것을 비교하는 경우, 비교의 대상이 되는 말에 붙어 '~에 비해서'의 뜻을 나타내는 격 조사로, 체언 뒤에 붙여 쓴다.

정답 ③

핵심 **문제 풀이**

01

바른 표현	근거
① 아쉬워한들	'-ㄴ들'은 '-ㄴ다고 할지라도'의 뜻을 나타내며, 어떤 조건을 양보하여 인정한다고 하여도 그 결과로서 기대되는 내용이 부정됨을 나타내는 연결 어미로, 앞말과 붙여 쓴다.
② 이치 및 순리	'및'은 '그리고', '그 밖에', '또'의 뜻을 갖는 접속 부사로 항상 띄어 쓴다.
③ 구별할 수 있는	'수'는 '(주로 '있다', '없다' 따위와 함께 쓰여) 어떤 일을 할 만한 능력이나 어떤 일이 일어날 가능성'을 의미하는 의존 명사로, 앞말과 띄어 쓴다.
④ 모난 대로	'대로'는 '어떤 모양이나 상태와 같이'라는 의미의 의존 명사로, 앞말과 띄어 쓴다.
⑤ 줄 줄	'줄'은 어떤 방법, 셈속 따위를 나타내는 의존 명사로, 앞말과 띄어 쓴다.

정답 ①

02

바른 표현	근거
① 그치지 않고	'않다'는 앞말이 뜻하는 행동을 부정하는 뜻을 나타내는 보조 동사로, 동사 뒤에서 '-지 않다' 형태로 띄어 쓴다.
② 대치된	'되다'는 '피동'의 뜻을 더하고 동사를 만드는 접미사로, 서술성을 가진 일부 명사 뒤에 붙여 쓴다.
③ 있을 것이다	'것'은 말하는 이의 전망이나 추측, 또는 주관적 소신 따위를 나타내는 의존 명사로, '-ㄹ/을 것이다' 형태로 앞말과 띄어 쓴다.
④ 파괴한다는 점에서	'점'은 '여러 속성 가운데 어느 부분이나 요소'를 의미하는 명사로, 앞말과 띄어 쓴다.
⑤ 어느 정도	'정도'는 '사물의 성질이나 가치를 양부(良否), 우열 따위에서 본 분량이나 수준'을 의미하는 명사로, 앞말과 띄어 쓴다.

정답 ⑤

03

바른 표현	근거
① 협조뿐만	'뿐' 은 '그것만이고 더는 없음' 또는 '오직 그렇게 하거나 그러하다는 것' 을 나타내는 보조사로, 체언이나 부사어 뒤에 붙여 쓴다.
② 있는데	'—는데' 는 뒤 절에서 어떤 일을 설명하거나 묻거나 시키거나 제안하기 위하여 그 대상과 상관되는 상황을 미리 말할 때에 쓰는 연결 어미로, 앞말과 붙여 쓴다.
③ 이로 인해	'인하다' 는 '어떤 사실로 말미암다.' 라는 의미의 동사로, 앞말과 띄어 쓴다.
④ 순식간에	'순식간' 은 '눈을 한 번 깜짝하거나 숨을 한 번 쉴 만한 아주 짧은 동안' 이라는 의미의 명사로, 항상 붙여 쓴다.
⑤ 기적 같은	'같다' 는 '다른 것과 비교하여 그것과 다르지 않다.' 라는 의미를 지닌 형용사로, 앞의 체언과 띄어 쓴다.

정답 ④

04

바른 표현	근거
① 미네랄만큼	체언의 바로 뒤에 붙은 '만큼' 은 앞말과 비슷한 정도나 한도임을 나타내는 격 조사로, 앞말과 붙여 쓴다.
② 생선 등에서	'등' 은 그 밖에도 같은 종류의 것이 더 있음을 나타내는 의존 명사로, 앞말과 띄어 쓴다.
③ 감소시키며	'사동' 의 뜻을 더하고 동사를 만드는 접미사인 '—시키다' 는 서술성을 가지는 일부 명사 뒤에 붙여 쓴다.
④ 이루는 선에서	'다른 것과 구별되는 일정한 한계나 그 한계를 나타내는 기준' 을 의미하는 명사 '선' 은 앞말과 띄어 쓴다.
⑤ 바람직할지	추측에 대한 막연한 의문이 있는 채로 그것을 뒤 절의 사실이나 판단과 관련시키는 데 쓰는 연결 어미인 '—ㄹ지' 는 앞말과 붙여 쓴다.

정답 ⑤

05

바른 표현	근거
① 형편없는	'형편없다' 는 '결과나 상태, 내용이나 질 따위가 매우 좋지 못하다.' 라는 의미의 형용사이므로 항상 붙여 쓴다.
② 있을 뿐이다	'다만 어떠하거나 어찌할 따름' 이라는 뜻을 나타내는 의존 명사인 '뿐' 은 앞말과 띄어 쓴다.
③ 200만 원	우리나라의 화폐 단위인 '원' 은 의존 명사로, 앞말과 띄어 쓴다.
④ 몇 번	'일의 횟수를 세는 단위' 인 의존 명사 '번' 은 앞말과 띄어 쓴다.
⑤ 눈치채게	'눈치채다' 는 '여러 가지 정황으로 미루어 어떤 일의 낌새나 남의 마음 따위를 알아내다.' 라는 의미의 동사이므로, 항상 붙여 쓴다.

정답 ②

표준어 규정(1)

표준어는 의사소통의 불편을 덜기 위하여 전 국민이 공통적으로 쓸 공용어 자격을 부여받은 말이다. 표준어 규정은 '표준어는 교양 있는 사람들이 두루 쓰는 현대 서울말로 정함을 원칙으로 한다.'는 표준어 사정(査定)의 원칙과 표준 발음법을 체계화한 규정으로, 바른 언어생활과 원활한 의사소통을 위해서는 꼭 알아 두어야 한다.

대표 유형

◉ 다음 표준어 규정을 참고할 때, 바르게 표기되지 <u>않은</u> 것은?

> **제7항** 수컷을 이르는 접두사는 '수-'로 통일한다.
> 예 수-나사, 수-사돈, 수-소, 수-은행나무
> 다만, 다음 단어에서는 접두사 다음에서 나는 거센소리를 인정한다. 접두사 '암-'이 결합되는 경우에도 이에 준한다.
> 예 수-캉아지, 수-컷, 수-키와, 수-탉

① 수꿩　　　　　② 수놈　　　　　③ 암캐
④ 수퇘지　　　　⑤ 숫병아리

핵심 문제

※ 다음 표준어 규정을 참고할 때, 바르게 표기되지 <u>않은</u> 것을 고르시오.

01

> **제3항** 다음 단어들은 거센소리를 가진 형태를 표준어로 삼는다.
> 예 나팔-꽃, 동녘, 부엌

① 끄나풀　　　　② 새벽녘　　　　③ 칸막이
④ 삵괭이　　　　⑤ 털어먹다

02

> **제5항** 어원에서 멀어진 형태로 굳어져서 널리 쓰이는 것은, 그것을 표준어로 삼는다.
> 예 고삿, 울력-성당
> 다만, 어원적으로 원형에 더 가까운 형태가 아직 쓰이고 있는 경우에는, 그것을 표준어로 삼는다.
> 예 갈비, 갓모, 말-곁

① 강남콩　　　　② 휴지　　　　　③ 굴젓
④ 사글세　　　　⑤ 물수란

03

제6항 다음 단어들은 의미를 구별함이 없이, 한 가지 형태만을 표준어로 삼는다.
  예 둘–째, 넷–째
  다만, '둘째'는 십 단위 이상의 서수사에 쓰일 때에 '두째'로 한다.

① 돐　　　　　　　　② 셋째　　　　　　　　③ 빌리다
④ 스물두째　　　　　⑤ 서른두째

04

제8항 양성 모음이 음성 모음으로 바뀌어 굳어진 다음 단어는 음성 모음 형태를 표준어로 삼는다.
  예 귀–둥이, 막–둥이, 쌍–둥이, 보퉁이
  다만, 어원 의식이 강하게 작용하는 다음 단어에서는 양성 모음 형태를 그대로 표준어로 삼는다.
  예 삼촌(三寸)

① 깡총깡총　　　　　② 사돈　　　　　　　　③ 오뚝이
④ 뻗정다리　　　　　⑤ 발가숭이

05

제9항 'ㅣ' 역행 동화 현상에 의한 발음은 원칙적으로 표준 발음으로 인정하지 아니하되, 다만 다음 단어들은 그러한 동화가 적용된 형태를 표준어로 삼는다.
  예 서울–내기, 신출–내기, 풋–내기, 동댕이–치다
  [붙임 1] 다음 단어는 'ㅣ' 역행 동화가 일어나지 아니한 형태를 표준어로 삼는다.
  예 아지랑이
  [붙임 2] 기술자에게는 '–장이', 그 외에는 '–쟁이'가 붙는 형태를 표준어로 삼는다.
  예 유기장이, 소금쟁이, 담쟁이–덩굴

① 시골내기　　　　　② 남비　　　　　　　　③ 멋쟁이
④ 미장이　　　　　　⑤ 골목쟁이

06

제10항 다음 단어는 모음이 단순화한 형태를 표준어로 삼는다.
  예 –구먼, 미루–나무, 여느, 허우대
제11항 다음 단어에서는 모음의 발음 변화를 인정하여, 발음이 바뀌어 굳어진 형태를 표준어로 삼는다.
  예 –구려, 깍쟁이, 미수, 바라다, 상추, 시러베–아들, 주책, 지루–하다

① 괴팍하다　　　　　② 미륵　　　　　　　　③ 나무라다
④ 허드래　　　　　　⑤ 허우적허우적

대표 유형 풀이

제7항 수컷을 이르는 접두사는 '수-'로 통일한다.(ㄱ을 표준어로 삼고, ㄴ을 버림.)

ㄱ	ㄴ	ㄱ	ㄴ
수-꿩	수-퀑 / 숫-꿩	수-놈	숫-놈

다만 1. 다음 단어에서는 접두사 다음에서 나는 거센소리를 인정한다. 접두사 '암-'이 결합되는 경우에도 이에 준한다.

ㄱ	ㄴ	ㄱ	ㄴ
수-캐	숫-개	수-돼지	숫-돼지
수-탕나귀	숫-당나귀	수-키와	숫-기와
수-톨쩌귀	숫-돌쩌귀	수-평아리	숫-병아리

다만 2. 다음 단어의 접두사는 '숫-'으로 한다.

ㄱ	ㄴ	ㄱ	ㄴ
숫-양	수-양	숫-쥐	수-쥐
숫-염소	수-염소		

정답 ⑤ '숫병아리'는 접두사 다음에 오는 거센소리를 인정하여 '수평아리'를 표준어로 삼는다.

핵심 문제 풀이

01

제3항 다음 단어들은 거센소리를 가진 형태를 표준어로 삼는다.(ㄱ을 표준어로 삼고, ㄴ을 버림.)

ㄱ	ㄴ	ㄱ	ㄴ
끄나풀	끄나불	부엌	부억
녘	녁	칸	간
살-쾡이	삵-괭이	털어-먹다	떨어-먹다

정답 ④ '살쾡이'는 거센소리를 가진 형태를 표준어로 삼은 것이다.

02

제5항 어원에서 멀어진 형태로 굳어져서 널리 쓰이는 것은, 그것을 표준어로 삼는다.(ㄱ을 표준어로 삼고, ㄴ을 버림.)

ㄱ	ㄴ	ㄱ	ㄴ
강낭-콩	강남-콩	사글-세	삭월-세

다만, 어원적으로 원형에 더 가까운 형태가 아직 쓰이고 있는 경우에는, 그것을 표준어로 삼는다.

ㄱ	ㄴ	ㄱ	ㄴ
굴-젓	구-젓	적-이	저으기
물-수란	물-수랄	휴지	수지

정답 ① '강낭콩'은 어원에서 멀어진 형태로 굳어져 널리 쓰이는 것을 표준어로 삼은 것이다.

03

제6항 다음 단어들은 의미를 구별함이 없이, 한 가지 형태만을 표준어로 삼는다.(ㄱ을 표준어로 삼고, ㄴ을 버림.)

ㄱ	ㄴ	ㄱ	ㄴ
돌 셋-째	돐 세-째	넷-째 빌리다	네-째 빌다

다만, '둘째'는 십 단위 이상의 서수사에 쓰일 때에 '두째'로 한다. 열두-째 스물두-째

정답 ① '돌'은 '생일', '돐'은 '주기'의 의미로 세분화했던 것을, '돌' 하나로 통합하여 표준어로 삼고 있다.

04

제8항 양성 모음이 음성 모음으로 바뀌어 굳어진 다음 단어는 음성 모음 형태를 표준어로 삼는다.(ㄱ을 표준어로 삼고, ㄴ을 버림.)

ㄱ	ㄴ	ㄱ	ㄴ
깡충-깡충 발가-숭이 뻗정-다리	깡총-깡총 발가-송이 뻗장-다리	아서, 아서라 오뚝-이 주추	앗아, 앗아라 오똑-이 주초

다만, 어원 의식이 강하게 작용하는 다음 단어에서는 양성 모음 형태를 그대로 표준어로 삼는다.

ㄱ	ㄴ	ㄱ	ㄴ
부조(扶助)	부주	사돈(査頓)	사둔

정답 ① 양성 모음이 음성 모음으로 바뀌어 굳어진 단어는 음성 모음 형태를 표준어로 삼으므로 '깡충깡충'이 표준어이다.

05

제9항 'ㅣ' 역행 동화 현상에 의한 발음은 원칙적으로 표준 발음으로 인정하지 아니하되, 다만 다음 단어들은 그러한 동화가 적용된 형태를 표준어로 삼는다.(ㄱ을 표준어로 삼고, ㄴ을 버림.)

ㄱ	ㄴ	ㄱ	ㄴ
냄비	남비	동댕이-치다	동당이-치다

[붙임 1] '아지랑이'는 'ㅣ' 역행 동화가 일어나지 아니한 형태를 표준어로 삼는다.

[붙임 2] 기술자에게는 '-장이', 그 외에는 '-쟁이'가 붙는 형태를 표준어로 삼는다.

정답 ② '냄비'는 'ㅣ' 역행 동화가 적용된 형태를 표준어로 삼은 것이다.

06

제10항 다음 단어는 모음이 단순화한 형태를 표준어로 삼는다.(ㄱ을 표준어로 삼고, ㄴ을 버림.)

ㄱ	ㄴ	ㄱ	ㄴ
괴팍-하다 으레	괴퍅-하다/괴팩-하다 으례	미륵 케케-묵다	미력 켸켸-묵다

제11항 다음 단어에서는 모음의 발음 변화를 인정하여, 발음이 바뀌어 굳어진 형태를 표준어로 삼는다. (ㄱ을 표준어로 삼고, ㄴ을 버림.)

ㄱ	ㄴ	ㄱ	ㄴ
나무라다 호루라기	나무래다 호루루기	튀기 허드레	트기 허드래

정답 ④ '허드레'는 모음의 발음 변화에 따라 발음이 바뀌어 굳어진 형태를 표준어로 삼은 것이다.

※ 다음 표준어 규정을 참고할 때, 바르게 표기되지 <u>않은</u> 것을 고르시오.

07

> 제12항 '웃-' 및 '윗-'은 명사 '위'에 맞추어 '윗-'으로 통일한다.
> 예 윗-넓이, 윗-눈썹, 윗-니, 윗-도리
> 다만 1. 된소리나 거센소리 앞에서는 '위-'로 한다.
> 예 위-짝, 위-쪽, 위-채
> 다만 2. '아래, 위'의 대립이 없는 단어는 '웃-'으로 발음되는 형태를 표준어로 삼는다.
> 예 웃-국, 웃-기, 웃-옷

① 윗몸　　　　　　　② 위층　　　　　　　③ 웃돈
④ 윗어른　　　　　　⑤ 윗자리

08

> 제13항 한자 '구(句)'가 붙어서 이루어진 단어는 '귀'로 읽는 것을 인정하지 아니하고, '구'로 통일한다.
> 예 구법(句法), 구점(句點), 결구(結句), 경구(警句)
> 다만, 몇몇 단어는 '귀'로 발음되는 형태를 표준어로 삼는다.
> 예 귀-글

① 글귀(-句)　　　　② 귀절(句節)　　　　③ 시구(詩句)
④ 어구(語句)　　　　⑤ 대구법(對句法)

09

> 제14항 준말이 널리 쓰이고 본말이 잘 쓰이지 않는 경우에는, 준말만을 표준어로 삼는다.
> 예 귀찮다, 김, 빔, 샘
> 제15항 준말이 쓰이고 있더라도, 본말이 널리 쓰이고 있으면 본말을 표준어로 삼는다.
> 예 경황-없다, 궁상-떨다, 낌새, 낙인-찍다

① 똬리　　　　　　　② 무　　　　　　　　③ 소리개
④ 모이　　　　　　　⑤ 수두룩하다

10

> **제17항** 비슷한 발음의 몇 형태가 쓰일 경우, 그 의미에 아무런 차이가 없고, 그중 하나가 더 널리 쓰이면, 그 한 형태만을 표준어로 삼는다.
>
> 예 귀-고리, 귀-띔, 귀-지, 까딱-하면

① 뻔새   ② 댑싸리   ③ 봉숭아
④ 천장(天障)   ⑤ 망가뜨리다

11

> **제18항** 다음 단어는 앞의 형태를 표준어로 하고, 뒤의 형태도 허용한다.
>
> 예 네(예), 꾀다(꼬이다), 쐬다(쏘이다)
>
> **제19항** 어감의 차이를 나타내는 단어 또는 발음이 비슷한 단어들이 다 같이 널리 쓰이는 경우에는, 그 모두를 표준어로 삼는다.
>
> 예 거슴츠레-하다(게슴츠레-하다), 고까(꼬까)

① 괴다   ② 고린내   ③ 꾸린내
④ 너부렁이   ⑤ 꺼림하다

12

> **제21항** 고유어 계열의 단어가 널리 쓰이고 그에 대응되는 한자어 계열의 단어가 용도를 잃게 된 것은, 고유어 계열의 단어만을 표준어로 삼는다.
>
> 예 가루-약, 구들-장, 길품-삯, 꼭지-미역

① 늙다리   ② 성냥   ③ 백말
④ 외지다   ⑤ 솟을무늬

13

> **제22항** 고유어 계열의 단어가 생명력을 잃고 그에 대응되는 한자어 계열의 단어가 널리 쓰이면, 한자어 계열의 단어를 표준어로 삼는다.
>
> 예 겸-상, 고봉-밥, 단-벌

① 양파   ② 수삼   ③ 윤달
④ 개다리소반   ⑤ 알타리무

07 제12항 '웃-' 및 '윗-'은 명사 '위'에 맞추어 '윗-'으로 통일한다. (ㄱ을 표준어로 삼고, ㄴ을 버림.)

ㄱ	ㄴ	ㄱ	ㄴ
윗-목	웃-목	윗-자리	웃-자리
윗-몸	웃-몸	윗-입술	웃-입술

다만 1. 된소리나 거센소리 앞에서는 '위-'로 한다.

ㄱ	ㄴ	ㄱ	ㄴ
위-층	웃-층	위-턱	웃-턱

다만 2. '아래, 위'의 대립이 없는 단어는 '웃-'으로 발음되는 형태를 표준어로 삼는다.

ㄱ	ㄴ	ㄱ	ㄴ
웃-어른	윗-어른	웃-돈	윗-돈

정답 ④ '아래, 위'의 대립이 없는 단어는 '웃-'으로 발음되는 형태를 표준어로 삼으므로, '웃어른'이 표준어이다.

08 제13항 한자 '구(句)'가 붙어서 이루어진 단어는 '귀'로 읽는 것을 인정하지 아니하고, '구'로 통일한다. (ㄱ을 표준어로 삼고, ㄴ을 버림.)

ㄱ	ㄴ	ㄱ	ㄴ
구절(句節)	귀절	대구(對句)	대귀
문구(文句)	문귀	성구(成句)	성귀
시구(詩句)	시귀	어구(語句)	어귀

다만, 다음 단어는 '귀'로 발음되는 형태를 표준어로 삼는다.

ㄱ	ㄴ	ㄱ	ㄴ
귀-글	구-글	글-귀	글-구

정답 ② 한자 '구(句)'가 붙은 단어는 '구'로 통일한다고 하였으므로, '구절'이 표준어이다.

09 제14항 준말이 널리 쓰이고 본말이 잘 쓰이지 않는 경우에는, 준말만을 표준어로 삼는다. (ㄱ을 표준어로 삼고, ㄴ을 버림.)

ㄱ	ㄴ	ㄱ	ㄴ
똬리	또아리	생-쥐	새앙-쥐
무	무우	솔개	소리개
뱀	배암	온-갖	온-가지

제15항 준말이 쓰이고 있더라도, 본말이 널리 쓰이고 있으면 본말을 표준어로 삼는다. (ㄱ을 표준어로 삼고, ㄴ을 버림.)

ㄱ	ㄴ	ㄱ	ㄴ
귀이-개	귀-개	부스럼	부럼
모이	모	살얼음-판	살-판
벽-돌	벽	수두룩-하다	수둑-하다

정답 ③ '솔개'는 본말보다 준말이 널리 쓰여 표준어로 삼은 것이다.

10

제17항 비슷한 발음의 몇 형태가 쓰일 경우, 그 의미에 아무런 차이가 없고, 그중 하나가 더 널리 쓰이면, 그 한 형태만을 표준어로 삼는다.(ㄱ을 표준어로 삼고, ㄴ을 버림.)

ㄱ	ㄴ	ㄱ	ㄴ
망가-뜨리다	망그-뜨리다	뻐개다[斫]	뻐기다
본새	뽄새	뻐기다[誇]	뻐개다
봉숭아/봉선화	봉숭화	짓-무르다	짓-물다
뺨-따귀	뺌-따귀/뺨-따구니	천장(天障)	천정

정답 ① '본새'와 '뽄새'는 서로 비슷한 발음이면서 의미 차이가 없지만, '본새'가 널리 쓰이므로 표준어로 삼은 것이다.

11

제18항 다음 단어는 ㄱ을 원칙으로 하고, ㄴ도 허용한다.

ㄱ	ㄴ	ㄱ	ㄴ
괴다	고이다	쐬다	쏘이다

제19항 어감의 차이를 나타내는 단어 또는 발음이 비슷한 단어들이 다 같이 널리 쓰이는 경우에는, 그 모두를 표준어로 삼는다.(ㄱ, ㄴ을 모두 표준어로 삼음.)

ㄱ	ㄴ	ㄱ	ㄴ
고린-내	코린-내	구린-내	쿠린-내
꺼림-하다	께름-하다	나부랭이	너부렁이

정답 ③ '꾸린내'는 표준어 규정에 맞지 않는 말로, '구린내'와 '쿠린내'가 표준어이다.

12

제21항 고유어 계열의 단어가 널리 쓰이고 그에 대응되는 한자어 계열의 단어가 용도를 잃게 된 것은, 고유어 계열의 단어만을 표준어로 삼는다.(ㄱ을 표준어로 삼고, ㄴ을 버림.)

ㄱ	ㄴ	ㄱ	ㄴ
까막-눈	맹-눈	솟을-무늬	솟을-문(~紋)
늙-다리	노-닥다리	외-지다	벽-지다
성냥	화곽	흰-말	백-말/부루-말

정답 ③ '백말(白—)'은 한자어 계열의 단어가 용도를 잃게 된 말이므로, 고유어 '흰말'이나 한자어 '백마'가 표준어이다.

13

제22항 고유어 계열의 단어가 생명력을 잃고 그에 대응되는 한자어 계열의 단어가 널리 쓰이면, 한자어 계열의 단어를 표준어로 삼는다.(ㄱ을 표준어로 삼고, ㄴ을 버림.)

ㄱ	ㄴ	ㄱ	ㄴ
개다리-소반	개다리-밥상	윤-달	군-달
수-삼	무-삼	총각-무	알-무/알타리-무
양-파	둥근-파	칫-솔	잇-솔

정답 ⑤ '알무' 또는 '알타리무'에 대응하는 한자어 계열의 단어인 '총각무'가 널리 쓰이므로, '총각무'가 표준어이다.

25 표준어 규정(2)

대표 유형

◉ 다음 밑줄 친 부분을 표준어 규정에 맞게 고친 것으로 바르지 <u>않은</u> 것은?

① 옆집에서 망치를 <u>빌러</u> 왔다. (→ 빌리러)
② 그는 쌀을 여러 번 씻은 뒤 <u>남비</u>에 안쳤다. (→ 냄비)
③ 어머니는 동생과 싸운다고 나를 <u>나무라신다.</u> (→ 나무래신다)
④ 그는 아무리 힘이 들어도 <u>오똑이</u>처럼 다시 일어난다. (→ 오뚝이)
⑤ 기초 과학이 학문 발전의 <u>주초</u>라는 사실을 이제야 알았다. (→ 주추)

핵심 문제

※ 다음 밑줄 친 부분을 표준어 규정에 맞게 고친 것으로 바르지 <u>않은</u> 것을 고르시오.

01
① 너는 왜 이렇게 <u>안절부절하니?</u> (→ 안절부절못하니)
② 시골에서 키우는 <u>숫개</u>는 온순한 편이다. (→ 수캐)
③ 어머니는 말하느라 <u>빈자떡</u> 뒤집는 것도 잊으셨다. (→ 빈대떡)
④ 그는 심심할 때마다 나무를 깎아 <u>꼭두각시</u>를 만들었다. (→ 꼭둑각시)
⑤ 소가 밭에 있는 배추며 무를 모두 짓밟아 <u>망그뜨려</u> 놓았다. (→ 망가뜨려)

02
① <u>시귀(詩句)</u>를 외우는 것은 참으로 힘든 일이다. (→ 시구)
② <u>미류나무</u>는 바싹 말라 더 이상 자라지 않았다. (→ 미루나무)
③ 사고방식이 <u>켸켸묵어서</u> 그와 대화가 잘 되지 않는다. (→ 케케묵어서)
④ 연못에 있는 <u>소금장이</u>를 잡으려고 한참 물을 움켜댔다. (→ 소금쟁이)
⑤ 그 사람은 <u>서울내기</u>면서 경복궁에 한 번도 안 가봤다고 한다. (→ 서울나기)

03
① 그들의 사랑은 <u>애달프다</u> 못해 아름답다. (→ 애닯다)
② <u>양복쟁이</u>에게 맞기면 금방 수선해 줄 거야. (→ 양복장이)
③ <u>경없는</u> 피난길 속에서도 그는 주위의 병자를 도왔다. (→ 경황없는)
④ 그 청년은 <u>게심치레한</u> 눈으로 술잔을 바라보며 앉아 있었다. (→ 게슴츠레한)
⑤ 그는 <u>홑벌</u> 신사라는 소리를 듣지 않기 위해서 월급의 대부분으로 옷을 샀다. (→ 단벌)

04
① 햇볕에 오래 서 있었더니 웃머리가 뜨거웠다. (→ 윗머리)
② 우리 집 윗층에는 신혼부부가 세 들어 살고 있다. (→ 위층)
③ 주문하시면 신선한 우렁쉥이를 집으로 배달해 드립니다. (→ 멍게)
④ 그 친구는 아무 말 없이 있다가 뒤꼭지치는 일이 많았다. (→ 뒤통수치는)
⑤ 정신없이 일을 하다 보면 새벽별을 보면서 퇴근하는 경우도 자주 있었다. (→ 샛별)

05
① 그는 겨우 맹눈은 면했다. (→ 까막눈)
② 그녀는 선비는 으례 가난하려니 하고 살아왔다. (→ 으레)
③ 친정어머니는 자질구레한 허드래 그릇까지 챙겨 주셨다. (→ 허드레)
④ 난 어릴 때부터 음악가 또는 화가가 되고 싶은 바람이 있었다. (→ 바램)
⑤ 그는 이번 일을 성사시키기 위해 온가지 수단을 다 써 봤으나 실패했다. (→ 온갖)

06
① 오후에는 약속이 있읍니다. (→ 있습니다)
② 며루치는 은빛을 띤 백색의 바닷물고기이다. (→ 멸치)
③ 뱀이 똬리를 틀고 우리를 노려보고 있었다. (→ 또아리)
④ 나는 그의 거만한 행동이 역스러워서 일찍 자리에서 일어났다. (→ 역겨워서)
⑤ 소설을 읽어 내려가는 동안에 한두 번은 눈시울이 뜨거워지는 귀절들이 있다. (→ 구절)

07
① 이 집에서는 가끔씩 새앙쥐가 나오곤 한다. (→ 생쥐)
② 배가 고픈 나머지 우리는 밭에 있는 무우를 뽑아 먹었다. (→ 무)
③ 여러 달 목욕을 하지 않은 듯 꾸린내가 심하게 났다. (→ 쿠린내)
④ 김 씨는 오랜만에 정육점에 들러 소고기 두 근을 샀다. (→ 쇠고기)
⑤ 그 일을 할 수 있는 사람은 이 분야에 수둑하다. (→ 수두룩하다)

08
① 고기는 상치에 싸 먹어야 제격이다. (→ 상추)
② 숫쥐들이 떼를 지어 들판을 달리고 있었다. (→ 수쥐)
③ 선생님의 학구열은 제 인생의 길앞잡이가 되었습니다. (→ 길잡이)
④ 장례식에 들어온 부주로 우리 세 식구가 겨우 먹고 산다. (→ 부조)
⑤ 그녀는 군중들을 헤치며 허위적허위적 앞으로 나아갔다. (→ 허우적허우적)

대표 유형 풀이

표준어	비표준어	근거 규정
① 빌리다	빌다	**제6항** 다음 단어들은 의미를 구별함이 없이, 한 가지 형태만을 표준어로 삼는다. 돌 둘째 셋째 넷째 빌리다 * '용서를 빌다' 는 '빌다' 임
② 냄비	남비	**제9항** 'ㅣ' 역행 동화 현상에 의한 발음은 원칙적으로 표준 발음으로 인정하지 아니하되, 다만 다음 단어들은 그러한 동화가 적용된 형태를 표준어로 삼는다. -내기 냄비 동댕이치다
③ 나무라다	나무래다	**제11항** 다음 단어에서는 모음의 발음 변화를 인정하여, 발음이 바뀌어 굳어진 형태를 표준어로 삼는다. -구려 깍쟁이 나무라다 미수 바라다 상추 시러베아들 주책 지루하다 튀기 허드레 호루라기
④ 오뚝이	오똑이	**제8항** 양성 모음이 음성 모음으로 바뀌어 굳어진 단어는 음성 모음 형태를 표준어로 삼는다. 깡충깡충 -둥이 발가숭이 보퉁이 봉죽 뻗정다리 아서, 아서라 오뚝이 주추
⑤ 주추	주초	

정답 ③ '나무라다' 는 모음의 발음 변화를 인정하여, 발음이 바뀌어 굳어진 형태를 표준어로 삼은 것이다.

핵심 문제 풀이

01

표준어	비표준어	근거 규정
① 안절부절못하다	안절부절하다	**제25항** 의미가 똑같은 형태가 몇 가지 있을 경우, 그중 어느 하나가 압도적으로 널리 쓰이면, 그 단어만을 표준어로 삼는다.
② 수캐	숫개	**제7항** 수컷을 이르는 접두사는 '수-'로 통일한다. 다만, 몇몇 단어에서는 접두사 다음에서 나는 거센소리를 인정한다.
③ 빈대떡	빈자떡	**제24항** 방언이던 단어가 널리 쓰이게 됨에 따라 표준어이던 단어가 안 쓰이게 된 것은, 방언이던 단어를 표준어로 삼는다.
④ 꼭두각시	꼭둑각시	**제17항** 비슷한 발음의 몇 형태가 쓰일 경우, 그 의미에 아무런 차이가 없고, 그중 하나가 더 널리 쓰이면, 그 형태만을 표준어로 삼는다.
⑤ 망가뜨리다	망그뜨리다	

정답 ④ '꼭두각시' 와 '꼭둑각시' 는 의미의 차이는 없지만 '꼭두각시' 가 더 널리 쓰이므로 이를 표준어로 삼는다.

02

표준어	비표준어	근거 규정
① 시구(詩句)	시귀	제13항 한자 '구(句)'가 붙어서 이루어진 단어는 '귀'로 읽는 것을 인정하지 아니하고, '구'로 통일한다.
② 미루나무	미류나무	제10항 몇몇 단어는 모음이 단순화한 형태를 표준어로 삼는다.
③ 케케묵다	켸켸묵다	
④ 소금쟁이	소금장이	제9항 [붙임 2] 기술자에게는 '-장이', 그 외에는 '-쟁이'가 붙는 형태를 표준어로 삼는다.
⑤ 서울내기	서울나기	제9항 'ㅣ' 역행 동화 현상에 의한 발음은 원칙적으로 표준 발음으로 인정하지 아니하되, 다만 몇몇 단어들은 그러한 동화가 적용된 형태를 표준어로 삼는다.

정답 ⑤ 'ㅣ' 역행 동화 현상에 의한 발음은 원칙적으로 표준 발음으로 인정하지 않지만, '서울내기', '시골내기', '풋내기' 등의 '-내기'는 동화가 적용된 형태를 표준어로 삼는다.

03

표준어	비표준어	근거 규정
① 애달프다	애닯다	제20항 사어(死語)가 되어 쓰이지 않게 된 단어는 고어로 처리하고, 현재 널리 사용되는 단어를 표준어로 삼는다.
② 양복장이	양복쟁이	제9항 [붙임 2] 기술자에게는 '-장이', 그 외에는 '-쟁이'가 붙는 형태를 표준어로 삼는다.
③ 경황없다	경없다	제15항 준말이 쓰이고 있더라도, 본말이 널리 쓰이고 있으면 본말을 표준어로 삼는다.
④ 거슴츠레하다/게슴츠레하다	게심치레하다	제19항 어감의 차이를 나타내는 단어 또는 발음이 비슷한 단어들이 다 같이 널리 쓰이는 경우에는, 그 모두를 표준어로 삼는다.
⑤ 단벌	홑벌	제22항 고유어 계열의 단어가 생명력을 잃고 그에 대응되는 한자어 계열의 단어가 널리 쓰이면, 한자어 계열의 단어를 표준어로 삼는다.

정답 ① '애닯다'는 사어(死語)이므로, 현재 널리 쓰이는 '애달프다'가 표준어이다.

04

표준어	비표준어	근거 규정
① 윗머리	웃머리	제12항 '웃-' 및 '윗-'은 명사 '위'에 맞추어 '윗-'으로 통일한다. 다만, 된소리나 거센소리 앞에서는 '위-'로 한다.
② 위층	윗층	
③ 멍게/우렁쉥이	-	제23항 방언이던 단어가 표준어보다 더 널리 쓰이게 된 것은, 그것을 표준어로 삼는다. 이 경우, 원래의 표준어는 그대로 표준어로 남겨 두는 것을 원칙으로 한다.
④ 뒤통수치다	뒤꼭지치다	제25항 의미가 똑같은 형태가 몇 가지 있을 경우, 그중 어느 하나가 압도적으로 널리 쓰이면, 그 단어만을 표준어로 삼는다.
⑤ 샛별	새벽별	

정답 ③ 원래는 '우렁쉥이'가 표준어였는데 방언이던 '멍게'가 더 널리 쓰여 표준어로 삼은 것으로, 원래의 표준어를 그대로 남겨 두어 '멍게'와 '우렁쉥이' 모두 표준어이다.

05

표준어	비표준어	근거 규정
① 까막눈	맹눈	**제21항** 고유어 계열의 단어가 널리 쓰이고 그에 대응되는 한자어 계열의 단어가 용도를 잃게 된 것은, 고유어 계열의 단어만을 표준어로 삼는다.
② 으레	으례	**제10항** 몇몇 단어는 모음이 단순화한 형태를 표준어로 삼는다.
③ 허드레	허드래	**제11항** 몇몇 단어에서는 모음의 발음 변화를 인정하여, 발음이 바뀌어 굳어진 형태를 표준어로 삼는다.
④ 바람	바램	
⑤ 온갖	온가지	**제14항** 준말이 널리 쓰이고 본말이 잘 쓰이지 않는 경우에는, 준말만을 표준어로 삼는다.

정답 ④ '생각대로 어떤 일이나 상태가 이루어지거나 그렇게 되었으면 하고 생각하다'를 뜻하는 말은 '바라다'이므로 이를 명사화한 '바람'이 표준어이다.

06

표준어	비표준어	근거 규정
① -습니다	-읍니다	**제17항** 비슷한 발음의 몇 형태가 쓰일 경우, 그 의미에 아무런 차이가 없고, 그중 하나가 더 널리 쓰이면, 그 한 형태만을 표준어로 삼는다.
② 멸치	며루치	
③ 똬리	또아리	**제14항** 준말이 널리 쓰이고 본말이 잘 쓰이지 않는 경우에는, 준말만을 표준어로 삼는다.
④ 역겹다	역스럽다	**제24항** 방언이던 단어가 널리 쓰이게 됨에 따라 표준어이던 단어가 안 쓰이게 된 것은, 방언이던 단어를 표준어로 삼는다.
⑤ 구절	귀절	**제13항** 한자 '구(句)'가 붙어서 이루어진 단어는 '귀'로 읽는 것을 인정하지 아니하고, '구'로 통일한다.

정답 ③ 본말인 '또아리'보다 준말인 '똬리'가 더 널리 쓰이므로, '똬리'가 표준어이다.

표준어	비표준어	근거 규정
① 생쥐	새앙쥐	**제14항** 준말이 널리 쓰이고 본말이 잘 쓰이지 않는 경우에는, 준말만
② 무	무우	을 표준어로 삼는다.
③ 구린내 / 쿠린내	꾸린내	**제19항** 어감의 차이를 나타내는 단어 또는 발음이 비슷한 단어들이 다 같이 널리 쓰이는 경우에는, 그 모두를 표준어로 삼는다.
④ 소고기 / 쇠고기	–	**제18항** 몇몇 단어는 복수 표준어를 허용한다.
⑤ 수두룩하다	수둑하다	**제15항** 준말이 쓰이고 있더라도, 본말이 널리 쓰이고 있으면 본말을 표준어로 삼는다.

정답 ④ '쇠-'를 원칙으로 하지만 '소-'도 허용하므로, '쇠고기'와 '소고기' 모두 표준어이다.

표준어	비표준어	근거 규정
① 상추	상치	**제11항** 몇몇 단어에서는 모음의 발음 변화를 인정하여, 발음이 바뀌어 굳어진 형태를 표준어로 삼는다.
② 숫쥐	수쥐	**제7항** 수컷을 이르는 접두사는 '수-'로 통일한다. 다만, 몇몇 단어의 접두사는 '숫-'으로 한다.
③ 길잡이	길앞잡이	**제25항** 의미가 똑같은 형태가 몇 가지 있을 경우, 그중 어느 하나가 압도적으로 널리 쓰이면, 그 단어만을 표준어로 삼는다.
④ 부조(扶助)	부주	**제8항** 양성 모음이 음성 모음으로 바뀌어 굳어진 단어는 음성 모음 형태를 표준어로 삼는다. 다만, 어원 의식이 강하게 작용하는 몇몇 단어에서는 양성 모음 형태를 그대로 표준어로 삼는다.
⑤ 허우적허우적	허위적허위적	**제10항** 몇몇 단어는 모음이 단순화한 형태를 표준어로 삼는다.

정답 ② '숫양', '숫염소', '숫쥐'의 접두사는 '숫-'으로 하기 때문에 '숫쥐'가 적절하다.

※ 다음 밑줄 친 부분을 표준어 규정에 맞게 고친 것으로 바르지 <u>않은</u> 것을 고르시오.

09
① 산에 다녀온 뒤로 온몸에 <u>부럼</u>이 났다. (→ 부스럼)
② 나는 떫은 <u>오양</u>이 새콤해지기를 기다렸다. (→ 자두)
③ 동생은 <u>깍정이</u>라 항상 가장 좋은 물건을 차지한다. (→ 깍쟁이)
④ 식사가 끝나자 아내는 빈 그릇들을 챙겨 <u>개수통</u>에 넣었다. (→ 설거지통)
⑤ 돈을 좇는 <u>장사아치</u>들의 눈치만큼 재빠른 것도 없을 것이다. (→ 장사치)

10
① 크고 작은 <u>뒝박</u>에 씨를 넣어 두었다. (→ 뒤웅박)
② 시장하실 텐데 우선 <u>미싯가루</u>라도 타 드릴까요? (→ 미숫가루)
③ 그의 <u>웃도리</u> 주머니에 구겨진 손수건이 꽂혀 있었다. (→ 윗도리)
④ 저녁 식사 후 어머니는 <u>부억</u>으로 들어가 설거지를 하셨다. (→ 부엌)
⑤ 배가 고팠는지 아이가 <u>냠냠거리면서</u> 밥을 맛있게 먹었다. (→ 얌냠거리면서)

11
① 더러우면 파리가 <u>꾀이는</u> 법이다. (→ 꼬이는)
② 찬바람을 <u>쏘고</u> 나니 감기 기운이 있는 듯하다. (→ 쐬고)
③ 그녀는 <u>구들고래</u>가 꺼지도록 한숨을 내쉬었다. (→ 방고래)
④ 아무거나 <u>막잡이</u>로 집어 먹더니 배탈이 났나 보다. (→ 마구잡이)
⑤ 오늘은 약속이 있어서 <u>여느</u> 때와 달리 일찍 자리에서 일어났다. (→ 여늬)

12
① 아이가 선잠을 깨어 <u>잠주정</u>을 부렸다. (→ 잠투정)
② 일어나서 그 쪽의 <u>열두째</u> 줄부터 읽어 보아라. (→ 열둘째)
③ 결국 그와 그녀는 <u>영판</u> 남남이 되어 버리고 말았다. (→ 아주)
④ 지구 과학에서 상층운을 <u>윗턱구름</u>이라고도 부른다. (→ 위턱구름)
⑤ 나는 기다리는 것이 <u>지리하여</u> 옆에 있는 잡지를 뒤적거리기 시작했다. (→ 지루하여)

13

① 그 사람의 행동에 <u>저으기</u> 당황했다. (→ 적이)

② 이 시계는 이상하게도 <u>푼침</u>이 움직이지 않는다. (→ 분침)

③ 그는 소문난 <u>바람동이</u>라 동네 처자들이 모두 피한다. (→ 바람둥이)

④ 응급실의 응급 환자 침대는 서로 <u>간막이</u>로 차단되어 있었다. (→ 칸막이)

⑤ 그는 공장에서 마구 쏟아 내는 <u>찌끼</u> 때문에 자신의 땅을 망쳤다고 했다. (→ 찌꺼기)

14

① 네째로 노사 관계를 개선해야 한다. (→ 넷째)

② <u>나발꽃</u>은 메꽃과의 한해살이 꽃이다. (→ 나팔꽃)

③ 뒤엉킨 <u>덩쿨</u> 더미를 뒤적거려 참외를 골랐다. (→ 덩굴)

④ <u>사둔</u>의 팔촌도 안 되면서 왜 남의 일에 참견하는 겁니까? (→ 사돈)

⑤ 딸부자 집 <u>막둥이</u>로 태어나 오냐오냐 자라서인지 버릇이 없다. (→ 막동이)

15

① <u>허위대</u>가 멀쩡한 놈이 마냥 놀고 있다니 걱정이다. (→ 허우대)

② 나는 성미가 남달리 <u>괴팍하여</u> 사람들을 싫어한다. (→ 괴팍하여)

③ 내 꿈은 동화 속에 나오는 <u>백말</u> 탄 왕자님을 만나는 것이다. (→ 흰말)

④ 저녁 무렵인데도 찜통 같은 더위가 누그러질 <u>낌</u>을 보이지 않는다. (→ 낌새)

⑤ 우리 부부는 돈이 없어 <u>삭월세</u>로 방 하나를 얻어 신접살림을 시작했다. (→ 사글세)

16

① 언덕을 <u>까무느어</u> 길을 냈다. (→ 까뭉개어)

② 연안에서 잡히는 고기가 훨씬 <u>공골찼었다</u>. (→ 옹골찼었다)

③ 그의 말을 다 듣고 나서야 어머니는 <u>속소리</u>를 꺼냈다. (→ 속말)

④ <u>개다리밥상</u>에 받쳐 온 건 조밥 반 그릇에 열무김치뿐이었다. (→ 개다리소반)

⑤ 직원들이 일할 생각은 안 하고 잡지 <u>나부랭이</u>나 들여다보고 있다. (→ 너부렁이)

09

표준어	비표준어	근거 규정
① 부스럼	부럼	**제15항** 준말이 쓰이고 있더라도, 본말이 널리 쓰이고 있으면 본말을 표준어로 삼는다. * 정월에 쓰는 '부럼'은 표준어임
② 자두	오얏	**제20항** 사어(死語)가 되어 쓰이지 않게 된 단어는 고어로 처리하고, 현재 널리 사용되는 단어를 표준어로 삼는다.
③ 깍쟁이	깍정이	**제11항** 몇몇 단어에서는 모음의 발음 변화를 인정하여, 발음이 바뀌어 굳어진 형태를 표준어로 삼는다.
④ 개수통/ 설거지통	—	**제26항** 한 가지 의미를 나타내는 형태 몇 가지가 널리 쓰이며 표준어 규정에 맞으면, 그 모두를 표준어로 삼는다.
⑤ 장사치	장사아치	**제14항** 준말이 널리 쓰이고 본말이 잘 쓰이지 않는 경우에는, 준말만을 표준어로 삼는다.

정답 ④ '개수통'과 '설거지통'은 모두 널리 쓰이는 표준어이다.

10

표준어	비표준어	근거 규정
① 뒤웅박	뒝박	**제15항** 준말이 쓰이고 있더라도, 본말이 널리 쓰이고 있으면 본말을 표준어로 삼는다.
② 미숫가루	미싯가루	**제11항** 몇몇 단어에서는 모음의 발음 변화를 인정하여, 발음이 바뀌어 굳어진 형태를 표준어로 삼는다.
③ 윗도리	웃도리	**제12항** '웃-' 및 '윗-'은 명사 '위'에 맞추어 '윗-'으로 통일한다.
④ 부엌	부억	**제3항** 몇몇 단어들은 거센소리를 가진 형태를 표준어로 삼는다.
⑤ 냠냠거리다	얌냠거리다	**제17항** 비슷한 발음의 몇 형태가 쓰일 경우, 그 의미에 아무런 차이가 없고, 그중 하나가 더 널리 쓰이면, 그 한 형태만을 표준어로 삼는다.

정답 ⑤ 의미의 차이는 없지만, 발음이 비슷할 경우 더 널리 쓰이는 형태를 표준어로 삼으므로 '냠냠거리다'가 표준어이다.

11

표준어	비표준어	근거 규정
① 꾀다/꼬이다	꾀이다	**제18항** 몇몇 단어는 복수 표준어를 허용한다.
② 쐬다/쏘이다	쏘다	
③ 방고래	구들고래	**제22항** 고유어 계열의 단어가 생명력을 잃고 그에 대응되는 한자어 계열의 단어가 널리 쓰이면, 한자어 계열의 단어를 표준어로 삼는다.
④ 마구잡이	막잡이	**제15항** 준말이 쓰이고 있더라도, 본말이 널리 쓰이고 있으면 본말을 표준어로 삼는다.
⑤ 여느	여늬	**제10항** 몇몇 단어는 모음이 단순화한 형태를 표준어로 삼는다.

정답 ⑤ 모음이 단순화된 형태를 표준어로 삼아야 하기 때문에 '여느'가 표준어이다.

12

표준어	비표준어	근거 규정
① 잠투정	잠주정	**제17항** 비슷한 발음의 몇 형태가 쓰일 경우, 그 의미에 아무런 차이가 없고, 그중 하나가 더 널리 쓰이면, 그 한 형태만을 표준어로 삼는다.
② 열두째	열둘째	**제6항** 몇몇 단어들은 의미를 구별함이 없이, 한 가지 형태만을 표준어로 삼는다. 다만, '둘째'는 십 단위 이상의 서수사에 쓰일 때에 '두째'로 한다.
③ 아주	영판	**제25항** 의미가 똑같은 형태가 몇 가지 있을 경우, 그중 어느 하나가 압도적으로 널리 쓰이면, 그 단어만을 표준어로 삼는다.
④ 위턱구름	윗턱구름	**제12항** '웃-' 및 '윗-'은 명사 '위'에 맞추어 '윗-'으로 통일한다. 다만, 된소리나 거센소리 앞에서는 '위-'로 한다.
⑤ 지루하다	지리하다	**제11항** 몇몇 단어에서는 모음의 발음 변화를 인정하여, 발음이 바뀌어 굳어진 형태를 표준어로 삼는다.

정답 ② '둘째'가 십 단위 이상의 서수사에 쓰일 때에는 '두째'로 표기해야 하므로, '열두째'가 표준어이다.

13

표준어	비표준어	근거 규정
① 적이	저으기	**제5항** 어원에서 멀어진 형태로 굳어져서 널리 쓰이는 것은, 그것을 표준어로 삼는다. 다만, 어원적으로 원형에 더 가까운 형태가 아직 쓰이고 있는 경우에는, 그것을 표준어로 삼는다.
② 분침	푼침	**제4항** 몇몇 단어들은 거센소리로 나지 않는 형태를 표준어로 삼는다.
③ 바람둥이	바람동이	**제8항** 양성 모음이 음성 모음으로 바뀌어 굳어진 몇몇 단어는 음성 모음 형태를 표준어로 삼는다.
④ 칸막이	간막이	**제3항** 몇몇 단어들은 거센소리를 가진 형태를 표준어로 삼는다.
⑤ 찌꺼기/찌끼	—	**제16항** 준말과 본말이 다 같이 널리 쓰이면서 준말의 효용이 뚜렷이 인정되는 것은, 두 가지를 다 표준어로 삼는다.

정답 ⑤ '찌끼'는 '찌꺼기'의 준말로 둘 다 널리 쓰이기 때문에 '찌끼'와 '찌꺼기' 모두 표준어이다.

14

표준어	비표준어	근거 규정
① 넷째	네째	**제6항** 몇몇 단어들은 의미를 구별함이 없이, 한 가지 형태만을 표준어로 삼는다.
② 나팔꽃	나발꽃	**제3항** 몇몇 단어들은 거센소리를 가진 형태를 표준어로 삼는다.
③ 넝쿨/덩굴	덩쿨	**제26항** 한 가지 의미를 나타내는 형태 몇 가지가 널리 쓰이며 표준어 규정에 맞으면, 그 모두를 표준어로 삼는다.
④ 사돈	사둔	**제8항** 어원 의식이 강하게 작용하는 몇몇 단어에서는 양성 모음 형태를 그대로 표준어로 삼는다.
⑤ 막둥이	막동이	**제8항** 양성 모음이 음성 모음으로 바뀌어 굳어진 몇몇 단어는 음성 모음 형태를 표준어로 삼는다.

정답 ⑤ 양성 모음이 음성 모음으로 바뀌어 굳어진 단어는 음성 모음 형태를 표준어로 삼으므로 '막둥이'가 표준어이다.

15

표준어	비표준어	근거 규정
① 허우대	허위대	**제10항** 몇몇 단어는 모음이 단순화한 형태를 표준어로 삼는다.
② 괴팍하다	괴퍅하다	
③ 흰말	백말	**제21항** 고유어 계열의 단어가 널리 쓰이고 그에 대응되는 한자어 계열의 단어가 용도를 잃게 된 것은, 고유어 계열의 단어만을 표준어로 삼는다.
④ 김새	낌	**제15항** 준말이 쓰이고 있더라도, 본말이 널리 쓰이고 있으면 본말을 표준어로 삼는다.
⑤ 사글세	삭월세	**제5항** 어원에서 멀어진 형태로 굳어져서 널리 쓰이는 것은, 그것을 표준어로 삼는다.

정답 ② 모음이 단순화한 형태를 표준어로 삼기 때문에 '괴팍하다'가 표준어이다.

16

표준어	비표준어	근거 규정
① 까뭉개다	까무느다	**제24항** 방언이던 단어가 널리 쓰이게 됨에 따라 표준어이던 단어가 안 쓰이게 된 것은, 방언이던 단어를 표준어로 삼는다.
② 옹골차다	공골차다	**제17항** 비슷한 발음의 몇 형태가 쓰일 경우, 그 의미에 아무런 차이가 없고, 그중 하나가 더 널리 쓰이면, 그 형태만을 표준어로 삼는다.
③ 속말	속소리	**제25항** 의미가 똑같은 형태가 몇 가지 있을 경우, 그중 어느 하나가 압도적으로 널리 쓰이면, 그 단어만을 표준어로 삼는다.
④ 개다리소반	개다리밥상	**제22항** 고유어 계열의 단어가 생명력을 잃고 그에 대응되는 한자어 계열의 단어가 널리 쓰이면, 한자어 계열의 단어를 표준어로 삼는다.
⑤ 나부랭이/ 너부렁이	–	**제19항** 어감의 차이를 나타내는 단어 또는 발음이 비슷한 단어들이 다 같이 널리 쓰이는 경우에는, 그 모두를 표준어로 삼는다.

정답 ⑤ '나부랭이'와 '너부렁이' 둘 다 표준어이므로, '나부랭이'를 '너부렁이'로 고칠 필요는 없다.

국립국어원에서 인정한 추가된 표준어

국립국어원은 규범과 실제 언어 사용의 차이로 인해 생겼던 불편함을 해소하기 위해 2011년에 처음으로 '먹거리, 손주, 짜장면' 등 39항목을 복수 표준어로 추가한 바 있다. 이후 2014년에는 13항목, 2015년에는 11항목, 2016년에는 6항목, 2017년에는 5항목을 복수 표준어로 새로이 인정하였다.

1. 현재 표준어와 같은 뜻으로 널리 쓰이는 말을 복수 표준어로 인정한 경우

추가된 표준어	현재 표준어	추가된 표준어	현재 표준어
간지럽히다	간질이다	삐지다	삐치다
−고프다	−고 싶다	세간살이	세간
구안와사	구안괘사	쌉싸름하다	쌉싸래하다
굽신	굽실	이쁘다	예쁘다
남사스럽다	남우세스럽다	찰지다	차지다
꺼림직하다	꺼림칙하다	초장초	작장초
께름직하다	께름칙하다	추켜올리다	추어올리다
눈두덩이	눈두덩	추켜세우다	치켜세우다
등물	목물	치켜올리다	추어올리다/추켜올리다
마실	마을	토란대	고운대
맨날	만날	허접쓰레기	허섭스레기
묫자리	묏자리	흙담	토담
복숭아뼈	복사뼈		

2. 현재 표준어와는 뜻이나 어감이 달라 별도의 표준어로 인정한 경우

추가된 표준어	현재 표준어	추가된 표준어	현재 표준어
개기다	개개다	바동바동	바동바동
개발새발	괴발개발	사그라들다	사그라지다
걸리적거리다	거치적거리다	새초롬하다	새치름하다
걸판지다	거방지다	섬찟	섬뜩
겉울음	건울음	속앓이	속병
까탈스럽다	까다롭다	손주	손자(孫子)
꼬리연	가오리연	실뭉치	실몽당이
꼬시다	꾀다	아웅다웅	아옹다옹
끄적거리다	끼적거리다	야멸차다	야멸치다
~길래	~기에	어리숙하다	어수룩하다
나래	날개	연신	연방
내음	냄새	오손도손	오순도순
놀잇감	장난감	의론	의논
눈꼬리	눈초리	이크	이키
두리뭉실하다	두루뭉술하다	잎새	잎사귀
딴지	딴죽	찌뿌둥하다	찌뿌듯하다
떨구다	떨어뜨리다	추근거리다	치근거리다
뜨락	뜰	푸르르다	푸르다
맨숭맨숭/맹숭맹숭	맨송맨송	허접하다	허접스럽다
먹거리	먹을거리	횡하니	힁허케
메꾸다	메우다		

3. 비표준적인 것으로 다루어 왔던 표현 형식을 표준형으로 인정한 경우

추가된 표준어	현재 표준어	추가된 표준어	현재 표준어
노랗네/동그랗네 …	노래네/동그라네…	짜장면	자장면
말아/말아라/말아요	마/마요/마요	택견	태견
엘랑	에는	품새	품세
주책이다	주책없다		

26 표준어 규정(3)

대표 유형

● 다음 표준 발음법에 비추어 봤을 때, 발음이 적절하지 <u>않은</u> 것은?

> **제6항** 모음의 장단을 구별하여 발음하되, 단어의 첫음절에서만 긴소리가 나타나는 것을 원칙으로 한다.
> 다만, 합성어의 경우에는 둘째 음절 이하에서도 분명한 긴소리를 인정한다.
> [붙임] 용언의 단음절 어간에 어미 '-아/-어'가 결합되어 한 음절로 축약되는 경우에도 긴소리로 발음한다.
> 다만, '오아 → 와, 지어 → 져, 찌어 → 쪄, 치어 → 쳐' 등은 긴소리로 발음하지 않는다.

① 어머니께서 손님의 밥상을 <u>봐[봐:]</u> 오셨다.
② 그 사람은 필연적으로 그 여자를 만나게 <u>돼[돼:]</u> 있었다.
③ 그는 안심이 안 되었는지 아들에게 <u>재삼재사[재삼재사]</u> 당부하였다.
④ 동네 사람들은 <u>반신반의[반:신 바:니]</u> 상태가 되어 눈들만 끔벅거렸다.
⑤ 그는 <u>눈보라[눈:보라]</u>를 무릅쓰고 무려 세 차례나 연길, 용정 등을 왕래했다.

※ 다음 표준 발음법에 비추어 봤을 때, 발음이 적절하지 <u>않은</u> 것을 고르시오.

01

> **제5항** 'ㅑ ㅒ ㅕ ㅖ ㅘ ㅙ ㅛ ㅝ ㅞ ㅠ ㅢ'는 이중 모음으로 발음한다.
> 다만 1. 용언의 활용형에 나타나는 '져, 쪄, 쳐'는 [저, 쩌, 처]로 발음한다.
> 다만 2. '예, 례' 이외의 'ㅖ'는 [ㅔ]로도 발음한다.
> 다만 3. 자음을 첫소리로 가지고 있는 음절의 'ㅢ'는 [ㅣ]로 발음한다.
> 다만 4. 단어의 첫음절 이외의 '의'는 [ㅣ]로, 조사 '의'는 [ㅔ]로 발음함도 허용한다.

① <u>시계[시게]</u>를 보니 벌써 아홉 시가 넘었다.
② 그는 살이 너무 많이 <u>쪄[쩌]</u> 걷기조차 힘들었다.
③ 무거운 짐을 들다 허리를 <u>다쳐[다처]</u> 움직일 수가 없다.
④ 오늘 학교에서 본 <u>띄어쓰기[띄어쓰기]</u> 시험은 너무 어려웠다.
⑤ <u>우리의[우리에]</u> 소원은 우리 학교가 남녀 공학이 되는 것이다.

02

> 제20항 'ㄴ'은 'ㄹ'의 앞이나 뒤에서 [ㄹ]로 발음한다.
> [붙임] 첫소리 'ㄴ'이 'ㄶ', 'ㄾ' 뒤에 연결되는 경우에도 이에 준한다.
> 다만, '임진란[임:진난]'과 같은 단어들은 'ㄹ'을 [ㄴ]으로 발음한다.

① <u>입원료[이붠뇨]</u>가 얼마나 나왔는지 모르겠다.
② 막힌 하수도를 <u>뚫는[뚤른]</u> 방법을 고민해 봐야겠다.
③ <u>대관령[대:괄령]</u> 고개를 넘어야 스키장에 갈 수 있다.
④ 학교 홈페이지의 <u>의견란[의:결란]</u>에 글을 올려 주시면 고맙겠습니다.
⑤ 가뭄으로 급수를 제한하자 시민들은 한차례 <u>물난리[물랄리]</u>를 겪어야 했다.

03

> 제29항 합성어 및 파생어에서, 앞 단어나 접두사의 끝이 자음이고 뒤 단어나 접미사의 첫음
> 절이 '이, 야, 여, 요, 유'인 경우에는, 'ㄴ' 음을 첨가하여 [니, 냐, 녀, 뇨, 뉴]로 발음한다.
> 다만, '금융[금늉/그뮹]'과 같은 말들은 'ㄴ' 음을 첨가하여 발음하되, 표기대로 발음할 수 있다.
> [붙임 1] 'ㄹ' 받침 뒤에 첨가되는 'ㄴ' 음은 [ㄹ]로 발음한다.
> [붙임 2] 두 단어를 이어서 한 마디로 발음하는 경우에도 이에 준한다.
> 다만, '6 · 25[유기오]'와 같은 단어에서는 ㄴ(ㄹ) 음을 첨가하여 발음하지 않는다.

① 내년이면 내 나이도 <u>서른여섯[서른녀섣]</u> 살이다.
② 그 병원은 아이들에게는 <u>물약[물략]</u>을 조제해 주었다.
③ 날씨가 추워지자, 어머니께서는 <u>솜이불[소미불]</u>을 꺼냈다.
④ 이것저것 겹친 <u>검열[거:멸]</u> 때문에 나는 밤잠도 자지 못했었다.
⑤ 젊은이들이 군에 입대하는 친구를 위해 <u>송별연[송:벼련]</u>을 열었다.

04

> 제30항 사이시옷이 붙은 단어는 다음과 같이 발음한다.
> 1. 'ㄱ, ㄷ, ㅂ, ㅅ, ㅈ'으로 시작하는 단어 앞에 사이시옷이 올 때는 이들 자음만을 된소리
> 로 발음하는 것을 원칙으로 하되, 사이시옷을 [ㄷ]으로 발음하는 것도 허용한다.
> 2. 사이시옷 뒤에 'ㄴ, ㅁ'이 결합되는 경우에는 [ㄴ]으로 발음한다.
> 3. 사이시옷 뒤에 '이' 음이 결합되는 경우에는 [ㄴㄴ]으로 발음한다.

① 떨어진 <u>대팻밥[대:팯빱]</u>을 깨끗이 치워야 한다.
② 고기는 <u>깻잎[깬닙]</u>에 싸서 먹어야 제맛이 난다.
③ 동이 틀 때까지 눈물로 <u>베갯잇[베갣닏]</u>을 적셨다.
④ 아이들은 <u>냇가[낻:까]</u>에서 송사리를 몰고 물장구를 쳤다.
⑤ 방은 손님들로 꽉 차 있어 우리는 <u>툇마루[퇻:마루]</u>에서 식사를 했다.

제6항 모음의 장단을 구별하여 발음하되, 단어의 첫음절에서만 긴소리가 나타나는 것을 원칙으로 한다.

눈보라[눈:보라]　　말씨[말:씨]　　밤나무[밤:나무]　　많다[만:타]　　멀리[멀:리]　　벌리다[벌:리다]

첫눈[천눈]　　참말[참말]　　쌍동밤[쌍동밤]　　수많이[수:마니]　　눈멀다[눈멀다]　　떠벌리다[떠벌리다]

다만, 합성어의 경우에는 둘째 음절 이하에서도 분명한 긴소리를 인정한다.

반신반의[반:신바:늬/반:신바:니]　　재삼재사[재:삼재:사]

[붙임] 용언의 단음절 어간에 어미 '-아/-어'가 결합되어 한 음절로 축약되는 경우에도 긴소리로 발음한다.

보아 → 봐[봐:]　　기어 → 겨[겨:]　　되어 → 돼[돼:]　　두어 → 둬[둬:]　　하여 → 해[해:]

다만, '오아 → 와, 지어 → 져, 찌어 → 쪄, 치어 → 쳐' 등은 긴소리로 발음하지 않는다.

정답 ③ 합성어의 경우에는 둘째 음절 이하에서도 분명한 긴소리를 인정하므로, '재삼재사'는 [재:삼재:사]로 발음하는 것이 적절하다.

01

제5항 'ㅑ ㅒ ㅕ ㅖ ㅘ ㅙ ㅛ ㅝ ㅞ ㅠ ㅢ'는 이중 모음으로 발음한다.

다만 1. 용언의 활용형에 나타나는 '져, 쪄, 쳐'는 [저, 쪄, 처]로 발음한다.

가지어 → 가져[가저]　　찌어 → 쪄[쩌]　　다치어 → 다쳐[다처]

다만 2. '예, 례' 이외의 'ㅖ'는 [ㅔ]로도 발음한다.

계집[계:집/게:집]　　계시다[계:시다/게:시다]　　시계[시계/시게](時計)　　연계[연계/연게](連繫)

몌별[몌별/메별](袂別)　　개폐[개폐/개페](開閉)　　혜택[혜:택/헤:택](惠澤)　　지혜[지혜/지헤](智慧)

다만 3. 자음을 첫소리로 가지고 있는 음절의 'ㅢ'는 [ㅣ]로 발음한다.

늴리리[닐리리]　　늿큼[닝큼]　　무늬[무니]　　띄어쓰기[띠어쓰기/띠여쓰기]　　씌어[씌어/씌여]

틔어[티어/티여]　　희어[히어/히여]　　희떱다[히떱다]　　희망[히망]　　유희[유히]

다만 4. 단어의 첫음절 이외의 '의'는 [ㅣ]로, 조사 '의'는 [ㅔ]로 발음함도 허용한다.

주의[주의/주이]　　협의[혀븨/혀비]　　우리의[우리의/우리에]　　강의의[강:의의/강:이에]

정답 ④ 자음을 첫소리로 가지고 있는 음절의 'ㅢ'는 [ㅣ]로 발음하므로, '띄어쓰기'는 [띠어쓰기]로 발음한다.

02

제20항 'ㄴ'은 'ㄹ'의 앞이나 뒤에서 [ㄹ]로 발음한다.

난로[날:로]　　신라[실라]　　천리[철리]　　광한루[광:할루]　　대관령[대:괄령]

칼날[칼랄]　　물난리[물랄리]　　줄넘기[줄럼끼]　　할는지[할른지]

[붙임] 첫소리 'ㄴ'이 'ㅀ', 'ㄾ' 뒤에 연결되는 경우에도 이에 준한다.

닳는[달른]　　뚫는[뚤른]　　핥네[할레]

다만, 다음과 같은 단어들은 'ㄹ'을 [ㄴ]으로 발음한다.

의견란[의:견난]　　임진란[임:진난]　　생산량[생산냥]　　결단력[결딴녁]　　공권력[공꿘녁]　　동원령[동:원녕]

상견례[상견녜]　　횡단로[횡단노]　　이원론[이:원논]　　입원료[이붠뇨]　　구근류[구근뉴]

정답 ④ '의견란'은 'ㄹ'을 [ㄴ]으로 발음하는 경우이므로, [의:견난]으로 발음한다.

제29항 합성어 및 파생어에서, 앞 단어나 접두사의 끝이 자음이고 뒤 단어나 접미사의 첫음절이 '이, 야, 여, 요, 유'인 경우에는, 'ㄴ'음을 첨가하여 [니, 냐, 녀, 뇨, 뉴]로 발음한다.

솜-이불[솜:니불]   홑-이불[혼니불]   막-일[망닐]   삯-일[상닐]   맨-입[맨닙]   꽃-잎[꼰닙]
내복-약[내:봉냑]   한-여름[한녀름]   남존-여비[남존녀비]   신-여성[신녀성]   색-연필[생년필]
직행-열차[지캥녈차]   늑막-염[능망념]   콩-엿[콩녇]   담-요[담:뇨]   눈-요기[눈뇨기]   영업-용[영엄뇽]
식용-유[시굥뉴]   백분-율[백뿐뉼]   밤-윷[밤:뉻]

다만, 다음과 같은 말들은 'ㄴ'음을 첨가하여 발음하되, 표기대로 발음할 수 있다.

이죽-이죽[이중니죽/이주기죽]   야금-야금[야금냐금/야그먀금]   검열[검:녈/거:멸]
욜랑-욜랑[욜랑뇰랑/욜랑욜랑]   금융[금늉/그뮹]

[붙임 1] 'ㄹ' 받침 뒤에 첨가되는 'ㄴ'음은 [ㄹ]로 발음한다.

들-일[들:릴]   솔-잎[솔립]   설-익다[설릭따]   물-약[물략]   불-여우[불려우]
서울-역[서울력]   물-엿[물렫]   휘발-유[휘발류]   유들-유들[유들류들]

[붙임 2] 두 단어를 이어서 한 마디로 발음하는 경우에도 이에 준한다.

한 일[한닐]   옷 입다[온닙따]   서른여섯[서른녀섣]   3 연대[삼년대]   먹은 엿[머근녇]
할 일[할릴]   잘 입다[잘립따]   스물여섯[스물려섣]   1 연대[일련대]   먹을 엿[머글렫]

다만, 다음과 같은 단어에서는 'ㄴ(ㄹ)'음을 첨가하여 발음하지 않는다.

6 · 25[유기오]   3 · 1절[사밀쩔]   송별-연[송:벼련]   등-용문[등용문]

정답 ③ 합성어에서, 앞 단어의 끝이 자음이고, 뒤 단어의 첫음절이 '이'일 경우에는 'ㄴ'음을 첨가하여 [니]로 발음해야 하므로, '솜이불'은 [솜:니불]로 발음한다.

제30항 사이시옷이 붙은 단어는 다음과 같이 발음한다.

1. 'ㄱ, ㄷ, ㅂ, ㅅ, ㅈ'으로 시작하는 단어 앞에 사이시옷이 올 때는 이들 자음만을 된소리로 발음하는 것을 원칙으로 하되, 사이시옷을 [ㄷ]으로 발음하는 것도 허용한다.

냇가[내:까/낻:까]   샛길[새:낄/샏:낄]   빨랫돌[빨래똘/빨랟똘]   콧등[코뜽/콛뜽]   깃발[기빨/긷빨]
대팻밥[대:패빱/대:팯빱]   햇살[해쌀/핻쌀]   뱃속[배쏙/밷쏙]   뱃전[배쩐/밷쩐]   고갯짓[고개찓/고갣찓]

2. 사이시옷 뒤에 'ㄴ, ㅁ'이 결합되는 경우에는 [ㄴㄴ]으로 발음한다.

콧날[콛날 → 콘날]   아랫니[아랟니 → 아랜니]   툇마루[퇻:마루 → 퇸:마루]   뱃머리[밷머리 → 밴머리]

3. 사이시옷 뒤에 '이'음이 결합되는 경우에는 [ㄴㄴ]으로 발음한다.

베갯잇[베갣닏 → 베갠닏]   깻잎[깯닙 → 깬닙]   나뭇잎[나묻닙 → 나문닙]
도리깻열[도리깯녈 → 도리깬녈]   뒷윷[뒫:늇 → 뒨:늇]

정답 ② 사이시옷 뒤에 '이'음이 결합되는 경우에는 [ㄴㄴ]으로 발음해야 하므로, '깻잎'은 [깬닙]으로 발음한다.

대표 **유형**

● 다음 밑줄 친 부분의 표준 발음이 바르지 <u>않은</u> 것은?

① 그 사나이는 나의 발을 <u>밟고도[밥꼬도]</u> 모른 체하였다.
② 갑자기 다리가 <u>끊기면서[끈기면서]</u> 많은 피해가 발생했다.
③ 나에게도 <u>머리숱이[머리수치]</u> 많았던 젊은 시절이 있었다.
④ 아이들은 무엇을 찾는지 <u>부엌을[부어클]</u> 자주 드나들었다.
⑤ 날이 <u>밝지[박찌]</u> 않았는데도 그는 떠날 준비를 하고 있었다.

핵심 **문제**

※ 다음 밑줄 친 부분의 표준 발음이 바르지 <u>않은</u> 것을 고르시오.

01
① 어머니께서 송편을 <u>빚고[빋꼬]</u> 계시다.
② <u>키읔과[키윽꽈]</u> 히읗은 발음하기가 쉽지 않다.
③ 그들은 쫓고 <u>쫓기는[쫃기는]</u> 추격전을 벌였다.
④ <u>젖[젇]</u> 달라고 보채는 아이가 안타까워 보였다.
⑤ <u>옷[옫]</u> 한 벌 제대로 해 주지 못한 게 한으로 남았다.

02
① 아내는 시를 <u>읊고[을꼬]</u> 남편은 노래를 불렀다.
② 그녀는 <u>젊지[점:찌]</u> 않은 나이에 새로운 일을 시작했다.
③ 그는 지금도 호기심이 <u>발동[발똥]</u>되면 아무도 말릴 수가 없다.
④ 이 일은 여간한 뱃심과 <u>담력[담:녁]</u>이 없이는 결코 해낼 수 없다.
⑤ 만약에 실수로 지뢰를 <u>밟으면[발브면]</u> 조금이라도 움직이지 말아야 한다.

03
① 묻는 말에 <u>고갯짓[고갯찓]</u>만 하지 말고 대답을 해라.
② 그는 두 팔을 <u>넓게[널께]</u> 벌려 맑은 공기를 들이마셨다.
③ 이번 학회에는 문법 교육 연구회 <u>여덟[여딜]</u> 명이 모두 참석하였다.
④ 영웅이는 경험도 <u>많고[만:코]</u> 지식도 많아 그 일에 적임자라고 할 수 있다.
⑤ 너무 <u>외곬으로[외골쓰로]</u> 고지식하면, 교활한 놈의 꾀에 번번이 속을 것이다.

04
① 경찰이 쫓는[쫀는] 용의자가 방금 발견됐다.
② 그는 국물[궁물] 한 방울 안 남기고 다 먹었다.
③ 누군가 내 뒤를 밟는다는[발:는다는] 기분이 들었어.
④ 이곳이 그녀가 매일 와서 밥 먹는[밤멍는] 장소이다.
⑤ 이 고서는 너무 귀해서 함부로 값 매기기[갑매기기]가 어렵습니다.

05
① 지금 기차가 굴속[굴:쏙]을 지나가고 있어.
② 굽이굽이 흐르는 강줄기[강쭐기]가 매우 아름답구나.
③ 비행기는 아침밥[아침빱] 먹을 무렵에 미국에 도착했다.
④ 자기 전에 문고리[문고리]를 걸어 잠그는 것을 잊지 말아라.
⑤ 그는 손재주[손째주]가 좋아 간단한 여름옷은 만들어 입는다.

06
① 나는 갈 곳[갈꼳] 없이 떠돌아다니는 나그네이다.
② 손에 쥐면 터질세라[터질쎄라], 바람 불면 날아갈세라.
③ 아무리 좋은 약일지언정[야길지언정] 무턱대고 먹을 순 없소.
④ 만날 사람[만날싸람]은 언젠간 다시 만난다는 말을 나는 믿어요.
⑤ 제때에 해야 할 것을[할꺼슬] 계속 미루니까 이런 일이 발생하잖아.

07
① 아버지께서 돌아가시자 맏형[마텽]이 집안의 모든 일을 처리했다.
② 낮 한때[난 한때] 소나기가 예상되오니 우산을 챙기시길 바랍니다.
③ 김 선생은 일면의 제목을 대강 훑고[훌꼬] 난 뒤, 신문을 덮어 버렸다.
④ 본격적인 한여름[한녀름]으로 들어서자, 날이 덥고 습해지는 모양이었다.
⑤ 통조림에는 내용물의 품종, 제조 연월일 등을 뚜껑에 표시하도록 되어[되여] 있다.

08
① 그는 읊조리듯[읍쪼리듣] 조용조용 말하였다.
② 그들 형제는 국밥[국빱]을 먹어 배가 든든했다.
③ 비가 내릴 모양이니, 덮개[덥깨]를 얼른 덮어라.
④ 닭들이 한가로이 닭장[닥짱] 속에서 모이를 먹고 있었다.
⑤ 부모님이 안 계셔서 동생은 옆집을[엽찌블] 찾아가 도움을 청하였다.

대표 유형 풀이

단어	표준 발음	근거 규정
① 밟고도	[밥꼬도]	제10항 겹받침 'ㄳ', 'ㄵ', 'ㄼ, ㄽ, ㄾ', 'ㅄ'은 어말 또는 자음 앞에서 각각 [ㄱ, ㄴ, ㄹ, ㅂ]으로 발음한다. 다만 '밟-'은 자음 앞에서 [밥]으로 발음한다. 제23항 받침 'ㄱ(ㄲ, ㅋ, ㄳ, ㄺ), ㄷ(ㅅ, ㅆ, ㅈ, ㅊ, ㅌ), ㅂ(ㅍ, ㄼ, ㄿ, ㅄ)' 뒤에 연결되는 'ㄱ, ㄷ, ㅂ, ㅅ, ㅈ'은 된소리로 발음한다.
② 끊기면서	[끈키면서]	제12항 받침 'ㅎ'의 발음은 다음과 같다. 'ㅎ(ㄶ, ㅀ)' 뒤에 'ㄱ, ㄷ, ㅈ'이 결합되는 경우에는, 뒤 음절 첫소리와 합쳐서 [ㅋ, ㅌ, ㅊ]으로 발음한다.
③ 머리숱이	[머리수치]	제17항 받침 'ㄷ, ㅌ(ㄾ)'이 조사나 접미사의 모음 'ㅣ'와 결합되는 경우에는, [ㅈ, ㅊ]으로 바꾸어서 뒤 음절 첫소리로 옮겨 발음한다.
④ 부엌을	[부어클]	제13항 홑받침이나 쌍받침이 모음으로 시작된 조사나 어미, 접미사와 결합되는 경우에는, 제 음가대로 뒤 음절 첫소리로 옮겨 발음한다.
⑤ 밝지	[박찌]	제23항 받침 'ㄱ(ㄲ, ㅋ, ㄳ, ㄺ), ㄷ(ㅅ, ㅆ, ㅈ, ㅊ, ㅌ), ㅂ(ㅍ, ㄼ, ㄿ, ㅄ)' 뒤에 연결되는 'ㄱ, ㄷ, ㅂ, ㅅ, ㅈ'은 된소리로 발음한다.

정답 ② 받침 'ㄶ' 뒤에 'ㄱ'이 결합되는 경우에는 [ㅋ]으로 발음해야 하므로, '끊기면서'는 [끈키면서]로 발음한다.

핵심 문제 풀이

01

단어	표준 발음	근거 규정
① 빚고	[빋꼬]	제8항 받침소리로는 'ㄱ, ㄴ, ㄷ, ㄹ, ㅁ, ㅂ, ㅇ'의 7개 자음만 발음한다. 제23항 받침 'ㄱ(ㄲ, ㅋ, ㄳ, ㄺ), ㄷ(ㅅ, ㅆ, ㅈ, ㅊ, ㅌ), ㅂ(ㅍ, ㄼ, ㄿ, ㅄ)' 뒤에 연결되는 'ㄱ, ㄷ, ㅂ, ㅅ, ㅈ'은 된소리로 발음한다.
② 키읔과	[키윽꽈]	
③ 쫓기는	[쫃끼는]	
④ 젖	[젇]	제8항 받침소리로는 'ㄱ, ㄴ, ㄷ, ㄹ, ㅁ, ㅂ, ㅇ'의 7개 자음만 발음한다.
⑤ 옷	[옫]	

정답 ③ '쫓기는'은 받침 'ㅊ'이 [ㄷ]으로 발음되고, 뒤에 연결되는 'ㄱ'은 된소리로 발음해야 하므로 [쫃끼는]으로 발음한다.

단어	표준 발음	근거 규정
① 읊고	[읍꼬]	**제11항** 겹받침 'ㄺ, ㄻ, ㄿ'은 어말 또는 자음 앞에서 각각 [ㄱ, ㅁ, ㅂ]으로 발음한다. **제23항** 받침 'ㄱ(ㄲ, ㅋ, ㄳ, ㄺ), ㄷ(ㅅ, ㅆ, ㅈ, ㅊ, ㅌ), ㅂ(ㅍ, ㄼ, ㄿ, ㅄ)' 뒤에 연결되는 'ㄱ, ㄷ, ㅂ, ㅅ, ㅈ'은 된소리로 발음한다.
② 젊지	[점:찌]	**제24항** 어간 받침 'ㄴ(ㄵ), ㅁ(ㄻ)' 뒤에 결합되는 어미의 첫소리 'ㄱ, ㄷ, ㅅ, ㅈ'은 된소리로 발음한다.
③ 발동	[발똥]	**제26항** 한자어에서, 'ㄹ' 받침 뒤에 연결되는 'ㄷ, ㅅ, ㅈ'은 된소리로 발음한다.
④ 담력	[담:녁]	**제19항** 받침 'ㅁ, ㅇ' 뒤에 연결되는 'ㄹ'은 [ㄴ]으로 발음한다.
⑤ 밟으면	[발브면]	**제14항** 겹받침이 모음으로 시작된 조사나 어미, 접미사와 결합되는 경우에는, 뒤엣것만을 뒤 음절 첫소리로 옮겨 발음한다.(이 경우, 'ㅅ'은 된소리로 발음함.)

정답 ① 겹받침 'ㄿ'은 자음 앞에서 [ㅂ]으로 발음되고, 받침 'ㅂ' 뒤에 연결되는 'ㄱ'은 된소리로 발음하므로 '읊고'는 [읍꼬]로 발음한다.

단어	표준 발음	근거 규정
① 고갯짓	[고개찓/ 고갣찓]	**제30항** 사이시옷이 붙은 단어는 다음과 같이 발음한다. 'ㄱ, ㄷ, ㅂ, ㅅ, ㅈ'으로 시작하는 단어 앞에 사이시옷이 올 때는 이들 자음만을 된소리로 발음하는 것을 원칙으로 하되, 사이시옷을 [ㄷ]으로 발음하는 것도 허용한다.
② 넓게	[널께]	**제10항** 겹받침 'ㄳ', 'ㄵ', 'ㄼ, ㄽ, ㄾ', 'ㅄ'은 어말 또는 자음 앞에서 각각 [ㄱ, ㄴ, ㄹ, ㅂ]으로 발음한다. **제25항** 어간 받침 'ㄼ, ㄾ' 뒤에 결합되는 어미의 첫소리 'ㄱ, ㄷ, ㅅ, ㅈ'은 된소리로 발음한다.
③ 여덟	[여덜]	**제10항** 겹받침 'ㄳ', 'ㄵ', 'ㄼ, ㄽ, ㄾ', 'ㅄ'은 어말 또는 자음 앞에서 각각 [ㄱ, ㄴ, ㄹ, ㅂ]으로 발음한다.
④ 많고	[만:코]	**제12항** 받침 'ㅎ'의 발음은 다음과 같다. 'ㅎ(ㄶ, ㅀ)' 뒤에 'ㄱ, ㄷ, ㅈ'이 결합되는 경우에는, 뒤 음절 첫소리와 합쳐서 [ㅋ, ㅌ, ㅊ]으로 발음한다.
⑤ 외곬으로	[외골쓰로]	**제14항** 겹받침이 모음으로 시작된 조사나 어미, 접미사와 결합되는 경우에는, 뒤엣것만을 뒤 음절 첫소리로 옮겨 발음한다.(이 경우, 'ㅅ'은 된소리로 발음함.)

정답 ① 'ㅈ'으로 시작하는 단어 앞에 사이시옷이 올 때는 'ㅈ'만을 된소리로 발음하는 것을 원칙으로 하되, 사이시옷을 [ㄷ]으로 발음하는 것도 허용하므로, '고갯짓'은 [고개찓/고갣찓]으로 발음한다.

04

단어	표준 발음	근거 규정
① 쫓는	[쫀는]	
② 국물	[궁물]	제18항 받침 'ㄱ(ㄲ, ㅋ, ㄳ, ㄺ), ㄷ(ㅅ, ㅆ, ㅈ, ㅊ, ㅌ, ㅎ), ㅂ(ㅍ, ㄼ, ㄿ,
③ 밟는다는	[밤:는다는]	ㅄ)'은 'ㄴ, ㅁ' 앞에서 [ㅇ, ㄴ, ㅁ]으로 발음한다.
④ 밥 먹는	[밤멍는]	[붙임] 두 단어를 이어서 한 마디로 발음하는 경우에도 이와 같다.
⑤ 값 매기기	[감매기기]	

정답 ③ 받침 'ㄼ'은 'ㄴ' 앞에서 [ㅁ]으로 발음해야 하므로, '밟는다는'은 [밤:는다는]으로 발음한다.

05

단어	표준 발음	근거 규정
① 굴속	[굴:쏙]	
② 강줄기	[강쭐기]	제28항 표기상으로는 사이시옷이 없더라도, 관형격 기능을 지니는 사이
③ 아침밥	[아침빱]	시옷이 있어야 할(휴지가 성립되는) 합성어의 경우에는, 뒤 단어의 첫
④ 문고리	[문꼬리]	소리 'ㄱ, ㄷ, ㅂ, ㅅ, ㅈ'을 된소리로 발음한다.
⑤ 손재주	[손째주]	

정답 ④ 관형격 기능을 지니는 사이시옷이 있어야 할 합성어 '문고리'는 뒤 단어의 첫소리 'ㄱ'을 된소리로 발음해야 하므로, [문꼬리]로 발음한다.

06

단어	표준 발음	근거 규정
① 갈 곳	[갈꼳]	
② 터질세라	[터질쎄라]	제27항 관형사형 '-(으)ㄹ' 뒤에 연결되는 'ㄱ, ㄷ, ㅂ, ㅅ, ㅈ'은 된소
③ 약일지언정	[야길찌언정]	리로 발음한다.
④ 만날 사람	[만날싸람]	[붙임] '-(으)ㄹ'로 시작되는 어미의 경우에도 이에 준한다.
⑤ 할 것을	[할꺼슬]	

정답 ③ '-(으)ㄹ'로 시작되는 어미의 경우 뒤에 연결되는 'ㅈ'은 된소리로 발음해야 하므로, '약일지언정'은 [야길찌언정]으로 발음한다.

단어	표준 발음	근거 규정
① 맏형	[마텽]	**제12항** 받침 'ㅎ'의 발음은 다음과 같다. 'ㅎ(ㄶ, ㅀ)' 뒤에 'ㄱ, ㄷ, ㅈ'이 결합되는 경우에는, 뒤 음절 첫소리와 합쳐서 [ㅋ, ㅌ, ㅊ]으로 발음한다.
② 낮 한때	[나탄때]	**[붙임 1]** 받침 'ㄱ(ㄺ), ㄷ, ㅂ(ㄼ), ㅈ(ㄵ)'이 뒤 음절 첫소리 'ㅎ'과 결합되는 경우에도, 역시 두 음을 합쳐서 [ㅋ, ㅌ, ㅍ, ㅊ]으로 발음한다. **[붙임 2]** 규정에 따라 'ㄷ'으로 발음되는 'ㅅ, ㅈ, ㅊ, ㅌ'의 경우에도 이에 준한다.
③ 훑고	[훌꼬]	**제25항** 어간 받침 'ㄼ, ㄿ' 뒤에 결합되는 어미의 첫소리 'ㄱ, ㄷ, ㅅ, ㅈ'은 된소리로 발음한다.
④ 한여름	[한녀름]	**제29항** 합성어 및 파생어에서, 앞 단어나 접두사의 끝이 자음이고 뒤 단어나 접미사의 첫음절이 '이, 야, 여, 요, 유'인 경우에는, 'ㄴ'음을 첨가하여 [니, 냐, 녀, 뇨, 뉴]로 발음한다.
⑤ 되어	[되여]	**제22항** '되어', '피어'와 같은 용언의 어미는 [어]로 발음함을 원칙으로 하되, [여]로 발음함도 허용한다.

정답 ② 받침 'ㅈ'은 'ㄷ'으로 발음되고, 'ㄷ'이 뒤 음절 첫소리 'ㅎ'과 결합하여 [ㅌ]으로 발음되므로, '낮 한때'는 [나탄때]로 발음한다.

단어	표준 발음	근거 규정
① 읊조리듯	[읍쪼리듣]	
② 국밥	[국빱]	**제23항** 받침 'ㄱ(ㄲ, ㅋ, ㄳ, ㄺ), ㄷ(ㅅ, ㅆ, ㅈ, ㅊ, ㅌ), ㅂ(ㅍ, ㄼ, ㄿ, ㅄ)' 뒤에 연결되는 'ㄱ, ㄷ, ㅂ, ㅅ, ㅈ'은 된소리로 발음한다.
③ 덮개	[덥깨]	
④ 닭장	[닥짱]	
⑤ 옆집을	[엽찌블]	**제23항** 받침 'ㄱ(ㄲ, ㅋ, ㄳ, ㄺ), ㄷ(ㅅ, ㅆ, ㅈ, ㅊ, ㅌ), ㅂ(ㅍ, ㄼ, ㄿ, ㅄ)' 뒤에 연결되는 'ㄱ, ㄷ, ㅂ, ㅅ, ㅈ'은 된소리로 발음한다. **제13항** 홑받침이나 쌍받침이 모음으로 시작된 조사나 어미, 접미사와 결합되는 경우에는, 제 음가대로 뒤 음절 첫소리로 옮겨 발음한다.

정답 ④ 받침 'ㄺ' 뒤에 연결되는 'ㅈ'은 된소리로 발음해야 하므로, '닭장'은 [닥짱]으로 발음한다.

28 외래어 표기법

외래어 표기법이란, 외국에서 들어와 국어처럼 쓰이는 단어를 한글로 표기하는 방법을 말한다. 외래어 표기는 국어의 현용 24자모만으로 적고, 외래어의 1 음운은 원칙적으로 1 기호로 적으며, 받침에는 'ㄱ, ㄴ, ㄹ, ㅁ, ㅂ, ㅅ, ㅇ'만을 쓰는 것 등을 원칙으로 정하고 있다. 또한 우리나라에 들어온 지 오래되어 이미 굳어진 외래어는 관용을 존중하되, 그 범위와 용례는 따로 정한다.

대표 유형

● 다음 외래어 표기법을 참고할 때, 표기가 바르지 <u>않은</u> 것은?

> **제3장 제1절 제6항 유음([l])**
> 1. 어말 또는 자음 앞의 [l]은 받침으로 적는다.
> 2. 어중의 [l]이 모음 앞에 오거나, 모음이 따르지 않는 비음([m], [n]) 앞에 올 때에는 'ㄹㄹ'로 적는다. 다만, 비음([m], [n]) 뒤의 [l]은 모음 앞에 오더라도 'ㄹ'로 적는다.

① pulp[pʌlp]: 퍼르프
② film[film]: 필름
③ Hamlet[hæmlit]: 햄릿
④ Henley[henli]: 헨리
⑤ swoln[swouln]: 스월른

핵심 문제

※ 다음 외래어 표기법을 참고할 때, 표기가 바르지 <u>않은</u> 것을 고르시오.

01

> **제3장 제1절 제1항 무성 파열음([p], [t], [k])**
> 1. 짧은 모음 다음의 어말 무성 파열음([p], [t], [k])은 받침으로 적는다.
> 2. 짧은 모음과 유음·비음([l], [r], [m], [n]) 이외의 자음 사이에 오는 무성 파열음([p], [t], [k])은 받침으로 적는다.
> 3. 위 경우 이외의 어말과 자음 앞의 [p], [t], [k]는 '으'를 붙여 적는다.
> **제3장 제1절 제2항 유성 파열음([b], [d], [g])**
> 어말과 모든 자음 앞에 오는 유성 파열음은 '으'를 붙여 적는다.

① gap[gæp]: 갭
② apt[æpt]: 앱트
③ stamp[stæmp]: 스탬프
④ signal[signəl]: 시그널
⑤ lobster[lɔbstə]: 랍스터

02

제3장 제1절 제3항 **마찰음([s], [z], [f], [v], [θ], [ð], [ʃ], [ʒ])**
　　1. 어말 또는 자음 앞의 [s], [z], [f], [v], [θ], [ð]는 '으'를 붙여 적는다.
　　2. 어말의 [ʃ]는 '시'로 적고, 자음 앞의 [ʃ]는 '슈'로, 모음 앞의 [ʃ]는 뒤따르는 모음에 따라
　　'샤', '섀', '셔', '셰', '쇼', '슈', '시'로 적는다.
　　3. 어말 또는 자음 앞의 [ʒ]는 '지'로 적고, 모음 앞의 [ʒ]는 'ㅈ'으로 적는다.

① bathe[beið]: 베이드　　　　　　② fashion[fæʃən]: 패션
③ mask[mɑːsk]: 마스크　　　　　　④ mirage[mirɑːʒ]: 미라쥐
⑤ graph[græf]: 그래프

03

제3장 제1절 제8항 **중모음([ai], [au], [ei], [ɔi], [ou], [auə])**
　　중모음은 각 단모음의 음가를 살려서 적되, [ou]는 '오'로, [auə]는 '아워'로 적는다.

① time[taim]: 타임　　　　　　　② tower[tauə]: 타워
③ boat[bout]: 보우트　　　　　　④ house[haus]: 하우스
⑤ skate[skeit]: 스케이트

04

제3장 제1절 제9항 **반모음([w], [j])**
　　1. [w]는 뒤따르는 모음에 따라 [wə], [wɔ], [wou]는 '워', [wa]는 '와', [wæ]는 '왜', [we]
　　는 '웨', [wi]는 '위', [wu]는 '우'로 적는다.
　　2. 자음 뒤에 [w]가 올 때에는 두 음절로 갈라 적되, [gw], [hw], [kw]는 한 음절로 붙여 적
　　는다.
　　3. 반모음 [j]는 뒤따르는 모음과 합쳐 '야', '얘', '여', '예', '요', '유', '이'로 적는다. 다
　　만, [d], [l], [n] 다음에 [jə]가 올 때에는 각각 '디어', '리어', '니어'로 적는다.

① witch[witʃ]: 위치　　　　　　② yank[jæŋk]: 앵크
③ union[juːnjən]: 유니온　　　　④ whistle[hwisl]: 휘슬
⑤ wander[wandə]: 완더

대표 유형 풀이

제3장 제1절 제6항 유음([l])

1. 어말 또는 자음 앞의 [l]은 받침으로 적는다.

hotel[houtel] 호텔   pulp[pʌlp] 펄프

2. 어중의 [l]이 모음 앞에 오거나, 모음이 따르지 않는 비음([m], [n]) 앞에 올 때에는 'ㄹㄹ'로 적는다. 다만, 비음([m], [n]) 뒤의 [l]은 모음 앞에 오더라도 'ㄹ'로 적는다.

slide[slaid] 슬라이드   film[film] 필름   helm[helm] 헬름

swoln[swouln] 스월른   Hamlet[hæmlit] 햄릿   Henley[henli] 헨리

정답 ① 자음 앞의 [l]은 받침으로 적어야 하므로 'pulp[pʌlp]'는 '펄프'로 표기한다.

핵심 문제 풀이

01

제3장 제1절 제1항 무성 파열음([p], [t], [k])

1. 짧은 모음 다음의 어말 무성 파열음([p], [t], [k])은 받침으로 적는다.

gap[gæp] 갭   cat[kæt] 캣   book[buk] 북

2. 짧은 모음과 유음·비음([l], [r], [m], [n]) 이외의 자음 사이에 오는 무성 파열음([p], [t], [k])은 받침으로 적는다.

apt[æpt] 앱트   setback[setbæk] 셋백   act[ækt] 액트

3. 위 경우 이외의 어말과 자음 앞의 [p], [t], [k]는 '으'를 붙여 적는다.

stamp[stæmp] 스탬프   cape[keip] 케이프   nest[nest] 네스트   part[pɑːt] 파트

desk[desk] 데스크   make[meik] 메이크   apple[æpl] 애플   mattress[mætris] 매트리스

chipmunk[tʃipmʌŋk] 치프멍크   sickness[siknis] 시크니스

제3장 제1절 제2항 유성 파열음([b], [d], [g])

어말과 모든 자음 앞에 오는 유성 파열음은 '으'를 붙여 적는다.

bulb[bʌlb] 벌브   land[lænd] 랜드   zigzag[zigzæg] 지그재그

lobster[lɔbstə] 로브스터   kidnap[kidnæp] 키드냅   signal[signəl] 시그널

정답 ⑤ 어말과 모든 자음 앞에 오는 유성 파열음 [b]는 '으'를 붙여 적어야 하므로 'lobster[lɔbstər]'는 '로브스터'로 표기한다.

02

제3장 제1절 제3항 마찰음([s], [z], [f], [v], [θ], [ð], [ʃ], [ʒ])

1. 어말 또는 자음 앞의 [s], [z], [f], [v], [θ], [ð]는 '으'를 붙여 적는다.

mask[mɑːsk] 마스크   jazz[dʒæz] 재즈   graph[græf] 그래프   olive[ɔliv] 올리브   thrill[θril] 스릴
bathe[beið] 베이드

2. 어말의 [ʃ]는 '시'로 적고, 자음 앞의 [ʃ]는 '슈'로, 모음 앞의 [ʃ]는 뒤따르는 모음에 따라 '샤', '섀', '셔', '셰', '쇼', '슈', '시'로 적는다.

flash[flæʃ] 플래시   shrub[ʃrʌb] 슈러브   shark[ʃɑːk] 샤크   shank[ʃæŋk] 섕크   fashion[fæʃən] 패션
sheriff[ʃerif] 셰리프   shopping[ʃɔpiŋ] 쇼핑   shoe[ʃuː] 슈   shim[ʃim] 심

3. 어말 또는 자음 앞의 [ʒ]는 '지'로 적고, 모음 앞의 [ʒ]는 'ㅈ'으로 적는다.

mirage[mirɑːʒ] 미라지   vision[viʒən] 비전

> **정답** ④ 어말의 [ʒ]는 '지'로 적어야 하므로 'mirage[mirɑːʒ]'는 '미라지'로 표기한다.

03

제3장 제1절 제8항 중모음([ai], [au], [ei], [ɔi], [ou], [auə])

중모음은 각 단모음의 음가를 살려서 적되, [ou]는 '오'로, [auə]는 '아워'로 적는다.

time[taim] 타임   house[haus] 하우스   skate[skeit] 스케이트   oil[ɔil] 오일   boat[bout] 보트
tower[tauə] 타워

> **정답** ③ 중모음 [ou]는 '오'로 적어야 하므로 'boat[bout]'는 '보트'로 표기한다.

04

제3장 제1절 제9항 반모음([w], [j])

1. [w]는 뒤따르는 모음에 따라 [wə], [wɔ], [wou]는 '워', [wa]는 '와', [wæ]는 '왜', [we]는 '웨', [wi]는 '위', [wu]는 '우'로 적는다.

word[wəːd] 워드   want[wɔnt] 원트   woe[wou] 워   wander[wɑndə] 완더
wag[wæg] 왜그   west[west] 웨스트   witch[witʃ] 위치   wool[wul] 울

2. 자음 뒤에 [w]가 올 때에는 두 음절로 갈라 적되, [gw], [hw], [kw]는 한 음절로 붙여 적는다.

swing[swiŋ] 스윙   twist[twist] 트위스트   penguin[peŋgwin] 펭귄
whistle[hwisl] 휘슬   quarter[kwɔːtə] 쿼터

3. 반모음 [j]는 뒤따르는 모음과 합쳐 '야', '얘', '여', '예', '요', '유', '이'로 적는다. 다만, [d], [l], [n] 다음에 [jə]가 올 때에는 각각 '디어', '리어', '니어'로 적는다.

yard[jɑːd] 야드   yank[jæŋk] 얭크   yearn[jəːn] 연   yellow[jelou] 옐로   yawn[jɔːn] 욘   you[juː] 유
year[jiə] 이어   Indian[indjən] 인디언   battalion[bətæljən] 버탤리언   union[juːnjən] 유니언

> **정답** ③ [n] 다음에 [jə]가 왔으므로 'union[juːnjən]'은 '유니언'이라고 표기한다.

로마자 표기법

로마자 표기법이란, 우리말을 로마자로 표기하는 방법을 말한다. 국어의 로마자 표기는 국어의 표준 발음법에 따라 적고, 로마자 이외의 부호는 되도록 사용하지 않는 것 등을 표기의 기본 원칙으로 정하고 있다.

대표 유형

◉ 다음 로마자 표기법을 참고할 때, 표기가 바르지 <u>않은</u> 것은?

제2장 제1항 모음은 다음과 같이 적는다.

ㅏ	ㅓ	ㅗ	ㅜ	ㅡ	ㅣ	ㅐ	ㅔ	ㅚ	ㅟ
a	eo	o	u	eu	i	ae	e	oe	wi
ㅑ	ㅕ	ㅛ	ㅠ	ㅒ	ㅖ	ㅘ	ㅙ	ㅝ	ㅞ	ㅢ
ya	yeo	yo	yu	yae	ye	wa	wae	wo	we	ui

[붙임] 'ㅢ'는 'ㅣ'로 소리 나더라도 'ui'로 적는다.

제2장 제2항 자음은 다음과 같이 적는다.

ㄱ	ㄲ	ㄴ	ㄷ	ㄸ	ㄹ	ㅁ	ㅂ	ㅃ
g, k	kk	n	d, t	tt	r, l	m	b, p	pp
ㅅ	ㅆ	ㅇ	ㅈ	ㅉ	ㅊ	ㅋ	ㅌ	ㅍ	ㅎ
s	ss	ng	j	jj	ch	k	t	p	h

① 한밭: Hanbat　　　　　　② 내설악: Naeseorak
③ 영동: Yeongdong　　　　　④ 경희궁: Gyeonghigung
⑤ 합덕: Hapdeok

핵심 문제

※ 다음 로마자 표기법을 참고할 때, 표기가 바르지 <u>않은</u> 것을 고르시오.

01

제2장 제2항 [붙임 1] 'ㄱ, ㄷ, ㅂ'은 모음 앞에서는 'g, d, b'로, 자음 앞이나 어말에서는 'k, t, p'로 적는다.

① 벚꽃: beotkkot　　　　　② 월곶: Wolgot
③ 구미: Gumi　　　　　　　④ 옥천: Okcheon
⑤ 호법: Hobeob

02

> **제2장 제2항** [붙임 2] 'ㄹ'은 모음 앞에서는 'r'로, 자음 앞이나 어말에서는 'l'로 적는다. 단, 'ㄹㄹ'은 'll'로 적는다.

① 구리: Guri   ② 임실: Imsil

③ 설악: Seorak   ④ 울릉: Ulleung

⑤ 대관령: Daegwalyeong

03

> **제3장 제1항** 음운 변화가 일어날 때에는 변화의 결과에 따라 다음 각호와 같이 적는다.
> 1. 자음 사이에서 동화 작용이 일어나는 경우 예 백마[뱅마] Baengma
> 2. 'ㄴ, ㄹ'이 덧나는 경우 예 학여울[항녀울] Hangnyeoul
> 3. 구개음화가 되는 경우 예 해돋이[해도지] haedoji
> 4. 'ㄱ, ㄷ, ㅂ, ㅈ'이 'ㅎ'과 합하여 거센소리로 소리 나는 경우 예 좋고[조코] joko
> 다만, 체언에서 'ㄱ, ㄷ, ㅂ' 뒤에 'ㅎ'이 따를 때에는 'ㅎ'을 밝혀 적는다.

① 같이: gachi   ② 알약: allyak

③ 별내: Byeonae   ④ 잡혀: japyeo

⑤ 묵호: Mukho

04

> **제3장 제4항** 인명은 성과 이름의 순서로 띄어 쓴다. 이름은 붙여 쓰는 것을 원칙으로 하되 음절 사이에 붙임표(-)를 쓰는 것을 허용한다.
> **제3장 제5항** '도, 시, 군, 구, 읍, 면, 리, 동'의 행정 구역 단위와 '가'는 각각 'do, si, gun, gu, eup, myeon, ri, dong, ga'로 적고, 그 앞에는 붙임표(-)를 넣는다. 붙임표(-) 앞뒤에서 일어나는 음운 변화는 표기에 반영하지 않는다.
> **제3장 제6항** 자연 지물명, 문화재명, 인공 축조물명은 붙임표(-) 없이 붙여 쓴다.

① 제주도: Jeju-do   ② 인왕리: Inwang-ri

③ 민용하: Min Yongha   ④ 촉석루: Chokseong-nu

⑤ 무량수전: Muryangsujeon

대표 **유형 풀이**

제2장 제1항 모음은 다음 각호와 같이 적는다.

1. 단모음

ㅏ	ㅓ	ㅗ	ㅜ	ㅡ	ㅣ	ㅐ	ㅔ	ㅚ	ㅟ
a	eo	o	u	eu	i	ae	e	oe	wi

2. 이중 모음

ㅑ	ㅕ	ㅛ	ㅠ	ㅒ	ㅖ	ㅘ	ㅙ	ㅝ	ㅞ	ㅢ
ya	yeo	yo	yu	yae	ye	wa	wae	wo	we	ui

[붙임] 'ㅢ'는 'ㅣ'로 소리 나더라도 'ui'로 적는다.

광희문 Gwanghuimun

제2장 제2항 자음은 다음 각호와 같이 적는다.

1. 파열음

ㄱ	ㄲ	ㅋ	ㄷ	ㄸ	ㅌ	ㅂ	ㅃ	ㅍ
g, k	kk	k	d, t	tt	t	b, p	pp	p

2. 파찰음

ㅈ	ㅉ	ㅊ
j	jj	ch

3. 마찰음

ㅅ	ㅆ	ㅎ
s	ss	h

4. 비음

ㄴ	ㅁ	ㅇ
n	m	ng

5. 유음

ㄹ
r, l

정답 ④ 'ㅢ'는 'ㅣ'로 소리 나더라도 'ui'로 적어야 하므로, '경희궁'은 'Gyeonghuigung'으로 표기한다.

핵심 **문제 풀이**

01

제2장 제2항 [붙임 1] 'ㄱ, ㄷ, ㅂ'은 모음 앞에서는 'g, d, b'로, 자음 앞이나 어말에서는 'k, t, p'로 적는다. ([   ] 안의 발음에 따라 표기함)

구미 Gumi   영동 Yeongdong   백암 Baegam   옥천 Okcheon   합덕 Hapdeok
호법 Hobeop   월곶[월곧] Wolgot   벚꽃[벋꼳] beotkkot   한밭[한받] Hanbat

정답 ⑤ 'ㅂ'은 어말에서 'p'로 적어야 하므로, '호법'은 'Hobeop'으로 표기한다.

02

제2장 제2항 [붙임 2] 'ㄹ'은 모음 앞에서는 'r'로, 자음 앞이나 어말에서는 'l'로 적는다. 단, 'ㄹㄹ'은 'll'로 적는다.

구리 Guri   설악 Seorak   칠곡 Chilgok   임실 Imsil   울릉 Ulleung   대관령[대괄령] Daegwallyeong

정답 ⑤ 'ㄹㄹ'은 'll'로 적어야 하므로, '대관령[대괄령]'은 'Daegwallyeong'으로 표기한다.

03

제3장 제1항 음운 변화가 일어날 때에는 변화의 결과에 따라 다음 각호와 같이 적는다.

1. 자음 사이에서 동화 작용이 일어나는 경우

백마 [뱅마] Baengma   신문로 [신문노] Sinmunno   종로 [종노] Jongno   왕십리 [왕심니] Wangsimni

별내 [별래] Byeollae   신라 [실라] Silla

2. 'ㄴ, ㄹ'이 덧나는 경우

학여울 [항녀울] Hangnyeoul   알약 [알략] allyak

3. 구개음화가 되는 경우

해돋이 [해도지] haedoji   같이 [가치] gachi   굳히다 [구치다] guchida

4. 'ㄱ, ㄷ, ㅂ, ㅈ'이 'ㅎ'과 합하여 거센소리로 소리 나는 경우

좋고 [조코] joko   놓다 [노타] nota   잡혀 [자펴] japyeo   낳지 [나치] nachi

다만, 체언에서 'ㄱ, ㄷ, ㅂ' 뒤에 'ㅎ'이 따를 때에는 'ㅎ'을 밝혀 적는다.

묵호 Mukho   집현전 Jiphyeonjeon

정답 ③ '별내'는 유음화로 'ㄴ'이 'ㄹ'로 바뀌어 [별래]가 되므로 'Byeollae'라고 표기한다.

04

제3장 제4항 인명은 성과 이름의 순서로 띄어 쓴다. 이름은 붙여 쓰는 것을 원칙으로 하되 음절 사이에 붙임표(-)를 쓰는 것을 허용한다. (( ) 안의 표기를 허용함)

민용하 Min Yongha (Min Yong-ha)   송나리 Song Nari (Song Na-ri)

1. 이름에서 일어나는 음운 변화는 표기에 반영하지 않는다.

한복남 Han Boknam (Han Bok-nam)   홍빛나 Hong Bitna (Hong Bit-na)

2. 성의 표기는 따로 정한다.

제3장 제5항 '도, 시, 군, 구, 읍, 면, 리, 동'의 행정 구역 단위와 '가'는 각각 'do, si, gun, gu, eup, myeon, ri, dong, ga'로 적고, 그 앞에는 붙임표(-)를 넣는다. 붙임표(-) 앞뒤에서 일어나는 음운 변화는 표기에 반영하지 않는다.

충청북도 Chungcheongbuk-do   제주도 Jeju-do   의정부시 Uijeongbu-si   양주군 Yangju-gun

도봉구 Dobong-gu   신창읍 Sinchang-eup   삼죽면 Samjuk-myeon   인왕리 Inwang-ri

당산동 Dangsan-dong   봉천 1동 Bongcheon 1(il)-dong   종로 2가 Jongno 2(i)-ga

제3장 제6항 자연 지물명, 문화재명, 인공 축조물명은 붙임표(-) 없이 붙여 쓴다.

남산 Namsan   속리산 Songnisan   금강 Geumgang   독도 Dokdo   경복궁 Gyeongbokgung

무량수전 Muryangsujeon   연화교 Yeonhwagyo   극락전 Geungnakjeon   안압지 Anapji

남한산성 Namhansanseong   화랑대 Hwarangdae   불국사 Bulguksa   현충사 Hyeonchungsa

독립문 Dongnimmun   오죽헌 Ojukheon   촉석루 Chokseongnu   종묘 Jongmyo   다보탑 Dabotap

정답 ④ '촉석루'는 문화재이므로 붙임표(-) 없이 붙여 써야 한다. 따라서 'Chokseongnu'로 표기한다.

01 다음 ㉠~㉤에 대한 설명으로 적절한 것은?

> 근래 우리말이 겪고 있는 변화는 그 폭이 ㉠전례 없이 크다. 장단음의 구분이 없어지고, 억양이 달라지고, 존대법이 점차 줄어 드는 등 일반적으로 언어생활에서 많은 변화를 겪고 있는 실정이다. 불과 몇십 년 사이에 젊은이들이 개화기의 인쇄물을 읽지 ㉡못 할 정도로 어휘가 소실되기도 하고, ㉢버젓이 늘어만 가는 외래어, 끊임없이 만들어지는 새말로 인해 세대 간의 대화가 어려운 상황이 되었다. 그렇다면 이렇게 급속도로 파괴되는 우리말을 그냥 보고만 있을 것인가? 오늘과 같은 표준어의 고른 보급은 해방 후 지금까지 반세기 동안의 힘든 노력의 ㉣결실로서 ㉤환영할 만한 일이지만, 그에 비례하여 후대에 전수되지 않고 빠르게 사라져 가기만 하는 많은 양의 방언은 그대로 방치해 버려도 좋은 것인가?

① ㉠은 '이전의 사례가 없이' 라는 하나의 의미를 나타내므로 '전례없이' 라고 붙여 써야 해.
② ㉡에는 '못' 과 '하다' 가 결합한 보조 동사가 쓰여야 하므로 '못할' 이라고 붙여 써야 해.
③ ㉢은 '–하다' 가 붙는 어근에 '–히' 가 붙는 경우이므로 '버젓히' 라고 써야 해.
④ ㉣은 '수단, 도구' 의 의미를 나타내므로 '결실로써' 로 써야 해.
⑤ ㉤은 '만' 이 조사이므로 '환영할' 과 '만한' 을 붙여 '환영할만한' 으로 써야 해.

02 〈보기 1〉과 같은 표준어 규정을 참고할 때, 〈보기 2〉에 대한 반응으로 적절하지 **않은** 것은?

> 보기 1
>
> **제5항** 어원에서 멀어진 형태로 굳어져서 널리 쓰이는 것은, 그것을 표준어로 삼는다.
>
> | ㄱ | ㄴ | 비 고 |
> |---|---|---|
> | 사글-세 | 삭월-세 | '월세' 는 표준어임. |
>
> 다만, 어원적으로 원형에 더 가까운 형태가 아직 쓰이고 있는 경우에는, 그것을 표준어로 삼는다.(ㄱ을 표준어로 삼고, ㄴ을 버림.)
>
> | ㄱ | ㄴ | 비 고 |
> |---|---|---|
> | 갈비 | 가리 | ~구이, ~찜, 갈빗-대 |
> | 굴-젓 | 구-젓 | |

> 보기 2
>
> ⓐ 승찬이는 어머니를 위해 갈비찜을 주문했다.
> ⓑ 이번에 장모님이 담가 오신 굴젓은 어느 반찬보다 맛있었다.
> ⓒ 우리는 돈이 없어 사글세로 방 하나를 얻어 신접살림을 시작했지만 누구보다 행복했다.

① ⓐ의 '갈비찜' 을 보니 '가리탕' 이나 '가리구이' 는 '갈비탕' 이나 '갈비구이' 로 써야겠군.
② ⓑ는 어원을 고려하여 '구젓' 이 아닌 '굴젓' 으로 써야 된다는 것이군.
③ ⓒ의 '사글세' 를 '삭월세' 대신 표준어로 정한 것도 이 규정에 따른 것이겠군.
④ ⓐ의 '갈비찜' 과 ⓑ의 '굴젓' 은 대다수 언중들의 발음 습관을 규정에 반영한 것이군.
⑤ ⓐ~ⓒ를 통해 어원에서 멀어진 형태로 굳어지면 어휘들의 표준어형도 달라짐을 알 수 있군.

03 다음 중 외래어 표기법에 <u>어긋난</u> 것은 모두 몇 개인가?

> 수퍼마켓　플랜카드　액센트　악세사리　파이팅　헬멧　잉글리시　쥬스

① 4개　　　② 5개　　　③ 6개　　　④ 7개　　　⑤ 8개

04 다음 내용을 참고했을 때, 밑줄 친 단어들이 모두 짧게 발음되는 것은?

> 동음이의어의 의미를 파악하는 방법에는 한자어의 의미를 고려하는 방법, 상황이나 문맥을 고려하는 방법, 소리의 길이를 고려하는 방법이 있다. 특히, 동음이의 관계에 있는 단어가 긴소리와 짧은소리의 구분이 있을 경우 그 차이를 고려하여 의미를 파악하는 것은 가장 기본적이라 할 수 있는데, 이는 소리의 길이가 우리말의 의미 변별 단위이기 때문이다.

① 내 <u>눈</u>[眼]에 차가운 <u>눈</u>[雪]이 들어가 아팠다.
② <u>밤</u>[夜]에 <u>밤</u>[栗]을 따러가자는 것은 너무 무모한 짓 아닌가.
③ 이번에 사온 <u>말</u>[馬]이 <u>말</u>[言]을 안 들어 훈련장에 보내야 했다.
④ 마음대로 돌아다니다 <u>벌</u>[蜂]에 쏘이다니 너는 <u>벌</u>[罰] 받은 거야.
⑤ 섬으로 가는 <u>배</u>[船]에서 먹었던 과일 중 <u>배</u>[梨]가 제일 맛있었다.

05 다음의 밑줄 친 부분을 탐구 학습하여 도출한 결과로 적절하지 <u>않은</u> 것은?

> ㉠ 보고 싶던 <u>차</u>에 잘 왔다.
> ㉡ 새해 인사<u>차</u> 은사님 댁을 찾았다.
> ㉢ 그는 웃고만 있을 <u>뿐</u>이지 싫다 좋다 말이 없다.
> ㉣ 그 아이는 학교에서<u>뿐</u>만 아니라 집에서도 말썽꾸러기였다.

① ㉠의 '차' 처럼 '잠이 들려던 차' 의 '차' 는 '들려던' 의 수식을 받고 있으므로 띄어 써야 해.
② ㉡의 '차' 는 '사업차' 에서의 '차' 처럼 '목적' 의 뜻을 더하는 접미사라 앞말과 붙여 썼어.
③ ㉢의 '뿐' 은 '있을' 의 수식을 받는 의존 명사라 띄어 썼어.
④ ㉣의 '뿐' 은 '가진 것은 이것뿐이다.' 의 '뿐' 처럼 붙여 쓰는 것이 맞아.
⑤ ㉠과 ㉢을 고려해 볼 때, '집을 대궐 만큼 크게 짓다.' 에서의 '만큼' 은 의존 명사이므로 앞말과 띄어 써야 해.

06 〈보기 1〉의 표준 발음법을 참고할 때, 〈보기 2〉의 ⊙~⑩ 중 발음이 바르지 <u>않은</u> 것은?

> 〈보기 1〉
>
> **제30항** 사이시옷이 붙은 단어는 다음과 같이 발음한다.
>   1. 'ㄱ, ㄷ, ㅂ, ㅅ, ㅈ'으로 시작하는 단어 앞에 사이시옷이 올 때는 이들 자음만을 된소리로 발음하는 것을 원칙으로 하되, 사이시옷을 [ㄷ]으로 발음하는 것도 허용한다.
>   2. 사이시옷 뒤에 'ㄴ, ㅁ'이 결합되는 경우에는 [ㄴ]으로 발음한다.
>   3. 사이시옷 뒤에 '이' 음이 결합되는 경우에는 [ㄴㄴ]으로 발음한다.

> 〈보기 2〉
>
> 우리는 ⊙뱃속[배쏙/밷쏙]에서 들리는 꼬르륵 소리를 들으며, 아랫니와 ⓒ윗니[윈니]를 꽉 물고 걸어야만 했다. 내가 왜 이런 선택을 했을까 후회도 되었지만, 그나마 따스한 ⓒ햇살[해쌀]이 우리를 위로해 주었다. 불투명한 미래 때문에 ⓔ나룻배[나루빼]를 타고 육지로 돌아가며 여정을 끝낼 때의 ⓜ뒷입맛[뒤뒨맏]은 그리 개운치가 못했다.

① ⊙   ② ⓒ   ③ ⓒ   ④ ⓔ   ⑤ ⓜ

07 다음은 우리 주변에서 쓰이고 있는 어휘를 조사하여 고쳐 쓴 결과이다. 옳게 해결하지 <u>못한</u> 것은?

	잘못 쓰인 어휘		바로잡은 어휘
①	음식점 차림표에서 '육계장'	→	'육개장'
②	한의원에서 '찌뿌듯한 몸을 위한 침술 개발'	→	'찌뿌듯한 몸을 위한 침술 계발'
③	귀금속점에서 '18K 귀거리'	→	'18K 귀걸이'
④	부동산 소개업소에서 '사글세방 있음'	→	'사글셋방 있음'
⑤	도서관에서 '잡담 일체 금지'	→	'잡담 일절 금지'

08 다음에서 로마자 표기가 올바르지 <u>않은</u> 것은?

> ⊙ 정은이는 남양주(Namhyangju)에서 시험을 본다던데?
> ⓒ 엊그제 아버지와 함께 속리산(Songnisan)에 다녀왔다.
> ⓒ 지숙아, 이제 우리 신라(Silla)의 유적지에 대해 알아볼까?
> ⓔ 우리는 비 오는 날 압구정(Apgujeong)에서 만나기로 했다.
> ⓜ 제주도에서 조랑말(jolangmal)을 타며 즐거운 시간을 보냈다.

① ⊙   ② ⓒ   ③ ⓒ   ④ ⓔ   ⑤ ⓜ

09 〈보기 1〉의 한글 맞춤법 규정을 참고하여 〈보기 2〉를 평가한 내용으로 적절하지 <u>않은</u> 것은?

> **보기 1**
>
> **제5항** 한 단어 안에서 뚜렷한 까닭 없이 나는 된소리는 다음 음절의 첫소리를 된소리로 적는다.
> 1. 두 모음 사이에서 나는 된소리 **예** 소적새(×) → 소쩍새(○)
> 2. 'ㄴ, ㄹ, ㅁ, ㅇ' 받침 뒤에서 나는 된소리 **예** 산듯하다(×) → 산뜻하다(○)
> 3. 다만, 'ㄱ, ㅂ' 받침 뒤에서 나는 된소리는, 같은 음절이나 비슷한 음절이 겹쳐 나는 경우
> 가 아니면 된소리로 적지 아니한다. **예** 국쑤(×) → 국수(○)

> **보기 2**
>
> 소녀는 이상하게도 옷을 ⓐ 거꾸로 입고 있었다. 내가 그것을 지적하자 소녀는 ⓑ 살작 얼굴
> 을 붉히기만 했을 뿐 아무런 미동도 없었다. 소녀는 밥을 먹을 때도 ⓒ 깍뚜기만으로 반찬을 대
> 신했다. 무슨 이유에서였을까? 나중에 안 사실이지만 소녀는 자신의 머리를 ⓓ 싹뚝 자르고
> 팔아 하루하루를 연명할 정도로 소녀의 집안은 어려운 상황이었다. 소녀는 소녀의 아버지가 재
> 산을 ⓔ 몽땅 날렸다고 설명하였다.

① 제5항-1의 규정에 따라 ⓐ의 '거꾸로'는 올바른 표기이다.
② 제5항-2의 규정에 따라 ⓑ의 '살작'은 '살짝'으로 표기해야 한다.
③ 제5항-3의 규정에 따라 ⓒ의 '깍뚜기'는 '깍두기'로 표기해야 한다.
④ 제5항-1의 규정에 따라 ⓓ의 '싹뚝'은 올바른 표기이다.
⑤ 제5항-2의 규정에 따라 ⓔ의 '몽땅'은 '몽당'으로 표기하면 안 된다.

10 다음은 어느 학생의 문자 메시지이다. 띄어쓰기 규정에 맞게 쓴 문장은?

①
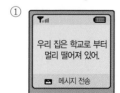
우리 집은 학교로 부터
멀리 떨어져 있어.
📧 메시지 전송

②

걔 보다 더 좋은 사람
만날 수 있을 거야.
📧 메시지 전송

③

너와 알게 된지도
벌써 한 달이 지났어.
📧 메시지 전송

④

하늘이 흐린 걸 보니
비가 올 듯하다.
📧 메시지 전송

⑤

말을 들어 보니 그가
화를 낼 만도 하네.
📧 메시지 전송

11 〈보기〉를 바탕으로 ㄱ~ㅁ을 이해한 내용으로 적절하지 <u>않은</u> 것은?

보기

한글 맞춤법

제15항 용언의 어간과 어미는 구별하여 적는다.

　[붙임 2] 종결형에서 사용되는 어미 '-오'는 '요'로 소리 나는 경우가 있더라도 그 원형을 밝혀 '오'로 적는다.

　　예 이것은 책이오. / 이것은 책이 아니오.

　[붙임 3] 연결형에서 사용되는 '이요'는 '이요'로 적는다.

　　예 이것은 책이요, 저것은 붓이요, 또 저것은 먹이다.

선생님의 설명: 제15항 [붙임 2]에서 설명하는 어미 '-오'는 하오체 종결 어미입니다. 이 어미 '-오'는 [오]로 발음하는 것이 원칙이지만 [요]로 발음할 수도 있습니다. 그리고 이 '-오'가 '이다', '아니다'의 어간 뒤에 붙어 '-이오'로 활용할 때, '차(車)'처럼 모음으로 끝나는 체언과 결합하는 경우 '차이오 → 차요'와 같이 '-이오'가 '-요'로 줄어 쓰이기도 합니다. 이때 '-이오'가 줄어든 형태인 '-요'는 청자에게 존대의 뜻을 나타내는 보조사 '요'와 그 형태나 발음이 동일하기 때문에 언어생활에서 주의가 필요합니다.

　이제 다음 제시된 자료를 분석해 봅시다. 단, ㄹ과 ㅁ은 모두 말하는 도중에 상대 높임의 등급을 바꾸지 않는다고 가정합니다.

ㄱ. 이것은 들판이요, 저것은 하늘<u>이오</u>.
ㄴ. 선배: 고향이 어디니? / 후배: 서울<u>요</u>.
ㄷ. (고향을 묻는 물음에 대한 답) <u>부산이오</u>.
ㄹ. 무얼 좋아하시오? 소설이오? 아니면 영화<u>요</u>?
ㅁ. 무얼 좋아하세요? 소설<u>요</u>? 아니면 영화<u>요</u>?

① ㄱ의 밑줄 친 '이오'는 [이요]로 발음할 수 있다.
② ㄴ의 밑줄 친 '요'를 '이요'로 바꾸어 적을 수 있다.
③ ㄷ의 밑줄 친 '부산이오'는 하오체 문장에 해당한다.
④ ㄹ의 밑줄 친 '요'는 모음으로 끝나는 체언 뒤에서 '-이오'가 줄어든 형태에 해당한다.
⑤ ㅁ의 밑줄 친 '요'는 둘 다 청자에게 존대의 뜻을 나타내는 보조사에 해당한다.

12 〈보기〉의 한글 맞춤법 규정을 적용한 것으로 옳지 <u>않은</u> 것은?

보기

제19항 어간에 '-이' 나 '-음/-ㅁ'이 붙어서 명사로 된 것과 '-이' 나 '-히' 가 붙어서 부사로 된
것은 그 어간의 원형을 밝히어 적는다. ··· ㉠
　[붙임] 어간에 '-이' 나 '-음' 이외의 모음으로 시작된 접미사가 붙어서 다른 품사로 바뀐 것
　　은 그 어간의 원형을 밝히어 적지 아니한다. ··· ㉡
제20항 명사 뒤에 '-이' 가 붙어서 된 말은 그 명사의 원형을 밝히어 적는다. ················ ㉢
　[붙임] '-이' 이외의 모음으로 시작된 접미사가 붙어서 된 말은 그 명사의 원형을 밝히어 적
　　지 아니한다. ··· ㉣
제21항 명사나 혹은 용언의 어간 뒤에 자음으로 시작된 접미사가 붙어서 된 말은 그 명사나 어
　　간의 원형을 밝히어 적는다. ··· ㉤

① '다듬이' 로 표기하는 것은 ㉠의 규정을 적용한 것이군.
② '마개' 를 '막애' 로 표기하지 않는 것은 ㉡의 규정을 적용한 것이군.
③ '삼발이' 를 '삼바리' 로 표기하지 않는 것은 ㉢의 규정을 적용한 것이군.
④ '귀머거리' 로 표기하는 것은 ㉣의 규정을 적용한 것이군.
⑤ '덮개' 로 표기하는 것은 ㉤의 규정을 적용한 것이군.

13 〈보기 1〉을 참고할 때, 〈보기 2〉의 ㉠～㉤ 중, 표준 발음에 해당하지 <u>않는</u> 것은?

보기 1

표준 발음법
제5항 'ㅑ ㅒ ㅕ ㅖ ㅘ ㅙ ㅛ ㅝ ㅞ ㅠ ㅢ' 는 이중 모음으로 발음한다.
　다만 1. 용언의 활용형에 나타나는 '져, 쪄, 쳐' 는 [저, 쩌, 처]로 발음한다.
　다만 2. '예, 례' 이외의 'ㅖ' 는 [ㅔ]로도 발음한다.
　다만 3. 자음을 첫소리로 가지고 있는 음절의 'ㅢ' 는 [ㅣ]로 발음한다.
　다만 4. 단어의 첫음절 이외의 '의' 는 [ㅣ]로, 조사 '의' 는 [ㅔ]로 발음함도 허용한다.

보기 2

• 긍정적인 마음을 ㉠가져야[가저야] 한다.
• ㉡협의[혀비]를 거쳐서 결정한 사안이다.
• 젊은이들에게 ㉢희망[희망]과 용기를 불어넣다.
• 문화 유적에는 조상들의 ㉣지혜[지헤] 가 담겨 있다.
• ㉤우리의[우리에] 힘을 합치면 못할 일이 뭐가 있겠어요?

① ㉠　　　　② ㉡　　　　③ ㉢　　　　④ ㉣　　　　⑤ ㉤

14 〈보기〉의 표준 발음 자료를 탐구한 내용으로 적절하지 **않은** 것은?

제23항 받침 'ㄱ(ㄲ, ㅋ, ㄳ, ㄺ), ㄷ(ㅅ, ㅆ, ㅈ, ㅊ, ㅌ), ㅂ(ㅍ, ㄼ, ㄿ, ㅄ)' 뒤에 연결되는 'ㄱ, ㄷ, ㅂ, ㅅ, ㅈ'은 된소리로 발음한다. ·········· ㉠

제24항 어간 받침 'ㄴ(ㄵ), ㅁ(ㄻ)' 뒤에 결합되는 어미의 첫소리 'ㄱ, ㄷ, ㅅ, ㅈ'은 된소리로 발음한다. ·········· ㉡

다만, 피동, 사동의 접미사 '-기-'는 된소리로 발음하지 않는다. ·········· ㉢

제27항 관형사형 '-(으)ㄹ' 뒤에 연결되는 'ㄱ, ㄷ, ㅂ, ㅅ, ㅈ'은 된소리로 발음한다. ·········· ㉣

[붙임] '-(으)ㄹ'로 시작되는 어미의 경우에도 이에 준한다. ·········· ㉤

① ㉠에 따르면 '꽃다발이 예쁘다.'에서 '꽃다발'의 표준 발음은 [꼳따발]이겠군.
② ㉡에 따르면 '아기를 꼭 껴안고 갔다.'에서 '껴안고'의 표준 발음은 [껴안꼬]이겠군.
③ ㉢에 따르면 '감기를 옮기다.'에서 '옮기다'의 표준 발음은 [옴기다]이겠군.
④ ㉣에 따르면 '여기 외엔 갈 데가 없다.'에서 '갈 데가'의 표준 발음은 [갈떼가]이겠군.
⑤ ㉤에 따르면 '사랑할수록 참아야지.'에서 '사랑할수록'의 표준 발음은 [사랑할수록]이겠군.

15 〈보기 1〉은 표준 발음법 규정의 일부이다. 이를 바탕으로 〈보기 2〉를 탐구한 내용으로 적절하지 **않은** 것은?

제9항 받침 'ㄲ, ㅋ', 'ㅅ, ㅆ, ㅈ, ㅊ, ㅌ', 'ㅍ'은 어말 또는 자음 앞에서 각각 대표음 [ㄱ, ㄷ, ㅂ]으로 발음한다.

제13항 홑받침이나 쌍받침이 모음으로 시작된 조사나 어미, 접미사와 결합되는 경우에는, 제 음가대로 뒤 음절 첫소리로 옮겨 발음한다.

제18항 받침 'ㄱ(ㄲ, ㅋ, ㄳ, ㄺ), ㄷ(ㅅ, ㅆ, ㅈ, ㅊ, ㅌ, ㅎ), ㅂ(ㅍ, ㄼ, ㄿ, ㅄ)'은 'ㄴ, ㅁ' 앞에서 [ㅇ, ㄴ, ㅁ]으로 발음한다.

제20항 'ㄴ'은 'ㄹ'의 앞이나 뒤에서 [ㄹ]로 발음한다.

제23항 받침 'ㄱ(ㄲ, ㅋ, ㄳ, ㄺ), ㄷ(ㅅ, ㅆ, ㅈ, ㅊ, ㅌ), ㅂ(ㅍ, ㄼ, ㄿ, ㅄ)' 뒤에 연결되는 'ㄱ, ㄷ, ㅂ, ㅅ, ㅈ'은 된소리로 발음한다.

㉠ 들녘이 ㉡ 들녘도 ㉢ 들녘만

① ㉠에서 '들녘'의 'ㅋ'은 제13항이 적용되어 [ㄱ]으로 발음되겠군.
② ㉡에서 '들녘'의 'ㅋ'은 제9항이 적용되어 [ㄱ]으로 발음되겠군.
③ ㉡에서 '도'의 'ㄷ'은 제23항이 적용되어 [ㄸ]으로 발음되겠군.
④ ㉢에서 '들녘'의 'ㅋ'은 제18항이 적용되어 [ㅇ]으로 발음되겠군.
⑤ ㉠~㉢에서 '들녘'의 'ㄴ'은 제20항이 적용되어 [ㄹ]로 발음되겠군.

16 〈보기〉의 '표준 발음법'을 바르게 적용하지 <u>못한</u> 것은?

> **제10항** 겹받침 'ㄳ', 'ㄵ', 'ㄼ, ㄽ, ㄾ', 'ㅄ'은 어말 또는 자음 앞에서 각각 [ㄱ, ㄴ, ㄹ, ㅂ]으로 발음한다. 다만, '밟–'은 자음 앞에서 [밥]으로 발음한다.
>
> **제11항** 겹받침 'ㄺ, ㄻ, ㄿ'은 어말 또는 자음 앞에서 각각 [ㄱ, ㅁ, ㅂ]으로 발음한다. 다만, 용언의 어간 말음 'ㄺ'은 'ㄱ' 앞에서 [ㄹ]로 발음한다.
>
> **제14항** 겹받침이 모음으로 시작된 조사나 어미, 접미사와 결합되는 경우에는, 뒤엣것만을 뒤음절 첫소리로 옮겨 발음한다.(이 경우, 'ㅅ'은 된소리로 발음함.)

① '넓지'는 제10항에 의거하여 [널찌]로 발음해야겠군.
② '옮겨'는 제11항에 의거하여 [옴겨]로 발음해야겠군.
③ '읽고'는 제11항에 의거하여 [일꼬]로 발음해야겠군.
④ '값이'는 제14항에 의거하여 [갑시]로 발음해야겠군.
⑤ '훑어'는 제14항에 의거하여 [훌터]로 발음해야겠군.

17 〈보기〉는 수업의 한 장면이다. 선생님의 질문에 대한 답을 바르게 짝지은 것은?

> 선생님: 국어를 로마자로 표기할 때는 국어의 표준 발음법에 따라 적는 것을 원칙으로 합니다. 따라서 음운 변동의 결과를 표기에 반영하지요. 이때, 'ㄱ, ㄷ, ㅂ'은 모음 앞에서는 'g, d, b'로, 자음 앞이나 어말에서는 'k, t, p'로 적습니다. 'ㄹ'은 모음 앞에서는 'r'로, 자음 앞이나 어말에서는 'l'로 적으며, 'ㄹㄹ'은 'll'로 적지요.
>
>   그럼 아래의 표기 일람을 참고할 때, '독립문'과 '대관령'의 로마자 표기는 어떻게 될까요?

ㄱ	ㄴ	ㄷ	ㄹ	ㅁ	ㅂ	ㅇ
g, k	n	d, t	r, l	m	b, p	ng

ㅐ	ㅕ	ㅗ	ㅘ	ㅜ	ㅣ
ae	yeo	o	wa	u	i

	독립문	대관령
①	Dongnimmun	Daegwallyeong
②	Dongnimmun	Daegwalryeong
③	Dongrimmun	Daegwallyeong
④	Dongrimmun	Daegwanryeong
⑤	Doknipmun	Daegwanryeong

IV 국어의 역사

우리말은 음운, 표기, 어휘, 문법 등 여러 면에서 크고 작은 변화를 겪으면서 발전해 왔다. 훈민정음 창제 이전의 우리말은 자료가 부족하여 그 모습을 파악하는 것이 어려우나, 훈민정음 창제 이후에는 훈민정음으로 기록된 자료를 통해 우리말의 변화 과정을 비교적 구체적으로 파악할 수 있다. 국어의 역사 속에서 나타나는 문자 생활의 변화와 시대별 특징을 이해한다면 과거 우리의 말과 글의 모습을 이해할 수 있으며, 현재 생활 속에서 우리말을 바르게 사용하는 데에도 도움이 될 수 있다.

여기에서는 우리 조상들이 한반도와 그 일대에 살기 시작한 때부터 고려 건국 이전까지의 고대 국어, 고려가 건국되면서 언어의 중심지가 개성으로 옮겨 간 시기부터 16세기 말까지의 중세 국어, 우리말의 음운, 어휘, 문법 등에서 변화가 크게 나타난 17세기 초부터 19세기 말까지의 근대 국어의 시대별 특징과 변화 과정에 대해 알아보도록 한다.

30 국어의 역사(1)

국어는 시대의 흐름에 따라 고대 국어, 중세 국어, 근대 국어, 현대 국어로 구분한다. 고려 건국 이전(~10세기)까지를 고대 국어, 고려 시대부터 임진왜란 전(10~16세기)까지를 중세 국어, 임진왜란 직후부터 갑오개혁(17~19세기)까지를 근대 국어, 그 이후의 국어를 현대 국어라고 한다.

대표 유형

⊙ 다음 중 한자의 음과 뜻을 빌린 부분을 바르게 표시한 것은?

仙密只嫁良置古	놈 그스지 얼어두고
	남 몰래 결혼하고

①
뜻	남	그윽할	다만	얼	좋을	둘	옛
음	타	밀	지	가	량	치	고

②
뜻	남	그윽할	다만	얼	좋을	둘	옛
음	타	밀	지	가	량	치	고

③
뜻	남	그윽할	다만	얼	좋을	둘	옛
음	타	밀	지	가	량	치	고

④
뜻	남	그윽할	다만	얼	좋을	둘	옛
음	타	밀	지	가	량	치	고

⑤
뜻	남	그윽할	다만	얼	좋을	둘	옛
음	타	밀	지	가	량	치	고

핵심 문제

※ 다음 중 한자의 음과 뜻을 빌린 부분을 바르게 표시한 것을 고르시오.

01

善化公主主隱	선화 공주니믄
	선화 공주님은

①
뜻	착할	될	귀인	님	님	숨을
음	선	화	공	주	주	은

②
뜻	착할	될	귀인	님	님	숨을
음	선	화	공	주	주	은

③
뜻	착할	될	귀인	님	님	숨을
음	선	화	공	주	주	은

④
뜻	착할	될	귀인	님	님	숨을
음	선	화	공	주	주	은

⑤
뜻	착할	될	귀인	님	님	숨을
음	선	화	공	주	주	은

02

薯童房乙	맛둥바올
	맛둥서방을

①
뜻	마	아이	방	새
음	**서**	**동**	**방**	을

②
뜻	**마**	아이	방	새
음	서	**동**	**방**	을

③
뜻	**마**	아이	방	새
음	서	동	방	**을**

④
뜻	마	아이	**방**	**새**
음	**서**	**동**	방	을

⑤
뜻	**마**	아이	**방**	**새**
음	서	**동**	방	을

03

東京明期月良	東京(시불) 불긔 두래
	서울(동경) 밝은 달에

①
뜻	**동녘**	**서울**	**밝을**	기약할	**달**	**좋을**
음	동	경	명	**기**	월	량

②
뜻	동녘	서울	밝을	기약할	**달**	좋을
음	**동**	**경**	**명**	**기**	월	**량**

③
뜻	**동녘**	서울	**밝을**	기약할	달	좋을
음	동	**경**	명	**기**	월	량

④
뜻	동녘	**서울**	**밝을**	기약할	**달**	좋을
음	**동**	경	명	**기**	월	**량**

⑤
뜻	동녘	서울	**밝을**	기약할	**달**	좋을
음	**동**	**경**	명	**기**	월	량

04

此身遺也置遣	이 몸 기뎌 두고
	이 몸 버려(남겨) 두고

①
뜻	이	몸	끼칠(=버림)	어조사	둘	보낼
음	**차**	신	유	야	**치**	**견**

②
뜻	**이**	**몸**	끼칠(=버림)	어조사	둘	보낼
음	차	신	**유**	**야**	치	견

③
뜻	**이**	**몸**	끼칠(=버림)	어조사	둘	보낼
음	차	신	유	**야**	치	견

④
뜻	이	몸	**끼칠(=버림)**	**어조사**	**둘**	보낼
음	차	신	유	야	치	**견**

⑤
뜻	이	**몸**	끼칠(=버림)	어조사	둘	보낼
음	**차**	신	유	**야**	치	견

他密只嫁良置古   놈 그스지 얼어두고
남 몰래 결혼하고

	他	密	只	嫁	良	置	古
뜻	남	그윽할	다만	얼	좋을	둘	옛
음	타	밀	지	가	량	치	고

정답 ④   '他密只嫁良置古'는 '남 몰래 결혼하고(놈 그스지 얼어두고)'라는 의미이다. 여기에서 한자의 뜻을 빌린 부분은 '他, 密, 嫁, 置'이고, 한자의 음을 빌린 부분은 '只, 良, 古'이다.

핵심 문제 풀이

01

善化公主主隱   선화 공주니믄
선화 공주님은

	善	化	公	主	主	隱
뜻	착할	될	귀인	님	님	숨을
음	선	화	공	주	주	은

정답 ④   '善化公主主隱'은 '선화공주님은(선화공주니믄)'이라는 의미이다. 여기에서 한자의 뜻을 빌린 부분은 '主'이고, 한자의 음을 빌린 부분은 '善, 化, 公, 主, 隱'이다.

02

薯童房乙   맛둥바올
맛둥서방을

	薯	童	房	乙
뜻	마	아이	방	새
음	서	동	방	을

정답 ②   '薯童房乙'은 '맛둥서방을(맛둥바올)'이라는 의미이다. 여기에서 한자의 뜻을 빌린 부분은 '薯'이고, 한자의 음을 빌린 부분은 '童, 房, 乙'이다.

03

東京明期月良   東京(시블) 불긔 드래
서울(동경) 밝은 달에

	東	京	明	期	月	良
뜻	동녘	서울	밝을	기약할	달	좋을
음	동	경	명	기	월	량

정답 ⑤   '東京明期月良'은 '서울(동경) 밝은 달에(東京(시블) 불긔 드래)'라는 의미이다. 여기에서 한자의 뜻을 빌린 부분은 '明, 月'이고, 한자의 음을 빌린 부분은 '東, 京, 期, 良'이다.

	此	身	遺	也	置	遣
뜻	이	몸	끼칠 (=버릴)	어조사	둘	보낼
음	차	신	유	야	치	견

此身遺也置遣   이 몸 기텨 두고
　　　　　　　이 몸 버려(남겨) 두고

정답 ③ '此身遺也置遣'은 '이 몸 버려(남겨) 두고(이 몸 기텨 두고)'라는 의미이다. 여기에서 한자의 뜻을 빌린 부분은 '此, 身, 遺, 置'이고, 한자의 음을 빌린 부분은 '也, 遣'이다.

핵심 개념

고대 국어(~10세기)

1. 고대 국어의 특징
(1) 한반도와 만주 지역에서 쓰였던 우리말이 고구려어, 백제어, 신라어로 분화되었다.
(2) 신라의 삼국 통일 이후 세 언어는 경주 지방의 말을 중심으로 통일되었다.

2. 고대 국어의 음운
(1) 예사소리와 거센소리의 두 계열만 존재하며, 된소리 계열은 등장하지 않았을 것으로 추정된다.
(2) 음절 끝 자음은 오늘날과 달리 본래의 제 음가대로 발음되었을 것으로 추정된다.

3. 한자 차용 표기법
(1) 한자를 우리말에 맞게 음과 뜻을 빌려 쓰는 방식이다.
(2) 훈차(訓借): 한자의 뜻을 빌려 쓰는 표기
(3) 음차(音借): 한자의 음을 빌려 쓰는 표기
　예 素那(或云金川) – 소나(또는 금천이라고 한다) → 동일인의 이름을 '음차'와 '훈차' 두 방식으로 표기했다.
　　흴 소 어찌 나 쇠 금, 내 천
　　소나(음차)　　쇠내(훈차)
(4) 이두
　① 한자를 국어의 문장 구조에 따라 배열하고, 조사와 어미 등을 한자의 음과 뜻을 이용한 이두자로 보충해 표기
　② 문장의 의미 및 문맥을 분명하게 표기하기 위한 차자 표기법
(5) 구결
　① 한문을 읽을 때 구절 사이사이에 조사나 어미를 표기하여 문장의 의미, 문맥을 밝혀 주는 차자 표기법
　② 이두는 문장 전체를 표기하는 데 비해, 구결은 한문 원문에 국어 문법 형태소를 추가하여 표기하는 것이다.
(6) 향찰
　① 한자의 음과 뜻을 빌린 차자(借字) 표기 방식의 하나로 우리말의 형태와 의미 요소를 전면적으로 표기한 기록 체계이다.
　② 훈차와 음차를 사용하여 우리말 어순으로 글자를 배열하였으며, 한자로 기록하고 우리말로 읽었다.
　③ 신라의 향가를 표기하는 데 사용되었다.
　④ 대체로 실질적 의미 요소(체언, 용언의 어간)는 한자의 뜻을 빌려 표기하고, 문법적 의미 요소(조사, 용언의 어미)는 한자의 음을 빌려 표기했다.

4. 고대 국어의 어휘
(1) 고유어가 많이 쓰이다가 한자어가 점차 늘었다.
(2) 중앙 집권 체제를 갖추면서 국가적 차원에서 한자어를 사용하는 양이 급격히 증가하였다.

국어의 역사(2)

대표 유형

◉ 다음 제시된 국어의 특징이 나타난 예로 적절한 것은?

> • 음절 말(종성)은 'ㄱ, ㄴ, ㄷ, ㄹ, ㅁ, ㅂ, ㅅ, ㆁ' 8자로 표기하였다.

① 지석〔作〕>지어　　　② 마ᅀᅵᆷ >마음　　　③ 세 가짓 벋이니

④ 듯고, ᄀᆞᆺ훈　　　　⑤ 가시니

핵심 문제

※ 다음 제시된 국어의 특징이 나타난 예로 적절한 것을 고르시오.

01

> • 한자어 이외에도 몽골어, 여진어에서 새 어휘가 유입되었다.

① 미리내, 한밝　　　② 素那(소나)　　　③ 어린(어리석은)

④ 보라매, 투먼(豆萬)　　⑤ 기차, 호텔

02

> • 모음 조화가 엄격하게 지켜졌다.

① 더빅, 쉬본　　　② 서르, 나를　　　③ 삐〔時〕, 뜯〔意〕

④ 나를, 쓰ᄂᆞᆫ　　　⑤ 빅셩>백성, 경부>정부

03

> • 의문문에서 주어가 2인칭일 경우 의문사의 유무에 상관없이 어미 '-ㄴ다'가 사용되었다.

① 이제 어듸 잇ᄂᆞ뇨　　② :굽다>굽다　　　③ 네 엇뎨 안다

④ 디다>지다　　　　⑤ 가샤ᄃᆡ

04

> • 선어말 어미 '-습-, -줍-, -습-' 등을 사용한 객체 높임법이 쓰였다.

① 호노이다(하나이다)　　② 드르시고(들으시고)　　③ 닐오디(이르되)

④ 청호ᄉᆞᄫᅡ(청하여)　　⑤ 짜홀(땅을)

05

> • 초성에 두 개 이상의 자음을 쓰는 어두 자음군이 존재했다.

① 님믈(님을)　　② 믈>물　　③ 世솅宗종

④ ᄊᆞ다>싸다　　⑤ ᄡᆞᆯ(쌀)

06

> • 관형격 조사로 'ㅅ'이 쓰였다는 점에서 현대 국어와 차이가 있다.

① 쉽디(쉽지)　　② 보미(봄에)　　③ 부텻(부처의)

④ ᄃᆞᄅᆞᆯ(달을)　　⑤ 열븐(엷은)

07

> • 16세기 이후에는 점차 끊어 적기(분철)가 나타났다.

① 좇-+-옴+이 → 조초미　　② 깊-+-은 → 깊은　　③ ᄠᅳᆮ+을 → ᄠᅳ들

④ 믈밎+을 → 믈밋츨　　⑤ ᄡᅳ-+-은 → ᄡᅳᆫ눈

08

> • 주격 조사는 대체로 '이(ㅣ)'만 쓰였다.

① 아히가(아이가)　　② 천하ᄅᆞᆯ(천하를)　　③ ᄂᆞ미(남의)

④ 붉기(붉기)　　⑤ 말ᄊᆞ미(말씀이)

대표 **유형 풀이**

① 지서〔作〕>지어: 'ㅿ'의 소멸(근대 국어)	② 마ᅀᆞᆷ>마음: 모음 'ㆍ'의 소실(중세 국어 이후)
④ 듯고(듣고), ᄀᆞᆺᄒᆞᆫ(같은): 7종성법(근대 국어)	⑤ 가시니: 주체 높임법(중세 국어)

정답 ③ 중세 국어 시기에는 종성을 표기할 때 '세 가짓 벋이니(세 가지 벗이니)'와 같이 'ㄱ, ㄴ, ㄷ, ㄹ, ㅁ, ㅂ, ㅅ, ㆁ'의 8자만 쓰였다.

핵심 **문제 풀이**

01
① 미리내(은하수), 한밭(대전): 고유어의 사용	② 素那(소나): 차자 표기(고대 국어)
③ 어린 – 어리석은>나이가 적은: 의미 이동	⑤ 기차, 호텔: 신문물에 의한 어휘 유입(근대 국어)

정답 ④ '보라매', '투먼' 등은 중세 국어 시기에 몽골, 여진 등과 접촉하는 과정에서 유입된 어휘이다.

02
① 더ᄫᅵᆨ, 쉬ᄫᆞᆫ: 'ㅸ'의 사용(중세 국어)	③ ᄢᅴ〔時〕, ᄠᅳᆮ〔意〕: 어두 자음군(중세 국어)
④ 나를, 쓰ᄂᆞᆫ: 모음 조화의 문란(근대 국어)	⑤ 빅셩>백성, 졍부>정부: 단모음화(근대 국어)

정답 ② '서르(서로)', '나ᄅᆞᆯ(나를)'은 모두 모음 조화가 지켜졌다. 모음 조화는 16세기 이후 차차 문란해졌다.

03
① 이제 어듸 잇ᄂᆞ뇨: 설명 의문문(중세 국어)	② :굽다>굽다: 상성이 사라짐(근대 국어)
④ 디다>지다: 구개음화(근대 국어)	⑤ 가샤ᄃᆡ: 주체 높임법(중세 국어)

정답 ③ '네 엇데 안다'는 '네가 어찌 아느냐?'라는 뜻으로, 주어가 2인칭이므로 어미 '-ㄴ다'를 사용한 의문문이다.

04
① ᄒᆞᄂᆞ이다(하나이다): 상대 높임법(중세 국어)	② 드르시고(들으시고): 주체 높임법(중세 국어)
③ 닐오ᄃᆡ(이르되): 두음 법칙이 적용되지 않음	⑤ ᄯᅡ홀(땅을): 목적격 조사 '올'(중세 국어)

정답 ④ '청ᄒᆞᅀᆞᄫᅡ'에서는 객체 높임 선어말 어미 '-ᅀᆞᆸ-'를 사용해 객체를 높이고 있다.

05
① 님믈(님을): 거듭 적기(근대 국어)	② 믈>물: 원순 모음화(근대 국어)
③ 世솅宗ᄌᆞᆼ: 동국정운식 한자음 표기(중세 국어)	④ ᄡᅡ다>싸다: 모음 'ㆍ'의 소실(중세 국어 이후)

정답 ⑤ 'ᄡᅮᆯ'의 'ㅄ'는 음절 첫머리에 둘 이상의 자음이 오는 어두 자음군이다.

06
① 쉽디(쉽지): 구개음화가 나타나지 않음(중세 국어)	② 보ᄆᆡ(봄에): 이어 적기(중세 국어)
④ ᄃᆞᄅᆞᆯ(달을): 모음 조화에 의한 목적격 조사 '올'	⑤ 열본(엷은): 'ㅸ'의 활용(중세 국어)

정답 ③ '부텻'은 '부텨+ㅅ'이므로 존칭의 유정 명사 뒤에 관형격 조사 'ㅅ'이 쓰였음을 알 수 있다.

07

① 좇+‒옴+이 → 조초미: 이어 적기(중세 국어)	③ 뜯+을 → 뜨들: 이어 적기(중세 국어)
④ 믈밑+을 → 믈밋츨: 거듭 적기, 7종성법(근대 국어)	⑤ 쓴‒+‒은 → 쓴논: 거듭 적기(근대 국어)

정답 ② '깊+‒은 → 깊은'은 단어의 원래 형태를 밝혀 적는 끊어 적기가 나타난다.

08

① 아히가(아이가): 주격 조사 '가' (근대 국어)	② 천하롤(천하를): 목적격 조사 '롤' (중세 국어)
③ 누미(남의): 관형격 조사 '이' (중세 국어)	④ 붉기(밝기): 명사형 어미 '‒기' (근대 국어)

정답 ⑤ '말쓰미(말씀이)'는 '말씀+이'로, 자음으로 끝난 체언 뒤에 주격 조사 '이'가 쓰여 이어 적기로 표기된 것이다.

핵심 개념

중세 국어(10~16세기)

1. 중세 국어의 특징
(1) 고려가 건국되고 수도가 개성으로 옮겨지면서 국어의 중심지가 한반도 중부 지역으로 이동하였다.
(2) 훈민정음의 창제·반포를 기준으로 10세기~14세기를 전기 중세 국어, 15~16세기를 후기 중세 국어로 구분한다.

2. 음운
(1) 현대 국어에 쓰이지 않는 'ㅸ, ㅿ, ㆆ, ㆁ, ·' 등이 모두 사용되었다.
(2) 이전 시기에 나타나지 않던 된소리가 발달하였다.
(3) 초성에 두 개 이상의 자음이 오는 어두 자음군이 존재했다. **에** 뜯(意), 뿔(米)
(4) 모음 조화가 비교적 엄격하게 지켜졌다. **에** 나는, 너는

3. 표기
(1) 훈민정음 창제 초기에는 이어 적기(연철)를 하다가 16세기 이후에는 끊어 적기(분철)도 사용하였다.
(2) 받침의 표기에 훈민정음 창제 초기에는 종성부용초성을, 이후에는 8종성법(ㄱ, ㄴ, ㄷ, ㄹ, ㅁ, ㅂ, ㅅ, ㆁ)을 적용하였다.
(3) 중국 한자의 원음에 가깝게 정리하고 형식 종성인 'ㅇ'를 사용하는 동국정운식 한자음 표기를 적용하였다. **에** 世솅宗종
(4) 16세기까지 글자 왼쪽에 점을 찍어 소리의 높낮이(성조)를 표시하는 방점이 존재했다. [평성 – 낮은 소리(점 없음), 상성 – 낮았다가 높아지는 소리(점 두 개), 거성 – 높은 소리(점 한 개)] **에** 나·랏:말쓰·미

4. 문법
(1) 격 조사: 주격 조사로 현대 국어에서 '가'가 쓰일 자리에도 '이'만이 쓰였다.

주격 조사	이	자음으로 끝난 체언 뒤	사룸 + 이 → 사루미(사람이)
	ㅣ	'ㅣ' 이외의 모음으로 끝난 체언 뒤	부텨 + ㅣ → 부톄(부처가)
	Ø	'ㅣ' 모음으로 끝난 체언 뒤	불휘 + Ø → 불휘(뿌리가)
목적격 조사	올 / 을	받침이 있는 체언 뒤(모음 조화에 따름)	사룸 + 올 → 사루물(사람을), 뜯 + 을 → 뜨들(뜻을)
	롤 / 를	받침이 없는 체언 뒤(모음 조화에 따름)	나 + 롤 → 나룰(나를), 너 + 를 → 너를(너를)
관형격 조사	이 / 의	유정 명사 뒤(모음 조화에 따름)	놈 + 이 → 뜯 → 누미 뜯(남의 뜻), 거붑 + 의 + 털 → 거부븨 털(거북의 털)
	ㅅ	무정 명사나 존칭의 유정 명사 뒤	대왕 + ㅅ + 말쏨 → 대왕ㅅ 말쏨(대왕의 말씀)

(2) 주어가 1인칭일 때 선어말 어미 '‒오‒'가 쓰였다. **에** 내 이제 分明히 너두려 닐오리라(닐‒+‒오+‒리‒+‒라)
(3) 주체 높임법(‒시‒), 객체 높임법(‒숩‒, ‒줍‒, ‒숩‒), 상대 높임법(‒이‒, ‒잇‒) 등이 선어말 어미로 실현되었다.
(4) 존칭의 호격 조사 '하'가 사용되었다. **에** 님금하 아르쇼셔
(5) 판정 의문문에서는 어미 '‒가', '‒녀'가, 설명 의문문에서는 어미 '‒고', '‒뇨'가 쓰였다. [주어가 2인칭인 경우 '‒ㄴ다']

5. 어휘
(1) 한자어와 고유어의 경쟁이 계속되다가 점차 한자어로 대체되었다. **에** 뫼 → 산(山), 즈믄 → 천(千)
(2) 한자어 이외에 몽골어, 여진어 등의 어휘가 유입되었다. **에** 보라매, 송골매
(3) 현대 국어와 다른 의미로 쓰이는 단어들이 있었다. **에** 어리다(어리석다 → 나이가 적다), 어엿브다(불쌍하다 → 아름답다)

대표 유형

◉ 다음 제시된 국어의 특징이 나타난 시기와 그 예로 적절한 것은?

• 어두 자음군의 된소리화가 나타났다.

	시기	예
①	고대 국어	펴디>펴지, 됴요(照耀)ㅎ며>조요ㅎ며
②	중세 국어	누버>누워, 고바>고와
③	중세 국어	플>풀, 스믈>스물
④	근대 국어	쁘다>쓰다, 뿔>쌀
⑤	근대 국어	믿디

핵심 문제

※ 다음 제시된 국어의 특징이 나타난 시기와 그 예로 적절한 것을 고르시오.

01

• 주격 조사 '가'가 출현하여 '이'와 구별해 쓰이게 되었다.

	시기	예
①	고대 국어	붉다>밝다
②	중세 국어	ㅂ르매
③	중세 국어	ㅁ숨, 처엄
④	근대 국어	孔공子ㅈ
⑤	근대 국어	비가

02

• 구개음화가 나타나기 시작했다.

	시기	예
①	고대 국어	어엿비(불쌍히)
②	중세 국어	현뎌케
③	중세 국어	니르고져, 닐러
④	근대 국어	듣줍고
⑤	근대 국어	텬하(天下)>천하

03 • 한자음을 동국정운에 따라 표기하였다.

	시기	예
①	고대 국어	金川(쇠내)
②	중세 국어	世솅宗종
③	중세 국어	ㄱ업스시니
④	근대 국어	父부母모롤
⑤	근대 국어	ㄱ룸 → 강(江)

04 • 모음 조화가 문란해졌다.

	시기	예
①	고대 국어	나라홀
②	중세 국어	겨슬
③	중세 국어	어울워
④	근대 국어	하놀을
⑤	근대 국어	드러

05 • 앞 음절의 종성 자음을 두 번 거듭하여 적는 거듭 적기(중철)를 하였다.

	시기	예
①	고대 국어	ㄱ술 > ㄱ을
②	중세 국어	쁘들, 노미
③	중세 국어	깊은, 괴운이
④	근대 국어	님믈, 쏫시니
⑤	근대 국어	ㄱ·눈:엄쏘·리·니

06 • 주어가 1인칭일 때 선어말 어미 '-오-'가 사용되었다.

	시기	예
①	고대 국어	이제 엇더ᄒ고
②	중세 국어	구드시리이다
③	중세 국어	밍ㄱ노니
④	근대 국어	·뿌·메
⑤	근대 국어	놉히

① 펴디>펴지, 됴요(照耀)ㅎ며>조요ㅎ며: 구개음화(근대 국어)	② 누버>누워, 고바>고와: 'ᄫ'의 소멸(근대 국어)
③ 플>풀, 스믈>스물: 원순 모음화(근대 국어)	⑤ 밋디(믿지): 7종성법(근대 국어)

정답 ④ '쓰다>쓰다', '뿔>쌀' 처럼 중세 국어에서 어두 자음군으로 나타났던 것이 근대 국어 시기에 된소리로 바뀌었다.

01

① 븕다>붉다: 원순 모음화(근대 국어)	② ᄇᆞᄅᆞ매(바람에): 이어 적기(중세 국어)
③ ᄆᆞ슴(마음), 처섬(처음): 'ᅀ'의 사용(중세 국어)	④ 孔공子ᄌᆞ이(공ᄌᆞ+이): 주격 조사 '이'가 사용됨(중세 국어)

정답 ⑤ '빅개(바+개)'는 주격 조사 '가'를 사용한 것이다. '가'는 16세기 중반 이후 서서히 나타났다.

02

① 어엿비(불쌍히)>예쁘게): 의미 이동	② 현뎌케(현저하게): 구개음화가 적용되지 않음(중세 국어)
③ 니르고져(이르고저), 닐러(일러): 두음 법칙이 적용되지 않음(중세 국어)	④ 듣ᄌᆞᆸ고: 선어말 어미 '-ᄌᆞᆸ-'을 사용한 객체 높임(중세 국어)

정답 ⑤ '텬하(天下)>천하'는 근대 국어에 나타나기 시작한 구개음화가 적용된 것이다.

03

① 金川(쇠내): 차자 표기(고대 국어)	③ ᄭᅮ업스시니: 'ᆞ', 'ᅀ' 등 현대 국어에 사용되지 않는 자음과 모음이 사용됨(중세 국어)
④ 父부母모롤: 모음 조화에 따른 목적격 조사 '롤'의 사용(중세 국어)	⑤ ᄀᆞᄅᆞᆷ → 강(江): 고유어가 한자어로 대체됨

정답 ② '世솅宗종'은 모음으로 끝나도 종성에 'ㅇ'를 적은 동국정운식 한자음 표기이다.

04

① 나라홀(나랗+올): 모음 조화에 따른 목적격 조사 '올'의 사용(중세 국어)	② 겨슬(겨울): 모음 조화가 지켜짐(중세 국어)
③ 어울워: 음성 모음인 'ㅓ, ㅜ, ㅕ'가 사용되어 모음 조화가 이루어짐(중세 국어)	⑤ 드러(들어): 이어 적기(중세 국어)

정답 ④ '하ᄂᆞᆯ을(하ᄂᆞᆯ+을)'은 양성 모음 'ㅏ, ᆞ'와 음성 모음 'ㅡ'가 쓰였으므로 모음 조화가 지켜지지 않은 경우이다.

05

① ㄱ술>ㄱ을(가을): 모음 조화의 문란(근대 국어)	② 쁘들(뜻을), 노미(놈이): 이어 적기(중세 국어)
③ 깊은, 긔운이(기운이): 끊어 적기(16세기 이후)	⑤ ㄱ·는: 엄쏘·리·니: 성조 표기(중세 국어)

정답 ④ '님믈'과 '쏫시니'는 모두 거듭 적기로 표기한 것이다. 거듭 적기는 17~19세기에 과도기적으로 나타났다.

06

① 이제 엇더ᄒᆞ고: 설명 의문문의 어미 '-고'가 사용됨(중세 국어)	② 구드시리이다: 주체 높임 선어말 어미 '-시-', 상대 높임 선어말 어미 '-이-'(중세 국어)
④ ·ᄡᅮ·메(씀에): 이어 적기와 성조 표기(중세 국어)	⑤ 놉히(높이): 재음소화 표기(근대 국어)

정답 ③ '밍ᄀ노니'는 '밍글-+-ᄂᆞ-+-오-+-니'로 주어가 1인칭일 때의 선어말 어미 '-오-'가 나타난 것이다.

 핵심 **개념**

근대 국어(17~19세기)

1. 근대 국어의 특징
(1) 사회·문화적인 변화와 함께 음운, 어휘, 표기법, 문법 등에서 변화가 크게 일어났다.
(2) 서양과의 직접적인 접촉을 통해 서구어가 유입되었다.
(3) 개화기에는 한글 사용의 확대로 문장 구성 방식이 현대와 유사해졌다.

2. 음운
(1) 자음 'ㅸ, ㆆ, ㅿ'이 소실되었다. 'ㆁ'도 종성에서만 'ㅇ'으로 실현되었다.
(2) 모음 'ㆍ'는 처음에는 단어의 둘째 음절 이하에 놓인 경우 'ㅡ'로 변하였고, 그 다음 첫째 음절에 놓인 경우 'ㅏ'로 변화하는 과정을 거치면서 점차 사라졌다. (표기에는 1933년 한글 맞춤법에 의해 폐지될 때까지 사용됨)
(3) 모음 조화가 중세 국어 시기보다 문란해졌다. **예** 보논>보는
(4) 16세기 후반부터 동요를 보이던 성조와 방점이 소멸되었다. **예** :굽다>굽다[굽ː따]
(5) 어두 자음군이 'ㅅ' 계열의 된소리로 통일되었다. **예** ᄢᅮ>쑤
(6) 구개음화('ㄷ, ㅌ'이 모음 'ㅣ'나 반모음 'ㅣ'를 만나 구개음 'ㅈ, ㅊ'으로 바뀜)가 나타났다. **예** 펴디>펴져
(7) 원순 모음화(순음 'ㅁ, ㅂ, ㅍ' 뒤에 오는 'ㅡ'가 'ㅜ'로 바뀜)가 나타났다. **예** 믈>물, 플>풀
(8) 두음 법칙(모음 'ㅣ'나 반모음 'ㅣ' 앞에 오는 단어의 첫소리 'ㄴ'이 탈락함)이 나타났다. **예** 님금>임금

3. 표기
(1) 끊어 적기가 확대되는 과정에서 거듭 적기가 과도기적으로 사용되었다. **예** 니믈>님믈>님을
(2) 받침 표기가 8종성법에서 7종성법(ㄱ, ㄴ, ㄹ, ㅁ, ㅂ, ㅅ, ㅇ)으로 바뀌었다. **예** 믿디>밋디
(3) 하나의 음소를 두 개의 음소로 2차 분석하여 표기하는 재음소화 표기가 나타났다. **예** 높이>놉히

4. 문법
(1) 주격 조사 '가'가 나타나 '이'와 구별하여 쓰였다. **예** 아히가
(2) 객체 높임법 '-ᅀᆞᆸ-, -ᄌᆞᆸ-, -ᅀᆞᆸ-'도 기능이 소멸되면서 상대 높임법으로 변하였다.
(3) 명사형 어미 '-기'가 활발하게 쓰였다. **예** 붉기, 통낭ᄒᆞ기
(4) 주어가 1인칭일 때 쓰인 선어말 어미 '-오-'가 소멸되었다.

5. 어휘
(1) 한자어, 외래어가 계속 유입되어 고유어의 사용이 점차 줄어들었다.
(2) 19세기 중·후반에 서구 문물이 도입되면서 새로운 어휘가 등장하였다. **예** 전차, 상공업, 잉크, 남포 등

01 다음 밑줄 친 ⊙~⑩과 관련된 근대 국어의 특징을 아래 〈보기〉의 ⑦~⑩에서 찾아 바르게 연결한 것은?

> 홍식이 거록ᄒᆞ야 붉은 긔운이 하ᄂᆞᆯ을 쮜노더니 이랑이 소리롤 ⊙높히 ᄒᆞ야 ⓒ나를 불러 져긔 ⓒ믈밋츨 보라 웨거ᄂᆞᆯ 급히 눈을 드러 보니 믈밋 홍운을 헤앗고 큰 실오리 ᄀᆞᆺ흔 줄이 붉기 더옥 긔이ᄒᆞ며 ⓔ긔운이 진홍 ᄀᆞᆺ한 것이 ᄎᆞᄎᆞ 나 손바닥 너븨 ᄀᆞᆺ흔 것이 그믐밤의 보는 ⑩숫불빗 ᄀᆞᆺ더라.
>
> – 의유당, 〈동명일긔〉
>
> **현대어 풀이**
> 홍색(紅色)이 거룩하여 붉은 기운이 하늘을 뛰놀더니, 이랑이 크게 소리를 질러 나를 불러, 저기 물 밑을 보라고 외치거늘, 급히 눈을 들어 보니, 물 밑 홍운(紅雲)을 헤치고 큰 실오리 같은 줄이 붉기 더욱 기이하며, 기운이 진홍(眞紅) 같은 것이 차차 나 손바닥 너비 같은 것이 그믐밤에 보는 숯불빛 같더라.

보기

⑦ 거듭 적기(중철)가 나타났다.	⑭ 끊어 적기(분철)가 확대되었다.
⑤ 모음 조화 현상이 잘 지켜지지 않았다.	⑯ 원순 모음화 현상이 부분적으로 나타났다.
⑩ 재음소화 표기가 나타났다.	

① ⊙ – ⑤   ② ⓒ – ⑩   ③ ⓒ – ⑯

④ ⓔ – ⑭   ⑤ ⑩ – ⑦

02 (가), (나)를 비교하여 학생들이 토의한 내용으로 적절하지 않은 것은?

> (가) 몰·ᄀᆞᆫ ᄀᆞ·룺 ᄒᆞᆫ 고·비 ᄆᆞᅀᆞᆯ·홀 아·나 흐르ᄂᆞ니
> : 긴 녀·룺 江村(강촌)·애 ·일:마다 幽深(유심)·ᄒᆞ도다
> 절·로 가·며 절·로 오ᄂᆞ·닌 짒우흿 져비오
> 서르 親(친)ᄒᆞ·며 서르 갓갑ᄂᆞ·닌 믌 가·온딧 ᄀᆞᆯ며기로·다   – 〈두시언해〉 초간본(1481)
>
> (나) 몰군 ᄀᆞ룺 ᄒᆞᆫ 고비 ᄆᆞ올홀 아나 흐르ᄂᆞ니
> 긴 녀륺 江村(강촌)애 일마다 幽深(유심)ᄒᆞ도다
> 절로 가며 절로 오ᄂᆞ닌 집 우흿 져비오
> 서르 親(친)ᄒᆞ며 서르 갓갑ᄂᆞ닌 믌 가온딧 ᄀᆞᆯ며기로다   – 〈두시언해〉 중간본(1632)
>
> **현대어 풀이**
> 맑은 강의 한 굽이가 마을을 안아 흐르는데 / 긴 여름의 강촌에 일마다 한가롭다.
> 절로 가며 절로 오는 것은 집 위의 제비요. / 서로 친하며 서로 가까운 것은 물 가운데의 갈매기로다.

① (나) 시기에는 성조와 방점이 소멸되었어.

② (가), (나)의 시기에는 관형격 조사로 'ㅅ'이 사용되었어.

③ (가), (나)의 시기에는 지금보다 모음 조화가 잘 지켜졌어.

④ 'ㅿ (반치음)'은 (나) 시기로 오면서 소멸되었음을 알 수 있어.

⑤ 'ㆍ (아래아)'가 계속 쓰인 것을 보면, 현대에 와서야 음가와 표기가 소실되었음을 알 수 있지.

03 〈보기〉의 설명을 참고할 때, ⊙~ⓒ에 들어갈 말로 적절한 것은?

　　일반적으로 중세 국어의 주격 조사는 앞에 결합하는 체언의 끝소리에 따라 달라졌다. 체언의 끝소리가 자음일 때 '이'가 나타났고, 체언의 끝소리가 모음 'ㅣ'도, 반모음 'ㅣ'도 아닌 모음 일 때는 'ㅣ'가 나타났다. 그런데 체언의 끝소리가 모음 'ㅣ'이거나, 반모음 'ㅣ'일 때는 아무 런 형태가 나타나지 않았다.

- 　　⊙　　 가칠 므러
  (뱀이 까치를 물어)

- 　　ⓛ　　 기픈 남ᄀᆞᆫ
  (뿌리가 깊은 나무는)

- 　　ⓒ　　 세상에 나매
  (대장부가 세상에 나와)

	⊙	ⓛ	ⓒ
①	ᄇᆞ얌	불휘ㅣ	대장뷔
②	ᄇᆞ얌	불휘ㅣ	대장뷔ㅣ
③	ᄇᆞ야미	불휘	대장뷔
④	ᄇᆞ야미	불휘	대장뷔ㅣ
⑤	ᄇᆞ야미	불휘ㅣ	대장뷔

04 〈보기〉를 바탕으로 현대 국어와 중세 국어의 특징을 비교한 내용으로 적절하지 <u>않은</u> 것은?

- ⊙효도홈과 공슌호몰
  (효도함과 공손함을)

- 兄(형)ㄱ ⓛ쁘디 일어시ᄂᆞᆯ ⓒ聖孫(성손)올 ⓔ내시니이다
  (형의 뜻이 이루어지시매 (하늘이) 성손을 내셨습니다.)

- 世尊(세존)ㅅ 安否(안부) ⓜ묻ᄌᆞᆸ고 니르샤디 므스므라 오시니잇고
  (세존의 안부를 여쭙고 이르시되 무슨 까닭으로 오셨습니까?)

① ⊙을 보니 현대 국어와 달리 명사형 어미 '-옴'이 사용되었군.
② ⓛ을 보니 현대 국어와 달리 어두 자음군이 사용되었군.
③ ⓒ을 보니 현대 국어와 달리 목적격 조사 '올'이 사용되었군.
④ ⓔ을 보니 현대 국어와 마찬가지로 주체 높임 선어말 어미 '-시-'가 사용되었군.
⑤ ⓜ을 보니 현대 국어와 마찬가지로 청자를 높이는 특수 어휘가 사용되었군.

05 〈보기〉의 설명을 참고할 때, ㉠과 ㉡에 들어갈 단어로 적절한 것은?

　　중세 국어 의문문의 종결 어미는 인칭의 종류와 물음말의 유무에 따라 달라진다. 주어가 1, 3인칭일 경우, 물음말이 있는 의문문에는 '-ㄴ고', '-ㄹ고'와 같은 '오'형 어미가 사용되었고, 물음말이 없는 의문문에는 '-ㄴ가', '-ㄹ가'와 같은 '아'형 어미가 사용되었다. 그리고 주어가 2인칭일 경우, 물음말의 유무와 상관없이 '-ㄴ다'가 사용되었다.

- 부톄 世間에 ＿＿㉠＿＿
  (부처가 세간에 나신 것인가?)
- 네 뉘손디 글 ＿＿㉡＿＿
  (너는 누구에게서 글을 배웠는가?)
- 어느 사르미 少微星(소미성)이 잇다 니르던고
  (어떤 사람이 소미성이 있다고 말하던가?)

	㉠	㉡
①	나샤미신가	비혼다
②	나샤미신가	비호ᄂ고
③	나샤미신고	비혼다
④	나샤미신다	비호ᄂ고
⑤	나샤미신다	비호ᄂ가

06 〈보기〉를 바탕으로 중세 국어의 특징을 탐구한 내용으로 적절하지 <u>않은</u> 것은?

[중세 국어] 잣 ㉠안 ㉡보미 플와 나모쑨
[현대 국어] 성(城) 안의 봄에 풀과 나무만

[중세 국어] 烽火(봉화)ㅣ ㉢석ᄃᆞ롤 ㉣니세시니
[현대 국어] 봉화가 석 달을 이어지니

[중세 국어] 첫소리롤 ㉤쁘ᄂᆞ니라
[현대 국어] 첫소리를 쓰느니라.

① ㉠을 보니 'ㅅ'은 현대 국어의 '의'에 해당하는 관형격 조사로 쓰였군.
② ㉡을 보니 체언과 조사를 구분하여 그 형태를 밝혀 적었군.
③ ㉢을 보니 'ᄃᆞ롤'은 현대 국어 '달을'과 달리 모음 조화를 지켜 표기하였군.
④ ㉣을 보니 현대 국어에서 쓰이지 않는 자음을 사용하였군.
⑤ ㉤을 보니 첫음절 초성에 서로 다른 자음을 가로로 나란히 붙여 썼군.

07 [가]에 들어갈 내용으로 적절하지 <u>않은</u> 것은?

	중세 국어의 '-숩-/-줍-/-숩-'은 객체 높임의 의미를 나타내는 선어말 어미이다. 주체 높임은 선어말 어미 '-시-', 상대 높임은 선어말 어미 '-이-'를 사용하여 나타냈다. 또한 높임의 뜻을 가진 어휘로 높임이 실현되기도 했다.
학습 자료	[중세 국어] 聖子롤 내⊙시니ⓒ이다 [현대 국어] (하늘이) 聖子(성자)를 내셨습니다. [중세 국어] 世솅尊존ㅅ 安한否뿔 묻ⓒ줍고 [현대 국어] 世尊(세존)의 安否(안부)를 여쭙고 [중세 국어] ②진지 오를 제 반드시 [현대 국어] 진지 올릴 때 반드시
학습 활동	⊙~②을 현대 국어와 비교하여 정리해 보자. (　　　　　　　　　[가]　　　　　　　　　)

① ⊙: 주체인 '聖子(성자)'를 높이는 '-시-'가 쓰인다는 점에서 현대 국어와 같다.
② ⓒ: 상대를 높이는 '-이-'가 쓰인다는 점에서 현대 국어와 차이가 있다.
③ ⓒ: 객체를 높이는 '-줍-'이 쓰인다는 점에서 현대 국어와 차이가 있다.
④ ②: '밥'을 높여서 이르는 말을 사용하고 있다는 점에서 현대 국어와 같다.
⑤ ⊙+ⓒ: 주체와 상대에 대한 높임이 함께 나타난다는 점에서 현대 국어와 같다.

08 〈보기〉를 읽고 중세 국어의 의문문에 대해 탐구한 내용으로 적절하지 <u>않은</u> 것은?

>
> 　의문문에는 청자에게 가부(可否)를 묻는 판정 의문문과 구체적인 설명을 요구하는 설명 의문문이 있다. 중세 국어의 경우, 판정 의문문에는 '-가', '-녀' 등의 어미가 쓰이고, 설명 의문문에는 '-고', '-뇨' 등의 어미가 쓰인다. 주어가 2인칭인 경우에는 '-ㄴ다'의 특수한 의문형 어미가 쓰인다.
>
> ㄱ. 이 ᄯ리 너희 <u>종가</u> (이 딸이 너희들의 종이냐?)
> ㄴ. 이제 엇더ᄒ고 (이제 어떠하냐?)
> ㄷ. 네 모ᄅ던다 (너는 모르느냐?)
> ㄹ. 네 엇뎨 안다 (너는 어떻게 아느냐?)

① 'ㄱ'의 '이' 대신 '엇던'이 쓰이면, '종가'를 '종고'로 바꿔야겠군.
② 'ㄴ'의 '엇더' 대신 '평안'이 쓰이면, 'ᄒ고'를 'ᄒ가'로 바꿔야겠군.
③ 'ㄴ'과 'ㄹ'은 청자에게 구체적인 설명을 요구하는 의문문이군.
④ 'ㄷ'의 '너' 대신 3인칭인 '그'가 쓰이면, '모ᄅ던다'를 '모ᄅ던고'로 바꿔야겠군.
⑤ 'ㄷ'과 'ㄹ'을 보니, 주어가 2인칭인 경우의 의문형 어미는 판정 의문문과 설명 의문문에 따른 구분이 없군.

09 〈보기〉를 바탕으로 중세 국어의 특징을 탐구한 내용으로 적절하지 <u>않은</u> 것은?

> 보기
>
> ㉠나랏 말ᄊᆞ미 中듕國귁에 달아 文문字ᄍᆞ와로 서르 ᄉᆞᄆᆞᆺ디 아니ᄒᆞᆯᄊᆡ 이런 젼ᄎᆞ로 어린 百ᄇᆡᆨ姓셩이 ㉡니르고져 홅 ㉢배 이셔도 ᄆᆞᄎᆞᆷ내 제 ᄠᅳ들 시러 ㉣펴디 몯ᄒᆞᇙ 노미 하니라 내 이ᄅᆞᆯ 爲윙ᄒᆞ야 어엿비 너겨 새로 스믈여듧 字ᄍᆞᄅᆞᆯ 밍ᄀᆞ노니 사ᄅᆞᆷ마다 ᄒᆡ여 수ᄫᅵ 니겨 날로 ᄡᅮ메 便뼌安ᅙᅡᆫ킈 ᄒᆞ고져 홅 ᄯᆞᄅᆞ미니라
>
> **현대어 풀이**
>
> 우리나라의 말이 중국과 달라 문자와 서로 통하지 아니하여서 이런 까닭으로 어리석은 백성이 말하고자 하는 바가 있어도 마침내 제 뜻을 능히 펴지 못하는 사람이 많다. 내가 이것을 위하여 가엾게 여겨 새로 스물여덟 자를 만드니, 모든 사람들로 하여금 쉽게 익혀 날마다 쓰는 데 편하게 하고자 할 따름이다.

① ㉠의 'ㅅ'은 현대 국어의 '의'에 해당하는 관형격 조사로 쓰였군.

② ㉡의 '고져'는 현대 국어의 '고자'에 해당하는 연결 어미로 쓰였군.

③ ㉢의 'ㅣ'는 주격 조사로, 모음으로 끝나는 체언에 결합했음을 알 수 있군.

④ ㉣과 현대 국어의 '펴지'를 비교해 보니 '디'에서는 구개음화가 확인되지 않는군.

⑤ ㉤의 'ᄅᆞᆯ'은 목적격 조사로, 자음으로 끝나는 체언에 결합했음을 알 수 있군.

10 〈보기〉의 ㉠~㉤에 나타난 중세 국어의 특징으로 옳지 <u>않은</u> 것은?

> 보기
>
> 千世(천 세)우희 미리 定(정)ᄒᆞ샨 漢水(한수) 北(북)에
> 累仁開國(누인개국)ᄒᆞ샤 卜年(복년)이 ㉠ᄀᆞᆺ업스시니
> 聖神(성신)이 니ᅀᅳ샤도 敬天勤民(경천근민) ᄒᆞ샤ᅀᅡ 더욱 ㉡구드시리이다
> ㉢님금하 아ᄅᆞ쇼셔 ㉣洛水(낙수)예 山行(산행)가 이셔 하나빌 ㉤미드니잇가
>
> 〈제125장〉
> － 〈용비어천가(龍飛御天歌)〉(세종 29년)
>
> **현대어 풀이**
>
> 천 세(千世) 전에 미리 정하신 한강 북쪽에,
> 여러 대를 물린 어진 임금이 나라를 여(開)시어 왕조가 끝이 없으시니,
> 성신(聖神)이 대를 이으시어도 하늘을 공경하고 백성을 부지런히 섬겨야 더욱 굳건할 것입니다.
> 임금이시여, 아소서. 낙수(洛水)에 사냥을 가 있으면서 할아버지를 믿으시겠습니까?

① ㉠: 현대 국어에는 쓰이지 않는 자음과 모음이 사용되었다.

② ㉡: 선어말 어미 '-이-'는 듣는 이를 높이기 위해 사용되었다.

③ ㉢: 조사 '하'는 부르는 대상을 높이는 역할을 하였다.

④ ㉣: '예'는 장소를 나타내는 부사격 조사로 사용되었다.

⑤ ㉤: 어간의 받침을 어간의 종성과 어미의 초성으로 겹쳐 표기하였다.

11 〈보기 1〉을 바탕으로 〈보기 2〉의 ㉠~㉤을 바르게 분류한 것은?

보기 1

　국어의 표기법은 이어 적기에서 끊어 적기가 확대되는 방향으로 변하여 왔다. 여기서 이어 적기란 형태소를 소리 나는 대로 이어 적는 방식이고, 끊어 적기란 각 형태소들을 분리하여 적는 방식이다. 한편 근대 국어에는 여러 형태소가 연결될 때에 형태소의 모음 사이에서 나는 자음을 각각 앞 음절의 종성으로 적고 뒤 음절의 초성으로 적는 과도기적 방식이 나타났는데 이를 거듭 적기라 한다.

보기 2

　부엉이 對答(대답)ᄒ야 갈오더 이 地方(지방) 사롬은 내 ㉠우름 쇼러를 미워ᄒᄂᆫ 故(고)로 나ᄂᆫ 다른 地方(지방)으로 올무랴 ᄒ노라 ᄒ니 비둘기 ㉡우서 갈오더 ᄌ네 우ᄂᆫ 쇼러를 곳치지 안코 居處(거처)만 옴기면 如舊(여구)히 ᄯ 또 ㉢미워홈을 免(면)치 못ᄒ리라 ᄒ얏소 이 이이기ᄂᆫ 춤 滋味(자미)잇습ᄂᆡ다 여러분 즁에도 自家(자가)의 악흔 ㉣일은 곳치지 안코 다른 듸로만 가랴고 ᄒᄂᆞ니 ㉤잇스면 이ᄂᆞ 亦是(역시) 이 비둘기의게 우슴을 보오리다

－〈신정심상소학〉(1896년)에서

현대어 풀이
　부엉이가 대답하여 가로되 "이 지방 사람은 내 울음소리를 미워하는 까닭에 나는 다른 지방으로 옮기려 한다."라고 하니 비둘기가 웃어 가로되 "자네가 우는 소리를 고치지 않고 거처만 옮기면 여전히 또 미워함을 피하지 못할 것이다."라고 하였다. 이 이야기는 참 재미있습니다. 여러분 중에도 자기의 악한 일은 고치지 않고 다른 데로만 가려고 하는 이가 있으면 이것 역시 이 비둘기에게 웃음을 살 것입니다.

	이어 적기	끊어 적기	거듭 적기
①	㉠, ㉡	㉢, ㉣	㉤
②	㉠, ㉢	㉡, ㉣	㉤
③	㉡, ㉢	㉠, ㉤	㉣
④	㉡, ㉤	㉠, ㉢	㉣
⑤	㉢, ㉣	㉡, ㉤	㉠

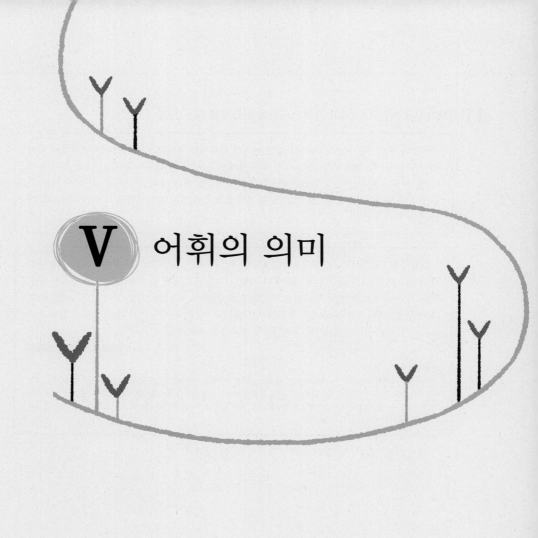

V 어휘의 의미

어휘는 다양한 사고만큼이나 매우 복잡한 의미를 지니고 있다. 즉, 가장 기본적이고 객관적인 사전적 의미와 사전적 의미에 덧붙어서 연상이나 관습 등에 의하여 형성되는 함축적 의미, 가장 기본적이고 핵심적인 중심적 의미와 중심적 의미에서 확장된 주변적 의미 등으로 관점에 따라 다양하게 나뉠 수 있다. 그중 어휘가 가지고 있는 가장 기본적인 의미인 사전적 의미는 어휘의 관계를 파악하고 관용 표현의 의미를 살피는 데 바탕이 되기 때문에 평소에 사전을 늘 가까이 하면서 낯선 어휘가 나오면 어휘의 사전적 의미를 정확하게 파악하는 습관을 기를 필요가 있다. 더불어 다양한 독서를 통해 어휘의 사용 양상을 익히면 풍부한 언어생활을 할 수 있다.

여기에서는 우리 민족의 얼과 정신이 고스란히 녹아 있는 순우리말인 고유어와 우리말에서 가장 큰 비중을 차지하고 있는 한자어의 의미에 대해 자세히 살펴보도록 한다. 또한 올바르고 정확한 언어생활을 위해 고유어와 한자어의 대응 관계에 대해 알아보자.

고유어는 우리 민족의 얼과 정신이 고스란히 녹아 있는 순우리말을 뜻한다. 이러한 고유어는 우리 말의 기본 바탕을 이루고 있기 때문에 평소에도 관심을 가지고 고유어를 적절하게 사용하려는 노력이 필요하다.

대표 유형

◉ 문맥상 빈칸에 들어갈 말로 가장 적절한 것은?

> 비가 (   )(으)로 겨우 몇 방울 내리다 말았다.

① 먼지잼   ② 도둑눈   ③ 개부심
④ 숫눈길   ⑤ 장맞이

핵심 문제

※ 문맥상 빈칸에 들어갈 말로 가장 적절한 것을 고르시오.

01

> 얼마나 매만졌던지 울퉁불퉁하던 호두 알이 (   ) 되었다.

① 거붓하게   ② 다붓하게   ③ 마뜩하게
④ 스스럽게   ⑤ 반지랍게

02

> 이번 장마 때에는 (   )도 없이 계속 비가 내렸다.

① 보리누름   ② 배동바지   ③ 나무말미
④ 들마   ⑤ 산꼬대

03

> 요즈음 밭농사는 잡곡 농사보다 채소 농사가 (   ).

① 함초롬하다   ② 옹골지다   ③ 심드렁하다
④ 스산하다   ⑤ 선득하다

04

귀한 자식이라고 자꾸 (　　　)을/를 해 주는 바람에 애가 아주 버릇이 없어진 거야.

① 동배   ② 여탐   ③ 볼가심
④ 도르리   ⑤ 받자

05

어찌나 (　　　) 구는지 예뻐하지 않을 수가 없다.

① 곰살갑게   ② 궁싯거리게   ③ 능갈치게
④ 달구치게   ⑤ 무람없이

06

그 언니는 잘못에도 (　　　) 타일러서 인기가 많다.

① 곰상스럽게   ② 몰강스럽게   ③ 남우세스럽게
④ 을씨년스럽게   ⑤ 허수롭게

07

그는 돈을 벌기 위해 이른 아침부터 (　　　)을/를 팔며 돌아다녔다.

① 드레   ② 손방   ③ 다리품
④ 앙살   ⑤ 마수걸이

08

지난 가을 (　　　)를 해 둔 잡곡을 팔기 위해 장으로 나섰다.

① 눈엣가시   ② 들머리   ③ 막서리
④ 낟가리   ⑤ 갈무리

대표 유형 풀이

① 먼지잼	명 비가 겨우 먼지나 날리지 않을 정도로 조금 옴. ¶ 비가 **먼지잼**으로 내리는 날이었다.
② 도둑눈	명 밤사이에 사람들이 모르게 내린 눈. ¶ 어제 **도둑눈**이 왔나 보구나.
③ 개부심	명 장마로 큰물이 난 뒤, 한동안 쉬었다가 다시 퍼붓는 비가 명개(갯가나 흙탕물이 지나간 자리에 앉은 검고 고운 흙)를 부시어 냄. 또는 그 비.
④ 숫눈길	명 눈이 와서 쌓인 뒤에 아직 아무도 지나가지 않은 길.
⑤ 장맞이	명 사람을 만나려고 길목을 지키고 기다리는 일. ¶ 그가 근처에서 너를 **장맞이**하고 있다.

정답 ① 문맥상 '비가 조금 옴'이라는 의미를 지닌 '먼지잼'이 적절하다.

핵심 문제 풀이

01

① 거볍하다	형 조금 무게가 적은 듯하다. ¶ 보기에는 **거볍한** 물건이었으나, 들어 보니 꽤 무거웠다.
② 다붓하다	형 조용하고 호젓하다. ¶ 새 떼가 떠나 버린 뒤끝은 **다붓하기만** 했다.
③ 마뜩하다	형 제법 마음에 들 만하다. ¶ 나는 그의 표정이 **마뜩하지** 않다.
④ 스스럽다	형 서로 사귀는 정분이 두텁지 않아 조심스럽다. ¶ 그와 나는 **스스러운** 사이이다.
⑤ 반지랍다	형 기름기나 물기 따위가 묻어서 윤이 나고 매끄럽다. ¶ 마룻바닥이 **반지랍다**.

정답 ⑤ 문맥상 호두 알이 매끄럽게 되었다는 내용이므로, '반지랍게'가 적절하다.

02

① 보리누름	명 보리가 누렇게 익는 철. ¶ 이제 **보리누름**까지 두 달 남았다.
② 배동바지	명 벼, 보리 따위의 이삭이 나오려고 대가 불룩해질 무렵.
③ 나무말미	명 장마 기간 중에 날이 잠깐 개어 풋나무를 말릴 만한 겨를.
④ 들마	명 가게 문을 닫을 무렵. ¶ **들마**에 손님들이 들어왔다.
⑤ 산꼬대	명 밤중에 산 위에 바람이 불어 몹시 추워짐. 또는 그런 현상. ¶ **산꼬대**가 이는 밤

정답 ③ 문맥상 날이 갤 틈도 없이 비가 내렸다는 내용이므로, '나무말미'가 적절하다.

03

① 함초롬하다	형 젖거나 서려 있는 모습이 가지런하고 차분하다. ¶ 이슬에 젖은 풀잎의 모습이 **함초롬하다**.
② 옹골지다	형 실속이 있게 속이 꽉 차 있다. ¶ 돈 모으는 재미가 **옹골지다**.
③ 심드렁하다	형 마음에 탐탁하지 아니하여 관심이 거의 없다. ¶ 그는 **심드렁하게** 반문했다.
④ 스산하다	형 1) 몹시 어수선하고 쓸쓸하다. 2) 날씨가 흐리고 으스스하다.
⑤ 선득하다	형 갑자기 서늘한 느낌이 있다. ¶ 차가운 바람이 **선득하게** 얼굴을 스친다.

정답 ② 문맥상 '실속이 있다'라는 의미를 지닌 '옹골지다'가 적절하다.

① 동배	**명** 사냥에서, 몰이를 하는 사람과 길목을 지키는 사람이 각각 역할을 나누어 맡음.
② 여탐	**명** 무슨 일이 있을 때 웃어른의 뜻을 알기 위하여 미리 여쭘.
③ 볼가심	**명** 아주 적은 양의 음식으로 시장기나 궁금함을 면하는 일. ¶ 장에서 **볼가심**을 했다.
④ 도르리	**명** 여러 사람이 음식을 차례로 돌려 가며 내어 함께 먹음. 또는 그런 일. ¶ 국수 **도르리**를 하다
⑤ 받자	**명** 남이 괴로움을 끼치거나 여러 가지 요구를 하여도 너그럽게 잘 받아 줌.

정답 ⑤ 문맥상 너그럽게 잘 받아주면서 키워서 애가 버릇없어졌다는 내용이므로, '받자'가 적절하다.

① 곰살갑다	**형** 성질이 보기보다 상냥하고 부드럽다. ¶ 그는 **곰살가운** 성품을 지녔다.
② 궁싯거리다	**동** 잠이 오지 아니하여 누워서 몸을 이리저리 뒤척거리다.
③ 능갈치다	**형** 1) 교묘하게 잘 둘러대는 재주가 있다. 2) 아주 능청스럽다.
④ 달구치다	**동** 무엇을 알아내거나 어떤 일을 재촉하려고 꼼짝 못하게 몰아치다.
⑤ 무람없다	**형** 예의를 지키지 않으며 삼가고 조심하는 것이 없다. ¶ 어른에게 **무람없이** 굴지 마라.

정답 ① 문맥상 성질이 상냥하고 부드러워서 미워할 수 없다는 내용이므로, '곰살갑게'가 적절하다.

① 곰상스럽다	**형** 성질이나 행동이 싹싹하고 부드러운 데가 있다. ¶ 그녀는 누구든 **곰상스럽게** 대한다.
② 몰강스럽다	**형** 인정이 없이 억세며 성질이 악착같고 모질다. ¶ 그들은 소작료를 **몰강스럽게** 긁어 갔다.
③ 남우세스럽다	**형** 남에게 놀림과 비웃음을 받을 듯하다. ¶ **남우세스럽지** 않게 행동해라.
④ 을씨년스럽다	**형** 몹시 스산하고 쓸쓸한 데가 있다. ¶ 날씨가 **을씨년스러운** 게 비가 쏟아지겠다.
⑤ 허수롭다	**형** 짜임새나 단정함이 없이 느슨한 데가 있다. ¶ 세심한 그가 일에 **허수로울** 리가 없다.

정답 ① 문맥상 '성질이나 행동이 싹싹하고 부드러운 데가 있다'라는 의미를 지닌 '곰상스럽게'가 적절하다.

① 드레	**명** 인격적으로 점잖은 무게. ¶ 어린 사람인데도 퍽 **드레**가 있어 보인다.
② 손방	**명** 아주 할 줄 모르는 솜씨. ¶ 그 사람은 매사에 아주 **손방**이다.
③ 다리품	**명** 길을 걷는 데 드는 노력. ¶ **다리품**을 들인 보람이 있게 좋은 물건을 샀다.
④ 앙살	**명** 엄살을 부리며 버티고 겨루는 짓. ¶ 자신이 잘못해서 다쳤으면서도 괜히 **앙살**이다.
⑤ 마수걸이	**명** 맨 처음으로 물건을 파는 일. 또는 거기서 얻은 소득.

정답 ③ 문맥상 많이 걸어다녔다는 내용이므로, '다리품'이 적절하다.

① 눈엣가시	**명** 몹시 밉거나 싫어 늘 눈에 거슬리는 사람. ¶ 그는 옆집 사람을 **눈엣가시**로 여긴다.
② 들머리	**명** 들어가는 맨 첫머리. ¶ 마을 **들머리**/여름 **들머리**
③ 막서리	**명** 남의 막일을 해 주며 사는 사람. ¶ 그는 궂은일을 도맡아 하던 **막서리**였다.
④ 낟가리	**명** 낟알이 붙은 곡식을 그대로 쌓은 더미. ¶ 논마다 **낟가리**가 쌓여 있다.
⑤ 갈무리	**명** 물건 따위를 잘 정리하거나 간수함. ¶ 메주콩을 거두고 **갈무리**하는 날, 비가 왔다.

정답 ⑤ 문맥상 간수해 둔 잡곡을 판다는 내용이므로, '갈무리'가 적절하다.

고유어

34 한자어

한자어란 한자에 기초하여 만들어진 말로, 우리말에서 큰 비중을 차지하고 있다. 한자어는 교양 어휘로서의 성격이 강하며, 고유어보다 세분화되었기 때문에 추상적인 개념이나 전문 용어를 효과적으로 표현할 수 있다.

대표 유형

● **문맥상 빈칸에 들어갈 말로 가장 적절한 것은?**

> 권위주의 사회에서는 합리적인 의사소통 방법과 예절을 교육받지 않은 사람들이 자신들의 이해관계에 근거한 일방적 커뮤니케이션을 추구한다. 구성원들이 상대방에 대한 배려보다 자신의 목적 달성을 추구하고 갈등을 빚으면서 공동체는 (　　　)화된다.

① 보수(保守)　　　　② 파편(破片)　　　　③ 무력(無力)
④ 활성(活性)　　　　⑤ 상투(常套)

핵심 문제

※ **문맥상 빈칸에 들어갈 말로 가장 적절한 것을 고르시오.**

01
> 우리는 보통 관심을 가지지 않는 일에 대해 무의식 중에 무시하는 (　　　)이 있다.

① 성향(性向)　　　　② 지향(指向)　　　　③ 취향(趣向)
④ 동향(動向)　　　　⑤ 방향(方向)

02
> 그는 반대 세력의 위협을 (　　　)하고 개혁 정책을 추진했다.

① 불사(不辭)　　　　② 불식(拂拭)　　　　③ 인수(引受)
④ 인지(認知)　　　　⑤ 편력(遍歷)

03
> (　　　)보다는 처벌에 중점을 둔 교정 시스템을 바꿔야 한다는 목소리가 점점 높아지고 있다.

① 계발(啓發)　　　　② 개정(改定)　　　　③ 갱생(更生)
④ 개진(開陳)　　　　⑤ 회생(回生)

문법·어휘의 모든 것

210

04

이번 선거에서 어느 정당이 우위를 차지할지는 여론의 (　　　)에 달려 있다.

① 반향(反響)　　　　② 비준(批准)　　　　③ 상충(相衝)
④ 진퇴(進退)　　　　⑤ 향배(向背)

05

조선의 국토에는 조선의 역사며 철학이며 시며 정신이 곳곳에 남아있습니다. 조선인의 마음과 생활의 자취는 이 국토의 위에 고스란히 박혀 있어 어떠한 풍우라도 (　　　)시키지 못할 것을 나는 믿습니다.

① 마멸(磨滅)　　　　② 탁마(琢磨)　　　　③ 피폐(疲弊)
④ 고갈(枯渴)　　　　⑤ 타파(打破)

06

좋은 길이란 물이 높은 곳에서 낮은 곳을 찾아 흐르듯이 자연스러워야 하며, 자연법칙에 반대하지 않고 (　　　)하는 길이어야 한다. 이처럼 우주의 원칙에 따라 사는 것이 동양 사회의 길이다.

① 순화(醇化)　　　　② 순응(順應)　　　　③ 적응(適應)
④ 동화(同化)　　　　⑤ 복종(服從)

07

(　　　)은/는 인체에서 심장 아래와 횡격막 위 부위를 뜻한다. 극히 예민하면서도 약효가 닿지 않는 곳이므로 이 사이에 병이 생기면 낫기 어렵다고 한다. 그래서 불치병을 가리키는 말로 쓰이기도 한다.

① 담석(膽石)　　　　② 비위(脾胃)　　　　③ 고질(痼疾)
④ 고황(膏肓)　　　　⑤ 단장(斷腸)

08

흔히 '과학 기술'이라는 말을 하지만, 이론적 지식으로서의 과학과 실천적 지식으로서의 기술은 오랫동안 서로 다른 길을 걸어 왔다. 과학은 사물이나 현상의 본질에 관심을 갖고 이론을 만들어 내는 데 중점을 두는 반면, 기술은 환경을 적극적으로 변형하여 실용적인 발명품을 만들어 내는 데 (　　　)한다.

① 주력(注力)　　　　② 정진(精進)　　　　③ 착안(着眼)
④ 기여(寄與)　　　　⑤ 몰입(沒入)

정답 및 해설

대표 유형 풀이

① 보수(保守)	**명** 1) 보전하여 지킴. 2) 새로운 것이나 변화를 반대하고 전통적인 것을 옹호하며 유지하려 함. ¶그 나라 사람들은 매우 **보수**적이어서 여자는 반소매도 입을 수가 없다.
② 파편(破片)	**명** 깨어지거나 부서진 조각. ¶깨진 유리컵의 **파편**에 손을 베었다.
③ 무력(無力)	**명** 힘이 없음. ¶이번 실패로 내가 얼마나 **무력**한지 절감하게 되었다.
④ 활성(活性)	**명** 물질이 에너지나 빛 따위에 의하여 활동이 활발하여지며, 반응 속도가 빨라지는 성질. ¶생체 물질의 기능이 **활성**화되다.
⑤ 상투(常套)	**명** 늘 써서 버릇이 되다시피 한 것. ¶그의 대답은 항상 **상투**적으로 들린다.

정답 ② 문맥상 구성원들이 갈등을 빚으며 공동체가 깨어진다는 내용이므로, '파편(破片)'이 적절하다.

핵심 문제 풀이

01

① 성향(性向)	**명** 성질에 따른 경향. ¶그는 정치적으로 보수적 **성향**을 가지고 있다.
② 지향(指向)	**명** 작정하거나 지정한 방향으로 나아감. 또는 그 방향. ¶갈 곳을 잃고 **지향** 없이 헤매다.
③ 취향(趣向)	**명** 하고 싶은 마음이 생기는 방향. 또는 그런 경향. ¶**취향**이 다르다.
④ 동향(動向)	**명** 사람들의 사상이나 일의 형세 따위가 움직여 가는 방향. ¶정계의 **동향**에 관심이 쏠렸다.
⑤ 방향(方向)	**명** 1) 어떤 방위(方位)를 향한 쪽. ¶길을 잘못 들어 **방향**을 잃고 헤맸다. 2) 어떤 뜻이나 현상이 일정한 목표를 향하여 나아가는 쪽. ¶새 **방향**을 제시하다.

정답 ① 문맥상 사람의 일반적인 경향에 대해 이야기하고 있으므로, '성향(性向)'이 적절하다.

02

① 불사(不辭)	**명** 사양하지 아니함. 또는 마다하지 아니함. ¶전쟁 **불사**를 각오하다.
② 불식(拂拭)	**명** 의심이나 부조리한 점 따위를 말끔히 떨어 없앰. ¶불신 풍조를 **불식**하다.
③ 인수(引受)	**명** 물건이나 권리를 넘겨받음. ¶경영권을 **인수**하다.
④ 인지(認知)	**명** 어떤 사실을 인정하여 앎. ¶현실을 **인지**하다.
⑤ 편력(遍歷)	**명** 1) 이곳저곳을 널리 돌아다님. ¶그는 벼슬을 버리고 전국 **편력**의 길을 떠났다. 2) 여러 가지 경험을 함. ¶여러 곳의 직장을 **편력**하며 인생을 배우다.

정답 ① 문맥상 반대 세력의 위협도 마다하지 않는다는 내용이므로, '불사(不辭)'가 적절하다.

03

① 계발(啓發)	**명** 슬기나 재능, 사상 따위를 일깨워 줌. ¶자신의 소질을 **계발**하다.
② 개정(改定)	**명** 이미 정하였던 것을 고쳐 다시 정함. ¶회의 날짜를 **개정**하다.
③ 갱생(更生)	**명** 마음이나 생활 태도를 바로잡아 본디의 옳은 생활로 되돌아가거나 발전된 생활로 나아감. ¶그녀는 범죄자들을 **갱생**의 길로 이끌었다.
④ 개진(開陳)	**명** 의견이나 내용을 드러내어 말하거나 글로 씀. ¶의견을 **개진**하다.
⑤ 회생(回生)	**명** 거의 죽어 가다가 다시 살아남. ¶그는 병이 깊어 **회생**의 기미가 안 보인다.

정답 ③ 문맥상 처벌보다는 잘못을 바로잡는 교정 시스템이 필요하다는 내용이므로, '갱생(更生)'이 적절하다.

문법·어휘의 모든 것

04

① 반향(反響)	**명** 어떤 사건이나 발표 따위가 세상에 영향을 미치어 일어나는 반응.
② 비준(批准)	**명** 조약을 헌법상의 조약 체결권자가 최종적으로 확인·동의하는 절차. ¶ 국회의 **비준**을 받다.
③ 상충(相衝)	**명** 맞지 아니하고 서로 어긋남. ¶ 노사의 이해관계가 **상충**된다.
④ 진퇴(進退)	**명** 앞으로 나아가고 뒤로 물러남. ¶ 두 팀이 **진퇴**를 거듭하며 접전을 벌이고 있다.
⑤ 향배(向背)	**명** 어떤 일이 되어 가는 추세나 사람들의 태도. ¶ 여론의 **향배**를 지켜보다.

> **정답** ⑤ 문맥상 여론의 추세에 의해 선거의 우위가 결정된다는 내용이므로, '향배(向背)'가 적절하다.

05

① 마멸(磨滅)	**명** 갈려서 닳아 없어짐. ¶ 비석의 글자가 **마멸**되어 읽기 힘들다.
② 탁마(琢磨)	**명** 1) 옥이나 돌 따위를 쪼고 갊. 2) 학문이나 덕행 따위를 닦음을 비유적으로 이르는 말.
③ 피폐(疲弊)	**명** 지치고 쇠약하여짐. ¶ 오랜 전쟁으로 **피폐**해진 사회
④ 고갈(枯渴)	**명** 1) 물이 말라서 없어짐. 2) 어떤 일의 바탕이 되는 돈이나 물자 따위가 다하여 없어짐.
⑤ 타파(打破)	**명** 부정적인 규정, 관습, 제도 따위를 깨뜨려 버림. ¶ 악습 **타파**

> **정답** ① 문맥상 조선인의 마음과 생활의 자취는 갈려 닳아 없어지지 않는다는 내용이므로, '마멸(磨滅)'이 적절하다.

06

① 순화(醇化)	**명** 정성 어린 가르침으로 감화(感化)함. ¶ 언어 **순화** 교육
② 순응(順應)	**명** 환경이나 변화에 적응하여 익숙하여지거나 체계, 명령 따위에 적응하여 따름.
③ 적응(適應)	**명** 일정한 조건이나 환경 따위에 맞추어 응하거나 알맞게 됨. ¶ 군대 생활에 잘 **적응**하다.
④ 동화(同化)	**명** 성질, 양식, 사상 따위가 다르던 것이 서로 같게 됨. ¶ 이민족을 **동화**시키다.
⑤ 복종(服從)	**명** 남의 명령이나 의사를 그대로 따라서 좇음. ¶ 상관에게 **복종**하다.

> **정답** ② 문맥상 좋은 길이란 자연법칙을 반대하지 않고 따르는 것이어야 한다는 내용으로, '순응(順應)'이 적절하다.

07

① 담석(膽石)	**명** 쓸개나 쓸갯길에 생기는, 돌처럼 단단한 물질. ¶ 담석증
② 비위(脾胃)	**명** 1) 비장과 위. 2) 음식물을 삭여 내는 능력. ¶ **비위**가 약한 편이다. 3) 어떤 것을 좋아하거나 싫어하는 성미. 또는 그러한 기분. ¶ 상사의 **비위**를 맞추기는 어렵다.
③ 고질(痼疾)	**명** 1) 오랫동안 앓고 있어 고치기 어려운 병. 2) 오래되어 바로잡기 어려운 나쁜 버릇.
④ 고황(膏肓)	**명** 심장과 횡격막의 사이. 이 사이에 병이 생기면 낫기 어렵다. ¶ 병이 **고황**에 들었다.
⑤ 단장(斷腸)	**명** 몹시 슬퍼서 창자가 끊어지는 듯함. ¶ **단장**의 슬픔

> **정답** ④ 문맥상 심장 아래와 횡격막 위를 가리키는 단어가 들어가야 하므로, '고황(膏肓)'이 적절하다.

08

① 주력(注力)	**명** 어떤 일에 온 힘을 기울임. ¶ 경찰은 용의자의 물증을 찾는 데 **주력**하고 있다.
② 정진(精進)	**명** 힘써 나아감. ¶ 학업에 **정진**하다.
③ 착안(着眼)	**명** 어떤 일을 주의하여 봄. 또는 어떤 문제를 해결하기 위한 실마리를 잡음.
④ 기여(寄與)	**명** 도움이 되도록 이바지함. ¶ 그의 마지막 골이 대표팀의 승리에 **기여**했다.
⑤ 몰입(沒入)	**명** 깊이 파고들거나 빠짐. ¶ 감정을 **몰입**하다.

> **정답** ① 문맥상 실용적인 발명품을 만드는 데 온 힘을 기울인다는 내용이므로, '주력(注力)'이 적절하다.

09

한국 초상화에서는 얼굴의 각도와 동일한 각도에서 시선이 처리되고, 그 형상도 실제 인물을 (　　)한 듯 과장되지 않게 나타난다. 하지만 중국 초상화의 경우에는 그 인물이 지닌 풍격(風格)이나 성격적 특성을 강조하게끔 특정한 표정과 몸짓을 강하게 띤다.

① 묘사(描寫)　　② 모방(模倣)　　③ 모사(模寫)　　④ 답습(踏襲)　　⑤ 전사(轉寫)

10

헬륨은 여타 산업용 가스들과 달리 인공적인 제조가 현실적으로 불가능하다. 헬륨이 공기중에 0.0005%밖에 함유되어 있지 않은 희귀 가스인 탓에, 대량으로 생산하기 위해서는 과도한 설비 투자가 요구되어 투자 대비 경제성이 전혀 없기 때문이다. 이에 따라 현재 지구상에서 생산·유통·사용되고 있는 헬륨은 모두 천연가스로부터 (　　)되고 있다.

① 취사(取捨)　　② 추출(抽出)　　③ 택일(擇一)　　④ 취득(取得)　　⑤ 선정(選定)

11

광대들은 각지를 돌아다니면서 사람이 많이 모이는 장터에 자리를 잡고 온갖 재주를 팔았다. 그중 판소리는 특히 인기가 많았는데, 초반에는 하층에서 흥하다가 차츰 사대부의 (　　)를 받게 되었으며, 나중에는 궁중에서 공연하는 영광도 누리게 되었다. 이처럼 판소리의 향유 계층이 확대되는 과정에서 광대와 고수 둘이서만 공연을 하는 형태가 확립되었고, 하층의 요구와 상층의 관심을 함께 나타내는 작품이 등장하게 되었다.

① 애호(愛好)　　② 경호(警護)　　③ 선호(選好)　　④ 옹호(擁護)　　⑤ 발호(跋扈)

12

드보락 자판이 실패한 결정적인 이유는 일반 사용자들이 드보락 자판을 외면했기 때문이다. 사람들은 드보락 자판의 사용법을 익히는 수고를 감수할 만큼의 매력을 느끼지 못했다. 또한 경영자 입장에서도 기존의 자판을 드보락 자판으로 교체하는 데 드는 비용이 부담스러웠고, 새 자판을 다루기 위해 타자수들을 새로 훈련시키는 일이 번거로웠다. 다시 말하면 사용자들은 드보락 자판을 사용하는 데 추가로 비용이 드는데, 이를 (　　)하고도 남을 만한 이점이 드보락 자판에 없다고 판단했다.

① 강화(強化)　　② 보완(補完)　　③ 상쇄(相殺)　　④ 추월(追越)　　⑤ 충만(充滿)

※ 문맥상 빈칸에 차례대로 들어갈 말로 가장 적절한 것을 고르시오.

13

　　사람들의 성질은 부드럽고 연약한 나무나 흙 같은 모습에서 강하고 단단한 강철과 쇠붙이와 같은 모습으로 옮겨 왔다. 이를 발전이라고 하면서, 사람들은 나무나 흙의 본성을 점차 (　　　)해 가고 있다. 흙에서 태어나 죽어서 다시 흙으로 돌아갈 사람이 흙의 본성을 (　　　) 하고 자연의 섭리를 무시하면서 차갑고 단단한 강철과 쇠붙이의 성질을 닮으니, 소란스럽고 잔혹한 사건이 빈번하게 발생하고 있다.

① 망각(忘却), 상실(喪失)　　② 회피(回避), 파괴(破壞)　　③ 기피(忌避), 분실(紛失)
④ 외면(外面), 유실(流失)　　⑤ 배척(排斥), 소실(消失)

14

　　과학이 가치 중립적이라는 말은 크게 보아서 다음 두 가지의 의미를 지니고 있다. 첫째는 자연 현상에서 얻게 되는 법칙이나 이론으로부터 개인적 취향이나 가치관에 따라 과학적 결론을 (　　　)할 수 없다는 것이고, 둘째는 과학으로부터 얻은 결론, 즉 과학 지식이 그 자체로서 가치에 대한 판단이나 결정을 내려 주지 못한다는 점이다. 사람에 따라서는 첫 번째 의미는 (　　　)하면서 두 번째 의미에 대해서는 반론을 제기하기도 한다. 예를 들어, 그들은 인간의 질병 중 어떤 것이 유전한다는 유전학의 지식이 유전성 질병이 있는 사람은 아기를 낳지 못하게 해야 한다는 결론을 내린다고 생각한다. 이러한 결론은 과학 지식이 가치에 대한 판단을 내리지 않는다는 의미에 어긋난다.

① 포기(抛棄), 수락(受諾)　　② 선택(選擇), 수긍(首肯)　　③ 왜곡(歪曲), 이해(理解)
④ 구별(區別), 긍정(肯定)　　⑤ 설명(說明), 납득(納得)

15

　　경제 성장으로 중산층이 급속히 늘고 있는 인도에서 포도주 바람이 불고 있다. BBC 방송에 의하면 지난해 인도에선 350만 병의 포도주가 소비되었다고 한다. 이에 따라 포도주 제조 및 수입 회사들은 인도 전역의 대도시에서 포도주 시음 행사를 열고 있다. 인도에서 포도주를 마시는 사람은 대개 영어를 유창하게 하고, 서구에서 교육받은 남녀들이다. 인도에 포도주 바람이 분 것은 일본, 한국에서와 마찬가지로 건강 요인이 작용하고 있다는 것이 현지 분석이다. 인도는 포도주 소비에서 더 나아가 인도 포도주가 서구 시장으로 (　　　)까지 하고 있다. 인도에서 처음으로 포도주 생산을 시작한 술라 포도 농원의 경우 미국, 이탈리아는 물론 프랑스에까지 포도주를 수출하고 있다. 이 회사는 생산 설비를 대대적으로 확충하여 현재 연 50만 병 생산 규모를 150만 병으로 늘릴 예정이다. 이는 인도의 포도주 소비가 앞으로 5년간 연 30%씩 증가할 것이란 (　　　)을 바탕으로 한 증설이다.

① 수출(輸出), 가설(假說)　　② 복귀(復歸), 증식(增殖)　　③ 진출(進出), 예측(豫測)
④ 진입(進入), 예언(豫言)　　⑤ 납품(納品), 허언(虛言)

09

① 묘사(描寫)	명	어떤 대상이나 사물, 현상 따위를 언어로 서술하거나 그림을 그려서 표현함. ¶그 소설은 인물의 성격 **묘사**가 뛰어나다.
② 모방(模倣)	명	다른 것을 본뜨거나 본받음. ¶남의 것을 **모방**하다.
③ 모사(模寫)	명	1) 사물을 형체 그대로 그림. 또는 그런 그림. ¶그 그림은 **모사**에 불과하다. 2) 원본을 베끼어 씀. ¶원작을 **모사**하다.
④ 답습(踏襲)	명	예로부터 해 오던 방식이나 수법을 좇아 그대로 행함. ¶전통의 계승과 **답습**은 다르다.
⑤ 전사(轉寫)	명	글이나 그림 따위를 옮기어 베낌. ¶희귀 원본을 **전사**해 놓았다.

정답 ③ 문맥상 실제의 형체대로 그린다는 내용이므로, '모사(模寫)'가 적절하다.

10

① 취사(取捨)	명	쓸 것은 쓰고 버릴 것은 버림. ¶안건의 **취사**를 의장에게 맡기다.
② 추출(抽出)	명	전체 속에서 어떤 물건, 생각, 요소 따위를 뽑아냄. ¶정보를 **추출**하다.
③ 택일(擇一)	명	여럿 가운데에서 하나를 고름. ¶음료는 사이다, 콜라, 주스 중 **택일**할 수 있습니다.
④ 취득(取得)	명	자기 것으로 만들어 가짐. ¶그는 운전면허증을 **취득**했다.
⑤ 선정(選定)	명	여럿 가운데서 어떤 것을 뽑아 정함. ¶기자단은 그를 이달의 선수로 **선정**하였다.

정답 ② 문맥상 천연가스에서 헬륨만을 뽑아낸다는 내용이므로, '추출(抽出)'이 적절하다.

11

① 애호(愛好)	명	사랑하고 좋아함. ¶**애호**와 성원에 보답하다.
② 경호(警護)	명	위험한 일이 일어나지 않도록 미리 조심하고 보호함. ¶대통령 **경호**가 철저하다.
③ 선호(選好)	명	여럿 가운데서 특별히 가려서 좋아함. ¶그는 기능직보다 사무직을 **선호**한다.
④ 옹호(擁護)	명	두둔하고 편들어 지킴. ¶도시 빈민 계층의 권익은 **옹호**되어야 한다.
⑤ 발호(跋扈)	명	권세나 세력을 제멋대로 부리며 함부로 날뜀. ¶외척의 **발호**에 시달리다.

정답 ① 문맥상 사대부들이 판소리를 좋아했다는 내용이므로, '애호(愛好)'가 적절하다.

12

① 강화(强化)	명	1) 세력이나 힘을 더 강하고 튼튼하게 함. ¶지금은 국력을 **강화**해야 할 때이다. 2) 수준이나 정도를 더 높임. ¶검문 검색이 **강화**되다.
② 보완(補完)	명	모자라거나 부족한 것을 보충하여 완전하게 함. ¶제품의 문제점을 **보완**하다.
③ 상쇄(相殺)	명	상반되는 것이 서로 영향을 주어 효과가 없어지는 일. ¶이번 사건은 과거 불미스러웠던 일을 **상쇄**한 셈이었다.
④ 추월(追越)	명	뒤에서 따라잡아서 앞의 것보다 먼저 나아감. ¶앞차를 **추월**하다.
⑤ 충만(充滿)	명	한껏 차서 가득함. ¶가정에 건강과 행복이 **충만**하기를 빕니다.

정답 ③ 문맥상 추가 비용에 대한 부담을 없앤다는 내용이므로, '상쇄(相殺)'가 적절하다.

13

① 망각(忘却)	명 어떤 사실을 잊어버림. ¶할 일을 **망각**하다.
상실(喪失)	명 어떤 것이 아주 없어지거나 사라짐. ¶방향 감각을 **상실**하다.
② 회피(回避)	명 꾀를 부려 마땅히 져야 할 책임을 지지 아니함. ¶그는 이 문제에 대한 판단을 **회피**했다.
파괴(破壞)	명 때려 부수거나 깨뜨려 헐어 버림. ¶지진이 나서 모든 것이 **파괴**되어 버렸다.
③ 기피(忌避)	명 꺼리거나 싫어하여 피함. ¶병역을 **기피**하다.
분실(紛失)	명 자기도 모르는 사이에 물건 따위를 잃어버림. ¶**분실**의 위험이 있다.
④ 외면(外面)	명 어떤 사상이나 이론, 현실, 사실, 진리 따위를 인정하지 않고 도외시함. ¶현실을 **외면**하다.
유실(流失)	명 떠내려가서 없어짐. 또는 그렇게 잃음. ¶홍수로 많은 가옥과 논밭이 **유실**되었다.
⑤ 배척(排斥)	명 따돌리거나 거부하여 밀어 내침. ¶외세를 **배척**하다.
소실(消失)	명 사라져 없어짐. 또는 그렇게 잃어버림. ¶전쟁으로 많은 문화재가 **소실**되었다.

정답 ① 문맥상 '잊어 가다'와 '잃어 가다'라는 내용이 들어가야 하므로, '망각(忘却)'과 '상실(喪失)'이 적절하다.

14

① 포기(抛棄)	명 하려던 일을 도중에 그만두어 버림. ¶중도에 학업을 **포기**하다.
수락(受諾)	명 요구를 받아들임. ¶우리들의 요구가 **수락**되었다.
② 선택(選擇)	명 여럿 가운데서 필요한 것을 골라 뽑음. ¶제주도가 관광특구로 **선택**되었다.
수긍(首肯)	명 옳다고 인정함. ¶그 의견은 **수긍**하기 어렵다.
③ 왜곡(歪曲)	명 사실과 다르게 해석하거나 그릇되게 함. ¶**왜곡**된 역사
이해(理解)	명 깨달아 앎. 또는 잘 알아서 받아들임. ¶**이해**하기 쉬운 문제
④ 구별(區別)	명 성질이나 종류에 따라 차이가 남. 또는 그것을 갈라놓음. ¶공과 사를 **구별**하다.
긍정(肯定)	명 그러하다고 생각하여 옳다고 인정함. ¶내 의견을 듣고 친구는 **긍정**의 뜻을 보였다.
⑤ 설명(說明)	명 어떤 일이나 대상의 내용을 상대편이 잘 알 수 있도록 밝혀 말함. 또는 그런 말. ¶사건의 경위를 **설명**하다.
납득(納得)	명 다른 사람의 말이나 행동, 형편 따위를 잘 알아서 긍정하고 이해함. ¶**납득**이 가도록 분명하게 말하다.

정답 ② 문맥상 '골라 뽑다'와 '옳다고 인정하다'라는 내용이 들어가야 하므로, '선택(選擇)'과 '수긍(首肯)'이 적절하다.

15

① 수출(輸出)	명 국내 상품이나 기술을 외국으로 팔아 내보냄. ¶자동차 **수출**이 증대되었다.
가설(假說)	명 어떤 사실을 설명하거나 어떤 이론 체계를 연역하기 위하여 설정한 가정. ¶**가설**을 세우고 검증하다.
② 복귀(復歸)	명 본디의 자리나 상태로 되돌아감. ¶그는 이번 타이틀전에서 다시 정상에 **복귀**하였다.
증식(增殖)	명 늘어서 많아짐. 또는 늘려서 많게 함. ¶농민들은 소의 개량과 **증식**에 힘썼다.
③ 진출(進出)	명 어떤 방면으로 활동 범위나 세력을 넓혀 나아감. ¶정계에 **진출**하다.
예측(豫測)	명 미리 헤아려 짐작함. ¶아무도 **예측**하지 못한 일이 일어났다.
④ 진입(進入)	명 향하여 내처 들어감. ¶선진국 대열에 **진입**하다.
예언(豫言)	명 앞으로 다가올 일을 미리 알거나 짐작하여 말함. ¶불길한 **예언**을 듣다.
⑤ 납품(納品)	명 계약한 곳에 주문받은 물품을 가져다 줌. 또는 그 물품. ¶**납품** 기일이 지났다.
허언(虛言)	명 1) 실속이 없는 빈말. 2) 거짓말. ¶그는 당황하자 **허언**이 튀어나왔다.

정답 ③ 문맥상 '나아가다'와 '미리 짐작하다'라는 내용이 들어가야 하므로, '진출(進出)'과 '예측(豫測)'이 적절하다.

우리말에서 고유어와 한자어는 대응 관계를 보이는데, 일(一) 대 다(多)의 관계를 형성하기도 한다. 고유어는 사용의 폭이 넓지만, 다의성과 모호성을 가지고 있어서 한자어를 통해 고유어의 뜻을 더욱 섬세하고 명확하게 나타낼 수 있다. 올바르고 정확한 언어생활을 위해서는 고유어와 한자어의 대응 관계를 고찰해 보아야 한다.

대표 유형

◉ **다음 밑줄 친 말과 바꿔 쓸 수 있는 말로 가장 적절한 것은?**

> 최소의 자립 형식이라는 조건만으로 단어를 다 규정짓기는 어렵다. 어떤 언어 형식이 단어인가 아닌가를 판별(判別)하는 일은 그리 단순하지 않다. 학자에 따라서는 어절을 단어로 보기도 하며, 더 분석된 단위를 단어로 취급하기도 한다.

① 가려내는 ② 알아내는 ③ 골라내는
④ 끌어내는 ⑤ 갈라내는

핵심 문제

※ 다음 밑줄 친 말과 바꿔 쓸 수 있는 말로 가장 적절한 것을 고르시오.

01

> 어떤 사회가 과도기에 접어들면 많은 혼란과 갈등이 나타난다. 전통 사회의 규범과 새로운 질서가 충돌하며, 세대 간·계층 간·지역 간의 문화적 격차가 일어나고, 명확한 규범의 부재에서 일어나는 아노미가 발생하기도 한다. 이와 같은 과도기의 사회에서는 구성원이 통합되기까지 여러 차례 위기에 봉착(逢着)하게 된다.

① 들어가게 ② 당하게 ③ 맞아들이게
④ 받아들이게 ⑤ 맞닥뜨리게

02

> 원자 에너지의 위험성에 대해 관심을 가진 사람들이 원자의 비밀을 규명(糾明)하려고 지대한 노력을 기울였다. 그러나 원자에 대한 지식의 획득에도 불구하고 사람들이 느끼는 위험은 줄어들지 않고 오히려 늘어났다. 이를 통해 지식이 늘어날수록 새로운 난제가 발생하기도 한다는 사실을 알 수 있다.

① 살펴보려고 ② 돌아보려고 ③ 헤아려 보려고
④ 꿰뚫어 보려고 ⑤ 뒤돌아보려고

03

그 선비는 길 가다가 해가 저물어서 유숙(留宿)을 청하러 다녔다. 다행스럽게도 낯선 방문객을 맞아 주는 집이 있었다.

① 늦추는 것을   ② 머무르는 것을   ③ 멈추는 것을
④ 사는 것을   ⑤ 떠나는 것을

04

오늘날 우리나라의 난신적자(亂臣賊子)와 부화뇌동(附和雷同)하여 기어이 우리 종묘사직(宗廟社稷)을 전복(顚覆)하고, 우리의 산과 바다를 제 자원으로 만들며, 우리의 민생을 종으로 만들려 하는도다.

- 난신적자(亂臣賊子) 나라를 어지럽히는 불충한 무리.
- 부화뇌동(附和雷同) 줏대 없이 남의 의견에 따라 움직임.
- 종묘사직(宗廟社稷) 왕실과 나라를 통틀어 이르는 말.

① 뒤집어엎고   ② 빠뜨리고   ③ 흔들고
④ 더럽히고   ⑤ 업신여기고

05

그리스인과 로마인들이 믿었던 수많은 신화는 그들의 사고 방식과 예술 작품을 이해하는 데 있어 역사만큼이나 중요하다. 인간의 범위를 초월(超越)한 신들의 이야기이긴 하지만, 그들의 신화는 그리스와 로마의 사회 제도 및 구조와 매우 복잡하게 얽혀 있기 때문이다.

① 뛰어넘은   ② 알겨낸   ③ 지나친
④ 재우친   ⑤ 건너뛴

06

요즈음 애완동물도 사람과 같이 등록 번호를 갖게 하는 동물 등록제가 시행되고 있다. 동물 등록제는 고유의 일련번호와 소유자 정보를 입력한 무선 인식용 전자칩을 애완동물 몸속에 넣어 관리하는 것을 말한다. 이는 애완동물에 대한 책임을 강화하고, 애완동물을 유기(遺棄)하는 것을 막는 데 큰 도움을 줄 것으로 보인다. 시 관계자들은 동물 등록제의 실효성을 높이기 위해서는 무엇보다 한 생명을 끝까지 책임지는 마음이 우선시되어야 한다고 강조한다.

① 던지는   ② 버리는   ③ 보내는
④ 자르는   ⑤ 망치는

정답 및 해설

대표 유형 풀이

① 가려내다	图 1) 여럿 가운데서 일정한 것을 골라내다. ¶오늘은 생산품 중에서 불량품을 **가려내는** 작업을 했다.
	2) 진리나 가치 따위를 밝혀내다. ¶용의자들 중에서 진범을 **가려내다.**
② 알아내다	图 방법이나 수단을 써서 모르던 것을 알 수 있게 되다. ¶그는 결국 그녀의 이름을 **알아냈다.**
③ 골라내다	图 여럿 가운데서 어떤 것을 골라서 따로 집어내다. ¶이 중에서 색깔이 다른 것을 **골라내세요.**
④ 끌어내다	图 당겨서 밖으로 내다. ¶항아리를 **끌어내어** 닦다. / 책상을 복도로 **끌어내다.**
⑤ 갈라내다	图 합쳐 있는 것을 각각 따로 떼어 내다. ¶바둑알이 한데 섞인 데서 흰 알과 검은 알을 **갈라냈다.**

정답 ① '판별(判別)하다'는 '옳고 그름이나 좋고 나쁨을 판단하여 구별하다'라는 의미이므로, '가려내다'와 바꿔 쓸 수 있다.

핵심 문제 풀이

01

① 들어가다	图 밖에서 안으로 향하여 가다. ¶추우니 집 안으로 **들어가세요.**
② 당하다	图 해를 입거나 놀림을 받다. ¶이번 만우절에도 그녀의 거짓말에 또 **당했다.**
③ 맞아들이다	图 오는 사람을 맞아 안으로 인도하다. ¶귀한 손님을 **맞아들였다.**
④ 받아들이다	图 다른 사람의 요구, 성의, 말 따위를 들어주다. ¶그의 요구는 **받아들일** 수 없다.
⑤ 맞닥뜨리다	图 좋지 않은 일 따위에 직면하다. ¶곧 절박한 위기에 **맞닥뜨리게** 될 거야.

정답 ⑤ '봉착(逢着)하다'는 '어떤 처지나 상태에 부닥치다'라는 의미이므로, '맞닥뜨리다'와 바꿔 쓸 수 있다.

02

① 살펴보다	图 두루두루 자세히 보다. ¶나는 방 안을 이리저리 **살펴보았다.**
② 돌아보다	图 1) 고개를 돌려 보다. ¶누가 부르는 것 같아 뒤를 **돌아보았다.**
	2) 지난 일을 다시 생각하여 보다. ¶송년회를 통해 지난 1년을 **돌아보았다.**
③ 헤아리다	图 짐작하여 가늠하거나 미루어 생각하다. ¶그가 받았을 상처의 깊이를 **헤아려 보았다.**
④ 꿰뚫다	图 어떤 일의 내용이나 본질을 잘 알다. ¶그의 추리는 사건의 본질을 정확히 **꿰뚫었다.**
⑤ 뒤돌아보다	图 지난 일을 돌이켜 생각해 보다. ¶철없던 나의 어린 시절을 **뒤돌아보았다.**

정답 ④ '규명(糾明)하다'는 '어떤 사실을 자세히 따져서 바로 밝히다'라는 의미이므로, '꿰뚫어 보다'와 바꿔 쓸 수 있다.

03

① 늦추다	图 '늦다(정해진 때보다 지나다)'의 사동사. ¶출발 시간을 십 분 **늦췄다.**
② 머무르다	图 도중에 멈추거나 일시적으로 어떤 곳에 묵다. ¶나는 한동안 시골에 **머무르면서** 쉬었다.
③ 멈추다	图 사물의 움직임이나 동작이 그치다. ¶시계 바늘이 갑자기 **멈추었다.**
④ 살다	图 어느 곳에 거주하거나 거처하다. ¶상어는 물에 **사는** 짐승이다.
⑤ 떠나다	图 있던 곳에서 다른 곳으로 옮기다. ¶그는 일본으로 **떠났다.**

정답 ② '유숙(留宿)'은 '남의 집에서 묵음'을 의미하므로, '머무르다'와 바꿔 쓸 수 있다.

04

① 뒤집어엎다	통 1) 물건의 위와 아래가 뒤집히도록 엎어 놓다. ¶ 그는 카드를 **뒤집어엎었다**. 2) 체제, 제도, 학설 따위를 없애거나 새것으로 바꾸다. ¶ 그 이론은 기존 이론을 **뒤집어엎을** 만한 새로운 발견이다.
② 빠뜨리다	통 1) 물이나 허방이나 또는 어떤 깊숙한 곳에 빠지게 하다. ¶ 나는 목걸이를 강물에 **빠뜨렸다**. 2) 어려운 지경에 놓이게 하다. ¶ 이번 사건이 회사를 곤경에 **빠뜨렸다**.
③ 흔들다	통 1) 사람이나 동물 등이 몸의 일부나 전체, 또는 손에 잡은 물체 따위를 좌우, 앞뒤, 상하로 자꾸 움직이게 하다. ¶ 흥겨운 음악에 맞춰 몸을 **흔들었다**. 2) 사람이 권력 따위로 어떤 대상을 자기 마음대로 움직이게 하다. ¶ 그는 정계를 마음대로 **흔드는** 권력자이다.
④ 더럽히다	통 1) '더럽다(때나 찌꺼기 따위가 있어 지저분하다.)'의 사동사. ¶ 흙으로 옷을 **더럽히다**. 2) 침해하여 짓밟거나 욕되게 하다. ¶ 너희가 내 집을 **더럽히게** 할 수는 없다.
⑤ 업신여기다	통 교만한 마음에서 남을 낮추어 보거나 하찮게 여기다. ¶ 함부로 다른 사람을 **업신여기지** 마라.

정답 ① '전복(顚覆)하다'는 '사회 체제를 무너뜨리거나 정권 따위를 뒤집어엎다'라는 의미이므로, '뒤집어엎다'와 바꿔 쓸 수
있다.

05

① 뛰어넘다	통 1) 몸을 솟구쳐서 높거나 넓은 물건이나 장소를 넘다. ¶ 도랑을 **뛰어넘다**. 2) (비유적으로) 일정한 범위나 표준에서 벗어나다. ¶ 책은 시간과 공간을 **뛰어넘어** 많은 일을 간접 경험할 수 있게 해 준다.
② 알겨내다	통 남의 재물 따위를 좀스러운 말과 행위로 꾀어 빼앗아 내다. ¶ 그는 가난한 사람들에게서 재산을 **알겨내는** 사기꾼이다.
③ 지나치다	통 어떤 일이나 현상을 문제 삼거나 관심을 가지지 아니하고 그냥 넘기다. ¶ 큰 문제를 **지나쳐** 버리다. / 이 일은 그냥 **지나칠** 수 없다.
④ 재우치다	통 빨리 몰아치거나 재촉하다. ¶ 어머니는 걸음을 **재우쳤다**.
⑤ 건너뛰다	통 일정한 공간을 사이에 두고 건너편으로 뛰다. ¶ 저쪽에서 이쪽으로 **건너뛰었다**.

정답 ① '초월(超越)하다'는 '어떠한 한계나 표준을 뛰어넘다'라는 의미이므로, '뛰어넘다'와 바꿔 쓸 수 있다.

06

① 던지다	통 손에 든 물건을 다른 곳에 떨어지게 팔과 손목을 움직여 공중으로 내보내다. ¶ 그는 방구석을 향해 가방을 **던지고** 나갔다.
② 버리다	통 가지거나 지니고 있을 필요가 없는 물건을 내던지거나 쏟거나 하다. ¶ 과자 봉지를 휴지통에 **버리다**.
③ 보내다	통 사람이나 물건 따위를 다른 곳으로 가게 하다. ¶ 그는 아이를 학교에 **보냈다**.
④ 자르다	통 동강을 내거나 끊어 내다. ¶ 그녀는 무를 **자르듯이** 그와의 인연을 끊었다.
⑤ 망치다	통 1) 집안, 나라 따위를 망하게 하다. ¶ 그는 집안을 **망친** 동생을 원망하였다. 2) 잘못하여 그르치거나 아주 못 쓰게 만들다. ¶ 갑자기 불이 꺼지는 바람에 공연을 **망치고** 말았다.

정답 ② '유기(遺棄)하다'는 '내다 버리다'의 의미이므로, '버리다'와 바꿔 쓸 수 있다.

대표 유형

● 다음 밑줄 친 말과 바꿔 쓰기에 가장 알맞은 것은?

> 외계 생명 존재의 가능성에 대한 또 한 가지 증거는 운석에서 유기 분자가 추출되었다는 것이다. 1969년에 호주의 머치슨에 떨어진 운석 조각에서 모두 74종의 아미노산이 검출된 데에서도 알 수 있듯이, 유기 분자가 운석에 실려 외계에서 지구로 <u>온다는</u> 것은 분명한 사실이다.

① 투입(投入)된다는   ② 수입(輸入)된다는   ③ 유입(流入)된다는
④ 편입(編入)된다는   ⑤ 도입(導入)된다는

핵심 문제

※ 다음 밑줄 친 말과 바꿔 쓰기에 가장 알맞은 것을 고르시오.

01

> 각 지역의 방언은 그 지역 내에서만 쓰이는 것 같지만 실제로는 방언끼리 영향을 끼쳐서 하나의 방언에는 여러 방언의 요소가 <u>쓰이고</u> 있다. 따라서 각 방언을 엄밀히 분리한다는 것은 어려운 일이다.

① 병용(倂用)되고   ② 수용(收用)되고   ③ 통용(通用)되고
④ 적용(適用)되고   ⑤ 활용(活用)되고

02

> 왕건은 당시 한반도의 정세 변화를 정확히 판단하고 기민하게 행동함으로써, 예성강 하구의 중간 세력에 <u>지나지 않았던</u> 자신의 세력 기반을 성공적으로 확대시켜 나갔고, 결국 고려를 건국할 수 있었다.

① 불과(不過)했던   ② 간정(諫正)했던   ③ 집착(執着)했던
④ 합세(合勢)했던   ⑤ 동참(同參)했던

03

　물리적으로 보았을 때, 대칭이 허용되는 경우인데도 이처럼 비대칭적 경향이 나타나는 것은 한국 전통 건축에서 비대칭이 대칭보다 더 선호되었기 때문이다. 그 이유는 '비대칭적 대칭'이라는 역설적인 개념으로부터 <u>이끌어 낼</u> 수 있다.

① 도출(導出)할 　　　　② 창출(創出)할 　　　　③ 색출(索出)할
④ 인출(引出)할 　　　　⑤ 표출(表出)할

04

　삼국 시대 유비와 조조는 한중(漢中) 땅을 차지하려고 서로 다퉜다. 그러나 익주를 점령한 유비가 먼저 한중 땅을 평정해서 군사를 배치했고, 병참을 확보하고 있었다. 전진하기도 곤란하고 수비하기도 곤란한 상태에 빠진 조조는 부하들에게 한중을 두고 '계륵'이라고 말했다. 하지만 참모들 중 어느 누구도 조조의 말이 무엇을 뜻하는지 몰랐다. 단지 주부(主簿) 벼슬을 하고 있던 양수만이 조조가 한 말뜻을 정확히 <u>알아차렸다.</u>

① 간심(看審)했다 　　　　② 간파(看破)했다 　　　　③ 간색(看色)했다
④ 간여(干與)했다 　　　　⑤ 간주(看做)했다

05

　눈길에서 급브레이크를 밟으면 차가 돌면서 대형 사고로 이어질 수 있다. 차가 미끄러지기 시작했다면 우선 핸들 조작만으로 안전한 곳으로 피해야 한다. 가고자 하는 쪽 대신 차가 미끄러지는 방향으로 핸들을 감았다 풀었다를 되풀이한다. 그 다음 엔진 브레이크를 걸어야 하는데, 이때 기어 변속은 2500rpm 이하에서 해야 한다. 자동 변속기의 경우 브레이크를 밟을 때 기어를 중립으로 <u>바꾸는</u> 것이 효과적이다.

① 변동(變動)하는 　　　　② 변천(變遷)하는 　　　　③ 변환(變換)하는
④ 변질(變質)하는 　　　　⑤ 변형(變形)하는

06

　우리 사회에서 문신은 죄의 대가로 새기는 형벌 문신과 부모가 물려주는 신체를 함부로 훼손해서는 안 된다는 유교적 신체관의 영향으로 반사회적·반윤리적 이미지를 <u>불러일으키는</u> 불온한 상징물로 간주되었다. 하지만 최근에 문신은 자유로운 세대들의 자의식을 드러내는 도전적 상징물이자, 자신의 개성을 드러내는 하나의 수단으로 여겨진다.

① 환기(喚起)하는 　　　　② 유도(誘導)하는 　　　　③ 강조(強調)하는
④ 선양(宣揚)하는 　　　　⑤ 유인(誘引)하는

정답 및 해설

대표 유형 풀이

① 투입(投入)되다	통	사람이나 물자, 자본 따위가 필요한 곳에 넣어지다. ¶ 그 영화에 많은 인원이 **투입되었다**.
② 수입(輸入)되다	통	1) 다른 나라로부터 상품이나 기술 따위가 사들여지다. ¶ 농산물이 **수입되고** 있다. 2) 다른 나라의 사상, 문화, 제도 따위가 들어오다. ¶ 그 풍습은 중국에서 **수입된** 것이다.
③ 유입(流入)되다	통	1) 액체나 기체, 열 따위가 어떤 곳으로 흘러들게 되다. ¶ 폐수가 강으로 **유입되고** 있다. 2) 돈, 물품 따위의 재화가 들어오게 되다. ¶ 외국인 주식 자금이 국내에 **유입되었다**. 3) 문화, 지식, 사상 따위가 들어오게 되다. ¶ 그는 불교가 **유입된** 과정을 연구하고 있다.
④ 편입(編入)되다	통	이미 짜인 한 동아리나 대열 따위에 끼어 들어가게 되다. ¶ 얼마 뒤, 그곳은 광역시로 **편입되었다**.
⑤ 도입(導入)되다	통	기술, 방법, 물자 따위가 끌려 들어가다. ¶ 최신 기술이 국내에 **도입되었다**.

정답 ③ 문맥상 '오다'는 '어떤 곳으로 들어오다'라는 의미이므로, '유입(流入)되다'와 바꿔 쓸 수 있다.

핵심 문제 풀이

① 병용(倂用)되다	통	아울러 같이 쓰이다. ¶ 우리나라에서는 한글과 한자가 **병용되고** 있다.
② 수용(收用)되다	통	거두어들여져 사용되다. ¶ 그 공터는 학교 부지로 **수용되었다**.
③ 통용(通用)되다	통	1) 일반적으로 두루 쓰이다. ¶ 그의 의견은 **통용되기** 어렵다. 2) 서로 넘나들어 두루 쓰이다. ¶ 형태는 달라도 같은 뜻으로 **통용되는** 한자들이 많다.
④ 적용(適用)되다	통	알맞게 이용되거나 맞추어져 쓰이다. ¶ 이 작품에는 많은 기법이 **적용되어** 있다.
⑤ 활용(活用)되다	통	충분히 잘 이용되다. ¶ 신기술이 실제 제품 생산에 **활용되는** 경우가 많다.

정답 ① 문맥상 '쓰이다'는 '아울러 같이 이용되다'라는 의미이므로, '병용(倂用)되다'와 바꿔 쓸 수 있다.

① 불과(不過)하다	형	1) 그 수량에 지나지 아니한 상태이다. ¶ 그 분교의 학생은 여섯 명에 **불과하다**. 2) 그 수준을 넘지 못한 상태이다. ¶ 영원한 사랑이란 환상에 **불과한 것이다**.
② 간정(諫正)하다	통	잘못을 간하여 바로잡다.
③ 집착(執着)하다	통	어떤 것에 늘 마음이 쏠려 잊지 못하고 매달리다. ¶ 이미 지난 일에 **집착해서는** 큰 일을 이룰 수 없다.
④ 합세(合勢)하다	통	흩어져 있는 세력을 한곳에 모으다. ¶ 나도 그의 의견에 **합세하였다**.
⑤ 동참(同參)하다	통	어떤 모임이나 일에 같이 참가하다. ¶ 미세먼지 줄이기 운동에 **동참하다**.

정답 ① 문맥상 '지나지 않다'는 '그 수준을 넘지 못하다'라는 의미이므로, '불과(不過)하다'와 바꿔 쓸 수 있다.

문법 · 어휘의 모든 것

03

① 도출(導出)하다	통 판단이나 결론 따위를 이끌어 내다. ¶ 합의를 **도출하는** 데 실패하였다.
② 창출(創出)하다	통 전에 없던 것을 처음으로 생각하여 지어내거나 만들어 내다. ¶ 새로운 제도를 **창출하다.**
③ 색출(索出)하다	통 샅샅이 뒤져서 찾아내다. ¶ 경찰은 이번 사태의 주동자를 **색출하였다.**
④ 인출(引出)하다	통 끌어서 빼내다. ¶ 우리의 기억은 유사 단어를 뇌에서 **인출하여** 조합할 수 있다.
⑤ 표출(表出)하다	통 겉으로 나타내다. ¶ 감정을 그대로 **표출하는** 것은 좋지 않다.

정답 ① 문맥상 '이끌어 내다'는 '생각을 끌어 내다'라는 의미이므로, '도출(導出)하다'와 바꿔 쓸 수 있다.

04

① 간심(看審)하다	통 자세히 보아 살피다. ¶ 수령들은 백성의 생활을 **간심하여** 조정에 보고했다.
② 간파(看破)하다	통 속내를 꿰뚫어 알아차리다. ¶ 핵심을 **간파하다.**
③ 간색(看色)하다	통 물건의 일부분을 보아 질을 살피다. ¶ 선창 사람들이 세곡을 검수 **간색하다.**
④ 간여(干與)하다	통 어떤 일에 간섭하여 참여하다. ¶ 그 일은 내가 **간여할** 바가 아니라는 생각이 든다.
⑤ 간주(看做)하다	통 상태, 모양, 성질 따위가 그와 같다고 보거나 그렇다고 여기다. ¶ 그는 소수의 의견을 대다수의 의견인 것처럼 **간주하고** 있다.

정답 ② 문맥상 '알아차리다'는 '꿰뚫어 알다'라는 의미이므로, '간파(看破)하다'와 바꿔 쓸 수 있다.

05

① 변동(變動)하다	통 바뀌어 달라지다. ¶ 물가가 크게 **변동했다.**
② 변천(變遷)하다	통 세월이 흐름에 따라 바뀌고 변하다. ¶ 중세 사회가 근대 사회로 **변천하면서** 시민 의식이 싹트기 시작했다.
③ 변환(變換)하다	통 달라져서 바뀌다. 또는 다르게 하여 바꾸다. ¶ 학교 교육이 서구식으로 **변환한** 것은 얼마 되지 않았다.
④ 변질(變質)하다	통 성질이 달라지거나 물질의 질이 변하다. ¶ 유제품은 **변질하기** 쉽다.
⑤ 변형(變形)하다	통 모양이나 형태가 달라지거나 달라지게 하다. ¶ 재활용품을 **변형하여** 장난감을 만들었다.

정답 ③ 문맥상 '바꾸다'는 '원래의 상태를 다르게 하다'의 의미이므로, '변환(變換)하다'와 바꿔 쓸 수 있다.

06

① 환기(喚起)하다	통 주의나 여론, 생각 따위를 불러일으키다. ¶ 만화를 보여 주면서 학생들의 흥미를 **환기했다.**
② 유도(誘導)하다	통 사람이나 물건을 목적한 장소나 방향으로 이끌다. ¶ 선생님은 학생들이 책을 읽도록 분위기를 **유도했다.**
③ 강조(強調)하다	통 어떤 부분을 특별히 강하게 주장하거나 두드러지게 하다. ¶ 교장 선생님께서는 교내의 깨끗한 환경을 **강조하셨다.**
④ 선양(宣揚)하다	통 명성이나 권위 따위를 널리 떨치게 하다. ¶ 국위를 **선양하고** 돌아오다.
⑤ 유인(誘引)하다	통 주의나 흥미를 일으켜 꾀어내다. ¶ 미끼로 물고기를 **유인해** 잡다.

정답 ① 문맥상 '불러일으키다'는 '생각 따위를 일어나게 하다'라는 의미이므로, '환기(喚起)하다'와 바꿔 쓸 수 있다.

[01~02] 다음을 읽고 물음에 답하시오.

> 외솔 최현배의 미래를 보는 (㉠)은 한글의 전산화 시대에 대비한 한글 기계화 연구소를 차린 데서도 확인된다. 이는 세종 대왕 기념 사업회를 창립하여 한글 운동을 본격적으로 시작한 것과 ⓐ어깨를 나란히 할 만하다. 외솔의 한글 사랑 정신은 그가 세상 떠나기 직전까지 책을 쓰고 각종 사회 활동을 한 데서도 확인할 수 있다. 외솔은 사망하기 8일 전에《한글만 쓰기의 주장》이라는 저서를 탈고했으며, 숨을 거두는 순간까지 세종 대왕 기념 사업회 대표 이사와 한글 학회 이사장을 맡고 있었다. 외솔은 주시경의 사상과 학문을 계승 및 발전시켜 우리말과 우리글을 연구한 학자이며, 우리말과 우리글을 보급·발전시킨 실천가였다. 또한 청소년기부터 주시경의 민족 사랑과 나라 사랑의 정신을 배우고 발전시킨 민족주의자였으며, 근대적 의미의 언어학이 건설되어 있지 못했던 당대에 학문으로서의 국어학을 정립시킨 국어학자였다. 본래 교육학을 공부한 그는 페스탈로치의 공리주의적 이상주의를 추구한 교육자이기도 했다. 외솔 최현배는 가히 우리말과 우리글을 통해 민족의 이상을 (㉡)하고자 했던 겨레의 스승이라고 할 수 있을 것이다.

01 ㉠과 ㉡에 들어갈 말을 바르게 짝지은 것은?

	㉠	㉡		㉠	㉡
①	혜안(慧眼)	실현(實現)	②	복안(腹案)	실현(實現)
③	시안(試案)	구현(具現)	④	대안(代案)	구현(具現)
⑤	의안(疑案)	재현(再現)			

02 ⓐ와 바꾸어 쓰기에 가장 알맞은 것은?

① 상대(相對)될 만하다   ② 대립(對立)될 만하다

③ 대조(對照)될 만하다   ④ 비교(比較)될 만하다

⑤ 비견(比肩)될 만하다

03 다음 빈칸에 공통적으로 들어갈 말로 가장 적절한 것은?

> '집들이'는 '이사한 후에 이웃과 친지를 불러 집을 구경시키고 음식을 대접하는 일'을 말한다. '(   )'은/는 '집들이'의 상대가 되는 말로, '새로 집을 지었거나 이사한 집에 집 구경 겸 인사로 찾아보는 일'을 가리킨다. 따라서 집주인은 '집들이'를 하고, 방문객은 '(   )'을/를 하는 것이다. 그런데 오늘날 많은 사람들이 '(   )'(이)라는 말을 잘 몰라 집주인과 방문객이 다 '집들이한다'는 이상한 언어 풍속도를 만들어 내고 있다.

① 집알이   ② 집돌림   ③ 집뒤짐

④ 집가심   ⑤ 집내기

04 문맥상 밑줄 친 말과 바꿔 쓸 수 있는 말로 가장 적절한 것은?

> UPS(무정전 전원 공급 장치)는 플라이휠(Flywheel)을 상용화한 것이다. 플라이휠 기술은 운동 에너지를 플라이휠에 저장했다가 전원이 끊길 경우 곧바로 저장된 운동 에너지를 전기 에너지로 전환하는 기술로, 전원이 복귀되거나 비상 발전기 전력이 공급될 때까지 전력의 저수지 역할을 한다.

① 수문(水門)   ② 원산지(原産地)   ③ 공급원(供給源)
④ 실험실(實驗室)   ⑤ 양성소(養成所)

05 밑줄 친 단어 중 '넘침'과 '모자람'의 의미가 모두 있는 것은?

보기

> 아리스토텔레스에 의하면 품성의 덕은 '중용'이다. 중용은 욕망, 감정, 행위에 있어서 넘침도 없고 모자람도 없는 알맞음의 극치, 또는 최적의 상태를 의미한다. 이러한 중용은 때에 따라, 상황에 따라, 대상에 따라, 동기나 목적이나 방법에 따라 달라질 수 있다. 그래서 중용은 모든 사람에게 동일하지 않은 상대적인 중간점이다.

① 참석자의 과반수(過半數)가 그 안건에 찬성하였다.
② 수도권에 인구가 과다(過多)하게 집중되고 있다.
③ 과도(過度)한 지출로 파산 지경에 이르렀다.
④ 과소비(過消費)를 근절할 필요가 있다.
⑤ 과부족(過不足)이 없이 꼭 들어맞다.

06 다음 ㉠~㉤의 의미를 바르게 파악하지 못한 것은?

> 그뿐 아니라 언제든지 뺏어 먹고 쓰고 할 것은 다 하면서 ㉠게걸대고 ㉡입바른 소리를 툭툭 하는 것이 ㉢밉살맞기도 하였다. 있는 사람의 통성으로 자기에게 좀 고분고분하게 굴어 주었으면 좋았다. / 그러나 없는 사람 있는 친구와 어울리면 병정 노릇이나 하는 것 같은 일종의 굴욕을 느끼는 것도 사실이겠고, 또 그렇게 구직거리하거나 더럽게 굴지 않고 자기의 자존심을 더럽히지 않으려는 것이 취할 모라고 아직 경력 없는 덕기건만 돌려 생각도 하는 것이었다. / 주부가 술상을 차려 왔다. 술상이래야 유리 잔에 담은 노란 술과 김이 무럭무럭 나는 오뎅 접시뿐이다. / 술을 좋아하지 않는 덕기는 더구나 그 ㉣유착한 잔을 보고 눈이 저절로 ㉤찌푸려졌다. 모든 것이 그의 그 소위 고상한 취미에 맞지 않았다.
>
>   – 염상섭, 〈삼대〉

① ㉠: 변변하지 못하여 보잘것없고   ② ㉡: 바른말을 하는 데 거침이 없는
③ ㉢: 미움을 받을 만한 데가 있기도   ④ ㉣: 몹시 투박하고 큰
⑤ ㉤: 눈살이 찡그려졌다.

[07~08] 다음을 읽고 물음에 답하시오.

> 그녀는 매일 새벽, 새벽 기도를 드리러 예배당으로 간다. 그 바람에 나는 아침마다 어린애 우는 소리에 잠이 깨는 것이다. 아직 젖이 떨어지지 않은 셋째놈은 잠이 깨면 엄마를 찾으며 운다. 그러면 나는 이불을 머리 위에서부터 뒤집어써야 한다. 나는 세상에서 제일 싫은 것이 어린애가 우는 소리다. 그런데 아무리 이불을 뒤집어써도 소용이 없다. 나는 머릿속의 신경을 팽팽하니 당기고 그것을 손톱으로 (㉠) 긁는 것 같은 것을 느낀다. 그럴 때마다 나는 참다 참다 못하여 부엌에서 밥을 짓고 있는 식모에게 애매한 소리를 지르곤 하는 것이다. 〈중략〉
> 우는 소리로 시작된 나의 하루는 영락없이 불쾌할 수밖에 없다. 그것이 하루나 이틀이 아니다. 아주 날마다 꼭 그렇다.
> "여보, 그 새벽 기도 좀 집에서 올리구려. 애가 우니 어디 잠을 잘 수 있소."
> 언젠가 나는 아내더러 이렇게 말했다. 아내는 나의 말이 ㉡도시 무슨 뜻인지 알아듣지부터 못하겠다는 얼굴이었다. 그녀는 아무 대답도 하지 않은 채 돌아앉고 마는 것이었다.
>
> — 이범선, 〈피해자〉

07 ㉠에 들어갈 말로 가장 적절한 것은?

① 빤빤　　　　　② 빠작　　　　　③ 빠직
④ 빡빡　　　　　⑤ 빤짝

08 ㉡과 같은 의미를 지니는 것은?

① 조금　　　　　② 많이　　　　　③ 대부분
④ 어쩐지　　　　⑤ 도무지

09 다음 밑줄 친 말과 가장 유사한 의미를 지니는 것은?

> 날이 갈수록 나는 우리네 옛 살림에 자꾸만 눈길이 머문다. 가구만 해도 그렇다. 규격화된 공간인 아파트 생활엔 요모조모 쓸모 많은 우리네 전통 가구가 제격이 아닐까 싶다. 더구나 요즘은 아파트에 붙박이장이 마련돼 예전처럼 덩치 큰 장롱이 자취를 감췄다. 장롱이 사라진 그 자리에 이름도 정겨운 반닫이를 둔다면 더욱 요긴하게 쓰이리라. 반닫이는 뜯어 보면 볼수록 그 효용성이 매우 암팡지다. 윗면 상판은 장식대로, 그 속은 여러 가지 물건을 넣어두는 실속 있는 수납공간으로, 나무의 무늬 결을 살려 박은 주물 장석에서 풍기는 은은한 멋은 장식용 가구로 일석삼조의 효과를 발휘할 것이다.

① 다부지다　　　　② 야멸치다　　　　③ 지독하다
④ 오롯하다　　　　⑤ 여북하다

10 문맥상 밑줄 친 부분과 바꿔 쓸 수 있는 말로 가장 알맞은 것은?

> 문학은 사회적인 쟁점을 언어를 통해 예술로 형상화하여 독자에게 사상을 전달함으로써 건강한 문화 공동체 형성에 결정적 역할을 한다. 이처럼 문학은 삶을 재충전할 수 있는 유희적인 여가를 가능하게 하고, 사회적 이슈에 대한 의견을 수렴하여 <u>민심의 흐름</u>을 만들기도 한다.

① 사조(思潮)　　　　② 풍문(風聞)　　　　③ 여파(餘波)
④ 여론(輿論)　　　　⑤ 정세(政勢)

11 ⓐ~ⓔ를 사용하여 만든 문장으로 적절하지 <u>않은</u> 것은?

보기

> 금리란 원금에 대한 이자의 비율을 말하는 것으로 자금의 수요와 공급에 의해 결정되며, 자산의 증감에 영향을 미치는 중요한 요소이다. 금리가 같다면, 원금이 커질수록 또 ⓐ <u>기간</u>이 길어질수록 단리와 복리에 따른 금액의 차이는 커진다.
> 　기준 금리는 한국은행의 금융 통화 위원회가 시중의 통화량을 ⓑ <u>조절</u>하기 위해 매달 인위적으로 결정하는데, 경기 과열로 물가 상승의 우려가 있으면 기준 금리를 올려 경기를 안정시킨다.
> 　민법은 금전, 즉 돈을 빌려주는 것을 내용으로 하는 계약을 금전 소비 대차로 규정하고 관련 내용을 ⓒ <u>명시</u>하고 있다. 금전 소비 대차 계약은 돈을 빌려주는 채권자와 돈을 빌리는 채무자의 합의를 우선시하는데, 이때의 계약은 몇 가지 ⓓ <u>유의</u>할 점이 있다.
> 　공탁은 채무자가 돈이나 유가 증권 등을 법원의 공탁소에 맡기는 것을 말한다. 공탁을 할 경우 그날 돈을 갚는 것과 같은 효과를 가져 ⓔ <u>상환</u> 시기에 따른 분쟁을 피할 수 있다.

① ⓐ: 조선은 유교가 <u>기간</u>이 되는 도덕을 정치 이념으로 삼았다.
② ⓑ: 체중 관리를 위해 식사량 <u>조절</u>이 필요하다.
③ ⓒ: 회의를 개최하는 이유를 신청서에 <u>명시</u>해야 한다.
④ ⓓ: 장마 때에는 농작물 관리에 <u>유의</u>해야 한다.
⑤ ⓔ: 그 나라는 외채를 <u>상환</u>할 능력이 없다.

12 문맥상 ⓐ와 바꾸어 쓰기에 가장 적절한 것은?

보기

> 이와 같이 소비자는 상황에 따라 적절한 대안 평가 방식을 사용함으로써 구매할 제품을 합리적으로 선택할 수 있다. 또한 마케터는 소비자들의 대안 평가 방식을 파악함으로써 자사 제품의 효과적인 마케팅 전략을 ⓐ <u>세울</u> 수 있다.

① 수립(樹立)할　　　　② 정립(定立)할　　　　③ 설립(設立)할
④ 제정(制定)할　　　　⑤ 지정(指定)할

고유어

가납사니 ① 쓸데없는 말을 지껄이기 좋아하는 수다스러운 사람. ② 말다툼을 잘하는 사람.

가늠 ① 목표나 기준에 맞고 안 맞음을 헤아려 봄. 또는 헤아려 보는 목표나 기준. ② 사물을 어림잡아 헤아림.

가없다 끝이 없다.

갈피 ① 겹치거나 포갠 물건의 하나하나의 사이. 또는 그 틈. ② 일이나 사물의 갈래가 구별되는 어름.

갖바치 예전에, 가죽신을 만드는 일을 직업으로 하던 사람.

고깝다 섭섭하고 야속하여 마음이 언짢다.

고뿔 '감기'를 일상적으로 이르는 말.

고즈넉하다 ① 고요하고 아늑하다. ② 말없이 다소곳하거나 잠잠하다.

곧추 굽히거나 구부리지 아니하고 곧게.

곰비임비 물건이 거듭 쌓이거나 일이 계속 일어남을 나타내는 말.

곰삭다 ① 옷 따위가 오래되어서 올이 삭고 질이 약해지다. ② 젓갈 따위가 오래되어서 폭 삭다. ③ 풀, 나뭇가지 따위가 썩거나 오래되어 푸슬푸슬해지다.

괴괴하다 쓸쓸한 느낌이 들 정도로 아주 고요하다.

괴발개발 고양이의 발과 개의 발이라는 뜻으로, 글씨를 되는대로 아무렇게나 써 놓은 모양을 이르는 말.

구쁘다 배 속이 허전하여 자꾸 먹고 싶다.

국으로 제 생긴 그대로. 또는 자기 주제에 맞게.

굽도리 방 안 벽의 밑부분.

귀살쩍다 일이나 물건 따위가 마구 얼크러져 정신이 뒤숭숭하거나 산란하다.

그루터기 ① 풀이나 나무 따위의 아랫동아리. 또는 그것들을 베고 남은 아랫동아리. ② 물체의 아랫동아리.

길잡이 ① 길을 인도해 주는 사람이나 사물. 웹 길라잡이 ② 나아갈 방향이나 목적을 실현하도록 이끌어 주는 지침.

꼬투리 ① 어떤 이야기나 사건의 실마리. ② 남을 해코지하거나 헐뜯을 만한 거리.

꽃샘 이른 봄, 꽃이 필 무렵에 갑자기 날씨가 추워짐. 또는 그런 추위.

끄르다 ① 맺은 것이나 맨 것을 풀다. ② 잠긴 것이나 채워져 있는 것을 열다.

끌밋하다 모양이나 차림새 따위가 매우 깨끗하고 훤칠하다.

날렵하다 ① 재빠르고 날래다. ② 매끈하게 맵시가 있다.

남새밭 채소밭. 채소를 심어 가꾸는 밭.

내숭 겉으로는 순해 보이나 속으로는 엉큼함.

너스레 수다스럽게 떠벌려 늘어놓는 말이나 짓.

넉살 부끄러운 기색이 없이 비위 좋게 구는 짓이나 성미.

넌더리 지긋지긋하게 몹시 싫은 생각.

노루잠 깊이 들지 못하고 자꾸 놀라 깨는 잠.

노상 언제나 변함없이 한 모양으로 줄곧.

높새바람 동북풍. 주로 봄부터 초여름에 걸쳐 태백산맥을 넘어 영서 지방으로 부는 고온 건조한 바람으로 농작물에 피해를 줌. 웹 높새, 녹새풍.

눈썰미 한두 번 보고 곧 그대로 해내는 재주.

느껍다 어떤 느낌이 마음에 북받쳐서 벅차다.

늦깎이 ① 나이가 많이 들어서 승려가 된 사람. 밴 올깎이 ② 나이가 많이 들어서 어떤 일을 시작한 사람. ③ 남보다 늦게 사리를 깨치는 일. 또는 그런 사람.

니글거리다 먹은 것이 내려가지 아니하여 곧 게울 듯이 속이 자꾸 울렁거리다. 웹 니글니글하다

달포 한 달이 조금 넘는 기간.

당차다 나이나 몸집에 비하여 마음가짐이나 하는 짓이 야무지고 올차다.

동아리 같은 뜻을 가지고 모여서 한패를 이룬 무리.

동티 건드려서는 안 될 것을 공연히 건드려서 스스로 걱정이나 해를 입음. 또는 그 걱정이나 피해를 이르는 말.

된서리 ① 늦가을에 아주 되게 내리는 서리. ② 모진 재앙이나 타격을 비유적으로 이르는 말.

두남두다 ① 잘못을 두둔하다. ② 애착을 가지고 돌보다.

둔치 ① 물가의 언덕. ② 강, 호수 따위의 물이 있는 곳의 가장자리.

드티다 ① 밀리거나 비켜나거나 하여 약간 틈이 생기다. 또는 그렇게 하여 틈을 내다. ② 예정하였거나 약속하였던 것이 어그러져 연기되다. 또는 그렇게 연기하다.

든적스럽다 하는 짓 따위가 치사하고 더러운 데가 있다.

들입다 세차게 마구. 웹 들이

따따부따 딱딱한 말씨로 따지고 다투는 소리. 또는 그 모양.

만무방 ① 염치가 없이 막된 사람. ② 아무렇게나 생긴 사람.

모꼬지 놀이나 잔치 또는 그 밖의 일로 여러 사람이 모이는 일.

모르쇠 아는 것이나 모르는 것이나 다 모른다고 잡아떼는 것.

모지라지다 물건의 끝이 닳아서 없어지다.

미쁘다 믿음성이 있다.

미주알고주알 아주 사소한 일까지 속속들이.

민틋하다 울퉁불퉁한 곳이 없이 평평하고 비스듬하다.

밍밍하다 음식 따위가 제맛이 나지 않고 몹시 싱겁다.

바장이다 ① 부질없이 짧은 거리를 오락가락 거닐다. ② 마음에 걸리는 것이 있어서 머뭇머뭇하다.

방짜 품질이 좋은 놋쇠를 녹여 부은 다음 다시 두드려 만든 그릇.

벼르다 어떤 일을 이루려고 마음속으로 준비를 단단히 하고 기회를 엿보다.

붙박다 움직이거나 다른 곳으로 옮겨 가지 못하도록 꼭 붙이거나 박아 놓다.

빙퉁그러지다 ① 하는 짓이 꼭 비뚜로만 나가다. ② 성질이 싹싹하지 못하고 뒤틀어지다.

사뭇 ① 거리낌 없이 마구. ② 내내 끝까지. ③ 아주 딴판으로. ④ 마음에 사무치도록 매우.

사분사분하다 성질이나 마음씨 따위가 부드럽고 너그럽다.

사위다 불이 사그라져서 재가 되다.

살포시 ① 포근하게 살며시. ② 드러나지 않게 살며시.

서슴거리다 말이나 행동을 선뜻 결정하지 못하고 자꾸 머뭇거리며 망설이다.

소소리바람 이른 봄에 살 속으로 스며드는 듯한 차고 매서운 바람.

손사래 어떤 말이나 사실을 부인하거나 남에게 조용히 하라고 할 때 손을 펴서 휘젓는 일.

숫되다 순진하고 어수룩하다.

시쁘다 ① 마음에 차지 아니하여 시들하다. ② 껄렁하여 대수롭지 않다.

실팍하다 사람이나 물건 따위가 보기에 매우 실하다.

아람 밤이나 상수리 따위가 충분히 익어 저절로 떨어질 정도가 된 상태. 또는 그런 열매.

안잠 여자가 남의 집에서 먹고 자며 그 집의 일을 도와주는 일. 또는 그런 여자. 郿 안잠자기

애면글면 몹시 힘에 겨운 일을 이루려고 갖은 애를 쓰는 모양.

애오라지 '겨우', 또는 '오로지'를 강조하여 이르는 말.

애잔하다 ① 몹시 가냘프고 약하다. ② 애처롭고 애틋하다.

앵돌아지다 ① 노여워서 토라지다. ② 홱 틀려 돌아가다. ③ 날씨가 꾸물꾸물해지다.

어리보기 말이나 행동이 다부지지 못하고 어리석은 사람을 낮잡아 이르는 말.

얼추 ① 어지간한 정도로 대충. ② 어떤 기준에 거의 가깝게.

엉겁결 미처 생각하지 못하거나 뜻하지 아니한 순간.

에누리 ① 물건 값을 받을 값보다 더 많이 부르는 일. 또는 그 물건 값. ② 값을 깎는 일. ③ 실제보다 더 보태거나 깎아서 말하는 일.

여낙낙하다 ① 성품이 곱고 부드러우며 상냥하다. ② 미닫이 따위를 열거나 닫을 때에 미끄럽고 거침이 없다.

여우비 볕이 나 있는 날 잠깐 오다가 그치는 비.

여울 강이나 바다의 바닥이 얕거나 폭이 좁아 물살이 세게 흐르는 곳.

영절스럽다 아주 그럴듯하다.

우두망찰하다 정신이 얼떨떨하여 어찌할 바를 모르다.

울력 여러 사람이 힘을 합하여 일함. 또는 그런 힘.

워낭 마소의 귀에서 턱 밑으로 늘여 단 방울. 또는 마소의 턱 아래에 늘어뜨린 쇠고리.

이지러지다 ① 한쪽 귀퉁이가 떨어져 없어지다. ② 달 따위가 한쪽이 차지 않다. ③ 불쾌한 감정 따위로 얼굴이 일그러지다. ④ 성격, 생각, 행동 따위가 바르지 못하고 비뚤어지다.

자리끼 밤에 자다가 마시기 위하여 잠자리의 머리맡에 준비하여 두는 물.

잠투정 어린아이가 잠을 자려고 할 때나 잠이 깨었을 때 떼를 쓰며 우는 짓.

짜장 과연 정말로.

짬짜미 남모르게 자기들끼리만 짜고 하는 약속이나 수작.

정갈하다 깨끗하고 깔끔하다.

종요롭다 없어서는 안 될 정도로 매우 긴요하다.

지청구 ① 꾸지람. ② 까닭 없이 남을 탓하고 원망함.

치레 ① 잘 손질하여 모양을 냄. ② 무슨 일에 실속 이상으로 꾸미어 드러냄.

투미하다 어리석고 둔하다.

튼실하다 튼튼하고 실하다.

티격나다 서로 뜻이 맞지 아니하여 사이가 벌어지다.

푸념 마음속에 품은 불평을 늘어놓음. 또는 그런 말.

푼더분하다 ① 생김새가 두툼하고 탐스럽다. ② 여유가 있고 넉넉하다. ③ 사람의 성품 따위가 옹졸하지 아니하고 활달하다.

하늬바람 서쪽에서 부는 바람.

핫아비 아내가 있는 남자.

핫어미 남편이 있는 여자.

해거름 해가 서쪽으로 넘어가는 일. 또는 그런 때.

허드레 그다지 중요하지 아니하고 허름하여 함부로 쓸 수 있는 물건.

호드기 봄철에 물오른 버드나무 가지의 껍질을 고루 비틀어 뽑은 껍질이나 짤막한 밀짚 토막 따위로 만든 피리.

화수분 재물이 계속 나오는 보물단지. 그 안에 온갖 물건을 담아 두면 끝없이 새끼를 쳐 그 내용물이 줄어들지 않는다는 설화상의 단지.

희나리 채 마르지 아니한 장작.

희떱다 ① 실속은 없어도 마음이 넓고 손이 크다. ② 말이나 행동이 분에 넘치며 버릇이 없다.

📖 한자어

가변(可變) 사물의 모양이나 성질이 바뀌거나 달라질 수 있음. 또는 사물의 모양이나 성질을 바꾸거나 달라지게 할 수 있음. 凹 불변(不變)

가상(假想) 사실이 아니거나 사실 여부가 분명하지 않은 것을 사실이라고 가정하여 생각함.

가속(加速) 점점 속도를 더함. 또는 그 속도. 凹 감속(減速)

가정(假定) ① 사실이 아니거나 또는 사실인지 아닌지 분명하지 않은 것을 임시로 인정함. ② 결론에 앞서 논리의 근거로 어떤 조건이나 전제를 내세움. 또는 그 조건이나 전제.

각박(刻薄) 인정이 없고 삭막함.

감화(感化) 좋은 영향을 받아 생각이나 감정이 바람직하게 변화함. 또는 그렇게 변하게 함.

개요(槪要) 간결하게 추려 낸 주요 내용.

개입(介入) 자신과 직접적인 관계가 없는 일에 끼어듦.

거점(據點) 어떤 활동의 근거가 되는 중요한 지점.

검약(儉約) 돈이나 물건, 자원 따위를 낭비하지 않고 아껴 씀.

격식(格式) 격에 맞는 일정한 방식.

결속(結束) ① 한 덩어리가 되게 묶음. ② 뜻이 같은 사람끼리 서로 단결함.

경이(驚異) 놀랍고 신기하게 여김. 또는 그럴 만한 일.

경청(傾聽) 귀를 기울여 들음. 凹 동청(動聽)

경향(傾向) 현상이나 사상, 행동 따위가 어떤 방향으로 기울어짐.

계기(契機) 어떤 일이 일어나거나 변화하도록 만드는 결정적인 원인이나 기회.

고뇌(苦惱) 괴로워하고 번뇌함.

고착(固着) ① 물건 같은 것이 굳게 들러붙어 있음. ② 어떤 상황이나 현상이 굳어져 변하지 않음.

과신(過信) 지나치게 믿음.

궁극(窮極) 어떤 과정의 마지막이나 끝. 凹 구극(究極)

근시안(近視眼) 눈앞의 일에만 사로잡혀 먼 앞날의 일을 짐작하는 지혜가 없음을 비유적으로 이르는 말.

기염(氣焰) 불꽃처럼 대단한 기세.

기우(杞憂) 앞일에 대해 쓸데없는 걱정을 함. 또는 그 걱정.

기탄(忌憚) 어렵게 여겨 꺼림.

난해(難解) ① 뜻을 이해하기 어려움. ② 풀거나 해결하기 어려움.

남발(濫發) ① 법령이나 지폐, 증서 따위를 마구 공포하거나 발행함. ② 어떤 말이나 행동 따위를 자꾸 함부로 함.

내재(內在) 어떤 사물이나 범위의 안에 들어 있음.

논증(論證) 옳고 그름을 이유를 들어 밝힘.

농후(濃厚) ① 맛, 빛깔, 성분 따위가 매우 짙음. ② 어떤 경향이나 기색 따위가 뚜렷함.

누설(漏洩) ① 기체나 액체 따위가 밖으로 새어 나감. 또는 그렇게 함. ② 비밀이 새어 나감. 또는 그렇게 함.

단절(斷絕) ① 유대나 연관 관계를 끊음. ② 흐름이 연속되지 아니함. 凹 절단(絕斷)

달관(達觀) ① 사소한 사물이나 일에 얽매이지 않고 세속을 벗어난 활달한 식견이나 인생관에 이름. 또는 그 식견이나 인생관. ② 사물에 통달한 식견이나 관찰.

덕행(德行) 어질고 너그러운 행실.

도모(圖謀) 어떤 일을 이루기 위하여 대책과 방법을 세움.

도외시(度外視) 상관하지 아니하거나 무시함.

동경(憧憬) ① 어떤 것을 간절히 그리워하여 그것만을 생각함. ② 마음이 스스로 들떠서 안정되지 아니함.

등용(登用) 인재를 뽑아서 씀. 凹 거용(擧用)

망라(網羅) 물고기나 새를 잡는 그물이라는 뜻으로, 널리 받아들여 모두 포함함을 이르는 말.

매개(媒介) 둘 사이에서 양편의 관계를 맺어 줌.

맹목적(盲目的) 주관이나 원칙이 없이 덮어놓고 행동하는. 또는 그런 것.

명료(明瞭) 뚜렷하고 분명함.

명분(名分) ① 각각의 이름이나 신분에 따라 마땅히 지켜야 할 도리. ② 일을 꾀하는 데 있어 내세우는 구실이나 이유 따위.

모색(摸索) 일이나 사건 따위를 해결할 수 있는 방법이나 실마리를 더듬어 찾음.

묘미(妙味) 미묘한 재미나 흥취. 凹 묘취(妙趣)

무구(無垢) ① 때가 묻지 않고 맑고 깨끗함. ② 꾸밈없이 자연 그대로 순박함.

무력감(無力感) 스스로 힘이 없음을 알았을 때 드는 허탈하고 맥 빠진 듯한 느낌.

미궁(迷宮) ① 들어가면 나올 길을 쉽게 찾을 수 없게 되어 있는 곳. ② 사건, 문제 따위가 얽혀서 쉽게 해결하지 못하게 된 상태.

미미(微微) 보잘것없이 아주 작음.

미연(未然) ① 어떤 일이 아직 그렇게 되지 않은 때. ② 앞일이 정하여지지 아니함.

미혹(迷惑) ① 무엇에 홀려 정신을 차리지 못함. ② 정신이 헷갈리어 갈팡질팡 헤맴.

박차(拍車) ① 말을 탈 때에 신는 구두의 뒤축에 달려 있는 물건. 톱니바퀴 모양으로, 쇠로 만들어 말의 배를 차서 빨리 달리게 함. ② 어떤 일을 촉진하려고 더하는 힘.

반박(反駁) 어떤 의견, 주장, 논설 따위에 반대하여 말함.

반추(反芻) ① 동물이 한번 삼킨 먹이를 다시 게워 내어 씹음. 또는 그런 일. ② 어떤 일을 되풀이하여 음미하거나 생각함. 또는 그런 일.

발로(發露) 숨은 것이 겉으로 드러나거나 숨은 것을 겉으로 드러냄. 또는 그런 것.

발상(發想) 어떤 생각을 해냄. 또는 그 생각.

발원(發源) ① 흐르는 물줄기가 처음 생김. 또는 그런 것. ② 사회 현상이나 사상 따위가 맨 처음 생겨남. 또는 그런 것.

범주(範疇) 동일한 성질을 가진 부류나 범위.

병행(並行) ① 둘 이상의 사물이 나란히 감. ② 둘 이상의 일을 한꺼번에 행함.

부각(浮刻) 어떤 사물을 특징지어 두드러지게 함.

부조리(不條理) 이치에 맞지 아니하거나 도리에 어긋남. 또는 그런 일.

빙자(憑藉) ① 남의 힘을 빌려서 의지함. ② 말막음을 위하여 핑계로 내세움.

상응(相應) ① 서로 응하거나 어울림. ② 서로 기맥이 통함.

선례(先例) ① 이전부터 있었던 사례. ② 예로부터 전하여 내려오는 일 처리의 관습. 图 전례(前例)

선입관(先入觀) 어떤 대상에 대하여 이미 마음속에 가지고 있는 고정적인 관념이나 관점. 图 선입견(先入見)

세계상(世界像) 인간의 일정한 세계관에 의하여 묘사되는 세계 전체의 모습.

세태(世態) 사람들의 일상생활, 풍습 따위에서 보이는 세상의 상태나 형편. 图 세상(世相)

쇄신(刷新) 그릇된 것이나 묵은 것을 버리고 새롭게 함.

아집(我執) 자기중심의 좁은 생각에 집착하여 다른 사람의 의견이나 입장을 고려하지 아니하고 자기만을 내세우는 것.

역동(力動) 힘차고 활발하게 움직임.

염두(念頭) ① 생각의 시초. ② 마음속.

예속(隸屬) ① 남의 지배나 지휘 아래 매임. ② 윗사람에게 매여 있는 아랫사람.

우열(優劣) 나음과 못함.

운치(韻致) 고상하고 우아한 멋. 图 운격(韻格)

위선(僞善) 겉으로만 착한 체함. 반 위악(僞惡)

융통성(融通性) ① 금전이나 물품 따위를 돌려쓸 수 있는 성질. ② 그때그때의 사정과 형편을 보아 일을 처리하는 재주.

은폐(隱蔽) 덮어 감추거나 가리어 숨김.

의구심(疑懼心) 믿지 못하고 두려워하는 마음.

이상향(理想鄕) 인간이 생각할 수 있는 최선의 상태를 갖춘 완전한 사회.

인과(因果) 원인과 결과를 아울러 이르는 말.

일탈(逸脫) 정하여진 영역 또는 본디의 목적이나 길, 사상,

규범, 조직 따위로부터 빠져 벗어남.

자제(自制) 자기의 감정이나 욕망을 스스로 억제함.

장려(獎勵) 좋은 일에 힘쓰도록 북돋아 줌.

저하(低下) ① 정도, 수준, 능률 따위가 떨어져 낮아짐. ② 자기 자신을 낮춤. 图 비하(卑下)

점진(漸進) ① 조금씩 앞으로 나아감. ② 점점 발전함.

정곡(正鵠) ① 과녁의 한가운데가 되는 점. ② 가장 중요한 요점 또는 핵심.

정체성(正體性) 변하지 아니하는 존재의 본질을 깨닫는 성질. 또는 그 성질을 가진 독립적 존재.

조예(造詣) 학문이나 예술, 기술 따위의 분야에 대한 지식이나 경험이 깊은 경지에 이른 정도.

조장(助長) 바람직하지 않은 일을 더 심해지도록 부추김.

중도(中道) ① 어느 한쪽으로 치우치지 아니하는 바른 길. ② 오가는 길의 중간. 图 중로(中路)

차용(借用) 돈이나 물건 따위를 빌려서 씀.

찰나(刹那) 어떤 일이나 사물 현상이 일어나는 바로 그때.

처세술(處世術) 사람들과 사귀며 세상을 살아가는 방법이나 수단.

철회(撤回) 이미 제출하였던 것이나 주장하였던 것을 다시 회수하거나 번복함.

추이(推移) 일이나 형편이 시간의 경과에 따라 변하여 나감.

취지(趣旨) 어떤 일의 근본이 되는 목적이나 긴요한 뜻.

쾌재(快哉) 일 따위가 마음먹은 대로 잘되어 만족스럽게 여김. 또는 그럴 때 나는 소리.

통념(通念) 일반적으로 널리 통하는 개념.

패권(覇權) ① 어떤 분야에서 우두머리나 으뜸의 자리를 차지하여 누리는 공인된 권리와 힘. ② 국제 정치에서, 어떤 국가가 경제력이나 무력으로 다른 나라를 압박하여 자기의 세력을 넓히려는 권력.

편중(偏重) 한쪽으로 치우침.

표상(表象) ① 본을 받을 만한 대상. ② 대표로 삼을 만큼 상징적인 것.

풍자(諷刺) ① 남의 결점을 다른 것에 빗대어 비웃으면서 폭로하고 공격함. ② 문학 작품 따위에서, 현실의 부정적 현상이나 모순 따위를 빗대어 비웃으면서 씀.

해박(該博) 여러 방면으로 학식이 넓음.

환원(還元) 본디의 상태로 다시 돌아감. 또는 그렇게 되게 함.

회고(回顧) ① 뒤를 돌아다봄. ② 지나간 일을 돌이켜 생각함.

후진(後進) ① 어떤 발전 수준에 뒤지거나 뒤떨어짐. 또는 그런 사람. ② 뒤쪽으로 나아감.

흥취(興趣) 흥과 취미를 아울러 이르는 말. 图 흥미(興味)

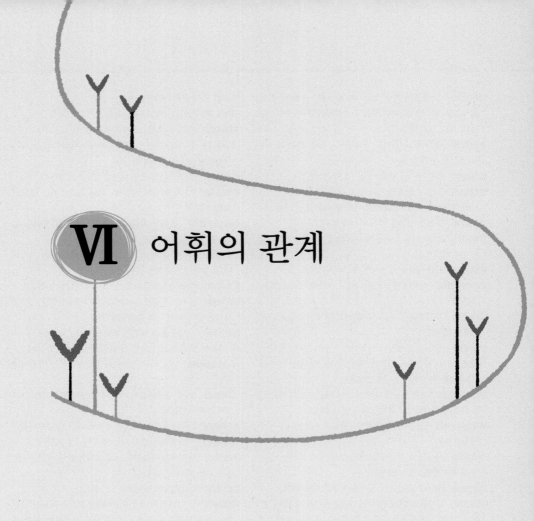

VI 어휘의 관계

어휘들은 의미를 중심으로 다양하게 관계를 맺고 있다. 이러한 어휘의 관계에는 유의 관계와 반의 관계, 상하 관계, 동음이의 및 다의 관계, 개념 간의 관계 등이 있다. 어휘의 관계를 파악하면 다양한 상황에서 적절한 어휘를 선택하여 사용하고, 그를 바르게 이해할 수 있다. 어휘의 관계를 잘 파악하기 위해서는 평소에 여러 가지 종류의 글들을 많이 접해 보고, 실제로 글을 써 보면서 다양한 어휘들을 활용해 보는 것이 중요하다.

여기에서는 서로 비슷한 의미를 나타내는 어휘들의 관계인 유의 관계와 서로 반대되는 의미가 대립하는 관계인 반의 관계, 두 개의 어휘 중 한쪽이 다른 쪽을 포함하거나 다른 쪽에 포함되는 관계인 상하 관계, 소리는 같으나 의미가 다른 동음이의 관계, 하나의 어휘가 두 가지 이상의 의미를 지니는 다의 관계, 글 속에서 형성되는 여러 가지 개념 간의 관계에 대해 알아보도록 한다.

37 유의 관계(1)

두 단어의 의미가 서로 비슷한 말을 유의어라고 하고, 그와 같은 단어의 관계를 유의 관계라고 한다. 유의 관계는 두 개 이상의 단어들이 무리를 이루고 있는 경우가 많다.

대표 유형

◉ 다음 밑줄 친 말과 바꿔 쓰기에 가장 알맞은 것은?

> 최근에 보존료, 조미료, 유화제와 같은 식품 첨가 물질은 식품 산업에서 없어서는 안 될 <u>어엿한</u> 음식 재료의 하나로 취급받고 있다. 이것은 가공 식품의 생산 규모가 커 감에 따라 피할 수 없는 추세이다.

① 가직한   ② 서머한   ③ 초름한
④ 수두룩한   ⑤ 어연번듯한

핵심 문제

※ 다음 밑줄 친 말과 바꿔 쓰기에 가장 알맞은 것을 고르시오.

 01

> 독재자의 권력 남용은 시민 혁명을 <u>불러일으켰다</u>.

① 상기했다   ② 봉기했다   ③ 야기했다
④ 분기했다   ⑤ 궐기했다

 02

> 일제 강점기에 독립운동에 참여했던 운동가들의 후손들이 해방 이후 귀국하지 못하고 중국, 러시아에 여기저기 <u>흩어져</u> 살고 있다고 한다.

① 개재해   ② 산재해   ③ 실재해
④ 잠재해   ⑤ 편재해

03

조씨의 간자들이 보내는 장계(狀啓)가 이미 우리 부부를 참소하는 내용일 터인데 그 위에 조씨가 몰래 왕위를 바꾸는 음모를 들이대며 하리놀 것을 생각하면, 내가 피가 말라 지레 죽을 노릇이다.

> 장계(狀啓) 왕명을 받고 지방에 나가 있는 신하가 자기 관하(管下)의 중요한 일을 왕에게 보고하던 일. 또는 그런 문서.

① 참소할　　　　　　② 읍소할　　　　　　③ 접수할
④ 용인할　　　　　　⑤ 허용할

04

선생님께서는 자율 학습 시간에 몰래 빠져나가는 학생이 있는지 수시로 반에 오셔서 학생 수를 확인하셨다.

① 더러　　　　　　　② 이따금　　　　　　③ 간간이
④ 자주　　　　　　　⑤ 드문드문

05

네 마리의 천마는 오랫동안 달려 봐서 잘 알았던 궤도까지 이탈하여 제멋대로 날뛰기 시작했다. 마부석에 앉은 파에톤은 기겁을 했다. 하지만 그에게는 고삐로 천마를 잡도리할 재간이 없었다. 그에게는 어디가 어디인지 위치 분간도 되지 않았다.

① 다잡을　　　　　　② 덧거칠　　　　　　③ 사뜻할
④ 해작일　　　　　　⑤ 흑책질할

06

회사 경영진은 일본 소비자들이 선호하는 휴대 전화의 길고 복잡한 메뉴 형식이 외국 소비자들에게는 통하지 않는다는 사실을 지나쳤다.

① 경시했다　　　　　② 간과했다　　　　　③ 몰각했다
④ 무시했다　　　　　⑤ 묵과했다

07

그가 바로 기사 랜슬롯이라는 것을 알지 못할 정도였다. 하지만 랜슬롯의 정체는 엉뚱한 이유로 드러났다. 랜슬롯이 민첩하게 말을 몰아 달리는 모습을 보고 아서왕은 대번에 그가 누군지 알았던 것이다.

① 발각됐다　　　　　② 발견됐다　　　　　③ 발명됐다
④ 발산됐다　　　　　⑤ 발현됐다

① 가직하다	형 거리가 조금 가깝다. ¶여기서 **가직한** 거리에 병원이 하나 있다.
② 서머하다	형 미안하여 볼 낯이 없다. ¶그저 **서머하여** 고개를 떨궜습니다.
③ 초름하다	형 1) 넉넉하지 못하고 조금 모자라다. 2) 마음에 차지 않아 내키지 않다.
④ 수두룩하다	형 매우 많고 흔하다. ¶그 일을 할 수 있는 사람은 여기에도 **수두룩하다**.
⑤ 어연번듯하다	형 세상에 드러내 보이기에 아주 떳떳하고 번듯하다. ¶그는 **어연번듯한** 식당을 냈다.

정답 ⑤ '어엿하다'는 '거리낌 없이 아주 당당하고 떳떳하다'라는 의미이므로, '어연번듯하다'와 의미가 비슷하다.

핵심 문제 풀이

01

① 상기(想起)하다	통 지난 일을 돌이켜 생각해 내다. ¶그는 무언가를 **상기한** 듯 매우 놀란 표정이었다.
② 봉기(蜂起)하다	통 벌 떼처럼 떼 지어 세차게 일어나다. ¶학도병들이 전국 곳곳에서 **봉기하였다**.
③ 야기(惹起)하다	통 일이나 사건 따위를 끌어 일으키다. ¶또 다른 문제를 **야기하다**.
④ 분기(奮起)하다	통 분발하여 일어나다. ¶학생들은 부당한 처사에 **분기했다**.
⑤ 궐기(蹶起)하다	통 1) 벌떡 일어나다. 2) 어떤 목적을 이루기 위하여 마음을 돋우고 기운을 내서 힘차게 일어나다. ¶전 국민이 **궐기하고** 나섰다.

정답 ③ '불러일으키다'는 '사건을 일어나게 하다'라는 의미이므로, '야기(惹起)하다'와 의미가 비슷하다.

02

① 개재(介在)하다	통 어떤 것들 사이에 끼여 있다. ¶그와 나 사이에는 어떤 선입견도 **개재하지** 않는다.
② 산재(散在)하다	통 여기저기 흩어져 있다. ¶많은 청년들이 중국 대륙에 **산재하여** 독립운동에 참여했다.
③ 실재(實在)하다	통 실제로 존재하다. ¶이어도는 **실재하지** 않는 공간이다.
④ 잠재(潛在)하다	통 겉으로 드러나지 않고 속에 잠겨 있거나 숨어 있다. ¶그의 마음에는 불안이 **잠재했다**.
⑤ 편재(偏在)하다	통 한곳에 치우쳐 있다. ¶대부분의 문화 시설이 서울에 **편재해** 있다.

정답 ② '흩어지다'는 '산재(散在)하다'와 의미가 비슷하다.

03

① 참소(讒訴)하다	통 남을 헐뜯어서 죄가 있는 것처럼 꾸며 윗사람에게 고하여 바치다. ¶간신들이 임금에게 세자를 **참소하였다**.
② 읍소(泣訴)하다	통 눈물을 흘리며 간절히 하소연하다. ¶그는 선처해 줄 것을 **읍소하였다**.
③ 접수(接受)하다	통 1) 신청이나 신고 따위를 구두(口頭)나 문서로 받다. ¶면회를 **접수하다**. 2) 돈이나 물건 따위를 받다. ¶방송국에서 수재 의연금을 **접수하였다**.
④ 용인(容認)하다	통 용납하여 인정하다. ¶악습을 **용인할** 수 없다.
⑤ 허용(許容)하다	통 허락하여 너그럽게 받아들이다. ¶학교 측은 학생들의 두발 자유를 **허용했다**.

정답 ① '하리놀다'는 '남을 헐뜯어 윗사람에게 일러바치다'라는 의미이므로, '참소(讒訴)하다'와 의미가 비슷하다.

04

① 더러	倶 이따금 드물게. ¶전에는 **더러** 할머니를 찾아뵈었지만, 요즘은 시간이 없다.
② 이따금	倶 얼마쯤씩 있다가 가끔. ¶나는 휴일에 **이따금** 등산을 한다.
③ 간간이	倶 시간적인 사이를 두고서 가끔씩. ¶외국에 사는 친구가 **간간이** 편지를 보낸다.
④ 자주	倶 같은 일을 잇따라 잦게. ¶오토바이가 **자주** 고장이 난다.
⑤ 드문드문	倶 시간적으로 잦지 않고 드문 모양. ¶그 미용실은 외진 곳에 있어서 손님이 **드문드문** 온다.

정답 ④ '수시로'는 '아무 때나 늘'의 의미이므로 '자주'와 의미가 비슷하다.

05

① 다잡다	동 1) 다그쳐 단단히 잡다. ¶농부는 다시금 호미를 **다잡았다**.
	2) 단단히 다스리거나 잡도리하다. ¶일이란 처음부터 **다잡아** 놓지 않으면 안 된다.
② 덧거칠다	형 일이 순조롭지 못하고 까탈이 많다. ¶이제 **덧거칠** 것은 아무 것도 없다.
③ 사뜻하다	형 깨끗하고 말쑥하다. ¶오늘따라 마음이 **사뜻하다**.
④ 해작이다	동 탐탁지 아니한 태도로 무엇을 조금씩 깨작이며 헤치다.
	¶아이가 나뭇가지로 흙바닥을 **해작인다**.
⑤ 흑책질하다	동 교활한 수단을 써서 남의 일을 방해하다.

정답 ① '잡도리하다'는 '잘못되지 않도록 엄하게 단속하다'라는 의미이므로, '다잡다'와 의미가 비슷하다.

06

① 경시(輕視)하다	동 대수롭지 않게 보거나 업신여기다. ¶생명의 가치를 **경시하는** 풍조가 만연하다.
② 간과(看過)하다	동 큰 관심 없이 대강 보아 넘기다. ¶작은 통증이라도 쉽게 **간과하면** 안 된다.
③ 몰각(沒覺)하다	동 깨달아 인식하지 못하다. ¶기본 예절을 **몰각한** 사람들이 많다.
④ 무시(無視)하다	동 1) 사물의 존재 의의나 가치를 알아주지 아니하다. ¶신호를 **무시하고** 길을 건너다.
	2) 사람을 깔보거나 업신여기다. ¶그는 사람을 **무시하는** 경향이 있다.
⑤ 묵과(默過)하다	동 잘못을 알고도 모르는 체하고 그대로 넘기다. ¶이번 사건은 도저히 **묵과할** 수 없다.

정답 ② '지나치다'는 '어떤 일에 관심을 안 가지고 그냥 넘기다'라는 의미이므로, '간과(看過)하다'와 의미가 비슷하다.

07

① 발각(發覺)되다	동 숨기던 것이 드러나다. ¶용의자가 형사에게 **발각되다**.
② 발견(發見)되다	동 미처 찾아내지 못하였거나 아직 알려지지 아니한 사물이나 현상, 사실 따위가 찾아내지다.
	¶외계 생물체가 **발견되었다**.
③ 발명(發明)되다	동 아직까지 없던 기술이나 물건이 새로 생각되어 만들어지다.
	¶로봇이 **발명되면** 인간의 생활은 더욱 편리해질 것이다.
④ 발산(發散)되다	동 감정 따위가 밖으로 드러나 해소되다. 또는 분위기 따위가 한껏 드러나다.
	¶왕의 눈빛에서 위엄이 **발산되었다**.
⑤ 발현(發現)되다	동 속에 있거나 숨은 것이 밖으로 나타나다. ¶국제 경기를 보다 보면 애국심이 **발현된다**.

정답 ① '드러나다'는 '알려지지 않은 사실이 널리 밝혀지다'라는 의미이므로, '발각되다'와 의미가 비슷하다.

유의 관계(2)

● 문맥상 ㉠ : ㉡의 관계와 가장 유사한 것은?

> 로봇을 이용한 수술은 복지와 건강에 직접적으로 관련된 사안이므로 현재 ㉠인지(認知)하고 있는 여러 가지 어려움들을 반드시 극복하면서 발전시켜야 할 영역이라고 할 수 있다. 이런 상황에서 로봇 기술 발전을 위한 아낌없는 지원의 필요성에 대한 ㉡인식(認識)이 요구되고 있다.

① 실정 : 실상
② 강등 : 승격
③ 낭보 : 비보
④ 상법 : 사법
⑤ 양복 : 의복

※ 문맥상 ㉠ : ㉡의 관계와 가장 유사한 것을 고르시오.

01

> 화장품들 중 영양 크림의 주요 원료는 물과 지방이다. 물은 크림을 쉽게 바를 수 있게 하며, 크림을 바를 때 피부에 수분 침투를 막는 두꺼운 지방층이 생기는 것을 ㉠방지(防止)한다. 그리고 지방은 피부 표면을 매끄럽게 하여 피부의 세포층에 더러운 물질이 침투하는 것을 ㉡예방(豫防)한다.

① 감각 : 시각
② 정교 : 조악
③ 혹한 : 폭염
④ 소등 : 점등
⑤ 발달 : 진보

02

> 상징 형식이 만들어진 후에 사회에는 수많은 상징 형식이 나타났고, 상징 형식은 인간이 세계를 이해하는 ㉠수단(手段)의 하나로 작용하였다. 즉, 언어적 형식 · 예술적 이미지 · 신화적 상상력 · 종교적 의식 등과 관련된 상징 형식은 인간이 만들어 낸 의미망이면서 인간의 인지 반응의 ㉡매체(媒體)가 되었다.

① 기악 : 음악
② 할인 : 할증
③ 광산 : 금광
④ 완결 : 종료
⑤ 경망 : 신중

03

실업률의 증가는 개인적으로나 사회적으로 큰 문제가 되기 때문에 시급한 ㉠대책(對策)이 필요하다. 경기가 다시 좋아지면 실업 문제는 곧바로 해결되지만 경기 회복이 지연될 경우에는 실업률을 줄이는 별도의 ㉡방책(方策)을 찾아야 한다.

① 방해 : 훼방
② 송년 : 영신
③ 세분 : 대별
④ 절기 : 동지
⑤ 지폐 : 화폐

04

미술 작품을 감상할 때 우리는 '이 그림은 아마도 이것을 그린 것일 거야.'라는 ㉠기대(期待)를 하기도 한다. 하지만 이러한 ㉡예기(豫期)는 화가가 의도한 것과 다를 수 있다는 점에서 오류의 가능성을 내재하고 있다. 미술 작품에 대한 감상이 사람에 따라 달라지는 것은 이러한 오류의 가능성 정도가 개인에 따라 다르기 때문이다.

① 정상 : 이상
② 강제 : 자발
③ 소식 : 소반
④ 총론 : 각론
⑤ 문학 : 소설

05

우리나라에서는 협상에 대한 인식이 성숙하지 않고, 협상의 역량도 낙후되어 있다. 협상이 잘 이루어지려면 잘못된 관행에서 벗어나는 것이 ㉠전제(前提)되어야 한다. 그러기 위해서는 무엇보다 분쟁을 대하는 잘못된 관행에 어떠한 것들이 있는지를 알아보는 것이 ㉡선행(先行)되어야 할 것이다.

① 소년 : 소녀
② 자재 : 목재
③ 서적 : 사전
④ 행위 : 행동
⑤ 미정 : 확정

06

몬드리안은 그의 기본적 조형 요소인 수직선과 수평선, 삼원색과 삼무채색을 통해 절대적인 ㉠보편성(普遍性)을 구현했다. 몬드리안이 추상 미술의 대상으로 삼은 것은 구체적 현실의 물질 세계가 아니라 우주의 보편적 조화이며, 추상화는 개별성에서 조화로운 ㉡일반성(一般性)으로의 이행을 구현한 정신적인 관념인 것이었다.

① 침강 : 융기
② 재해 : 수해
③ 사기 : 협잡
④ 여성 : 인간
⑤ 부농 : 빈농

대표 유형 풀이

① 실정(實情)	명 실제의 사정이나 정세.	실상(實相)	명 실제 모양이나 상태.	유의 관계
② 강등(降等)	명 등급이나 계급 따위가 낮아짐.	승격(昇格)	명 지위나 등급 따위가 오름.	반의 관계
③ 낭보(朗報)	명 기쁜 기별이나 소식.	비보(悲報)	명 슬픈 기별이나 소식.	반의 관계
④ 상법(商法)	명 기업에 관한 사항을 규정하는 특별 사법.	사법(私法)	명 개인 사이의 재산, 신분에 관한 법률관계를 규정한 법.	상하 관계
⑤ 양복(洋服)	명 서양식의 의복.	의복(衣服)	명 몸을 싸서 가리거나 보호하기 위하여 입는 물건.	상하 관계

정답 ① '인식(認識)'은 '사물을 분별하고 판단하여 앎', '인지(認知)'는 '어떤 사실을 인정하여 앎'이라는 의미이므로, 이 둘은 유의 관계이다.

핵심 문제 풀이

01

① 감각(感覺)	명 눈, 코, 귀, 혀, 살갗을 통하여 바깥의 어떤 자극을 알아차림.	시각(視覺)	명 눈을 통해 빛의 자극을 받아들이는 감각 작용.	상하 관계
② 정교(精巧)	명 솜씨나 기술 따위가 정밀하고 교묘함.	조악(粗惡)	명 거칠고 나쁨.	반의 관계
③ 혹한(酷寒)	명 몹시 심한 추위.	폭염(暴炎)	명 매우 심한 더위.	반의 관계
④ 소등(消燈)	명 등불을 끔.	점등(點燈)	명 등에 불을 켬.	반의 관계
⑤ 발달(發達)	명 학문, 기술, 문명 따위의 현상이 보다 높은 수준에 이름.	진보(進步)	명 정도나 수준이 나아지거나 높아짐.	유의 관계

정답 ⑤ '방지(防止)'는 '어떤 일이나 현상이 일어나지 못하게 막음', '예방(豫防)'은 '질병이나 재해 따위가 일어나기 전에 미리 대처하여 막는 일'이라는 의미이므로, 이 둘은 유의 관계이다.

02

① 기악(器樂)	명 악기를 사용하여 연주하는 음악.	음악(音樂)	명 목소리나 악기를 통하여 사상 또는 감정을 나타내는 예술.	상하 관계
② 할인(割引)	명 일정한 값에서 얼마를 뺌.	할증(割增)	명 일정한 값에 얼마를 더함.	반의 관계
③ 광산(鑛山)	명 광물을 캐내는 곳.	금광(金鑛)	명 금을 캐내는 광산.	상하 관계
④ 완결(完結)	명 완전하게 끝을 맺음.	종료(終了)	명 어떤 행동이나 일 따위가 끝남.	유의 관계
⑤ 경망(輕妄)	명 행동이나 말이 가볍고 조심성이 없음.	신중(愼重)	명 매우 조심스러움.	반의 관계

정답 ④ '수단(手段)'은 '어떤 목적을 이루기 위한 방법. 또는 그 도구', '매체(媒體)'는 '어떤 작용을 한쪽에서 다른 쪽으로 전달하는 물체. 또는 그런 수단'이라는 의미이므로, 이 둘은 유의 관계이다.

03

① 방해(妨害)	명 남의 일을 막아 해를 끼침.	훼방(毀謗)	명 남의 일을 방해함.	유의 관계
② 송년(送年)	명 묵은 한 해를 보냄.	영신(迎新)	명 새해를 맞음.	반의 관계
③ 세분(細分)	명 사물을 자세히 나눔.	대별(大別)	명 크게 구별하여 나눔.	반의 관계
④ 절기(節氣)	명 한 해를 스물넷으로 나눈, 계절의 표준이 되는 것.	동지(冬至)	명 이십사절기의 하나로, 태양이 동지점을 통과하는 때.	상하 관계
⑤ 지폐(紙幣)	명 종이에 인쇄하여 만든 화폐.	화폐(貨幣)	명 상품 교환 가치의 척도.	상하 관계

정답 ① '대책(對策)'은 '어떤 일에 대처할 계획이나 수단'을 의미하며, '방책(方策)'은 '방법과 꾀'를 아울러 이르는 말이므로, 이 둘은 유의 관계이다.

04

① 정상(正常)	명 특별한 변동이나 탈이 없이 제대로인 상태.	이상(異常)	명 정상적인 상태와 다름.	반의 관계
② 강제(强制)	명 권력이나 위력으로 억눌러 원하지 않는 일을 억지로 시킴.	자발(自發)	명 남이 시키지 않았는데도 자기 스스로 나아가 행함.	반의 관계
③ 소식(素食)	명 고기반찬이 없는 밥.	소반(素飯)	명 고기반찬이 없는 밥.	유의 관계
④ 총론(總論)	명 어떤 부분의 일반적 이론을 총괄하여 서술한 해설이나 저작.	각론(各論)	명 구체적인 낱낱의 문제를 떼어 자세히 논함.	반의 관계
⑤ 문학(文學)	명 사상이나 감정을 언어로 표현한 예술. 또는 그런 작품.	소설(小說)	명 작가의 상상력을 바탕으로 허구적으로 꾸며 쓴 글.	상하 관계

정답 ③ '기대(期待)'는 '어떤 일이 이루어지기를 바라고 기다림', '예기(豫期)'는 '앞으로 닥쳐올 일에 대하여 미리 생각하고 기다림'이라는 의미로, 이 둘은 유의 관계이다.

05

① 소년(少年)	명 아직 성숙하지 않은 사내아이.	소녀(少女)	명 아직 성숙하지 않은 여자아이.	반의 관계
② 자재(資材)	명 무엇을 만들기 위한 기본적인 재료.	목재(木材)	명 건축이나 가구 따위에 쓰는, 나무로 된 재료.	상하 관계
③ 서적(書籍)	명 감정, 지식 따위를 글로 적거나 인쇄해 묶어 놓은 것.	사전(辭典)	명 여러 가지 사항을 모아 순서대로 배열하고 해설을 붙인 책.	상하 관계
④ 행위(行爲)	명 사람이 의지를 가지고 하는 짓.	행동(行動)	명 몸을 움직여 어떤 일을 함.	유의 관계
⑤ 미정(未定)	명 아직 정하지 못함.	확정(確定)	명 일을 확실하게 정함.	반의 관계

정답 ④ '전제(前提)'는 '어떠한 사물이나 현상을 이루기 위하여 먼저 내세우는 것', '선행(先行)'은 '딴 일에 앞서 행함. 또는 그런 행위'라는 의미로, 이 둘은 유의 관계이다.

06

① 침강(沈降)	명 밑으로 가라앉음.	융기(隆起)	명 높게 일어나 들뜸.	반의 관계
② 재해(災害)	명 재앙으로 인한 피해.	수해(水害)	명 장마나 홍수로 인한 피해.	상하 관계
③ 사기(詐欺)	명 나쁜 꾀로 남을 속임.	협잡(挾雜)	명 옳지 않은 방법으로 남을 속임.	유의 관계
④ 여성(女性)	명 여자를 이르는 말.	인간(人間)	명 사람.	상하 관계
⑤ 부농(富農)	명 농사의 규모가 큰 농가나 농민.	빈농(貧農)	명 가난한 농가나 농민.	반의 관계

정답 ③ '보편성(普遍性)'은 '모든 것에 두루 미치거나 통하는 성질', '일반성(一般性)'은 '전체에 두루 해당하는 성질'이라는 의미로, 이 둘은 유의 관계라고 할 수 있다.

Ⅵ. 어휘의 관계

유의 관계 (2)

243

두 단어의 의미가 서로 정반대되는 말을 반의어라고 하고, 그와 같은 단어의 관계를 반의 관계라고 한다. 반의 관계에 있는 두 단어는 한 개의 의미 요소가 다르고 나머지 의미 요소는 모두 공통적으로 가지고 있다.

대표 유형

◉ 다음 밑줄 친 말과 반의 관계를 이루는 단어로 가장 적절한 것은?

> 물이 얼 때 부피가 <u>팽창(膨脹)</u>하는 현상은 건물의 안전에도 영향을 미친다. 건물의 틈 사이로 물이 스며들었다가 얼면 그 부분은 크게 파손된다.

① 수축   ② 팽만   ③ 팽대
④ 축소   ⑤ 회광

핵심 문제

※ 다음 밑줄 친 말과 반의 관계를 이루는 단어로 가장 적절한 것을 고르시오.

01

> 제나라 양왕(襄王)은 범저의 <u>달변(達辯)</u>과 학식(學識)을 높이 평가하여 극진하게 예우(禮遇)하였다.

① 언변   ② 쾌변   ③ 강변
④ 눌변   ⑤ 능변

02

> 여름 괴질이 겨울에 나돈다고 해서 조금도 이상할 게 없지만 이상 절후는 근래에 없던 <u>흉조(凶兆)</u>라고 노인들은 고개를 흔들며 두려워했다.

① 흉증   ② 식모   ③ 흉길
④ 길흉   ⑤ 길조

03

뇌 질환 때문에 정신 박약을 앓고 있던 그녀는 <u>백치(白痴)</u>처럼 흰자위를 굴리면서 나의 얼굴을 멀거니 보았다.

① 둔재　　　　　　② 천재　　　　　　③ 둔지
④ 천치　　　　　　⑤ 노재

04

검약(儉約)은 미덕(美德)이나 지나치면 <u>잗달아져</u> 도리어 정도(正道)를 손상시키고, 겸양(謙讓)은 미행(美行)이나 지나치면 아첨(阿諂)과 비굴(卑屈)이 되어 마음을 꾸밈이 많아진다.

① 버거워져　　　　② 뭉툭해져　　　　③ 뜨악해져
④ 변변해져　　　　⑤ 너글너글해져

05

그는 삶을 생각하는 과정에서 철학자 나카무라 덴푸의 저서를 통해서 <u>웅숭깊은</u> 가르침을 배웠고, 《맹자》·《노자》·《소학》·《대학》 등의 중국 고전을 늘 곁에 놓아두고 틈날 때마다 읽었다.

① 굼뜬　　　　　　② 옹종한　　　　　③ 바특한
④ 하릴없는　　　　⑤ 데퉁스러운

06

집을 훌쩍 뛰쳐나가겠다는 소년의 결의는 대단했다. 소년은 힘겹게 자란 성장 과정 때문에 또래의 아이들보다 어른스럽고 아주 <u>오달진</u> 구석이 있었다. 그는 그날 밤늦게까지 잠을 이루지 못했다.

① 헤픈　　　　　　② 모난　　　　　　③ 점잖은
④ 우련한　　　　　⑤ 허술한

07

작은 집에서 거친 밥을 먹고 사는 자는 깨끗하게 살면서 가진 것을 나누어 먹을 줄 알지만, 크나큰 집에서 명주옷에 <u>차진</u> 밥과 기름진 고기를 먹고 살면서 돈과 곡식과 보석을 많이 쌓아 놓고 종을 부리는 사람은 인색하여 나누려 하지 않는다.

① 너른　　　　　　② 마딘　　　　　　③ 메진
④ 성긴　　　　　　⑤ 두툼한

대표 유형 풀이

① 수축(收縮)	**명** 부피나 규모가 줄어듦. ¶목재는 습기에 의해 **수축**되거나 팽창된다.
② 팽만(膨滿)	**명** 식물의 세포가 낮은 삼투압을 가진 용액 속에 놓였을 때, 삼투에 의해서 세포 내로 물이 들어가 차서 부피가 증가한 상태.
③ 팽대(膨大)	**명** 세력이나 기운 따위가 크게 늘어나거나 퍼짐. ¶조직의 규모가 **팽대**하였다.
④ 축소(縮小)	**명** 모양이나 규모 따위를 줄여서 작게 함. ¶주식 시장이 **축소**되었다.
⑤ 회광(恢廣)	**명** 사방으로 크게 넓힘.

> **정답** ① '팽창(膨脹)'은 '부풀어서 부피가 커짐'을 의미하므로, 이와 반의 관계인 것은 '수축(收縮)'이다.

핵심 문제 풀이

01

① 언변(言辯)	**명** 말을 잘하는 재주나 솜씨. ¶모두들 그녀의 뛰어난 **언변**에 감탄했다.
② 쾌변(快辯)	**명** 시원스럽고 거침없이 잘하는 말.
③ 강변(强辯)	**명** 이치에 닿지 아니한 것을 끝까지 굽히지 않고 주장하거나 변명함. ¶그는 자기 행동의 타당성을 **강변**했다.
④ 눌변(訥辯)	**명** 더듬거리는 서툰 말솜씨. ¶선생님은 **눌변**이시지만 진지하게 강의를 하셨다.
⑤ 능변(能辯)	**명** 말을 능숙하게 잘함. 또는 그 말. ¶그녀는 **능변** 이상의 화술을 가졌다.

> **정답** ④ '달변(達辯)'은 '능숙하여 막힘이 없는 말'을 의미하므로, 이와 반의 관계인 것은 '눌변(訥辯)'이다.

02

① 흉증(凶證)	**명** 1) 불길한 징조. 2) 음흉하고 험상궂은 성질이나 버릇. ¶**흉증**을 부리다.
② 식모(息耗)	**명** 1) 이익과 손실을 아울러 이르는 말. 2) 좋은 일과 나쁜 일을 아울러 이르는 말. 3) 멀리 떨어져 있는 사람의 사정을 알리는 말이나 글.
③ 흉길(凶吉)	**명** 운이 나쁘고 좋음.
④ 길흉(吉凶)	**명** 운이 좋고 나쁨. ¶꿈의 **길흉**을 점치다.
⑤ 길조(吉兆)	**명** 좋은 일이 있을 조짐. ¶재산이 늘어날 **길조**이다.

> **정답** ⑤ '흉조(凶兆)'는 '불길한 징조'를 의미하므로, 이와 반의 관계인 것은 '길조(吉兆)'이다.

03

① 둔재(鈍才)	**명** 둔한 재주. 또는 재주가 둔한 사람. ¶이 일은 **둔재**라도 할 수 있다.
② 천재(天才)	**명** 선천적으로 타고난, 남보다 훨씬 뛰어난 재주. 또는 그런 재능을 가진 사람. ¶그는 **천재**적 화가로서 장래가 촉망된다.
③ 둔지(鈍智)	**명** 1) 둔한 지혜. 2) 둔한 재주. 또는 재주가 둔한 사람.
④ 천치(天痴)	**명** 선천적으로 정신 작용이 완전하지 못하여 어리석고 못난 사람.
⑤ 노재(駑才)	**명** 1) 재주와 지혜가 우둔하고 뒤떨어짐. 또는 그런 사람. 2) 자신의 재능과 지략을 낮추어 이르는 말.

> **정답** ② '백치(白痴)'는 '뇌에 장애나 질환이 있어 지능이 아주 낮은 상태. 또는 그런 사람'을 의미하므로, 이와 반의 관계인 것은 '천재(天才)'이다.

① 버겁다	형 물건이나 세력 따위가 다루기에 힘에 겹거나 거북하다. ¶가구가 무거워 혼자 들기에 **버겁다**.
② 뭉툭하다	형 굵은 사물의 끝이 아주 짧고 무디다. ¶연필 끝이 **뭉툭하다**.
③ 뜨악하다	형 마음이 선뜻 내키지 않아 꺼림칙하고 싫다. ¶나는 **뜨악한** 얼굴로 그를 보았다.
④ 변변하다	형 1) 됨됨이나 생김새 따위가 흠이 없고 어지간하다. ¶**변변하게** 생기지도 않은 사람들이 꼭 인물을 많이 따진다. 2) 제대로 갖추어져 충분하다. ¶**변변한** 가방 하나 없다.
⑤ 너글너글하다	형 매우 너그럽고 시원스럽다. ¶성격이 **너글너글하다**.

정답 ⑤ '잘달다'는 '하는 짓이 잘고 인색하다'의 의미이므로, 이와 반의 관계인 것은 '너글너글하다'이다.

① 굼뜨다	형 동작, 진행 과정 따위가 답답할 만큼 매우 느리다. ¶그는 항상 동작이 **굼뜨다**.
② 옹종하다	형 마음이 좁고, 모양이 오종종하다.
③ 바특하다	형 1) 두 대상이나 물체 사이가 조금 가깝다. ¶책상과 문 사이가 **바특하다**. 2) 시간이나 길이가 조금 짧다. ¶남은 시간이 너무 **바특하다**.
④ 하릴없다	형 달리 어떻게 할 도리가 없다. ¶그는 **하릴없는** 처지가 되었다.
⑤ 데퉁스럽다	형 말과 행동이 거칠고 미련한 데가 있다. ¶그는 사장에게 **데퉁스럽게** 대꾸했다.

정답 ② '옹숭깊다'는 '생각이나 뜻이 크고 넓다'의 의미이므로, 이와 반의 관계인 것은 '옹종하다'이다.

① 헤프다	형 1) 쓰는 물건이 쉽게 닳거나 빨리 없어지는 듯하다. ¶식구가 많아 생활필수품이 **헤프다**. 2) 물건이나 돈 따위를 아끼지 않고 함부로 쓰는 버릇이 있다. ¶용돈을 **헤프게** 쓰다.
② 모나다	형 말이나 짓 따위가 둥글지 못하고 까다롭다. ¶그 친구는 성격이 **모난** 데가 없다.
③ 점잖다	형 1) 언행이나 태도가 의젓하고 신중하다. ¶**점잖은** 주인 2) 품격이 꽤 높고 고상하다. ¶**점잖은** 태도
④ 우련하다	형 형태가 약간 나타나 보일 정도로 희미하다. ¶달빛이 비쳐 방 안은 **우련했다**.
⑤ 허술하다	형 1) 낡고 헐어서 보잘것없다. ¶**허술한** 오막살이라도 행복하다. 2) 치밀하지 못하고 엉성하여 빈틈이 있다. ¶그 지역은 경비가 **허술해서** 위험하다.

정답 ⑤ '오달지다'는 '허술한 데가 없이 야무지고 알차다'의 의미이므로, 이와 반의 관계인 것은 '허술하다'이다.

① 너르다	형 1) 공간이 두루 다 넓다. ¶우리 집은 방보다 마루가 훨씬 **너르다**. 2) 마음을 쓰는 것이나 생각하는 것이 너그럽고 크다. ¶할머니의 **너른** 마음씨
② 마디다	형 1) 쉽게 닳거나 없어지지 아니하다. ¶지우개가 **마디다**. 2) 자라는 속도가 더디다. ¶꽃이 **마디게** 자란다.
③ 메지다	형 밥이나 떡, 반죽 따위가 끈기가 적다. ¶**메진** 밥/떡이 **메지다**.
④ 성기다	형 1) 물건의 사이가 뜨다. ¶**성긴** 눈발이 날리고 있었다. 2) 반복되는 횟수나 도수(度數)가 뜨다. ¶두 사람은 언젠가부터 만남이 **성겼다**.
⑤ 두툼하다	형 꽤 두껍다. ¶추워서 내복을 **두툼하게** 껴입었다.

정답 ③ '차지다'는 '반죽이나 밥, 떡 따위가 끈기가 많다'의 의미이므로, 이와 반의 관계인 것은 '메지다'이다.

● 문맥상 ㉠ : ㉡의 관계와 가장 유사한 것은?

> 이산화탄소가 만들어 내는 온실 효과는 대기 중의 이산화탄소 농도에 따라 달라진다. 대기 중의 이산화탄소 농도가 ㉠낮으면 온실 효과도 낮고 농도가 ㉡높으면 온실 효과도 커진다.

① 화물차 : 승용차　　　　　　　② 아이 : 어른

③ 휴대전화 : 건전지　　　　　　④ 책상 : 의자

⑤ 언어 : 한국어

핵심 문제

※ 문맥상 ㉠ : ㉡의 관계와 가장 유사한 것을 고르시오.

01

> 역사 학자 딜타이에 따르면 역사는 정신적 내용을 표현해야 하므로 역사 이해의 방법은 중립적이라기보다는 ㉠주관적인 것이 되어야 한다고 하였다. 역사 인식의 주관성 문제와 밀접한 관계가 있는 역사적 상대주의는 순수 ㉡객관적인 역사 지식이 궁극적으로는 가능하지 않다고 주장하는 사상이다.

① 책방 : 서점　　　　　　　　② 학문 : 학자

③ 승리 : 패배　　　　　　　　④ 복구 : 건설

⑤ 식물 : 채식

02

> 노력은 두 가지 면에서 생각할 수 있다. 그 일면은 이상을 추구하는 데 필요한 물질의 축적이요, 다른 일면은 이러한 물질을 활용하는 데 필요한 육체적 부지런이다. 지혜도 두 가지 면에서 생각할 수 있으니, 그 하나는 예지요, 다른 하나는 지식이다. 예지는 사람이 ㉠선천적으로 타고나는 것이지만, 지식은 ㉡후천적으로 배워 얻는 것이다.

① 창조 : 모방　　　　　　　　② 자유 : 책임

③ 정의 : 질서　　　　　　　　④ 문화 : 문명

⑤ 성악 : 음악

03

공정 무역은 가난한 나라의 생산자들에게 정당한 대가를 지불하는 무역이다. ㉠선진국에서 ㉡후진국에 원조를 하거나 수출품을 사 준다고 하지만 대부분 실제 생산자에게는 별다른 혜택이 돌아가지 않는다. 게다가 거대 기업이 원료와 상품, 노동력을 헐값으로 구매할 경우 가난한 생산자들은 손해를 입는다. 결국 생산자들은 일을 계속해도 가난에서 벗어나기 어려운 악순환이 반복되는데, 공정 무역은 이러한 불합리한 거래를 막고, '정의의 경제'를 실천하는 것을 목표로 한다.

① 민감 : 예민　　　　　　　② 접경 : 경계
③ 본명 : 아명　　　　　　　④ 냉동 : 해동
⑤ 부친 : 선친

04

어린이는 타고난 호기심으로 성별과 무관하게 다양한 새로운 행동을 탐색해 나간다. 그 과정에서 자신의 성별에 적합한 행동을 할 때 ㉠칭찬, 상 또는 은근한 미소로 격려를 받는 반면, 부적절한 행동은 ㉡꾸중, 벌, 무관심 등으로 제지를 당함으로써, 자신의 풍성한 잠재력의 한 부분을 일찍이 잠재워 버리게 된다.

① 홀대 : 괄시　　　　　　　② 보존 : 보수
③ 발견 : 발명　　　　　　　④ 종속 : 독립
⑤ 우편 : 통신

05

과학과 신비주의는 서로 영향을 주거나 종합이 될 수 있을 것인가? 그렇지 않다고 생각한다. 나는 ㉠과학과 ㉡신비주의를 각각 추론적인 것과 직관적인 것의 두 능력을 지닌 인간 정신의 표현이라고 생각한다. 현대의 물리학자는 추론적 정신의 극단적 전문화를 통하여 세계를 경험하고, 신비주의자는 직관적 정신의 극단적 전문화를 통하여 세계를 경험한다. 그 둘의 접근 방법은 전혀 다르며, 어떠한 물리 세계의 견해보다 훨씬 더 많은 것을 내포한다.

① 추억 : 기억　　　　　　　② 화목 : 불화
③ 위법 : 처벌　　　　　　　④ 예술 : 희곡
⑤ 교복 : 제복

대표 유형 풀이

① 화물차(貨物車)	**명** 화물을 실어 나르는 자동차, 기차 따위를 이르는 말.	승용차(乘用車)	**명** 사람이 타고 다니는 데 쓰는 자동차.	
② 아이	**명** 나이가 어린 사람.	어른	**명** 다 자란 사람.	반의 관계
③ 휴대전화(携帶電話)	**명** 지니고 다니면서 걸고 받을 수 있는 소형 무선 전화기.	건전지(乾電池)	**명** 전해액과 화학 물질을 반죽된 형태로 제조한 전지.	
④ 책상(冊床)	**명** 앉아서 책을 읽거나 글을 쓸 때 앞에 놓고 쓰는 상.	의자(椅子)	**명** 사람이 걸터앉는 데 쓰는 기구.	
⑤ 언어(言語)	**명** 생각, 느낌을 전달하는 데 쓰는 음성 따위의 수단.	한국어(韓國語)	**명** 한국인이 사용하는 언어.	상하 관계

정답 ② '낮다'와 '높다'는 의미가 서로 대립하는 반의 관계이다.

핵심 문제 풀이

01

① 책방(冊房)	**명** 책을 갖추어 놓고 팔거나 사는 가게.	서점(書店)	**명** 책을 갖추어 놓고 팔거나 사는 가게.	유의 관계
② 학문(學問)	**명** 어떤 분야를 체계적으로 배워서 익힘. 또는 그런 지식.	학자(學者)	**명** 학문에 능통한 사람. 또는 학문을 연구하는 사람.	
③ 승리(勝利)	**명** 겨루어서 이김.	패배(敗北)	**명** 겨루어서 짐.	반의 관계
④ 복구(復舊)	**명** 손실 이전의 상태로 회복함.	건설(建設)	**명** 새로 만들어 세움.	
⑤ 식물(植物)	**명** 생물계의 두 갈래 가운데 하나. 대체로 이동력이 없고 체제가 간단함.	채식(菜食)	**명** 고기류를 피하고 주로 채소, 과일, 해초 따위의 식물성 음식만 먹음.	

정답 ③ '주관적'은 '자기의 견해나 관점을 기초로 하는. 또는 그런 것', '객관적'은 '자기와의 관계에서 벗어나 제삼자의 입장에서 사물을 보거나 생각하는. 또는 그런 것'을 의미하므로, 의미가 서로 대립하는 반의 관계이다.

02

① 창조(創造)	**명** 전에 없던 것을 처음으로 만듦.	모방(模倣)	**명** 다른 것을 본뜨거나 본받음.	반의 관계
② 자유(自由)	**명** 자기 마음대로 할 수 있는 상태.	책임(責任)	**명** 맡아서 해야 할 임무나 의무.	
③ 정의(正義)	**명** 진리에 맞는 올바른 도리.	질서(秩序)	**명** 혼란 없이 순조롭게 이루어지게 하는 사물의 순서나 차례.	
④ 문화(文化)	**명** 사회 구성원에 의하여 습득, 공유, 전달되는 생활 양식.	문명(文明)	**명** 인류가 이룩한 물질적, 기술적, 사회 구조적인 발전.	유의 관계
⑤ 성악(聲樂)	**명** 사람의 음성으로 하는 음악.	음악(音樂)	**명** 목소리나 악기로 사상 또는 감정을 나타내는 예술.	상하 관계

정답 ① '선천적'은 '태어날 때부터 지니고 있는. 또는 그런 것'을 의미하고, '후천적'은 '성질, 체질, 질환 따위가 태어난 후에 얻어진. 또는 그런 것'을 의미하므로, 의미가 서로 대립하는 반의 관계이다.

① 민감(敏感)	명 자극에 빠르게 반응을 보이거나 쉽게 영향을 받음.	예민(銳敏)	명 무엇인가를 느끼는 능력이나 분석하고 판단하는 능력이 빠르고 뛰어남.	유의 관계
② 접경(接境)	명 경계가 서로 맞닿음. 또는 그 경계.	경계(境界)	명 사물이 어떠한 기준에 의하여 분간되는 한계.	유의 관계
③ 본명(本名)	명 가명이나 별명이 아닌 본디 이름.	아명(兒名)	명 아이 때의 이름.	
④ 냉동(冷凍)	명 생선이나 육류 따위를 안전하게 보관하기 위해 얼림.	해동(解凍)	명 얼었던 것이 녹아서 풀림. 또는 그렇게 하게 함.	반의 관계
⑤ 부친(父親)	명 아버지를 정중히 이르는 말.	선친(先親)	명 남에게 돌아가신 자기 아버지를 이르는 말.	

정답 ④ '선진국'은 '다른 나라보다 정치·경제 따위의 발달이 앞선 나라'를 의미하고, '후진국'은 '산업, 경제 따위의 발전 수준이 기준보다 뒤떨어진 나라'를 의미하므로 의미가 서로 대립하는 반의 관계이다.

① 홀대(忽待)	명 소홀히 대접함.	괄시(恝視)	명 업신여겨 하찮게 대함.	유의 관계
② 보존(保存)	명 잘 보호하고 간수하여 남김.	보수(補修)	명 건물이나 시설 따위의 낡거나 부서진 것을 손보아 고침.	
③ 발견(發見)	명 아직 알려지지 아니한 사물이나 현상, 사실 따위를 찾아냄.	발명(發明)	명 아직까지 없던 기술이나 물건을 새로 만들어 냄.	
④ 종속(從屬)	명 자주성이 없이 주가 되는 것에 딸려 붙음.	독립(獨立)	명 다른 것에 예속하거나 의존하지 아니하는 상태로 됨.	반의 관계
⑤ 우편(郵便)	명 정부의 관할 아래 서신 따위를 국내나 전 세계에 보내는 업무.	통신(通信)	명 우편이나 전신, 전화 따위로 정보나 의사를 전달함.	상하 관계

정답 ④ '칭찬'은 '좋은 점이나 훌륭한 점을 높이 평가함'을 의미하고, '꾸중'은 '아랫사람의 잘못을 꾸짖는 말'을 의미하므로 의미가 서로 대립하는 반의 관계이다.

① 추억(追憶)	명 지나간 일을 돌이켜 생각함. 또는 그런 생각이나 일.	기억(記憶)	명 이전의 인상이나 경험을 의식 속에 간직하거나 생각해 냄.	
② 화목(和睦)	명 서로 뜻이 맞고 정다움.	불화(不和)	명 서로 화합하지 못함. 또는 서로 사이좋게 지내지 못함.	반의 관계
③ 위법(違法)	명 법률이나 명령 따위를 어김.	처벌(處罰)	명 형벌에 처함. 또는 그 벌.	
④ 예술(藝術)	명 특별한 기교로 아름다움을 표현하려는 인간의 활동 및 그 작품.	희곡(戲曲)	명 공연을 목적으로 하는 연극의 대본.	상하 관계
⑤ 교복(校服)	명 학교에서 학생들이 입도록 정한 제복.	제복(制服)	명 학교나 회사 따위에서 정해진 규정에 따라 입도록 한 옷.	상하 관계

정답 ② 문맥상 '과학'과 '신비주의'의 성격 및 접근 방법이 전혀 다르므로, '과학'과 '신비주의'는 반의 관계라고 할 수 있다.

41 상하 관계(1)

한쪽이 의미상 다른 쪽을 포함하거나 다른 쪽에 포함되는 의미 관계를 상하(上下) 관계라고 한다. 이때 한쪽이 다른 쪽을 포함하는 단어를 상위어라고 하고, 다른 쪽에 포함되는 단어를 하위어라고 한다. 상위어일수록 일반적이고 포괄적인 의미이고, 하위어일수록 개별적이고 한정적인 의미를 지닌다.

대표 유형

● A와 B에 들어갈 말이 가장 바르게 짝지어진 것은?

① 버선, 행성
② 동정, 명왕성
③ 적삼, 은하계
④ 저고리, 지구
⑤ 마고자, 태양계

핵심 문제

※ A와 B에 들어갈 말이 가장 바르게 짝지어진 것을 고르시오.

 01

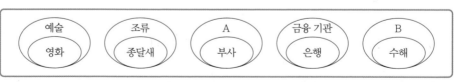

① 품사, 재해
② 수식언, 홍수
③ 관형사, 인재
④ 관형사, 화재
⑤ 문장, 기상 현상

02

① 학자, 다변체
② 학생, 도형
③ 기술자, 삼각형
④ 직업, 사각형
⑤ 교육학자, 오각형

03

광산	교통수단	책	B	음악
A	자동차	사전	강설	국악

① 석유, 기온　　　　② 금광, 풍향　　　　③ 유전, 우박

④ 동굴, 강우　　　　⑤ 탄광, 기상

04

자연 과학	연극	의복	국어	B
A	비극	양복	한글	포유류

① 물리학, 인간　　　　② 역사학, 파충류　　　　③ 경제학, 영장류

④ 생물학, 무척추동물　　　⑤ 지구 과학, 척추동물

05

A	김치	문학	생선	미술
수학	열무김치	희곡	고등어	B

① 소설, 예술　　　　② 국어, 조각　　　　③ 시, 동양화

④ 교과목, 판화　　　⑤ 체육, 동양화

06

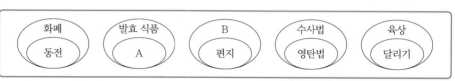

화폐	발효 식품	B	수사법	육상
동전	A	편지	영탄법	달리기

① 된장, 우표　　　　② 우유, 주소　　　　③ 피자, 우체국

④ 김치, 우편물　　　⑤ 치즈, 소포

대표 유형 풀이

정답 ⑤ '방한복'의 하의어는 '마고자'이고, '천왕성'의 상의어는 '행성', '은하계', '태양계'이다.

핵심 문제 풀이

01

정답 ① '부사'의 상의어는 '품사', '수식언'이고, '수해'의 상의어는 '재해'이다.

02

정답 ④ '교사'의 상의어는 '직업'이고, '다각형'의 하의어는 '삼각형', '사각형', '오각형'이다.

03

광산

금광
탄광

기상

강설

정답 ⑤ '광산'의 하의어는 '탄광', '금광'이고, '강설'의 상의어는 '기상(대기 중에서 일어나는 물리적 현상)'이다.

04

자연 과학

물리학,
생물학,
지구 과학

척추동물

포유류

정답 ⑤ '자연 과학'의 하의어는 '물리학', '생물학', '지구 과학'이고, '포유류'의 상의어는 '척추동물'이다.

05

교과목

수학

미술

조각,
동양화,
판화

정답 ④ '수학'의 상의어는 '교과목'이고, '미술'의 하의어는 '조각', '동양화', '판화'이다.

06

발효 식품

된장,
김치, 치즈

우편물

편지

정답 ④ '발효 식품'의 하의어는 '된장', '김치', '치즈'이고, '편지'의 상의어는 '우편물'이다.

대표 유형

● 문맥상 ㉠ : ㉡의 관계와 가장 유사한 것은?

> 지구의 대기는 열을 흡수함으로써 지상의 생물을 보호하는 역할을 한다. 태양은 지구를 따뜻하게 할 에너지를 공급해 주고, 지구는 태양 에너지를 우주 공간으로 반사하여 되돌려 보낸다. 그런데 대기를 이루고 있는 성분 중에서 수증기나 ㉠이산화탄소 같은 성분은 지구가 우주로 복사하는 열의 일부를 지표면으로 되돌린다. 마치 열을 가두어 농작물을 한파로부터 보호하는 온실과도 같은 기능을 하는 것이다. 대기의 이러한 작용을 온실 효과라고 하고, 이런 효과를 유발하는 대기 중의 성분을 ㉡온실 기체라고 한다.

① 천둥 : 우레   ② 판매 : 구매
③ 편애 : 편견   ④ 날짐승 : 길짐승
⑤ 봉산 탈춤 : 전통극

핵심 문제

※ 문맥상 ㉠ : ㉡의 관계와 가장 유사한 것을 고르시오.

01

> 독도는 안개가 잦고 연중 흐린 날이 160일 이상이며, ㉠강우 일수는 150일 정도로 연중 85%가 흐리거나 눈, 비가 내려 비교적 습한 지역이다. 연평균 ㉡강수량은 약 1,240mm이다.

① 항전 : 항복   ② 날조 : 조작
③ 경축 : 축하   ④ 한복 : 의복
⑤ 급격 : 완만

02

> 알베르토 망구엘의 '㉠독서의 역사'를 보면 중세 유럽에서도 책은 반드시 소리를 내어서 읽었다고 한다. 암브로시우스가 ㉡묵독(默讀)하는 것을 본 아우구스티누스는 상당한 충격을 받았던 것으로 전해진다. 눈으로만 읽는 묵독은 그 비밀스러움 때문에 요사스럽게 보였던 모양이다.

① 물 : 생물   ② 자연 : 문명
③ 학생 : 학교   ④ 발전기 : 전기
⑤ 자동차 : 대형차

03

전주 동물원에서 ㉠조류인 독수리와 닭이 오누이처럼 사이좋게 지내고 있어 눈길을 끌고 있다. 독수리는 원래 성격이 사납고 날카로운 부리와 발톱으로 동물을 잡아먹는 ㉡맹금류로, 동물원 내에서도 돼지고기와 닭고기를 즐겨 먹는다. 그런데도 독수리는 닭을 전혀 공격하지 않고 오히려 피해 다니기까지 한다.

① 동물 : 사슴
② 서론 : 본론
③ 압축 : 농축
④ 은총 : 은사
⑤ 엄격 : 해이

04

조선 후기는 전문적이고 직업적인 예능인으로서 '㉠이야기꾼'이 활발하게 활동하던 시기였다. 이야기꾼은 크게 이야기를 노래로 부르는 강창사(講唱師), 담화조로 이야기하는 ㉡강담사(講談師), 소설책을 낭독하는 강독사(講讀師)가 있었다. 당시 유명했던 한 이야기꾼은 소설을 읽다가 결정적인 대목에서 낭송을 그쳐 청중의 애를 태웠는데, 그러면 청중들은 다음 대목을 들으려고 앞을 다투어 돈을 던졌다고 한다.

① 법규 : 법률
② 건축 : 개설
③ 심판 : 농구
④ 영화 : 연극
⑤ 육상 : 멀리뛰기

05

동양의 ㉠미술에서는 세계를 신비적 직관에 의거하여 종합적으로 바라보기 때문에, 자아의 개별적 주관성보다는 세계와 하나 됨을 지향하는 합일성을 강조하여 ㉡풍경화가 일찍부터 발달했다. 반면, 서양에서는 냉철한 이성에 의거하여 세계를 분석적으로 바라보기 때문에, 자아를 세계와 대립 관계 속에 놓여 있는 것으로 보는 개별적 주관성을 강조하였고, 따라서 서양에서는 동양보다 한참 후에야 풍경화가 등장하였다.

① 내면 : 심층
② 여명 : 황혼
③ 탐미 : 유미
④ 분리 : 연결
⑤ 국가 : 미국

대표 유형 풀이

① 천둥	명 뇌성과 번개를 동반하는 대기 중의 방전 현상.	우레	명 뇌성과 번개를 동반하는 대기 중의 방전 현상.	유의 관계
② 판매(販賣)	명 상품 따위를 팖.	구매(購買)	명 물건 따위를 사들임.	반의 관계
③ 편애(偏愛)	명 어느 한 사람이나 한쪽만을 치우치게 사랑함.	편견(偏見)	명 공정하지 못하고 한쪽으로 치우친 생각.	
④ 날짐승	명 날아다니는 짐승.	길짐승	명 기어 다니는 짐승.	
⑤ 봉산(鳳山) 탈춤	명 황해도 봉산에 전해지는 산대놀이 계통의 탈춤.	전통극(傳統劇)	명 한 나라나 지역 등에서 전해 오는 고유의 연극.	상하 관계

정답 ⑤ '이산화탄소'는 '온실 기체' 중 하나이므로, '이산화탄소'와 '온실 기체'는 상하 관계이다.

핵심 문제 풀이

01

① 항전(抗戰)	명 적에 대항하여 싸움.	항복(降伏)	명 적이나 상대편의 힘에 눌리어 굴복함.	반의 관계
② 날조(捏造)	명 사실이 아닌 것을 사실인 것처럼 거짓으로 꾸밈.	조작(造作)	명 어떤 일을 사실인 듯이 꾸며 만듦.	유의 관계
③ 경축(慶祝)	명 경사스러운 일을 축하함.	축하(祝賀)	명 남의 좋은 일을 기뻐하고 즐거워한다는 뜻으로 인사함.	유의 관계
④ 한복(韓服)	명 우리나라의 고유한 옷.	의복(衣服)	명 피륙으로 만들어 입는 물건.	상하 관계
⑤ 급격(急激)	명 움직임이 급하고 격렬함.	완만(緩慢)	명 움직임이 느릿느릿함.	반의 관계

정답 ④ '강우(降雨)'는 '비가 내림. 또는 그 비', '강수(降水)'는 '비, 눈, 우박, 안개 따위로 지상에 내린 물'을 의미하므로, '강우'와 '강수'는 상하 관계이다.

02

① 물	명 자연계에 널리 분포하는 액체.	생물(生物)	명 생명을 가지고 스스로 생활해 나가는 물체.	
② 자연(自然)	명 세상에 스스로 존재하거나 우주에 저절로 이루어지는 모든 존재나 상태.	문명(文明)	명 인류가 이룩한 물질적, 기술적, 사회 구조적인 발전.	반의 관계
③ 학생(學生)	명 학교에 다니면서 공부하는 사람.	학교(學校)	명 일정한 목적에 의해 학생에게 교육을 실시하는 기관.	
④ 발전기(發電機)	명 역학적 에너지를 전기 에너지로 바꾸는 장치.	전기(電氣)	명 자유 전자나 이온들의 움직임 때문에 생기는 에너지의 한 형태.	
⑤ 자동차(自動車)	명 원동기의 동력으로 땅 위를 움직이도록 만든 차.	대형차(大形車)	명 크기에 따라 분류한 자동차 종류의 하나.	상하 관계

정답 ⑤ '독서(讀書)'는 '책을 읽음'을 의미하고, '묵독(黙讀)'은 '소리를 내지 않고 속으로 읽음'을 의미하는 독서의 한 방법이므로, '독서'와 '묵독'은 상하 관계이다.

03

① 동물(動物)	명 생물계의 두 갈래 가운데 하나. 사람을 제외한 짐승을 이르는 말.	사슴	명 사슴과에 속하는 포유동물을 통틀어 이르는 말.	상하 관계
② 서론(序論)	명 말이나 글에서 본격적인 논의를 하기 위한 실마리가 되는 부분.	본론(本論)	명 말이나 글에서 주장이 있는 부분.	
③ 압축(壓縮)	명 압력을 가하여 부피를 줄임.	농축(濃縮)	명 액체를 진하게 또는 바짝 졸임.	유의 관계
④ 은총(恩寵)	명 높은 사람에게서 받는 특별한 은혜와 사랑.	은사(恩師)	명 가르침을 받은 은혜로운 스승.	
⑤ 엄격(嚴格)	명 말, 태도, 규칙 따위가 매우 엄하고 철저함.	해이(解弛)	명 긴장이나 규율 따위가 풀려 마음이 느슨함.	반의 관계

정답 ① '맹금류(猛禽類)'는 '수릿과나 맷과의 새와 같이 성질이 사납고 육식을 하는 종을 통틀어 이르는 말'로 '조류(鳥類)'의 일종이므로, '조류'와 '맹금류'는 상하 관계이다.

04

① 법규(法規)	명 일반 국민의 권리와 의무에 관계있는 법 규범.	법률(法律)	명 국가의 강제력을 수반하는 사회 규범.	유의 관계
② 건축(建築)	명 집이나 성, 다리 따위의 구조물을 만드는 일.	개설(開設)	명 설비나 제도를 새로 마련하고 그에 관한 일을 시작함.	
③ 심판(審判)	명 어떤 문제와 관련된 일이나 사람에 대하여 잘잘못을 가려 결정을 내리는 일.	농구(籠球)	명 다섯 사람씩 두 편으로 나뉘어, 상대편의 바스켓에 공을 던져 넣어 점수를 얻는 경기.	
④ 영화(映畫)	명 어떤 대상을 촬영하여 영사기로 영사막에 재현하는 종합 예술.	연극(演劇)	명 배우가 각본에 따른 내용을 관객에게 보여 주는 무대 예술.	
⑤ 육상(陸上)	명 달리기, 뛰기, 던지기를 기본 동작으로 하여 육상에서 행하여지는 각종 경기를 통틀어 이르는 말.	멀리뛰기	명 제자리에 서서, 또는 일정한 지점까지 도움닫기를 하여 최대한 멀리 뛰어 그 거리를 겨루는 육상 경기.	상하 관계

정답 ⑤ '이야기꾼'은 '강창사', '강담사', '강독사'가 있었다고 하므로 '이야기꾼'과 '강담사'는 상하 관계이다.

05

① 내면(內面)	명 물건의 안쪽.	심층(深層)	명 사물의 속이나 밑에 있는 깊은 층.	유의 관계
② 여명(黎明)	명 희미하게 날이 밝아 오는 빛 또는 그런 무렵.	황혼(黃昏)	명 해가 지고 어스름해질 때.	반의 관계
③ 탐미(耽美)	명 아름다움을 추구하여 거기에 빠지거나 깊이 즐김.	유미(唯美)	명 아름다움을 추구하여 거기에 빠지거나 깊이 즐김.	유의 관계
④ 분리(分離)	명 서로 나뉘어 떨어짐.	연결(連結)	명 서로 이어지거나 관계를 맺음.	반의 관계
⑤ 국가(國家)	명 일정한 영토와 거기에 사는 사람들로 구성되고 주권에 의한 통치 조직을 가진 사회 집단.	미국(美國)	명 북아메리카 대륙의 가운데를 차지하는 연방 공화국.	상하 관계

정답 ⑤ '풍경화(風景畫)'는 '자연의 경치를 그린 그림'으로 '미술(美術)'에 해당하므로, '풍경화'와 '미술'은 상하 관계이다.

43 동음이의 및 다의 관계(1)

동음이의어는 소리는 같으나 뜻이 다른 단어를 말하고, 다의어는 두 가지 이상의 뜻을 가진 단어를 말한다. 즉, 동음이의 관계는 서로 다른 두 개 이상의 단어가 소리만 같은 관계를 말하고, 다의 관계는 중심이 되는 의미를 바탕으로 여러 개의 주변 의미를 가지고 있는 관계를 말한다. 동음이의어와 다의어를 구분할 때, 사전에서 하나의 항목으로 다루고 있으면 다의어, 별도의 항목으로 다루고 있으면 동음이의어라 할 수 있다.

대표 유형

● 다음 밑줄 친 말과 같은 의미로 사용된 것은?

> 이제 와서 그것을 굳이 문제 삼을 것까지는 없다.

① 그는 정직을 신조로 <u>삼고</u> 있다.
② 할머니는 삼을 <u>삼다</u> 가끔씩 쉬곤 했다.
③ 그녀는 딸을 친구 <u>삼아</u> 이야기하곤 한다.
④ 나는 친구의 딸을 며느리로 <u>삼으려</u> 한다.
⑤ 할아버지가 윗목에 앉아서 짚신을 <u>삼고</u> 있다.

핵심 문제

※ 다음 밑줄 친 말과 같은 의미로 사용된 것을 고르시오.

01

> 힘만 <u>세다고</u> 싸움에서 이기는 것은 아니다.

① 그는 팔심이 <u>세어서</u> 팔씨름을 하면 꼭 이긴다.
② 물이 <u>세어서</u> 빨래를 해도 때가 잘 지지 않는다.
③ 열을 <u>셀</u> 때까지 대답하지 않으면 더 이상 기회가 없다.
④ 젊은 애가 배는 곯고 얼굴은 <u>세었어도</u> 나를 보며 히죽 웃는다.
⑤ 그는 머리가 허옇게 <u>세었지만</u> 마음만큼은 열정으로 가득차 있었다.

02

> 내 친구는 어릴 때부터 씨름판에서 황소를 <u>타</u> 오던 씨름꾼이었다.

① 착한 일을 한 덕분에 방송을 <u>탔다.</u>
② 나는 그때 너무 긴장이 되어 입술이 바짝바짝 <u>탔었다.</u>
③ 나는 사월에 적금을 <u>타게</u> 되면 혼수를 장만할 계획이다.
④ 운명을 잘 <u>타고</u> 태어났는지 손대는 일마다 운수대통이다.
⑤ 그의 얼굴은 햇볕에 <u>타서</u> 건강해 보이는 구릿빛을 하고 있었다.

03

　　아이들에게 위험한 데서 놀지 말라고 <u>일렀다</u>.

① 학생들에게 여섯 시에 버스가 출발한다고 <u>일러라</u>.
② 그는 동생에게 다시는 늦지 말 것을 단단히 <u>일렀다</u>.
③ 나는 아이들에게 내가 알고 있는 것을 모두 <u>일러</u> 주었다.
④ 공연이 시작되기에는 시간이 <u>일러서인지</u> 온 사람이 아무도 없다.
⑤ 바늘에서부터 인공위성에 <u>이르기까지</u> 철이 들어가지 않는 산업은 없다.

04

　　선생님께서 교실에 들어와 칠판에 '정숙'이라고 <u>쓰고</u> 교무실로 가셨다.

① 철수가 편지에 뭐라고 <u>썼어</u>?
② 마음의 병에는 <u>쓸</u> 약도 없다.
③ 머리에 면사포를 <u>쓴</u> 신부가 입장했다.
④ 그는 식비로 <u>쓰는</u> 돈까지 아까워한다.
⑤ 광부들이 온몸에 석탄 가루를 까맣게 <u>쓰고</u> 일을 한다.

05

　　사람은 자기 나름대로 느낌과 <u>생각</u>을 가지고 살아간다.

① 그는 오랜 <u>생각</u> 끝에 대답했다.
② 이번에 그녀에게 청혼할 <u>생각</u>이다.
③ 학창 시절을 <u>생각</u>하니 웃음이 절로 난다.
④ 10년 뒤 내 모습을 <u>생각</u>하며 열심히 공부한다.
⑤ 나는 문득 그녀가 보고 싶다는 <u>생각</u>이 들었다.

06

　　시간이 흐를수록 길거리는 인적이 드물어 흡사 역병이 <u>쓸고</u> 간 마을같이 괴괴했다.

① 판돈을 <u>쓴</u> 그는 라스베이거스로 향했다.
② 윤아는 교실 바닥에 있는 먼지를 빗자루로 <u>쓸어</u> 담았다.
③ 그는 방에 값나가는 물건이 있는지 보고 전부 <u>쓸어</u> 담았다.
④ 그녀는 머리를 풀더니 손가락으로 머리카락을 천천히 <u>쓸었다</u>.
⑤ 태풍이 <u>쓸고</u> 간 자리에는 성한 것이라고는 풀 한 포기도 없었다.

대표 · 유형 풀이

삼다¹	통 1) 짚신이나 미투리 따위를 결어서 만들다. ¶아버지는 매년 짚신을 **삼아** 장에 내다 팔았다. [⑤]
	2) 삼이나 모시 따위의 섬유를 가늘게 찢어서 그 끝을 맞대고 비벼 꼬아 잇다.
	¶엄마는 하루 종일 삼을 **삼았다**. [②]
삼다²	통 1) 어떤 대상과 인연을 맺어 자기와 관계 있는 사람으로 만들다. ¶사위로 **삼다**. [④]
	2) 무엇을 무엇이 되게 하거나 여기다. ¶위기를 성장의 계기로 **삼다**. [①]
	3) 무엇을 무엇으로 가정하다. [③]
삼다³(三多)	명 1) 좋은 글을 짓는 데 필요한 세 가지 방법. 많이 읽고, 많이 짓고, 많이 생각하는 것을 이른다.
	2) 제주도에 바람, 여자, 돌의 세 가지가 많음을 이르는 말.

> **정답** ① 예문의 '삼을'은 '무엇을 무엇이 되게 하거나 여기다'의 의미이다. 이와 같은 뜻의 단어는 ①이다.

핵심 · 문제 풀이

01

세다¹	통 1) 머리카락이나 수염 따위의 털이 희어지다. ¶수염이 허옇게 **세다**. [⑤]
	2) 얼굴의 핏기가 없어지다. ¶너무 놀라 순식간에 얼굴이 **세었다**. [④]
세다²	통 사물의 수효를 헤아리거나 꼽다. ¶관객의 수를 **세다**. [③]
세다³	형 1) 힘이 많다. ¶공을 **세게** 던지다. [①]
	2) 행동하거나 밀고 나가는 기세 따위가 강하다. ¶그 사람은 고집이 너무 **세다**.
	3) 물, 불, 바람 따위의 기세가 크거나 빠르다.
	¶오늘은 바람이 **세게** 부니 옷을 따뜻하게 입고 나가거라.
	4) 능력이나 수준 따위의 정도가 높거나 심하다. ¶그 기업은 경쟁률이 너무 **세다**.
	5) 사물의 감촉이 딱딱하고 뻣뻣하다. ¶붕어는 가시가 **세고** 별맛이 없다.
	6) 운수나 터 따위가 나쁘다. ¶그곳은 예부터 집터가 너무 **세서** 사람이 잘 살지 않는다.
	7) 물에 광물질 따위가 많이 섞여 있다. ¶그 지역의 물은 너무 **세다**. [②]

> **정답** ① 예문의 '세다고'는 '힘이 많다'의 의미이다. 이와 같은 뜻의 단어는 ①이다.

타다¹ 〔동〕 1) 불씨나 높은 열로 불이 붙어 번지거나 불꽃이 일어나다.

¶벽난로에서 장작이 **타고** 있다.

2) 피부가 햇볕을 오래 쬐어 검은색으로 변한다. ¶뜨거운 햇볕에 얼굴이 새까맣게 **탔다**. [⑤]

3) 뜨거운 열을 받아 검은색으로 변할 정도로 지나치게 익다.

¶통화를 하는 사이 밥이 **타** 버렸다.

4) 마음이 몹시 달다. ¶심장이 **타는** 이 속을 누가 알겠는가.

5) 물기가 없어 바싹 마르다. ¶오랜 가뭄으로 벼가 다 **타** 버렸다. [②]

타다² 〔동〕 1) 탈것이나 짐승의 등 따위에 몸을 얹다. ¶그는 말을 **타고** 길을 나섰다.

2) 도로, 줄, 산, 나무, 바위 따위를 밟고 오르거나 그것을 따라 지나가다.

¶그는 산을 잘 **탄다**.

3) 어떤 조건이나 시간, 기회 등을 이용하다. ¶아이들은 야밤을 **타** 수박 서리를 했다.

4) 바람이나 물결, 전파 따위에 실려 퍼지다. ¶풍선이 바람을 **타고** 올라간다. [①]

5) 바닥이 미끄러운 곳에서 어떤 기구를 이용하여 달리다.

¶스키를 처음 **탈** 때는 엉덩방아를 찧게 마련이다.

6) 그네나 시소 따위의 놀이 기구에 몸을 싣고 앞뒤로, 위아래로 또는 원을 그리며 움직이다.

¶놀이 기구를 **타러** 가자.

7) 의거하는 계통, 질서나 선을 밟다. ¶연줄을 잘 **탄다**.

타다³ 〔동〕 다량의 액체에 소량의 액체나 가루 따위를 넣어 섞다.

¶미숫가루를 물에 **타서** 마신다.

타다⁴ 〔동〕 1) 몫으로 주는 돈이나 물건 따위를 받다. ¶대회에서 상금을 **타다**. [③]

2) 복이나 재주, 운명 따위를 선천적으로 지니다.

¶그녀는 아버지의 그림 소질을 **타고** 태어났다. [④]

타다⁵ 〔동〕 1) 박 따위를 톱 같은 기구를 써서 밀었다 당겼다 하여 갈라지게 하다.

¶박을 **타다**.

2) 줄이나 골을 내어 두 쪽으로 나누다. ¶가르마를 **탄** 다음 머리를 묶었다.

3) 콩, 팥 따위를 맷돌에 갈아서 알알이 쪼개다.

정답 ③ 예문의 '타'는 '몫으로 주는 돈이나 물건 따위를 받다'의 의미이다. 이와 같은 뜻의 단어는 ③이다.

이르다¹ 〔동〕 1) 어떤 장소나 시간에 닿다. ¶자정에 **이르러서야** 고향에 도착했다.

2) 어떤 정도나 범위에 미치다. ¶예술적인 경지에 **이르다**. [⑤]

이르다² 〔동〕 1) 무엇이라고 말하다. ¶학생들에게 확인된 사항을 모두 **일렀다**. [③]

2) 잘 깨닫도록 일의 이치를 밝혀 말해 주다. ¶그에게 늦지 말 것을 **일렀다**. [②]

3) 미리 알려주다. ¶친구에게 약속 장소를 **일러** 주었다. [①]

4) 어떤 사람의 잘못을 윗사람에게 말하여 알게 하다.

¶언니가 엄마에게 내가 벽에 낙서한 것을 **일렀다**.

5) 어떤 대상을 무엇이라고 이름 붙이거나 가리켜 말하다. ¶은어를 도루묵이라 **이른다**.

이르다³ 〔형〕 대중이나 기준을 잡은 때보다 앞서거나 빠르다. ¶아직 공부를 포기하기엔 **이르다**. [④]

정답 ② 예문의 '일렀다'는 '타이르다'의 의미이다. 이와 같은 뜻의 단어는 ②이다.

쓰다¹ 图 1) 붓, 펜, 연필과 같이 선을 그을 수 있는 도구로 종이 따위에 획을 그어서 일정한 글자의 모양이 이루어지게 하다. ¶연습장에 글씨를 **쓰다.**
2) 머릿속의 생각을 종이 혹은 이와 유사한 대상 따위에 글로 나타내다.
¶그는 매일 일기를 **써** 왔다. [①]
3) 원서, 계약서 등과 같은 서류 따위를 작성하거나 일정한 양식을 갖춘 글을 쓰는 작업을 하다.
¶입학 원서를 **쓰는** 시기가 되었다.
4) 머릿속에 떠오른 곡을 일정한 기호로 악보 위에 나타내다.
¶그는 틈틈이 곡을 **쓴다.**

쓰다² 图 1) 모자 따위를 머리에 얹어 덮다. ¶머리에 모자를 **쓰다.** [③]
2) 얼굴에 어떤 물건을 걸거나 덮어쓰다. ¶공연에서 탈을 **쓰다.**
3) 먼지나 가루 따위를 몸이나 물체 따위에 덮은 상태가 되다.
¶빵을 굽느라 여기저기에 밀가루를 **썼다.** [⑤]
4) 우산이나 양산 따위를 머리 위에 펴 들다.
¶밖에 비가 와서 우산을 **쓰고** 나갔다.
5) 사람이 죄나 누명 따위를 가지거나 입게 되다.
¶그는 억울하게 누명을 **쓰고** 감옥에 갔다.

쓰다³ 图 1) 어떤 일을 하는 데에 재료나 도구, 수단을 이용하다.
¶요즘은 스마트폰을 **쓰지** 않는 사람이 드물다. [②]
2) 사람에게 어떤 일을 하게 하다.
¶건물 내부 공사에 인부를 **쓴다.**
3) 다른 사람에게 베풀거나 내다.
¶그는 결혼 기념으로 친구들에게 한턱을 **썼다.**
4) 어떤 일에 마음이나 관심을 기울이다. ¶나한테 마음 **쓰지** 않아도 괜찮아.
5) 합당치 못한 일을 강하게 요구하다.
¶안 되는 일에 억지를 **쓰면** 안 된다.
6) 어떤 일을 하는 데 시간이나 돈을 들이다.
¶숙제를 하는 데 너무 많은 시간을 **썼다.** [④]
7) 힘이나 노력 따위를 들이다. ¶그는 바위를 들어 올리려고 안간힘을 **썼다.**
8) 몸의 일부분을 제대로 놀리거나 움직이다.
¶그는 완전히 회복할 때까지 한쪽 다리를 **쓰지** 못한다.
9) 어떤 건물이나 장소를 일정 기간 사용하거나 임시로 다른 일을 하는 곳으로 이용하다.
¶방 하나를 손님 방으로 **쓴다.**
10) 어떤 말이나 언어를 사용하다. ¶그는 사투리를 **쓴다.**
11) 도리에 맞는 바른 상태가 되다. ¶어른에게 함부로 말을 하면 **쓰나?**

쓰다⁴ 图 1) 혀로 느끼는 맛이 한약이나 소태, 씀바귀의 맛과 같다.
¶약이 너무 **쓰다.**
2) 달갑지 않고 싫거나 괴롭다.
¶그는 **쓰다** 달다 대꾸하는 법이 없었다.
3) 몸이 좋지 않아서 입맛이 없다.
¶며칠을 앓았더니 입맛이 **쓰다.**

정답 ① 예문의 '쓰고'는 '머릿속의 생각을 종이 혹은 이와 유사한 대상 따위에 글로 나타내다'의 의미이다. 이와 같은 의미의 단어는 ①이다.

생각

명 1) 사물을 헤아리고 판단하는 작용.

¶결정을 위해 **생각**할 시간이 필요하다. [①]

2) 어떤 사람이나 일 따위에 대한 기억. ¶그는 고향 **생각**에 잠겼다. [③]

3) 어떤 일을 하고 싶어 하거나 관심을 가짐. 또는 그런 일.

¶우리 도서관 갈 건데 너도 **생각**이 있으면 같이 가자.

4) 어떤 일을 하려고 마음을 먹음. 또는 그런 마음.

¶비가 너무 많이 오니 나갈 **생각** 마라. [②]

5) 앞으로 일어날 일에 대하여 상상해 봄. 또는 그런 상상.

¶소진이는 꿈에도 **생각** 못했던 기회를 잡아 뛸듯이 기뻤다. [④]

6) 어떤 사람이나 일에 대하여 성의를 보이거나 정성을 기울임. 또는 그런 일.

¶내 **생각**도 좀 해 주게.

7) 어떤 일에 대한 의견이나 느낌을 가짐. 또는 그 의견이나 느낌.

¶문득 쓸쓸한 **생각**이 들었다. [⑤]

8) 사리를 분별함. 또는 그런 일. ¶그녀는 **생각**이 깊다.

정답 ① 예문의 '생각'은 '사람이 머리를 써서 사물을 헤아리고 판단하는 작용'의 의미이다. 이와 같은 뜻의 단어는 ①이다.

 쓸다¹

명 범패에서, 간단한 가락에 가사를 촘촘히 넣어서 짧게 부르는 노래.

쓸다²

동 1) 비로 쓰레기 따위를 밀어내거나 한데 모아서 버리다. ¶마당의 낙엽을 **쓸었다**. [②]

2) 가볍게 쓰다듬거나 문지르다. ¶손으로 머리카락을 **쓸어** 주다. [④]

3) 질질 끌어서 바닥을 스치다.

¶청소를 하는 엄마의 치맛자락이 방바닥을 **쓸고** 지나갔다.

4) 전염병 따위가 널리 퍼지거나 태풍, 홍수 따위가 널리 피해를 입히다.

¶태풍이 **쓸고** 간 그 자리는 여전히 황폐했다. [⑤]

5) 모두 그러모아 독차지하다. [①]

6) 알에서 갓 깬 누에를 잠란지에서 그러모아 다른 종이에 옮기다.

7) 한꺼번에 모조리 모으다. ¶그는 동전이 생기면 저금통에 **쓸어** 넣는다. [③]

쓸다³

동 줄 따위로 문질러서 닳게 하다. ¶줄로 쇠톱을 **쓸다**.

정답 ⑤ 예문의 '쓸고'는 '전염병 따위가 널리 퍼지거나 태풍, 홍수 따위가 널리 피해를 입히다'의 의미이다. 이와 같은 뜻의 단어는 ⑤이다.

◉ 다음 밑줄 친 두 단어의 관계가 나머지 넷과 다른 것은?

① ⓐ: 김치를 담그려고 배추를 소금물에 <u>재어</u> 두었다.

　　ⓑ: 손이 덜 가는 책들만 골라 방 한쪽 구석에 <u>재어</u> 놓았다.

② ⓐ: 길이가 얼마나 되는지 <u>재어</u> 보아라.

　　ⓑ: 어떤 사람인지를 잘 <u>재어</u> 보고 결혼을 결정하게.

③ ⓐ: 그는 좀 잘했다 싶으면 주위 사람들에게 너무 <u>재서</u> 탈이다.

　　ⓑ: 그 아이는 늘 자기가 최고인 양 사람들에게 <u>재고</u> 다닌다.

④ ⓐ: 포병들이 포에 포탄을 <u>재기</u> 시작했다.

　　ⓑ: 할아버지는 길쭉한 곰방대에 연초를 <u>재고</u> 계셨다.

⑤ ⓐ: 아버지는 볏단을 논에 <u>재고</u> 있었다.

　　ⓑ: 그는 쫓기기라도 하듯 경사진 길을 <u>재게</u> 걸었다.

※ 다음 밑줄 친 두 단어의 관계가 나머지 넷과 다른 것을 고르시오.

① ⓐ: 말이 목구멍까지 <u>차</u> 있다.

　　ⓑ: 버스가 승객들로 가득 <u>찼다</u>.

② ⓐ: 아이는 열 달이 <u>차야</u> 나오는 법이다.

　　ⓑ: 그는 기쁨에 <u>찬</u> 얼굴로 눈물을 흘렸다.

③ ⓐ: 그는 항상 손목 시계를 <u>차고</u> 다닌다.

　　ⓑ: 그녀는 수갑을 <u>차고</u> 끌려가는 꿈을 꾸었다.

④ ⓐ: 소매치기가 지갑을 <u>차서</u> 달아났다.

　　ⓑ: 김 선생은 일요일마다 조기 축구회에서 공을 <u>찬다</u>.

⑤ ⓐ: 그는 결혼을 앞두고 여자 친구에게 <u>차였다</u>.

　　ⓑ: 햇살이 내리쬐고 있지만 방 안의 공기는 아직도 <u>차다</u>.

02

① ⓐ: 별빛이 <u>지고</u> 곧 해가 뜰 것이다.

　ⓑ: 아무리 빨아도 때가 <u>지지</u> 않는다.

② ⓐ: 싸움에서 나이 어린 아이에게 <u>졌다</u>.

　ⓑ: 그녀의 고집엔 늘 <u>져</u> 줄 수밖에 없었다.

③ ⓐ: 치마에 주름이 <u>졌다</u>.

　ⓑ: 나와 무슨 원수가 <u>져서</u> 이렇게 못살게 구는가?

④ ⓐ: 그와 나는 배낭을 등에 <u>지고</u> 산길을 올랐다.

　ⓑ: 구급차가 달려왔지만 환자는 이미 숨이 <u>져</u> 있었다.

⑤ ⓐ: 달은 이미 <u>졌는데</u> 아직도 해가 뜨지 않아 어둡다.

　ⓑ: 그 새는 지쳐 날 힘을 잃고 꽃잎이 <u>지듯</u> 바다로 떨어졌다.

03

① ⓐ: 그 도시락 통은 김치 국물이 <u>샌다</u>.

　ⓑ: 얘가 심부름은 팽개치고 어디로 <u>샜는지</u> 모르겠다.

② ⓐ: 창문에서 빛이 <u>새지</u> 않도록 커튼을 쳤다.

　ⓑ: 부모님이 계신 방으로 소리가 <u>새지</u> 않도록 작게 말을 했다.

③ ⓐ: 마루로 <u>새는</u> 불빛이 신경 쓰였다.

　ⓑ: 학생들이 딴 데로 <u>새지</u> 않도록 관리해 주세요.

④ ⓐ: 이상하게도 자꾸 토론이 엉뚱한 곳으로 <u>샌다</u>.

　ⓑ: 부자가 되려면, 재산이 쓸데없는 곳에 <u>새지</u> 않게 해야 한다.

⑤ ⓐ: 아무래도 총무실에서 정보가 <u>새는</u> 것 같다.

　ⓑ: 그날 밤이 <u>새도록</u>, 우리는 많은 이야기를 나누었다.

04

① ⓐ: 우리 집에 <u>놀러</u> 오세요.

　ⓑ: 우리 가게는 매주 일요일에 <u>논다</u>.

② ⓐ: <u>노는</u> 시간에 책을 좀 읽는 게 어때?

　ⓑ: 오래도록 글을 썼더니 팔이 잘 <u>놀지</u> 않는다.

③ ⓐ: 공장마다 <u>노는</u> 기계가 없을 정도로 바쁘다.

　ⓑ: 원래 끼리끼리 <u>노는</u> 법이니 서운해 마라.

④ ⓐ: 호수 밑에서 <u>노는</u> 물고기들을 보느라 시간 가는 줄 몰랐다.

　ⓑ: 젊은 사람이 빈둥빈둥 <u>놀면서</u> 지내는 것이 보기에 안 좋다.

⑤ ⓐ: 저 <u>놀던</u> 물이 제일이라는 생각을 그는 버릴 수가 없었다.

　ⓑ: 아내가 아픈데도 돈이 <u>놀아서</u> 약도 제대로 못 쓰는 판국이었다.

대표 유형 풀이

재다¹	**동** 잘난 척하며 으스대거나 뽐내다. ¶주위 사람들에게 너무 **재고** 다니지 말게. [③-ⓐ, ⓑ]
재다²	**동** 1) 자, 저울 따위의 계기를 이용하여 길이, 너비, 높이, 깊이, 무게, 온도, 속도 따위의 정도를 알아보다. ¶책상의 높이를 **재다.** / 몸무게를 **재다.** [②-ⓐ] 2) 여러모로 따져 보고 헤아리다. ¶일의 앞뒤를 잘 **재어** 보아라. [②-ⓑ]
재다³	**동** 1) 물건을 차곡차곡 포개어 쌓아 두다. ¶마당에 장작을 **재어** 놓았다. [①-ⓑ][⑤-ⓐ] 2) 고기 따위의 음식을 양념하여 그릇에 차곡차곡 담아 두다. ¶고기를 양념에 **재어** 놓았다. [①-ⓐ]
재다⁴	**동** 1) 총, 포 따위에 화약이나 탄환을 넣어 끼우다. ¶포에 포탄을 **재** 놓아라. [④-ⓐ] 2) 담뱃대에 연초를 넣다. ¶담뱃대에 담배를 **재다.** [④-ⓑ]
재다⁵	**형** 1) 동작이 재빠르다. ¶그는 손놀림이 **재서** 함께 일하기가 편하다. [⑤-ⓑ] 2) 참을성이 모자라 입놀림이 가볍다. ¶그는 입이 너무 **재서** 탈이다. 3) 온도에 대한 물건의 반응이 빠르다. ¶양은냄비는 무척 **재서** 물이 금방 끓는다.

정답 ⑤ ⑤는 소리는 같지만 뜻이 다른 동음이의 관계이며, ①~④는 모두 다의 관계이다.

핵심 문제 풀이

01

차다¹	**동** 1) 일정한 공간에 사람, 사물, 냄새 따위가 더 들어갈 수 없이 가득하게 되다. ¶그릇에 물이 가득 **차다.** [①-ⓑ] 2) 감정이나 기운 따위가 가득하게 되다. ¶그 아이는 패기에 **찬** 얼굴로 선생님을 바라보았다. [②-ⓑ] 3) 어떤 대상이 흡족하게 마음에 들다. ¶선을 본 사람이 마음에 **차지** 않다. 4) 어떤 높이나 한도에 이르는 상태가 되다. ¶쌓인 눈이 무릎까지 **차** 올랐다. [①-ⓐ] 5) 정한 수량, 나이, 기간 따위가 다 되다. ¶그 강의는 정원이 다 **차서** 신청할 수 없다. [②-ⓐ] 6) 이지러진 데가 없이 달이 아주 온전하게 되다. ¶오늘은 달이 꽉 **찼다.**
차다²	**동** 1) 발로 내어 지르거나 받아 올리다. ¶그가 **찬** 공이 골대를 맞았다. [④-ⓑ] 2) 발을 힘껏 뻗어 사람을 치다. ¶그는 상대편 선수를 발로 **차** 넘어뜨렸다. 3) 혀끝을 입천장 앞쪽에 붙였다가 떼어 소리를 내다. ¶그는 혀를 끌끌 **차며** 말했다. 4) 발로 힘있게 밀어젖히다. ¶선수들은 출발선을 **차며** 빠르게 내달렸다. 5) (속되게) 주로 남녀 관계에서 일방적으로 관계를 끊다. ¶그는 5년을 사귄 연인을 **차** 버렸다. [⑤-ⓐ] 6) 날쌔게 빼앗거나 움켜 가지다. ¶매가 오리를 **차서** 하늘 높이 날아갔다. [④-ⓐ] 7) (비유적으로) 자기에게 베풀어지거나 차례가 오는 것을 받아들이지 않다. ¶복을 **차다.**
차다³	**동** 1) 물건을 몸의 한 부분에 달아매거나 끼워서 지니다. ¶시계를 **차다.** [③-ⓐ] 2) 수갑이나 차꼬 따위를 팔목이나 발목에 끼우다. [③-ⓑ]
차다⁴	**동** 1) 몸에 닿은 물체나 대기의 온도가 낮다. ¶겨울 바람이 매우 **차다.** [⑤-ⓑ] 2) 인정이 없고 쌀쌀하다. ¶성격이 **차고** 냉철하다.

정답 ⑤ ⑤는 소리는 같지만 뜻이 다른 동음이의 관계이고, ①~④는 다의 관계이다.

02

지다¹	통	젖이 불어 저절로 나오다. ¶젖 먹일 때가 되면 젖이 **진다**.
지다²	통	1) 해나 달이 서쪽으로 넘어가다. ¶해가 **질** 때의 호수는 아름답다. [⑤-ⓐ]
		2) 꽃이나 잎 따위가 시들어 떨어지다. ¶낙엽 **지는** 거리는 쓸쓸하다. [⑤-ⓑ]
		3) 묻었거나 붙어 있던 것이 닦이거나 씻겨 없어지다.
		¶소매에 묻은 얼룩이 잘 안 **진다**. [①-ⓑ]
		4) 불이 타 버려 사위어 없어지거나 빛이 희미하여지다. [①-ⓐ]
		5) 목숨이 끊어지다. ¶그 아이는 치료조차 변변히 받지 못한 채 숨이 **져** 갔다. [④-ⓑ]
지다³	통	1) 내기나 시합, 싸움 따위에서 재주나 힘을 겨루어 상대에게 꺾이다. [②-ⓐ]
		2) 어떤 요구에 대하여 마지못해 양보하거나 들어주다.
		¶고집이 센 아들에게 **지고** 말았다. [②-ⓑ]
지다⁴	통	1) 어떤 현상이나 상태가 이루어지다. ¶가로수 아래에 그늘이 **지다**. [③-ⓐ]
		2) 어떤 좋지 아니한 관계가 되다. ¶친구와 원수를 **진** 관계가 되다. [③-ⓑ]
지다⁵	통	물건을 짊어서 등에 얹다. ¶보따리를 등에 **지다**. / 등에 배낭을 **지다**. [④-ⓐ]

정답 ④ ④는 소리는 같지만 뜻이 다른 동음이의 관계이고, ①~③과 ⑤는 모두 다의 관계이다.

03

새다¹	통	1) 기체, 액체 따위의 물체가 틈이나 구멍으로 조금씩 빠져나가거나 나오다. [①-ⓐ]
		2) 빛이 물체의 틈이나 구멍을 통해 나거나 들다. [②-ⓐ] [③-ⓐ]
		3) 어떤 소리가 일정 범위에서 빠져나가거나 바깥으로 소리가 들리다.
		¶유리가 깨어진 틈에서 음악 소리가 **새었다**. [②-ⓑ]
		4) 돈이나 재산 따위가 일정한 양에서 조금씩 부족해지거나 주인이 모르는 사이에 다른 데로 나가는 상태가 되다. ¶이상하게 통장에서 돈이 자꾸 **샌다**. [④-ⓑ]
		5) 비밀, 정보 따위가 보안이 유지되지 못하거나 몰래 밖으로 알려지다. [⑤-ⓐ]
		6) 모임, 대열, 집단 따위에서 슬그머니 빠지거나 다른 곳으로 나가다. [③-ⓑ]
		7) 대화, 토론, 발표 따위가 주된 화제에서 벗어나거나 다른 주제로 바뀌어 버리다.
		¶그 수업은 항상 이야기가 이상한 쪽으로 **새곤** 하였다. [④-ⓐ]
		8) 원래 가야 할 곳으로 가지 아니하고 딴 데로 가다.
		¶동생은 학원에 안 가고 딴 곳으로 **새** 버렸다. [①-ⓑ]
새다²	통	날이 밝아 오다. ¶어느덧 날이 **새는지** 창문이 뿌옇게 밝아 온다. [⑤-ⓑ]

정답 ⑤ ⑤는 소리는 같지만 뜻이 다른 동음이의 관계이고, ①~④는 다의 관계로 보는 것이다.

04

놀다¹	통	1) 놀이나 재미있는 일을 하며 즐겁게 지내다. ¶친구와 장난감을 가지고 **논다**. [①-ⓐ]
		2) 직업이나 일정히 하는 일이 없이 지내다. ¶그는 하던 일을 그만두고 **놀고** 있다. [④-ⓑ]
		3) 어떤 일을 하다가 일정한 동안을 쉬다. [①-ⓑ] [②-ⓐ]
		4) 물자나 시설 따위를 쓰지 않다. ¶**노는** 돈이 있으면 빌려 주겠니? [③-ⓐ]
		5) 이리저리 돌아다니다. ¶어항에서 금붕어가 **논다**. [④-ⓐ]
		6) 신체 부위가 일정하게 움직이다. ¶손이 얼어서 손가락이 제대로 **놀지** 않는다. [②-ⓑ]
		7) 일정한 장소를 중심으로 지내다. ¶항상 **놀던** 동네에 오랜만에 들러 보았다. [⑤-ⓐ]
		8) 비슷한 무리끼리 어울리다. ¶끼리끼리 **노는** 법이다. [③-ⓑ]
놀다²	형	드물어서 구하기 어렵다. [⑤-ⓑ]

정답 ⑤ ⑤는 소리는 같지만 뜻이 다른 동음이의 관계이며, ①~④는 다의 관계이다.

※ 다음 밑줄 친 두 단어의 관계가 나머지 넷과 <u>다른</u> 것을 고르시오.

① ⓐ: 이삿짐은 다 <u>쌌니</u>?
　ⓑ: 옷을 보자기에 <u>싸서</u> 다락에 넣어 두었다.
② ⓐ: 그의 <u>싼</u> 걸음을 따라잡기는 힘들다.
　ⓑ: 저 여자는 입이 너무 <u>싸서</u> 사람들이 싫어한다.
③ ⓐ: <u>싼</u> 불에 국을 끓이니 굉장히 좋은걸?
　ⓑ: 천희는 일곱 살 때까지 이불에 오줌을 <u>쌌다</u>.
④ ⓐ: 지은 죄로 보면 그는 맞아 죽어도 <u>싸다</u>.
　ⓑ: 백화점에서 할인 판매를 해서 옷을 <u>싸게</u> 샀다.
⑤ ⓐ: 아저씨를 <u>싸고</u> 둘러섰던 사람들이 하나둘 집으로 돌아갔다.
　ⓑ: 날씨가 화창한 날, 도시락을 <u>싸서</u> 근처에 있는 공원에 놀러 갔다.

① ⓐ: 어머니는 냄비에 물을 <u>붓고</u> 끓였다.
　ⓑ: 나는 한 달에 한 번씩 곗돈을 <u>부었다</u>.
② ⓐ: 볍씨를 <u>부어</u> 놓으면 모종이 금방 자란다.
　ⓑ: 나는 밀가루를 자루에 <u>부어</u> 놓았다.
③ ⓐ: 그는 지금껏 적금을 끝까지 <u>부은</u> 적이 없다.
　ⓑ: 가마솥에 물을 <u>부어</u> 놓는 것이 내 일이었다.
④ ⓐ: 그녀는 바다에 눈을 <u>부은</u> 채 울고 있었다.
　ⓑ: 약속 시간보다 늦게 갔더니 친구가 기다리다 지쳐 <u>부어</u> 있었다.
⑤ ⓐ: 그는 화가 나 <u>부은</u> 얼굴로 내게 말했다.
　ⓑ: 벌에 쏘인 자리가 <u>부었는데</u>, 병원에 가지 않아도 되니?

① ⓐ: 커피 <u>말고</u> 녹차를 주세요.
　ⓑ: 그는 뜨거운 숭늉에 밥을 <u>말아</u> 먹었다.
② ⓐ: 내 염려는 <u>말고</u> 어서 가세요.
　ⓑ: 버스가 떠나 버리고야 <u>말았다</u>.
③ ⓐ: 휴지를 함부로 버리지 <u>마라</u>.
　ⓑ: 나갈까 <u>말까</u> 망설이는데 아이가 잠을 깼다.
④ ⓐ: 밥을 남기지 <u>마시기</u> 바랍니다.
　ⓑ: 최선을 다해서 1등을 하고 <u>말겠다</u>.
⑤ ⓐ: 그가 종이에 담배를 <u>말아</u> 피우며 돌아보았다.
　ⓑ: 그는 아침마다 침구를 돌돌 <u>말아</u> 놓고 출근한다.

08 ① ⓐ: 논이 걸어서 벼가 잘 자라겠다.

ⓑ: 죽이 너무 걸어서 국물을 볼 수 없을 정도이다.

② ⓐ: 그는 올림픽에서 금메달을 목에 걸었다.

ⓑ: 그는 자신의 잘못이 드러나자 다른 사람을 걸고 나왔다.

③ ⓐ: 그 회사는 첨단 산업에 승부를 걸었다.

ⓑ: 아무도 들어올 수 없게 대문에 빗장을 걸었다.

④ ⓐ: 그는 사소한 일에 시비를 걸고 주먹을 휘두르곤 했다.

ⓑ: 그는 관객들에게 최면을 걸어 모두 잠들게 했다.

⑤ ⓐ: 한국에서 일본으로 국제 전화를 걸었다.

ⓑ: 이웃집 아저씨는 입이 어찌나 건지 아무도 못 당한다.

09 ① ⓐ: 비가 오는 바람에 들일을 걷고 돌아왔다.

ⓑ: 잔뜩 끼었던 구름이 걷고 맑은 하늘이 보이기 시작했다.

② ⓐ: 젊은이들은 짐을 지고도 성큼성큼 걸었다.

ⓑ: 최근 들어 사진관은 사양화의 길을 걷고 있다.

③ ⓐ: 그는 소매를 걷어 올리며 말했다.

ⓑ: 주섬주섬 옷을 챙겨 입고 펴 놓았던 이불을 걷었다.

④ ⓐ: 장마가 걷자마자 무더위가 시작되었다.

ⓑ: 안개가 걷힌 후, 주위 사물이 더 뚜렷하게 보였다.

⑤ ⓐ: 그들은 삼청동 길을 걸으며 이야기를 나눴다.

ⓑ: 아기가 아장아장 걷는 모습은 귀엽기 그지없다.

10 ① ⓐ: 그 두 사람은 이미 벌어진 사이이다.

ⓑ: 그는 달빛 아래 벌어지고 있는 싸움을 보았다.

② ⓐ: 어느덧 2위와 많은 차이가 벌어졌다.

ⓑ: 상이 비좁을 정도로 떡 벌어지게 한상이 차려졌다.

③ ⓐ: 두 사람의 성적이 크게 벌어졌다.

ⓑ: 거실의 벌어진 커튼 사이로 어둑해진 하늘이 보였다.

④ ⓐ: 감나무 가지가 옆집 창문에 닿을 정도로 벌어졌다.

ⓑ: 석탄 연기가 출입구의 벌어진 틈새로 새어 들어왔다.

⑤ ⓐ: 그는 어깨가 떡 벌어져 보기 좋다.

ⓑ: 그와 나는 사소한 오해로 인해 사이가 벌어졌다.

05

싸다¹	통 1) 물건을 안에 넣고 보이지 않게 씌워 가리거나 둘러 말다. ¶선물을 포장지에 **싸다**. [① - ⓑ] 2) 어떤 물체의 주위를 가리거나 막다. ¶사람들이 분수를 **싸고** 둘러서 있다. [⑤ - ⓐ] 3) 어떤 물건을 다른 곳으로 옮기기 좋게 상자나 가방 따위에 넣거나 종이나 천, 끈 따위를 이용해서 꾸리다. ¶가방을 미리 **싸** 두어라. [① - ⓐ] [⑤ - ⓑ]
싸다²	통 주로 어린아이가 똥이나 오줌을 참지 못하고 누다. ¶아이가 밤에 자다가 이불에 오줌을 **쌌다**. [③ - ⓑ]
싸다³	형 1) 걸음이 재빠르다. ¶그는 걸음이 **싸다**. [② - ⓐ] 2) 들은 말 따위를 진중하게 간직하지 아니하고 잘 떠벌리다. ¶내 친구는 입이 **싸다**. [② - ⓑ] 3) 불기운이 세다. ¶**싼** 불에 밥을 짓다. [③ - ⓐ]
싸다⁴	형 1) 물건 값이나 사람 또는 물건을 쓰는 데 드는 비용이 보통보다 낮다. ¶물건을 **싸게** 사다. [④ - ⓑ] 2) 저지른 일 따위에 비추어서 받는 벌이 마땅하거나 오히려 적다. ¶그런 나쁜 짓을 하고 다니니 욕먹어 **싸다**. [④ - ⓐ]

정답 ③ ③은 소리는 같지만 뜻이 다른 동음이의 관계이며, ①, ②와 ④, ⑤는 다의 관계이다.

06

붓다¹	통 1) 살가죽이나 어떤 기관이 부풀어 오르다. ¶야식을 먹고 잤더니 얼굴이 **부었다**. [⑤ - ⓑ] 2) 성이 나서 뾰로통해지다. ¶왜 그렇게 **부어** 있나? [④ - ⓑ] [⑤ - ⓐ]
붓다²	통 1) 액체나 가루 따위를 다른 곳에 담다. [① - ⓐ] [② - ⓑ] [③ - ⓑ] 2) 모종을 내기 위하여 씨앗을 많이 뿌리다. ¶배추 씨를 **붓다**. [② - ⓐ] 3) 불입금, 이자, 곗돈 따위를 일정한 기간마다 내다. ¶적금을 **붓다**. [① - ⓑ] [③ - ⓐ] 4) 시선을 한곳에 모으면서 바라보다. ¶소년은 바다에 눈을 **부은** 채 움직이지 않았다. [④ - ⓐ]

정답 ④ ④는 소리는 같지만 뜻이 다른 동음이의 관계, ①~③과 ⑤는 다의 관계이다.

07

말다¹	통 1) 넓적한 물건을 돌돌 감아 원통형으로 겹치게 하다. ¶침구를 **말다**. [⑤ - ⓑ] 2) 종이나 김 따위의 얇고 넓적한 물건에 내용물을 넣고 돌돌 감아 싸다. ¶과도를 신문지에 **말다**. [⑤ - ⓐ]
말다²	통 밥이나 국수 따위를 물이나 국물에 넣어서 풀다. ¶밥을 국에 **말았다**. [① - ⓑ]
말다³	통 1) 어떤 일이나 행동을 하지 않거나 그만두다. ¶걱정 **마세요** [② - ⓐ] 2) '아니하다' 의 뜻을 나타낸다. ¶뒤에서 수군거리거나 **말거나**, 그녀의 태도는 당당했다. [③ - ⓑ] 3) '아니고' 의 뜻을 나타낸다. ¶이것 **말고** 저것으로 주세요. [① - ⓐ] 4) 앞말이 뜻하는 행동을 하지 못하게 함을 나타내는 말. ¶이곳에서 취사하지 **마시오**. [③ - ⓐ] [④ - ⓐ] 5) 앞말이 뜻하는 행동이 끝내 실현됨을 나타내는 말. 일을 이루어 낸 데 대하여 긍정적인 생각 또는 부정적이고 아쉬운 느낌이 있음을 나타낸다. ¶새로운 습관 들이기에 성공하고야 **말겠다**. [② - ⓑ] [④ - ⓑ]

정답 ① ①은 소리는 같지만 뜻이 다른 동음이의 관계이고, ②~⑤는 다의 관계이다.

08 걸다¹

[형] 1) 흙이나 거름 따위가 기름지고 양분이 많다. ¶퇴비로 땅을 **걸게** 해 두었다. [① - ⓐ]

2) 액체 따위가 내용물이 많고 진하다. ¶찌개 국물이 **걸다**. [① - ⓑ]

3) 음식 따위가 가짓수가 많고 푸짐하다. ¶이 식당은 반찬이 **걸게** 나와 손님이 많다.

4) 말씨나 솜씨가 거리낌이 없고 푸지다. ¶옆집 아줌마는 말이 **걸다**. [⑤ - ⓑ]

5) 푸짐하고 배부르다. ¶잔칫집에 가서 **걸게** 먹었다.

걸다²

[동] 1) 벽이나 못 따위에 어떤 물체를 떨어지지 않도록 매달아 올려놓다. [② - ⓐ]

2) 자물쇠, 문고리를 채우거나 빗장을 지르다. ¶대문에 자물쇠를 **걸다**. [③ - ⓑ]

3) 솥이나 냄비 따위를 이용할 수 있도록 준비하여 놓다. ¶아궁이에 솥을 **걸다**.

4) 기계 장치가 작동하도록 준비하여 놓다. ¶차에 시동을 **걸어** 놓다.

5) 다른 사람이나 문제 따위가 관련이 있음을 주장하다. [② - ⓑ]

6) 돈 따위를 계약이나 내기의 담보로 삼다. ¶도박에 돈을 **걸다**.

7) 의논이나 토의의 대상으로 삼다. ¶그는 부당 해고를 이유로 회사에 소송을 **걸었다**.

8) 어떤 상태에 빠지도록 하다. [④ - ⓑ]

9) 앞으로의 일에 대한 희망 따위를 품거나 기대하다. [③ - ⓐ]

10) 목숨, 명예 따위를 담보로 삼거나 희생할 각오를 하다. ¶그에게 모든 것을 **걸었다**.

11) 다른 사람을 향해 먼저 어떤 행동을 하다. ¶사소한 일로 시비를 **걸다**. [④ - ⓐ]

12) 전화를 하다. ¶오랜만에 친구에게 전화를 **걸었다**. [⑤ - ⓐ]

정답 ⑤ ⑤는 소리는 같지만 뜻이 다른 동음이의 관계이고, ①~④는 다의 관계이다.

09 걷다¹

[동] 1) 구름이나 안개 따위가 흩어져 없어지다. [① - ⓑ] [④ - ⓑ]

2) 비가 그치고 맑게 개다. ¶지루한 장마가 **걷고** 오랜만에 햇빛이 들었다. [④ - ⓐ]

걷다²

[동] 1) 다리를 움직여 바닥에서 발을 번갈아 떼어 옮기다. [② - ⓐ] [⑤ - ⓑ]

2) 어떤 곳을 다리를 번갈아 움직여 위치를 옮기다. ¶그는 거리를 **걸었다**. [⑤ - ⓐ]

3) 어떠한 방향으로 나아가다. ¶성공의 길을 **걷다**. [② - ⓑ]

4) 전문직에 종사하다. ¶그는 평생 의사의 길만을 **걸었다**.

걷다³

[동] 1) 늘어진 것을 말아 올리거나 열어 젖히다. ¶커튼을 **걷다**. [③ - ⓐ]

2) 널거나 깐 것을 다른 곳으로 치우거나 한곳에 두다. ¶그는 이불을 **걸었다**. [③ - ⓑ]

3) 일이나 일손을 끝내거나 멈추다. ¶하던 일을 **걷어** 놓고 쉬어라. [① - ⓐ]

정답 ① ①은 소리는 같지만 뜻이 다른 동음이의 관계이고, ②~⑤는 다의 관계이다.

10 벌어지다¹

[동] 1) 갈라져서 사이가 뜨다.
¶출입구의 **벌어진** 틈새로 바람이 새어 들어왔다. [③ - ⓑ] [④ - ⓑ]

2) 가슴이나 어깨, 등 따위가 옆으로 퍼지다. [⑤ - ⓐ]

3) 식물의 잎이나 가지 따위가 넓게 퍼져서 활짝 열리다. ¶가지가 넓게 **벌어지다**. [④ - ⓐ]

4) 음식 따위를 번듯하게 차리다. ¶안주를 떡 **벌어지게** 차린 품이 잔칫상 같았다. [② - ⓑ]

5) 차이가 커지다. ¶시간이 갈수록 그와 실력 차이가 **벌어졌다**. [② - ⓐ] [③ - ⓐ]

6) 사람의 사이에 틈이 생기다. ¶그 친구와 사이가 **벌어진** 지 오래다. [① - ⓐ] [⑤ - ⓑ]

벌어지다²

[동] 어떤 일이 일어나거나 진행되다. ¶경기가 끝나고 싸움이 **벌어졌다**. [① - ⓑ]

정답 ① ①은 소리는 같지만 뜻이 다른 동음이의 관계이고, ②~⑤는 다의 관계이다.

VI. 어휘의 관계

동음이의 및 다의 관계 (2)

동음이의 및 다의 관계(3)

⊙ 다음 밑줄 친 단어 중, 국어사전에서 하나의 항목으로 다루고 있지 <u>않은</u> 것은?

① 그 집은 나무에 <u>가려서</u> 안 보인다.

② 음식을 <u>가리지</u> 말고 골고루 먹어라.

③ 너는 네 앞도 못 <u>가리면서</u> 남한테 참견이냐?

④ 이 글에서 잘못된 문장을 <u>가려서</u> 바르게 고치시오.

⑤ 그녀는 처음 만난 사람 앞에서는 말도 못할 정도로 낯을 <u>가린다</u>.

※ 다음 밑줄 친 단어 중, 국어사전에서 하나의 항목으로 다루고 있지 <u>않은</u> 것을 고르시오.

01
① 애써 피운 장작불이 <u>죽었다</u>.
② 깃이 너무 <u>죽었으니</u> 세우는 게 좋겠다.
③ 체력장에서 결승점을 향해 <u>죽자고</u> 뛰었다.
④ 의사는 그가 수술 중에 <u>죽을</u> 수도 있다고 했다.
⑤ 선생님께 꾸중을 들은 아이는 풀이 <u>죽어</u> 있었다.

02
① 구렁이가 몸을 친친 <u>감는다</u>.
② 머리를 자주 <u>감으면</u> 머릿결이 상한다.
③ 그녀는 비싼 명품 옷으로 몸을 <u>감고</u> 있었다.
④ 아버지는 멈춘 시계의 태엽을 <u>감아</u> 다시 움직이게 하셨다.
⑤ 저쪽에서 흰 붕대로 머리를 <u>감은</u> 한 사내가 이쪽으로 걸어오고 있었다.

03
① 거짓말하지 말고 <u>바르게</u> 대답해야 한다.
② 평소에도 <u>바르게</u> 걷는 연습을 해야 한다.
③ 도자기에 유약을 <u>바르는</u> 작업은 꼼꼼하게 해야 해.
④ 재석이는 회사에서 가장 인사성이 <u>바른</u> 사람이다.
⑤ 집은 햇볕 <u>바르고</u> 넉넉했으며 편리하게 꾸며져 있었다.

04
① 기계로 옥돌을 <u>갈아</u> 구슬을 만들었다.
② 그 수영장은 수시로 물을 <u>갈아서</u> 깨끗하다.
③ 벼루에 먹을 <u>갈</u> 때는 몸과 마음을 정갈히 해야 한다.
④ 불고기 양념을 할 때 배를 <u>갈아</u> 넣으면 고기가 부드러워진다.
⑤ 어젯밤에 그가 이를 얼마나 심하게 <u>갈던지</u> 잠을 잘 수가 없었다.

05
① 그 일은 이제 기력이 <u>부쳐</u> 할 수 없다.
② 유학 간 딸에게 학비와 용돈을 <u>부쳤다</u>.
③ 정부는 중요 정책을 국민 투표에 <u>부쳤다</u>.
④ 밥은 당분간만 주인 집에다 <u>부쳐</u> 먹기로 하였다.
⑤ 선영이의 깜짝 생일 잔치 준비를 비밀에 <u>부치기로</u> 친구들과 약속했다.

06
① 그렇게 노래를 안 부르려고 <u>빼도</u> 소용없다.
② 그는 밥 먹는 시간을 <u>빼고는</u> 내내 책만 읽었다.
③ 그는 정신 나간 사람처럼 혼을 <u>빼고</u> 앉아 있었다.
④ 눈 오는 날에는 주머니에서 손을 <u>빼고</u> 걸어야 한다.
⑤ 지금 상태에서 살을 <u>빼지</u> 않으면 건강이 더 나빠질 수 있다.

07
① 공부방에 에어컨을 <u>달고</u> 싶지만 돈이 없다.
② 한문 원문에 토를 <u>다니</u> 읽기가 훨씬 수월하다.
③ 그는 불 속에서 빨갛게 <u>단</u> 인두를 꺼내 들었다.
④ 국경일인데도 대문에 태극기를 <u>단</u> 집이 생각보다 적다.
⑤ 유치원생들이 가슴에 이름표를 <u>달고</u> 한 줄로 서 있었다.

08
① 그 선수는 해외 진출에 목을 <u>매고</u> 있다.
② 빨래를 널기 위해 처마 밑에 빨랫줄을 <u>매었다</u>.
③ 그 집은 암소 한 마리와 송아지 두 마리를 <u>매고</u> 있다.
④ 어제 선생님께서 대님을 발목에 <u>매는</u> 방법을 알려주셨다.
⑤ 건너편 언덕에서는 감자밭을 <u>매는</u> 아낙네들이 재빠르게 호미를 놀리고 있었다.

가리다¹	동 보이거나 통하지 못하도록 막히다. ¶사람들에 **가려서** 앞이 잘 안 보인다. [①]
가리다²	동 보이거나 통하지 못하도록 막다. ¶창문을 **가리다**. / 손으로 눈을 **가리다**.
가리다³	동 1) 여럿 가운데서 하나를 구별하여 고르다. ¶올해의 우승 팀을 **가리다**. [④]
	2) 낯선 사람을 대하기 싫어하다. ¶그는 낯을 심하게 **가린다**. [⑤]
	3) 잘잘못이나 좋은 것과 나쁜 것 따위를 따져서 분간하다.
	¶사건의 진상을 **가리기** 위하여 용의자들을 심문하다.
	4) 똥오줌을 눌 곳에 누다. ¶그 아이는 아직 어려서 대소변을 못 **가린다**.
	5) 치러야 할 셈을 따져서 갚아 주다.
	¶외상 밥을 먹던 단골집에서 열흘 만에 셈을 **가렸다**.
	6) 음식을 골라서 먹다. ¶넌 왜 이렇게 반찬을 **가려서** 먹니? [②]
	7) 머리를 대강 빗다.
	¶그녀는 일찍부터 머리를 빗기 시작했으나 오랫동안 안 **가리어** 엉킨 머리가 시간이 꽤 걸렸다.
	8) 자기 일을 알아서 스스로 처리하다. ¶그는 자기 앞도 못 **가리는** 처지이다. [③]
가리다⁴	동 곡식이나 장작 따위의 단을 차곡차곡 쌓아 올려 더미를 짓다.
	¶마당에는 **가려** 놓은 장작이 가득 쌓여있다.

정답 ① ①은 '가리다¹'의 뜻이고, 나머지는 모두 '가리다³'의 뜻이다.

01

죽다¹	동 1) 생명이 없어지거나 끊어지다. ¶전쟁에서 많은 사람들이 **죽었다**. [④]
	2) 불 따위가 타거나 비치지 아니한 상태에 있다. ¶피워 놓은 불이 **죽어** 주변이 썰렁하다. [①]
	3) 본래 색깔이나 특징 따위가 변하여 드러나지 아니하다. ¶입술이 파랗게 **죽다**.
	4) 성질이나 기운 따위가 꺾이다. ¶그의 거칠던 성질이 요즈음은 많이 **죽었다**. [⑤]
	5) 마음이나 의식 속에 남아 있지 못하고 잊히다. ¶그날의 기억은 **죽은** 지 오래되었다.
	6) 움직이던 물체가 멈추어 제 기능을 하지 못하다. ¶시계가 **죽는** 바람에 아침에 늦잠을 잤다.
	7) 경기나 놀이 따위에서, 상대편에게 잡혀 제 기능을 하지 못하다.
	¶장기에서 상대의 포가 **죽자** 전세가 역전되었다.
	8) 글이나 말 또는 어떤 현상의 효력 따위가 현실과 동떨어져 생동성을 잃다.
	¶그 글은 이젠 **죽은** 글이나 다름없다.
	9) 상대편에게 으름장을 놓거나 상대편을 위협하는 말. ¶너 또 늦으면 **죽어**.
	10) 있는 힘을 다한다는 뜻을 이르는 말. ¶도둑은 **죽어라** 하고 도망쳤다. [③]
죽다²	동 물체의 어느 부분이 꼿꼿하거나 날카롭지 못하고 가라앉거나 뭉툭한 상태가 되다.
	¶자고 일어났더니 뒷머리가 푹 **죽었다**. [②]

정답 ② ②는 '죽다²'의 뜻이고, 나머지는 모두 '죽다¹'의 뜻이다.

02

감다¹	통 눈꺼풀을 내려 눈동자를 덮다. ¶아이가 스르르 눈을 **감는다**.
감다²	통 머리나 몸을 물로 씻다. ¶머리를 **감다**. [②]
감다³	통 1) 어떤 물체를 다른 물체에 말거나 빙 두르다. ¶상자를 노끈으로 **감다**. [⑤]
	2) (낮잡는 뜻으로) 옷을 입다. ¶명품을 몸에 **감았다고** 다 멋쟁이는 아니다. [③]
	3) 시계태엽이나 테이프 따위를 작동하도록 돌리다.
	¶아이가 가지고 놀 수 있도록 장난감의 태엽을 **감아** 주었다. [④]
	4) 뱀 따위가 자기 스스로를, 또는 다른 물체를 빙빙 두르다.
	¶뱀이 몸을 친친 **감고** 있었다. [①]
	5) 씨름을 하거나 겨룰 때에 다리를 상대편의 다리에 걸다.
	¶상대편의 다리를 **감아** 넘어뜨렸다.

정답 ② ②는 '감다²'의 뜻이고, 나머지는 모두 '감다³'의 뜻이다.

03

바르다¹	통 1) 풀칠한 종이나 헝겊 따위를 다른 물건의 표면에 고루 붙이다. ¶새 벽지를 벽에 **바르다**.
	2) 차지게 이긴 흙 따위를 다른 물체의 표면에 고르게 덧붙이다. ¶시멘트를 **바르다**.
	3) 물이나 풀, 약, 화장품 따위를 물체의 표면에 문질러 묻히다.
	¶상처난 곳에 약을 **바르다**. [③]
바르다²	통 1) 껍질을 벗기어 속에 들어 있는 알맹이를 집어내다. ¶대추는 씨를 **발라** 놓는다.
	2) 뼈다귀에 붙은 살을 걷거나 가시 따위를 추려 내다. ¶생선 가시를 잘 **발라서** 버리다.
바르다³	형 1) 겉으로 보기에 비뚤어지거나 굽은 데가 없다. ¶자리에 **바르게** 앉아라. [②]
	2) 말이나 행동 따위가 사회적인 규범이나 사리에 어긋나지 아니하고 들어맞다.
	¶그는 늘 몸가짐이 **바르다**. [④]
	3) 사실과 어긋남이 없다. ¶숨기는 것 없이 **바르게** 대답하시오. [①]
	4) 그늘이 지지 아니하고 햇볕이 잘 들다.
	¶기르던 병아리가 죽자, 아이들은 양지가 **바른** 곳에 묻어 주었다. [⑤]

정답 ③ ③은 '바르다¹'의 뜻이고, 나머지는 모두 '바르다³'의 뜻이다.

04

갈다¹	통 1) 이미 있는 사물을 다른 것으로 바꾸다. ¶다 쓴 전등을 빼고 새것으로 **갈아** 끼웠다. [②]
	2) 어떤 직책에 있는 사람을 다른 사람으로 바꾸다. ¶임원을 새로 **갈다**.
갈다²	통 1) 날카롭게 날을 세우거나 표면을 매끄럽게 하기 위하여 다른 물건에 대고 문지르다.
	¶칼을 숫돌에 **갈다**. [①]
	2) 잘게 부수기 위하여 단단한 물건에 대고 문지르거나 단단한 물건 사이에 넣어 으깨다.
	¶무를 강판에 **갈다**. [④]
	3) 먹을 풀기 위해 벼루에 대고 문지르다. ¶먹을 **갈다**. [③]
	4) 윗니와 아랫니를 맞대고 문질러 소리를 내다. ¶자면서 이를 **갈다**. [⑤]
갈다³	통 1) 쟁기나 트랙터 따위의 농기구나 농기계로 땅을 파서 뒤집다.
	¶경운기로 논을 **갈다**.
	2) 주로 밭작물의 씨앗을 심어 가꾸다. ¶밭에 보리를 **갈다**.

정답 ② ②는 '갈다¹'의 뜻이고, 나머지는 모두 '갈다²'의 뜻이다.

05

부치다¹	통 모자라거나 미치지 못하다.
	¶일이 힘에 **부친다**. / 그는 아직 형에게는 실력이 **부친다**. [①]
부치다²	통 1) 편지나 물건 따위를 일정한 수단이나 방법을 써서 상대에게로 보내다.
	¶편지를 **부치다**. [②]
	2) 어떤 문제를 다른 곳이나 다른 기회로 넘기어 맡기다. ¶중요 정책을 투표에 **부치다**. [③]
	3) 어떤 일을 거론하거나 문제 삼지 아니하는 상태에 있게 하다.
	¶기사 내용을 극비에 **부치다**. [⑤]
	4) 원고를 인쇄에 넘기다. ¶원고를 편집하여 인쇄에 **부쳤다**.
	5) 마음이나 정 따위를 다른 것에 의지하여 대신 나타내다.
	¶소녀는 소원이 이루어지기를 바라는 마음을 노곤에 **부쳐** 나무에 매었다.
	6) 먹고 자는 일을 제집이 아닌 다른 곳에서 하다. ¶친구 집에 숙식을 **부치다**. [④]
	7) 어떤 행사나 특별한 날에 즈음하여 어떤 의견을 나타내다. 주로 글의 제목이나 부제(副題)에
	많이 쓰는 말이다. ¶어린이날에 **부쳐** / 삼일절에 **부치는** 글
부치다³	통 논밭을 이용하여 농사를 짓다. ¶땅을 **부치다**.
부치다⁴	통 번철이나 프라이팬 따위에 기름을 바르고 빈대떡, 저냐, 전병(煎餅) 따위의 음식을 익혀서 만들
	다. ¶할머니가 빈대떡을 **부치고** 계신다.
부치다⁵	통 부채 따위를 흔들어서 바람을 일으키다. ¶그는 계속해서 부채를 **부쳤다**.

정답 ① ①은 '부치다¹'의 뜻이고, 나머지는 모두 '부치다²'의 뜻이다.

06

빼다¹	통 1) 속에 들어 있거나 끼여 있거나, 박혀 있는 것을 밖으로 나오게 하다.
	¶목구멍에 걸린 가시를 **빼다**. / 책꽂이의 책을 **빼다**. [④]
	2) 전체에서 일부를 제외하거나 덜어 내다. ¶식품 구입 목록에서 케이크를 **뺐다**. [②]
	3) 긴 형태의 물건을 뽑아내다. ¶누에고치에서 실을 **빼다**.
	4) 저금이나 보증금 따위를 찾다. ¶나는 필요할 때마다 통장에서 현금을 **빼서** 쓴다.
	5) 셋방 따위를 비우다. ¶지금 살고 있는 방을 **빼면** 갈 곳이 없다.
	6) 일정한 공간 속에 갇혀 있는 공기나 물 · 바람 따위를 밖으로 나오게 하다.
	¶방에 냄새를 **빼려고** 창문을 모두 열었다.
	7) 때나 얼룩 따위를 물이나 약품 따위로 빨거나 씻어 없애다. ¶더러워진 깃에서 때를 **빼다**.
	8) 힘이나 기운 따위를 몸에서 없어지게 하다. ¶다리에 기운을 **빼다**. [③]
	9) 살 따위를 줄이다. ¶운동으로 살을 **빼다**. [⑤]
	10) 목을 길게 뽑아 늘이다. ¶목을 길게 **빼고** 방학을 기다리다.
	11) 목소리를 길게 늘이다. ¶그는 목청을 길게 **빼면서** 노래를 했다.
	12) 꼭 그대로 물려받다. ¶아들은 손가락 모양까지 제 아버지를 쏙 **뺐다**.
빼다²	통 1) 차림을 말끔히 하다. ¶정장을 쫙 **빼고** 외출하다.
	2) 짐짓 행동이나 태도를 꾸미다. ¶그는 점잔을 **빼고** 있었다.
빼다³	통 1) 두렵거나 싫어서 하지 아니하려고 하다. ¶자꾸 **빼지** 말고 한번 해 봐. [①]
	2) 피하여 달아나다. ¶돈을 받은 삼촌은 부리나케 외국으로 **뺐다**.

정답 ① ①은 '빼다³'의 뜻이고, 나머지는 모두 '빼다¹'의 뜻이다.

07 달다¹ **⑧** 1) 타지 않는 단단한 물체가 열로 몹시 뜨거워지다. ¶인두가 벌겋게 **달았다**. [③]

2) 물기가 많은 음식이나 탕약 따위에 열을 가하여 물이 졸아들다.

3) 열이 나거나 부끄러워서 몸이나 몸의 일부가 뜨거워지다.

4) 입안이나 코안이 마르고 뜨거워지다.

5) 안타깝거나 조마조마하여 마음이 몹시 조급해지다. ¶애가 **달아서** 아무것도 할 수 없다.

달다² **⑧** 1) 물건을 일정한 곳에 걸거나 매어 놓다. ¶대문에 태극기를 **달다**. [④]

2) 물건을 일정한 곳에 붙이다. ¶옷에 단추를 바꿔 **달다**. / 저고리에 동정을 새로 **달다**. [⑤]

3) 어떤 기기를 설치하다. ¶거실에 전화를 **달다**. [①]

4) 글이나 말에 설명 따위를 덧붙이거나 보태다. ¶보고서 본문에 각주를 **달다**. [②]

5) 이름이나 제목 따위를 정하여 붙이다. ¶그녀는 완성된 작품에 제목을 **달았다**.

6) 장부에 적다. ¶오늘 식사 값은 장부에 **달아** 두세요.

7) 윷판에서 처음으로 말을 놓다. ¶내가 먼저 막동을 **달았다**.

8) 물건을 잇대어 붙이다. ¶열차 뒤에 객차를 **달다**.

9) 사람을 동행하거나 거느리다. ¶그는 볼 때마다 친구를 **달고** 다닌다.

달다³ **⑧** 저울로 무게를 헤아리다. ¶생선을 저울에 **달다**. / 그는 몸무게를 **달아** 보았다.

달다⁴ **⑧** 말하는 이가 듣는 이에게 어떤 것을 주도록 요구하다. ¶아이는 사탕을 **달라고** 엄마를 조른다.

달다⁵ **⑲** 1) 꿀이나 설탕의 맛과 같다. ¶딸기가 참 **달다**.

2) 입맛이 당기도록 맛이 있다. ¶날이 더워 물을 **달게** 먹었다.

3) 흡족하여 기분이 좋다. ¶간만에 **달게** 낮잠을 잤다.

4) 마땅하여 가깝다. ¶벌을 내리신다면 **달게** 받겠습니다.

정답 ③ ③은 '달다¹'의 뜻이고, 나머지는 모두 '달다²'의 뜻이다.

08 매다¹ **⑧** 1) 끈이나 줄 따위의 두 끝을 엇걸고 잡아당기어 풀어지지 아니하게 마디를 만들다.

¶신발 끈을 꽉 **매다**. / 넥타이를 **매다**.

2) 끈이나 줄 따위로 꿰매거나 동이거나 하여 무엇을 만들다. ¶아버지가 붓을 **맸다**. / 그는 책을 **맸다**.

3) 가축을 기르다. ¶소 한 마리를 **매다**. [③]

4) 옷감을 짜기 위하여 날아 놓은 날실에 풀을 먹이고 고루 다듬어 말리어 감다.

¶옷감을 짜기 위해 베를 **매다**.

5) 끈이나 줄 따위를 몸에 두르거나 감아 잘 풀어지지 아니하게 마디를 만들다.

¶허리에 전대를 **매다**. [④]

6) 달아나지 못하도록 고정된 것에 끈이나 줄 따위로 잇대어 묶다. ¶염소를 말뚝에 **매다**.

7) 끈이나 줄 따위로 어떤 물체를 가로 걸거나 드리우다. ¶단옷날 나무에 그네를 **매다**. [②]

8) 전화를 가설하다. ¶새로 온 직원 자리에 전화를 **맸었다**.

9) 어떤 데에서 떠나지 못하고 딸리어 있다. ¶그녀는 그 일에 목을 **매고** 있다. [①]

매다² **⑧** 논밭에 난 잡풀을 뽑다. ¶김을 **매는** 일은 쉽지 않다. [⑤]

정답 ⑤ ⑤는 '매다²'의 뜻이고, 나머지는 모두 '매다¹'의 뜻이다.

46 개념 간의 관계(1)

개념 간의 관계란, 글 속에서 형성되는 여러 가지 개념들의 관계를 말한다. 개념 간의 관계를 파악하기 위해서는 각 개념들이 글의 문맥 속에서 어떤 의미를 지니고 있는지를 먼저 살펴본 후, 개념 간의 논리적인 의미 관계 양상에 주목하는 것이 중요하다.

대표 유형

● 다음 빈칸에 들어갈 말로 가장 적절한 것은?

> 고무 : 탄력성 = 휘발유 : (   )

① 특이성   ② 경제성   ③ 수용성
④ 가연성   ⑤ 효율성

핵심 문제

※ 다음 빈칸에 들어갈 말로 가장 적절한 것을 고르시오.

 01

> 누에고치 : 비단 = (   ) : 면

① 마   ② 석유   ③ 목화
④ 식물   ⑤ 모시

 02

> 끓다 : 증기 = (   ) : 연기

① 타다   ② 덮다   ③ 퍼지다
④ 매캐하다   ⑤ 자욱하다

03 회사원 : 봉급 = 머슴 : (   )

① 연금   ② 수당   ③ 월급
④ 녹봉   ⑤ 새경

04 비즈니스 : 사업 = 스커트 : (   )

① 바지   ② 치마   ③ 저고리
④ 속바지   ⑤ 두루마기

05 자음 동화 : 물난리 = (   ) : 산길

① 명사   ② 단어   ③ 파생어
④ 고유어   ⑤ 사잇소리 현상

06 모기 : 장구벌레 = 매미 : (   )

① 개미   ② 굼벵이   ③ 번데기
④ 베짱이   ⑤ 구더기

07 우유 : 치즈 = 나무 : (   )

① 풀   ② 숯   ③ 꽃
④ 숲   ⑤ 잎

대표 유형 풀이

① 특이성(特異性)	명 두드러지게 다른 성질.
② 경제성(經濟性)	명 재물, 자원, 노력, 시간 따위가 적게 들면서도 이득이 되는 성질.
③ 수용성(受容性)	명 다른 것으로부터 사물을 받아들이는 능력.
④ 가연성(可燃性)	명 불에 탈 수 있거나 타기 쉬운 성질.
⑤ 효율성(效率性)	명 들인 노력과 얻은 결과의 비율이 높은 특성.

정답 ④ '탄력성(彈力性)'은 '물체가 외부에서 힘을 받았을 때 튀기는 힘이 있는 성질'을 의미하므로, '고무'와 '탄력성'은 '물질'과 '성질'이라는 관계를 가진다. '휘발유'의 성질은 '가연성'이다.

핵심 문제 풀이

01

① 마	명 맛과의 덩굴풀을 통틀어 이르는 말.
② 석유(石油)	명 땅속에서 천연으로 나는, 탄화수소를 주성분으로 하는 가연성 기름.
③ 목화(木花)	명 아욱과 목화속의 한해살이풀이나 여러해살이풀을 통틀어 이르는 말.
④ 식물(植物)	명 생물계의 두 갈래 가운데 하나. 대체로 이동력이 없고 체제가 간단함.
⑤ 모시	명 모시풀 껍질의 섬유로 짠 피륙.

정답 ③ '비단'은 '누에고치'로 만들어지는데, 이는 '면'이 '목화'로 만들어지는 관계와 유사하다고 볼 수 있다.

02

① 타다	동 불씨나 높은 열로 불이 붙어 번지거나 불꽃이 일어나다.
② 덮다	동 물건 따위가 드러나거나 보이지 않도록 넓은 천 따위를 얹어서 씌우다.
③ 퍼지다	동 끝 쪽으로 가면서 점점 굵거나 넓적하게 벌어지다.
④ 매캐하다	동 연기나 곰팡이 따위의 냄새가 약간 맵고 싸하다.
⑤ 자욱하다	동 연기나 안개 따위가 잔뜩 끼어 흐릿하다.

정답 ① '끓다'와 '증기'는 '원인'과 '결과'의 관계를 가진다. '연기'라는 결과의 원인은 '타다'로 볼 수 있다.

03

① 연금(年金)	명 국가나 사회에 특별한 공로가 있거나 일정 기간 동안 국가 기관에 복무한 사람에게 해마다 주는 돈.
② 수당(手當)	명 정해진 봉급 이외에 따로 주는 보수.
③ 월급(月給)	명 한 달을 단위로 하여 지급하는 급료. 또는 그런 방식.
④ 녹봉(祿俸)	명 벼슬아치에게 일 년 또는 계절 단위로 나누어 주던 금품을 통틀어 이르는 말.
⑤ 새경	명 머슴이 주인에게서 한 해 동안 일한 대가로 받는 돈이나 물건.

정답 ⑤ '회사원'이 받는 보수는 '봉급'이고, '머슴'이 받는 보수는 '새경'이다.

문법 · 어휘의 모든 것

282

04

① 바지	명 아랫도리에 입는 옷의 하나.
② 치마	명 허리부터 다리 부분까지 하나로 이어져 가랑이가 없는 아래옷.
③ 저고리	명 한복 윗옷의 하나.
④ 속바지	명 내의처럼 바지나 치마 속에 껴입는 바지.
⑤ 두루마기	명 고유의 웃옷. 옷자락이 무릎까지 내려오며 소매 · 무 · 섶 · 깃 따위로 이루어져 있음.

정답 ② '사업'은 '비즈니스'의 순화어이며, '스커트'의 순화어는 '치마'이다. 순화어(醇化語)란, 지나치게 어려운 말이나 비규범적인 말, 외래어 따위를 알기 쉽고 규범적인 상태 또는 고유어로 순화한 말을 이른다.

05

① 명사(名詞)	명 사물의 이름을 나타내는 품사.
② 단어(單語)	명 분리하여 자립적으로 쓸 수 있는 말이나 이에 준하는 말.
③ 파생어(波生語)	명 실질 형태소에 접사가 결합하여 하나의 단어가 된 말.
④ 고유어(固有語)	명 해당 언어에 본디부터 있던 말이나 그것에 기초하여 새로 만들어진 말.
⑤ 사잇소리 현상	두 개의 형태소 또는 단어가 합쳐져서 합성어가 될 때, 앞말의 끝소리가 울림소리이고 뒷말의 첫소리가 안울림 예사소리이면 뒤의 예사소리가 된소리로 변하는 현상.

정답 ⑤ '물난리'는 '자음 동화(유음화)'가 일어난 예이고, '산길'은 '사잇소리 현상'이 일어난 예이다.

06

① 개미	명 개밋과의 곤충을 통틀어 이르는 말.
② 굼벵이	명 매미, 풍뎅이, 하늘소와 같은 딱정벌레목의 애벌레.
③ 번데기	명 완전 변태를 하는 곤충의 애벌레가 성충으로 되는 과정 중에 한동안 아무것도 먹지 아니하고 고치 같은 것의 속에 가만히 들어 있는 몸.
④ 베짱이	명 여칫과의 하나.
⑤ 구더기	명 파리의 애벌레.

정답 ② '장구벌레'는 '모기'의 애벌레이고, '매미'의 애벌레는 '굼벵이'이다.

07

① 풀	명 초본 식물을 통틀어 이르는 말.
② 숯	명 나무를 숯가마에 넣어 구워 낸 검은 덩어리의 연료.
③ 꽃	명 종자식물의 번식 기관.
④ 숲	명 나무들이 무성하게 우거지거나 꽉 들어찬 것.
⑤ 잎	명 식물의 영양 기관의 하나.

정답 ② '치즈'는 '우유'로 만들어지고, '나무'로 만들 수 있는 것은 '숯'이다.

대표 **유형**

● 문맥상 ㉠ : ㉡의 관계와 가장 유사한 것은?

김홍도의 그림 '기와 이기'는 아주 재미있다. 그림에 등장하는 여러 사람은, 각각의 맡은 역할이 다른 데다가 인물의 행동이 개성 있게 그려져 있다. 우선 기둥 옆에 한 사내가 실을 늘어뜨리고 있는데, 줄에 매달린 시커먼 물건은 먹통이다. 곧 줄을 곧게 치는 도구다. 오른쪽 눈을 감고 수직의 줄과 기둥을 견주어 보고 있는 중이다. 기둥이 비뚤어지면 곤란하지 않겠는가. 이 사내의 아래에는 ㉠목수가 있다. 널판을 대패로 반반하게 미는 중이다. 아래에는 곱자, ㉡톱, 자귀 등의 목공에 필요한 물건이 있다.

① 화가 : 화폭   ② 요리사 : 조리사   ③ 정원사 : 조경
④ 나무꾼 : 도끼   ⑤ 농부 : 농원

핵심 **문제**

※ 문맥상 ㉠ : ㉡의 관계와 가장 유사한 것을 고르시오.

01

자본주의 경제 체제는 이익을 추구하려는 인간의 욕구를 최대한 보장해 주고 있다. ㉠기업 또한 이익을 추구하기 위해 탄생하여, 생산의 주체로서 자본주의 체제의 핵심적 역할을 수행하고 있다. 곧, ㉡이익은 기업가로 하여금 사업을 시작하게 하는 목적이자 동기가 된다.

① 정당 : 정권   ② 방송 : 카메라   ③ 연주회 : 지휘자
④ 시계 : 톱니바퀴   ⑤ 과속 : 교통사고

02

정보 전달 속도에서 문자의 역할을 생각해 보자. 정보가 빛의 속도로 전달되는 것은 기술의 역할이므로, 같은 정보량이라면 어느 문자를 사용해도 전달 속도는 같다. 정보 전달 속도에서 차이를 만드는 변수는 '문자로 정보를 만들어 내는 속도'이다. 이제 ㉠컴퓨터 자판에서 문자를 입력하여 ㉡모니터 화면에 정보를 만들어 내는 속도를 비교해 보자.

① 목재 : 집   ② 기차 : 여행   ③ 가뭄 : 저수지
④ 비둘기 : 평화   ⑤ 마이크 : 스피커

03

　　미국의 인류학자 마빈 해리스는 ㉠인도의 농업 환경에서는 소를 잡아먹는 것보다는 그냥 놓아두는 것이 훨씬 경제적이라는 생각에서 ㉡암소 숭배 관습이 생겼다고 말한다. 인간이 직접 먹을 수 없는 볏짚, 겨, 풀, 쓰레기 등을 섭취하여 많은 양의 우유를 생산하기도 하고, 엄청난 열 에너지로 전환될 수 있는 분뇨를 만들기도 하며, 인간을 대신하여 엄청난 노동력을 제공하는 인도의 소들은 경제적으로 대단히 중요한 역할을 하고 있다는 것이다.

① 세균 : 질병　　　　② 동물 : 암소　　　　③ 탈퇴 : 가입

④ 실책 : 과오　　　　⑤ 악어 : 악어새

04

　　어떤 탐구 분야든지 정확한 공식화가 가능한 지식을 산출하면 곧 과학이라고 일컫는다. 과학은 철학에서 시작하여 기술로 끝나고, 또한 과학은 가설의 ㉠샘에서 발원하여 성취의 ㉡바다로 흘러간다. 철학은 미지의 것 또는 부정확한 것에 대한 가설적 해석이다. 철학이 진리 세계를 탐구하는 최전선이고 과학이 점령 지대라고 한다면, 우리의 삶은 지식과 기술로 건설된 후방의 안전지대라고 할 수 있다.

① 싹 : 열매　　　　② 빛 : 그림자　　　　③ 비 : 구름

④ 설화 : 문학　　　　⑤ 축구 : 감독

05

　　이론에 모순된 관찰 결과들이 증가하면 패러다임은 위기를 맞게 된다. 그렇게 되면 그런 관찰 결과들을 해석하기 위한 ㉠새로운 이론들이 쏟아져 나와 서로 경합하는 혼돈(混沌)의 시기로 접어들게 한다. 이때에도 과학자들은 하나의 이론이 승리하여 ㉡새로운 패러다임으로 확립되기까지 기존의 패러다임을 포기하지 않는다. 물론 어떤 사람들은 이론이 옳지 않다는 것을 보여 주는 반례(反例)들을 앞에 놓고서도 기존의 과학 이론을 포기하지 않는 과학자들의 태도는 도저히 합리적이라고 볼 수 없다고 생각한다.

① 장미 : 꽃　　　　② 물고기 : 강　　　　③ 개인 : 사회

④ 후보자 : 당선자　　　　⑤ 어머니 : 아버지

대표 유형 풀이

① 화가(畫家)	명 그림 그리는 것을 직업으로 하는 사람.	화폭(畫幅)	명 그림을 그려 놓은 천이나 종이의 조각.
② 요리사(料理師)	명 요리를 전문으로 하는 사람.	조리사(調理士)	명 소정의 면허를 가지고 음식을 만드는 일을 직업으로 하는 사람.
③ 정원사(庭園師)	명 정원이나 수목을 가꾸는 일을 직업으로 하는 사람.	조경(造景)	명 경치를 아름답게 꾸밈.
④ 나무꾼	명 땔나무를 하는 사람.	도끼	명 나무를 찍거나 패는 연장의 하나.
⑤ 농부(農夫)	명 농사짓는 일을 직업으로 하는 사람.	농원(農園)	명 주로 원예 작물을 가꾸는 농장.

정답 ④ '목수'와 '톱'은 '사용자'와 '사용 도구'의 관계이다. 이와 같은 관계는 '나무꾼'과 '도끼'이다.

핵심 문제 풀이

01

① 정당(政黨)	명 정치적인 생각이 같은 사람들이 조직한 단체.	정권(政權)	명 정치상의 권력.
② 방송(放送)	명 음성이나 영상을 전파로 내보내는 일.	카메라	명 영화나 영상 따위를 찍는 기계.
③ 연주회(演奏會)	명 음악을 연주하여 청중에게 들려주는 모임.	지휘자(指揮者)	명 노래나 연주를 앞에서 조화롭게 이끄는 사람.
④ 시계(時計)	명 시간을 재거나 시각을 나타내는 기계나 장치.	톱니바퀴	명 둘레에 일정한 간격으로 톱니를 내어 만든 바퀴.
⑤ 과속(過速)	명 자동차 따위의 주행 속도를 너무 빠르게 함. 또는 그 속도.	교통사고(交通事故)	명 운행 중이던 차로 인한 교통상의 사고.

정답 ① '기업'의 목적이자 동기가 '이익'이 된다고 하였다. '정당'의 목적이자 동기는 '정권'으로 볼 수 있다.

02

① 목재(木材)	명 나무로 된 재료.	집	명 사람이 살기 위하여 지은 건물.
② 기차(汽車)	명 여객차나 화차를 끌고 다니는 철도 차량.	여행(旅行)	명 일이나 유람을 목적으로 다른 고장이나 외국에 가는 일.
③ 가뭄	명 오랫동안 계속하여 비가 내리지 않아 메마른 날씨.	저수지(貯水池)	명 물을 모아 두기 위하여 하천이나 골짜기를 막아 만든 큰 못.
④ 비둘기	명 비둘기목의 새를 통틀어 이르는 말.	평화(平和)	명 평온하고 화목함.
⑤ 마이크(mike)	명 음파를 받아 똑같은 파형의 음성 전류로 바꾸는 장치.	스피커(speaker)	명 소리를 크게 하여 멀리까지 들리게 하는 기구.

정답 ⑤ '컴퓨터 자판'은 입력 도구이고, '모니터 화면'은 출력 도구이므로, 이와 유사한 관계는 '마이크'와 '스피커'로 볼 수 있다.

① 세균(細菌)	명 단세포 생활체.	질병(疾病)	명 몸의 온갖 병.
② 동물(動物)	명 생물계의 두 갈래 가운데 하나. 사람을 제외한 짐승을 이르는 말.	암소	명 소의 암컷.
③ 탈퇴(脫退)	명 관계를 끊고 물러남.	가입(加入)	명 조직이나 단체 따위에 들어감.
④ 실책(失策)	명 잘못된 계책.	과오(過誤)	명 부주의나 태만 따위에서 비롯된 잘못이나 허물.
⑤ 악어(鰐魚)	명 파충강 악어목의 동물.	악어새(鰐魚-)	명 황새목 제비물떼새과의 조류.

> **정답** ① 인도의 '암소 숭배 관습'은 '인도의 농업 환경'으로 인해 나타난 결과이다. '질병'은 '세균'으로 인해 나타난 결과이므로 이와 유사하다.

① 싹	명 처음 돋아나는 어린잎이나 줄기.	열매	명 식물이 수정한 후 씨방이 자라서 생기는 것.
② 빛	명 시각 신경을 자극하여 물체를 볼 수 있게 하는 일종의 전자기파.	그림자	명 물체가 빛을 가려서 그 물체의 뒷면에 드리워지는 검은 그늘.
③ 비	명 수증기가 찬 공기를 만나 식어서 엉기어 떨어지는 물방울.	구름	명 공기 중의 수분이 엉기어서 공중에 떠 있는 것.
④ 설화(說話)	명 각 민족 사이에 전해 오는 신화, 전설, 민담 따위.	문학(文學)	명 사상이나 감정을 언어로 표현한 예술.
⑤ 축구(蹴球)	명 주로 발로 상대편의 골에 공을 넣는 경기.	감독(監督)	명 일을 지휘하는 사람.

> **정답** ① '샘'은 '가설'이라는 출발점을, '바다'는 '성취'라는 결과를 의미한다. '열매'는 '싹'으로 인해 나타난 결과이므로 이와 유사하다.

① 장미(薔薇)	명 장미과 장미속의 관목.	꽃	명 종자식물의 번식 기관.
② 물고기	명 어류의 척추동물.	강(江)	명 넓고 길게 흐르는 큰 물줄기.
③ 개인(個人)	명 국가나 사회, 단체 등을 구성하는 낱낱의 사람.	사회(社會)	명 같은 무리끼리 모여 이루는 집단.
④ 후보자(候補者)	명 선거에서, 어떤 직위나 신분을 얻으려고 일정한 자격을 갖추어 나선 사람.	당선자(當選者)	명 선거에서 뽑힌 사람.
⑤ 어머니	명 자기를 낳아 준 여자를 이르거나 부르는 말.	아버지	명 자기를 낳아 준 남자를 이르거나 부르는 말.

> **정답** ④ '새로운 이론들'이 경합하다가 하나의 이론이 승리하여 '새로운 패러다임'으로 확립된다고 하였으므로, 이는 여럿이 경합하는 '후보자'와 승리한 '당선자'의 관계와 가장 유사하다고 할 수 있다.

[01~02] 다음을 읽고 물음에 답하시오.

> 우리말에서 고유어와 한자어는 각각 독특한 기능을 지니고 있다. 상황에 따라 한자어보다 고유어를 사용하는 것이 더 자연스럽고 이해가 쉬운 경우도 많다. 예를 들어, 지하철에서 흔히 보는 '차례차례 승차합시다.'는 '차례차례 탑시다.'로 바꾸어 적는 것이 훨씬 이해가 빠르고, 음절이 줄어드니 그만큼 경제적이다. 이처럼, 같은 개념을 나타내는 말로써 한자어와 고유어가 공존할 때에는, 특별한 사정이 없는 한 고유어를 선택하여 써야 한다. 이를테면, ㉠'조류(鳥類)'와 ㉡'날짐승'의 경우, 그 뜻이 같다고 한다면 후자를 택하는 것이 좋을 것이다. 그렇다고 해서 한자어를 버리고 고유어만 사용할 수 있느냐 하면 반드시 그럴 수만은 없다. 예를 들어, '이-치아(齒牙)'의 경우처럼 한자어가 존대 표현으로 사용되고 있는 관습이 있다. 나이 드신 분께 "어르신, 이는 아직 튼튼하시지요?"처럼 높임 상황과 ㉢맞지 않는 말을 한다면 교양이 부족한 사람이라는 소리를 듣는 것이 어쩔 수 없는 현실이기 때문이다.

01 ㉠ : ㉡의 관계와 가장 유사한 것은?

① 오류(誤謬) : 정정(訂正) 　　② 교실(教室) : 칠판(漆板)
③ 일반법(一般法) : 특별법(特別法) 　　④ 성인(聖人) : 속인(俗人)
⑤ 성함(姓銜) : 이름

02 ⓐ~ⓔ 중, ㉢과 가장 유사한 의미로 사용된 것은?

> 발에 ⓐ맞지 않는 신을 신은 것처럼, 회사 생활은 처음부터 나에게 ⓑ맞지 않는 옷과 같았다. 회사는 내 적성에 ⓒ맞지 않는 곳이었던 것이다. 그런 까닭에 나는 자연히 회사 생활에 소홀해질 수밖에 없었고, 쓸쓸한 최후를 ⓓ맞는 참담한 심정으로 사직서를 낼 수밖에 없었던 것이다. 이것이 사회생활에 성공하기를 원하는 부모님의 생각과 ⓔ맞지 않았음은 물론이다.

① ⓐ 　　　　② ⓑ 　　　　③ ⓒ
④ ⓓ 　　　　⑤ ⓔ

03 ㉠에 들어갈 말로 적절하지 **않은** 것은?

> 고유어에는 저마다 독특한 용법을 지니는 한자어들이 대응하고 있다. 다음과 같이 한자어들은 고유어보다 더 구체적이면서 분화된 의미를 나타낸다.
> • 생각: '견해(見解)', '사유(思惟)', '의사(意思)' ……
> • 고치다: '수리(修理)', '수선(修繕)', '(㉠)' ……

① 개조(改組) 　　② 개수(改修) 　　③ 확정(廓正)
④ 경정(更正) 　　⑤ 지정(指定)

04 〈보기 1〉을 참고하여 〈보기 2〉의 빈칸을 채울 때, [A]~[C]에 들어갈 말로 알맞은 것은?

단어는 문맥에 따라 여러 가지 뜻을 가지므로 반의어도 여럿이 될 수 있다. 예를 들어, '기강이 서다.' 에서 '서다' 의 반의어는 '무너지다' 이지만, '버스에서 서서 오다.' 에서는 '앉다' 가 된다.

단어	예문		반의어
	아버지는 아침 일찍 서울로 가셨다.	↔	[A]
가다	[B]	↔	들다
	고물 차인데도 별 탈 없이 잘 간다.	↔	[C]

	[A]	[B]	[C]
①	서다	바지의 주름이 잘 간다.	멈추다
②	오다	녹물이 잘 가는 세제가 있을까?	멈추다
③	서다	다른 나라로 문화재가 가다니.	내리다
④	오다	액자가 왼쪽으로 좀 간 것 같다.	그치다
⑤	서다	이 비누는 때가 잘 간다.	그치다

05 다음 밑줄 친 어휘들의 관계가 ㉠ : ㉡과 가장 유사한 것은?

오늘날 인류는 수많은 질병을 '페니실린(penicillin)' 이라는 항생제로 이겨 낼 수 있게 되었다. 페니실린을 발견한 ㉠플레밍(Alexander Fleming)과 그것을 대량 생산하게 한 ㉡플로리(Howard Walter Florey)와 체인(Ernst Boris Chain)은 공동으로 1945년 노벨 생리 의학상을 받게 되었으니, 이것이야말로 윈윈(win-win) 전략의 표본이라 할 수 있다.

• 윈윈(win-win) 전략: 양쪽 모두를 유리한 방향으로 이끄는 전략.

① 뮤지컬은 대중적 인기를 끌고 있는 예술이다.
② 범죄를 저질렀으면 그에 합당한 처벌을 받아야 한다.
③ 굽이쳐 흐르는 시내를 따라 강에까지 이르는 대장정이었다.
④ 이번 올림픽에서 우리 나라는 야구와 핸드볼에서 금메달을 획득했다.
⑤ 꽃은 벌을 통해 꽃가루를 옮기고, 벌은 꽃에 있는 꿀을 먹으면서 산다.

06 ㉠~㉤ 중, 제시된 두 단어 사이의 개념 관계가 나머지와 <u>다른</u> 하나는?

> 문화의 혼성은 다양한 문화를 접촉하게 해 주는 통로로서 기능하는 동시에 변형과 재구성을 통한 문화 발전의 계기를 제공한다. 문화 교류와 접촉이 증가하면서 하나의 문화는 다른 문화를 ㉠<u>의식적 혹은 무의식적</u>으로 받아들여 새로운 문화로 발전시켜 나간다. 그러나 문화의 혼성이 긍정적인 측면만을 지니고 있는 것은 아니다. 문화의 혼성은 ㉡<u>긍정성과 부정성</u>을 함께 가지고 있다. 상업성을 바탕으로 한 문화의 혼성은 문화의 다양성과 가치를 시장의 논리로 재단해 버릴 위험성을 내포하고 있다. 문화 혼성의 의의는 문화의 ㉢<u>중심과 권력</u>을 무너뜨리는 역할, 즉 미국 문화와 제3세계 문화, 고급문화와 대중문화, ㉣<u>중심 문화와 주변 문화</u>, ㉤<u>주류 문화와 비주류 문화</u>의 문화적 질서를 깨는 데 있다.

① ㉠   ② ㉡   ③ ㉢
④ ㉣   ⑤ ㉤

07 다음을 참고할 때, 밑줄 친 단어의 해석과 바꿀 수 있는 말이 적절하지 <u>않은</u> 것은?

> '다의어'는 의미상으로 관련되어 있다고 생각되는 두 가지 이상의 뜻을 갖는 단어를 말한다. 다의어의 다양한 의미를 구별하는 방법 중 하나는 비슷한 말로 바꾸어 보는 것이다.

① 물을 <u>얻을</u> 곳이 또 어디 없을까?
   ⇒ 필요한 것을 찾거나 또는 그렇게 하여 얻다. (구하다)
② 나의 솜씨는 네 솜씨에 <u>미치지</u> 못한다.
   ⇒ 공간적 거리나 수준 따위가 일정한 선에 닿다. (이르다)
③ 서류 미제출 시 포기한 것으로 <u>여기겠습니다.</u>
   ⇒ 마음속으로 그러하다고 인정하거나 생각하다. (간주하다)
④ 관계 당국에 사고의 원인을 <u>따졌다.</u>
   ⇒ 문제가 되는 일을 상대에게 캐묻고 분명한 답을 요구하다. (추궁하다)
⑤ 미소를 <u>띤</u> 그의 얼굴을 보자 말문이 막혔다.
   ⇒ 감정이나 기운 따위를 나타내다. (두르다)

08 다음 예문에 쓰인 '보다'의 유의어로 적절하지 <u>않은</u> 것은?

	예문	유의어
①	직접 동물원에서 동물들을 <u>보니</u> 신기했다.	구경하다
②	실험을 통해 <u>본</u> 결과를 빠짐없이 기록해야 한다.	관찰하다
③	수술을 한 뒤여서 소변을 <u>보기</u>가 어려울 것이다.	누다
④	하던 일의 끝을 <u>보고</u> 다른 일을 시작하는 것이 좋겠다.	맺다
⑤	그 집안에서 이번에 사위를 <u>보았다.</u>	장만하다

09 ⊙~⑩ 중, 국어사전에 등재될 때 의미와 용례가 별도의 항목으로 다루어지는 것은?

> 나는 이번 겨울 어머님과 함께 제주도 여행⊙길에 올랐다. 비행기에서 내려 시원하게 뚫린 해변ⓒ길을 달리다 보니, 가슴속도 뻥 뚫리는 것 같았다. 갈 ⓒ길이 멀어 오래 타지는 못하였지만, 공원에서 ⓔ길이 잘 든 말을 타는 체험도 해 보았다. 이제껏 당신의 고단한 ⑩길을 묵묵히 가셨던 우리 어머니. 이번 여행이 어머니께 잠시나마 좋은 추억되었기를 바란다.

① ⊙   ② ⓒ   ③ ⓒ
④ ⓔ   ⑤ ⑩

10 문맥상 ⊙ : ⓒ의 의미 관계와 가장 유사한 것은?

> "가만히 보옵건대, 좌우에서 보살피는 신하는 고량(膏粱)과 향기로운 차와 술로 수라상을 받들어 임금님의 식성을 흡족하게 하고, 정신을 맑게 해 드리고 있사옵니다. 또 고리짝에 저장해 둔 양약으로 임금님의 기운을 돕고, 금석의 극약으로써 임금님의 몸에 있는 독을 제거해 줄 것입니다. 그래서 이르기를 '비록 ⊙사마(絲摩)가 있어도 군자 된 자는 ⓒ관괴(菅蒯)라고 해서 버리는 일이 없고, 부족에 대비하지 않음이 없다.' 고 하였습니다."
>
> — 설총, 〈화왕계(花王戒)〉
>
> •사마(絲摩) 명주실과 삼실.
> •관괴(菅蒯) 풀 이름. '관' 은 도롱이와 삿갓, '괴' 는 돗자리를 짜는 원료.

① 최선 : 차선   ② 모순 : 당착
③ 평면 : 입체   ④ 명성 : 환성
⑤ 내우 : 외환

11 다음 중 〈보기〉의 관계에 해당하는 것은?

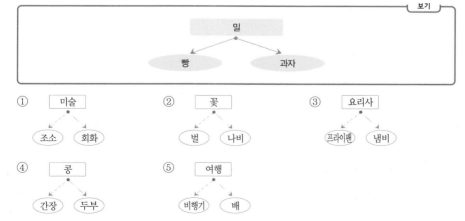

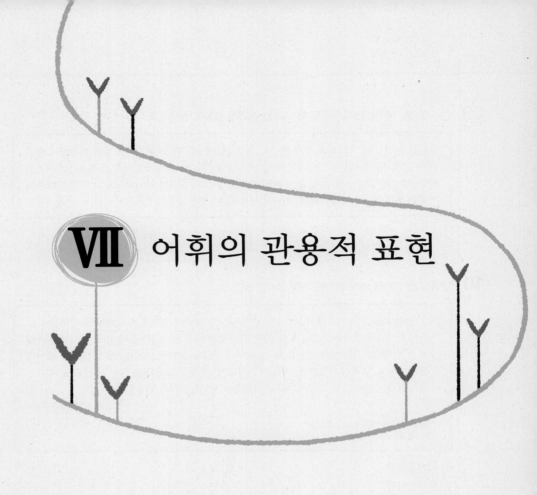

VII 어휘의 관용적 표현

어휘의 관용적 표현이란, 둘 이상의 어휘들이 결합하여 오랫동안 사용되면서 다른 의미로 굳어진 표현을 말한다. 관용적 표현에는 관용어와 속담, 한자 성어가 있다. 이러한 관용적 표현은 조상의 지혜와 가치관이 담겨 있기 때문에 한 민족의 문화나 사고방식을 파악할 수 있는 자료가 된다. 또한 관용적 표현은 두 개 이상의 단어가 모여 새로운 의미가 형성되는 경우가 많기 때문에 각 단어의 기본적인 의미만으로는 그 의미를 알아내기가 어렵다. 따라서 평소에 관용어나 속담, 한자 성어 등의 관용적 표현의 의미를 사전을 통해 정확히 파악하고, 실생활에서 어떻게 사용되는지 이해하는 것이 중요하다.

여기에서는 일반 대중이 관습적으로 사용하여 굳어진 표현인 관용어, 오래전부터 구전되어 오던 말로 우리의 전통적 생활 문화가 농축된 삶의 지혜가 풍자적·교훈적으로 제시되어 있는 표현인 속담, 옛 사람들이 두 개 이상의 한자를 결합하여 만든 말로 고사(故事)에서 연유되기도 하는 한자 성어에 대해 자세히 살펴보도록 한다.

관용어란, 둘 이상의 낱말이 결합하여 원래의 의미와는 전혀 다른 특별한 의미로 사용되는 말을 뜻한다. 일반 대중이 관습적으로 사용해 오면서 굳어 버린 말이기 때문에 하나의 낱말처럼 쓰이며, 관용어 중간에는 다른 문장 성분을 추가할 수 없다.

대표 유형

◉ **다음 밑줄 친 표현 중 성격이 다른 것은?**

① 태희는 다 좋은데, 귀가 여려서 문제이다.
② 민호는 아침부터 이가 아파서 점심 때 병원에 갔다.
③ 기철이는 입이 천 근 같아 비밀을 누설하는 일이 없다.
④ 갑자기 물벼락을 맞은 주아는 어안이 벙벙한 얼굴로 위를 보았다.
⑤ 봉수는 지나치게 오지랖이 넓어서 정작 자기 일은 못하는 경우가 많다.

핵심 문제

※ 다음 밑줄 친 표현 중 성격이 다른 것을 고르시오.

01
① 찌개의 간을 맞추는 것은 어려운 일이다.
② 갑작스러운 태풍으로 손님들이 발이 묶였다.
③ 그는 귀에 익은 목소리에 깜짝 놀라 뒤를 돌아봤다.
④ 지용이는 대학에 가기 위해 눈에 불을 켜고 공부했다.
⑤ 무리한 다이어트는 건강을 해친다고 의사들은 입을 모아 이야기한다.

02
① 그는 두 손가락으로 귀를 막았다.
② 그 얘기를 듣자 모두 배꼽을 쥐었다.
③ 파리는 예술의 도시답게 발에 채는 것이 미술관이다.
④ 수상자를 발표하려 하자 모두의 심장이 뛰기 시작했다.
⑤ 그는 모욕적인 말을 듣는 순간 눈이 뒤집힐 정도로 화가 났다.

03
① 그는 손가락 하나 까딱 않고 누워 있었다.
② 어젯밤에 피곤했는지 눈을 뜨니 아침이었다.
③ 준표는 뼈를 깎는 노력을 통해 드디어 시험에 합격했다.
④ 매일 몇 시간씩 미국 드라마를 봤더니 어느 정도 귀가 뚫렸다.
⑤ 축구 국가 대표팀은 월드컵 본선 티켓을 놓고 피를 말리는 경기를 벌였다.

04
① 그는 다리가 부러진 안경을 쓰고 있다.
② 그는 술이나 담배는 전혀 입에 대지 않는다.
③ 그의 냉정한 눈길을 받자 간담이 서늘해졌다.
④ 노래방에 간 우리는 목청을 돋워 가며 신나게 노래를 불렀다.
⑤ 준원이는 게임을 하기 위해 동생의 코 묻은 돈에까지 손을 댔다.

05
① 나는 사표를 낼 만큼 간이 크지 않다.
② 그는 머리를 끄덕이더니 입가에 쓴웃음을 띠었다.
③ 늘그막에 얻은 아들이라 눈에 넣어도 아프지 않다.
④ 머리가 컸다고 부모 말을 우습게 여기는 자식들이 많다.
⑤ 언젠가는 그녀와 이별을 해야 한다고 생각하니 가슴이 무겁다.

06
① 나한테 덤비다니 이놈이 간이 부은 모양이군.
② 이번 기회에 눈 딱 감고 자동차를 한 대 샀다.
③ 그가 중간에서 다리를 놓아 물건을 쉽게 팔았다.
④ 목을 빼고 창밖을 내다보니 그가 나를 기다리고 있었다.
⑤ 아내는 엉덩이가 무거워서 어딜 가면 돌아올 줄 몰랐다.

07
① 합격자 발표의 순간을 간을 졸이며 기다렸다.
② 아쉬운 쪽이 머리를 굽히고 들어가는 법이다.
③ 그는 친구들의 모습을 하나하나 가슴에 새겼다.
④ 뼈가 부러진 그는 하루 종일 병원 신세를 졌다.
⑤ 그는 어찌나 얼굴이 두꺼운지 툭하면 찾아와 어려운 부탁을 했다.

대표 유형 풀이

① 귀(가) 여리다	속는 줄도 모르고 남의 말을 그대로 잘 믿다. ¶그 사람은 **귀가 여려서** 남의 말을 잘 믿는다.
③ 입이 천 근 같다	매우 입이 무겁다. ¶그는 **입이 천 근 같아** 비밀을 절대 다른 사람에게 말하지 않는다.
④ 어안이 벙벙하다	뜻밖에 놀랍거나 기막힌 일을 당하여 어리둥절하다. ¶졸지에 벌어진 광경에 **어안이 벙벙해** 있던 식구들은 다시 한 번 놀랐다.
⑤ 오지랖(이) 넓다	쓸데없이 지나치게 아무 일에나 참견하는 면이 있다. ¶넌 얼마나 **오지랖이 넓기에** 남의 일을 그렇게 캐는 거냐?

정답 ② '이가 아프다'는 말 그대로 '이에 통증이 있다'라는 의미이므로, 관용어로 볼 수 없다.

핵심 문제 풀이

01

② 발(이) 묶이다	몸을 움직일 수 없거나 활동할 수 없는 형편이 되다. ¶갑작스런 거센 태풍에 승객들은 **발이 묶였다.**
③ 귀(에) 익다	들은 기억이 있다. ¶어디선가 **귀에 익은** 노랫소리가 들려온다.
④ 눈에 불을 켜다	몹시 욕심을 내거나 관심을 기울이다. ¶그는 돈이 생기는 일이라면 항상 **눈에 불을 켜고** 달려든다.
⑤ 입(을) 모으다	여러 사람이 같은 의견을 말하다. ¶그때 동네 사람들은 **입을 모아** 수근거렸다.

정답 ① '간을 맞추다'는 말 그대로 '음식물의 짠 정도를 적절하게 하다'라는 의미이므로, 관용어가 아니다.

02

② 배꼽(을) 쥐다	웃음을 참지 못하여 배를 움켜잡고 크게 웃다. ¶그녀는 지금 이 글을 읽으며 **배꼽을 쥐고** 있을 것이다.
③ 발에 채다	여기저기 흔하게 널려 있다. ¶요즘에는 **발에 채는** 것이 편의점과 카페이다.
④ 심장이 뛰다	가슴이 조마조마하거나 흥분되다. ¶그녀는 첫사랑이었던 그의 앞에 서자 **심장이 뛰는** 것을 느꼈다.
⑤ 눈(이) 뒤집히다	충격적인 일을 당하거나 어떤 일에 집착하여 이성을 잃다. ¶그는 아들이 사고를 당했다는 소식에 **눈이 뒤집혔다.**

정답 ① '귀를 막다'는 말 그대로 '귀를 가리기 위해 둘러싸다'라는 의미이므로, 관용어가 아니다.

03

① 손가락 하나 까딱 않다	아무 일도 안 하고 뻔뻔하게 놀고만 있음을 비난조로 이르는 말. ¶그는 **손가락 하나 까딱 않고** 밥상을 받으려는 친구에게 화를 냈다.
③ 뼈를 깎다	몹시 견디기 어려울 정도로 고통스럽다. ¶사랑은 **뼈를 깎는** 희생을 통해 완성된다.
④ 귀가 뚫리다	말을 알아듣게 되다. ¶미국에서 산 지 3년 만에야 **귀가 뚫렸다.**
⑤ 피를 말리다	몹시 괴롭히거나 애가 타게 만들다. ¶이번 경기는 좀처럼 승부가 나지 않아 관중들의 **피를 말렸다.**

정답 ② '눈을 뜨다'는 말 그대로 '감았던 눈을 벌리다'라는 의미이므로, 관용어가 아니다.

② 입에 대다	음식을 먹거나 마시다. 또는 담배를 피우다. ¶ 그는 일주일 동안 음식이라고는 **입에 대어** 보지도 못했다.
③ 간담이 서늘하다	몹시 놀라서 섬뜩하다. ¶ 나는 그의 잔인한 행동에 **간담이 서늘했다**.
④ 목청(을) 돋우다	목소리를 높이다. ¶ 그들은 친구의 이름을 **목청 돋워** 외쳐 댔다.
⑤ 코 묻은 돈	어린아이가 가진 적은 돈. ¶ 그는 돈이 모자라 아들의 **코 묻은 돈**까지 써야 했다.

> **정답** ① '다리가 부러지다'는 말 그대로 '다리가 동강이 나다'라는 의미이므로, 관용어가 아니다.

① 간(이) 크다	겁이 없고 매우 대담하다. ¶ 그는 보기보다 **간이 크다**.
③ 눈에 넣어도 아프지 않다	매우 귀엽다. ¶ 모든 부모에게 자식은 **눈에 넣어도 아프지 않은** 존재이다.
④ 머리(가) 크다	어른처럼 생각하거나 판단하게 되다. ¶ 아들은 **머리가 컸다고** 모든 일을 혼자 결정하려고 한다.
⑤ 가슴이 무겁다	슬픔이나 걱정으로 마음이 가라앉다. ¶ 이젠 어찌할 도리가 없어 **가슴이 무거울** 뿐이다.

> **정답** ② '머리를 끄덕이다'는 말 그대로 '머리를 아래위로 움직이다'라는 의미이므로, 관용어가 아니다.

① 간(이) 붓다	지나치게 대담해지다. ¶ 나에게 큰소리치다니 자네는 **간이 부었나** 보군.
② 눈 딱 감다	1) 더 이상 다른 것을 생각하지 않다. ¶ 더 이상 못할 것 같아도 **눈 딱 감고** 한 번만 더 꾹 참으면 못할 일이 없다. 2) 남의 허물 따위를 보고도 못 본 체하다. ¶ 이번 한 번만 **눈 딱 감아** 주세요.
③ 다리(를) 놓다	상대편과 관련을 짓기 위하여 중간에 다른 사람을 넣다. ¶ 세상이 웬만큼 조용해지면 **다리를 놓아** 두 사람을 맺어 줄 생각이었다.
⑤ 엉덩이가 무겁다	한번 자리를 잡고 앉으면 좀처럼 일어나지 아니하다. ¶ 공부를 잘하려면 **엉덩이가 무거워야** 한다.

> **정답** ④ '목을 빼다'는 말 그대로 '목을 뽑아 늘이다'라는 의미이므로, 관용어가 아니다.

① 간(을) 졸이다	매우 걱정되고 불안스러워 마음을 놓지 못하다. ¶ 합격 소식을 **간을 졸이며** 기다렸다.
② 머리(를) 굽히다	굴복하거나 저자세를 보이다. ¶ 어떠한 일이 있더라도 그에게 **머리를 굽히고** 들어가면 안 된다.
③ 가슴에 새기다	잊지 않게 단단히 마음에 기억하다. ¶ 그는 아버지의 말씀을 **가슴에 새기고** 집을 떠났다.
⑤ 얼굴이 두껍다	부끄러움을 모르고 염치가 없다. ¶ 그는 **얼굴이 두꺼워서** 거짓말을 해도 표가 안 난다.

> **정답** ④ '뼈가 부러지다'는 말 그대로 '뼈가 동강이 나다'라는 의미이므로, 관용어가 아니다.

49 관용어(2)

대표 유형

◉ 다음 내용과 관련 있는 관용어는?

> 모기에 의해 감염되는 급성 열성 전염병 '말라리아'의 한자어가 '학질'이다. 학질에 걸리면 오한과 고열, 두통, 설사 등이 반복되어 사람을 지치게 하는데, 이런 모습이 곤경에 처해 진땀을 빼는 것과 비슷하다고 해서 이 관용어가 생겨난 것이다. 그래서 현재는 '괴롭거나 어려운 상황을 벗어나느라고 진땀을 빼거나, 그것에 거의 질려 버리다.'라는 의미로, 이미 끝났지만 다시는 되돌아보고 싶지 않은 상황을 되새길 때 사용하곤 한다.

① 학을 떼다　　　　　② 독 안에 들다　　　　　③ 국물도 없다
④ 개 발에 땀 나다　　　⑤ 눈 밖에 나다

핵심 문제

※ 다음 내용과 관련 있는 관용어를 고르시오.

01

> 과거에는 혼례식이 밤에 행해졌으므로 초가 필요했는데, 아무래도 특별한 의식인 만큼 특별한 초를 사용하게 되었다. 그 초는 빛깔을 들인 밀초를 말하는데, 혼례식에 자주 쓰이다 보니 나중에는 으레 혼례식의 용도로 쓰이게 되었다. 여기서 유래된 말로, 현재는 '혼례식을 올리다.'라는 의미를 가지고 있다.

① 눈을 밝히다　　　　② 화촉을 밝히다　　　　③ 임자를 만나다
④ 가마를 태우다　　　⑤ 날개가 돋치다

02

> 중국 한(漢)나라의 한신(韓信)이 강을 등지고 진을 쳐서 조(趙)나라의 군사를 물리쳤다는 데서 유래한 말이다. 바로 등 뒤에 물이 있으니 한나라 병사들은 물러설 수도, 도망갈 수도 없는 상황이었으므로 있는 힘을 다하여 싸워 적군을 물리칠 수밖에 없었던 것이다. 처음에는 군사용어로 쓰였으나, 현재는 어떤 일을 성취하기 위해 물러설 수 없는 상황에 사용되고 있다.

① 배수진을 치다　　　② 철퇴를 가하다　　　③ 경을 치다
④ 활개를 치다　　　　⑤ 꽁무니를 빼다

03

　　장님들은 산가지를 넣은 통에서 산가지를 뽑아 점을 치는데, 그 통을 깨 버리게 되면 앞이 보이지 않는 장님들에게는 큰 문제가 생긴다. 결과적으로 생계 수단을 잃을 수도 있기 때문이다. 그러므로 이 말은 다 잘되어 가던 일이 뒤틀려 버리는 경우를 나타내는 말로 쓰이게 되었다.

　산가지　점술에서, 괘(卦)를 나타내기 위하여 쓰는 도구. 네모 기둥꼴로 된 여섯 개의 나무로, 각각에 음양을 표시한 네 면이 있다.

① 머리가 깨다　　　　　② 살을 떨다　　　　　③ 초를 치다
④ 찬물을 끼얹다　　　　⑤ 산통을 깨다

04

　　조선 시대에 명나라 혹은 청나라의 황제가 보내는 문서를 가지고 오는 중국의 사신을 맞이할 때는 황제에 대한 제후의 예로 행했다. 조선의 왕도 최고의 예복을 입고 몸소 나가 맞이하였으며, 극진한 예를 다하여 연회를 베풀었다고 한다. 이렇게 중국의 사신을 극진하고 융숭하게 대접하는 것을 뜻하는 말로, 현재는 상대방에 대한 극진한 대접을 이르는 경우에 쓰이고 있다.

① 칙사 대접　　　　　　② 눈에 차다　　　　　③ 각광을 받다
④ 모골이 송연하다　　　⑤ 목이 빠지게 기다리다

05

　　개화기 이후에 중국에서 '십인계'라는 노름이 들어왔다. 이 노름을 하는 방법은 먼저 1에서 10까지의 숫자가 적힌 바가지를 엎어 놓는다. 그리고 물주가 어느 수를 대는데, 이때 그 수가 적힌 바가지에 돈을 건 사람은 못 맞힌 사람의 돈을 모두 가지며, 손님이 못 맞힐 때에는 물주가 다 가지게 된다. 이렇게 바가지에 적힌 수를 맞히지 못할 때에는 돈을 잃기 때문에 손해를 보았다는 뜻으로 이 말이 사용되기 시작했다.

① 바가지를 긁다　　　　② 바가지를 쓰다　　　③ 바가지를 차다
④ 바가지를 씌우다　　　⑤ 손을 놓다

06

　　몽골의 지배를 받던 고려 시대에는 사냥매를 사육하는 '응방'이라는 곳이 따로 있을 정도로 매사냥이 성행했다. 당시 궁궐에서부터 시작된 매사냥은 귀족 사회로까지 번져 나가 많은 이들이 매사냥을 즐겼다. 이렇게 매사냥을 즐기는 사람이 늘어나다 보니 길들인 매를 잃어버리는 일이 잦아졌다. 이 때문에 서로 자기 매에 특별한 꼬리표를 달아 표시하였는데, 이것을 떼면 누구의 매인지 알 수 없게 되어 버린다는 데에서 이 말이 유래되었다.

① 귀청(이) 떨어지다　　② 허울 좋다　　　　　③ 꼬리표가 붙다
④ 시치미를 떼다　　　　⑤ 꼬리를 잡다

① 학을 떼다	괴롭거나 어려운 상황을 벗어나느라고 진땀을 빼거나, 그것에 거의 질려 버리다. ¶ 그녀가 자꾸 꼬치꼬치 캐묻는 통에 둘러대느라 **학을 뗐다.**
② 독 안에 들다	이미 잡힌 것이나 다름없다. ¶ 막다른 골목에 몰린 도둑은 **독 안에 든** 신세가 되었다.
③ 국물도 없다	돌아오는 몫이나 이득이 아무것도 없다. ¶ 죽어라 일만 했지만 **국물도 없다.**
④ 개 발에 땀 나다	땀이 잘 나지 아니하는 개 발에 땀이 나듯이, 해내기 어려운 일을 이루기 위하여 부지런히 움직임을 이르는 말. ¶ **개 발에 땀 나도록** 일하여 목표를 이루었다.
⑤ 눈 밖에 나다	신임을 잃고 미움을 받게 되다. ¶ 그는 약속을 지키지 않아 동료들의 **눈 밖에 났다.**

정답 ① '말라리아'를 한자어로 '학질'이라고 했다. '학을 떼다'는 '학질을 떼다'와 같은 말로, '괴롭거나 어려운 상황을 벗어나느라고 진땀을 빼거나, 그것에 거의 질려 버리다'라는 의미이다.

01

① 눈(을) 밝히다	무엇을 찾으려고 신경을 집중하거나 힘을 넣다. ¶ 그녀는 **눈을 밝히며** 가출한 아들을 찾으러 다녔다.
② 화촉을 밝히다	혼례식을 올리다. ¶ 부모님은 너무 가난해서 찬물 한 그릇만 떠 놓고 **화촉을 밝히셨다.**
③ 임자(를) 만나다	어떤 사물이나 사람이 적임자와 연결되어 능력이나 기능을 제대로 발휘할 수 있게 되다. ¶ 구석에 있던 그 물건이 오늘에야 **임자를 만나** 그 진가를 발휘했다.
④ 가마를 태우다	그럴듯하게 추어올려 얼렁뚱땅 넘어가거나 속여 넘기다. ¶ 얼렁뚱땅 **가마를 태워서** 대충 넘어갈 생각은 하지 마라.
⑤ 날개(가) 돋치다	상품이 시세를 만나 빠른 속도로 팔려 나가다. ¶ 회사에서 내놓은 신상품은 **날개 돋친** 듯 팔려 나갔다.

정답 ② '빛깔을 들인 밀초'는 '화촉(華燭)'이라고 한다. '화촉을 밝히다'는 '혼례식을 올리다'라는 의미이다.

02

① 배수진을 치다	어떤 일을 성취하기 위하여 더 이상 물러설 수 없는 상황에 있다. ¶ 이번 경기에서는 두 팀 모두 **배수진을 치고** 공격적인 경기를 펼쳤다.
② 철퇴를 가하다	호되게 처벌하거나 큰 타격을 주다. ¶ 뇌물을 받은 경찰들에게 **철퇴를 가했다.**
③ 경을 치다	호된 꾸지람이나 나무람을 듣거나 벌을 받다. ¶ 윗사람에게 고자질을 했다가는 **경을 칠 것이다.**
④ 활개(를) 치다	1) 의기양양하게 행동하다. 또는 제 세상인 듯 함부로 거들먹거리며 행동하다. ¶ 그는 벼락부자가 된 뒤로 제법 **활개 치며** 산다. 2) 부정적인 것이 크게 성행하다. ¶ 몰래 카메라가 **활개 친다.**
⑤ 꽁무니(를) 빼다	슬그머니 피하여 물러나다. ¶ 내가 호통을 치니 그는 **꽁무니를 빼고** 달아났다.

정답 ① '배수진(背水陣)'이란 '강이나 바다를 등지고 치는 진'을 말하는 군사 용어로, '배수진을 치다'라는 말이 널리 쓰이면서 더 이상 물러설 수 없는 상황에도 사용된다.

03

① 머리가 깨다	뒤떨어진 생각에서 벗어나다. ¶할머니는 **머리가 깬** 분이셔서 어머니를 이해하셨다.
② 살을 떨다	몹시 무섭거나 격분하여 온몸을 떨다. ¶그는 배신감에 **살을 떨었다.**
③ 초(를) 치다	한참 잘되고 있거나 잘되려는 일에 방해를 놓아서 일이 잘못되거나 시들하여지도록 만들다. ¶좋은 일에 **초 치는** 소리 하지 마라.
④ 찬물을 끼얹다	잘되어 가고 있는 일에 뛰어들어 분위기를 흐리거나 공연히 트집을 잡아 헤살을 놓다. ¶일이 마무리되어 가려고 할 때에 그가 갑자기 **찬물을 끼얹었다.**
⑤ 산통(을) 깨다	다 잘되어 가던 일을 이루지 못하게 뒤틀다. ¶**산통 깨는** 소리는 하지도 마라.

정답 ⑤ '장님들이 점을 칠 때 쓰는, 산가지를 넣은 통'을 '산통(算筒)'이라 한다. '산통을 깨다'는 '잘되어 가던 일을 이루지 못하게 뒤틀다'라는 의미이다.

04

① 칙사 대접	극진하고 융숭한 대접을 이르는 말. ¶어머니는 아들의 친구가 올 때마다 **칙사 대접**을 하셨다.
② 눈에 차다	흡족하게 마음에 들다. ¶**눈에 차는** 제품이 없으니 다른 곳으로 가 보자.
③ 각광(을) 받다	많은 사람들로부터 주목을 받다. ¶그의 영화는 해외 영화제에서 **각광을 받았다.**
④ 모골이 송연하다	끔찍스러워서 몸이 으쓱하고 털끝이 쭈뼛해지다. ¶무서운 이야기에 **모골이 송연했다.**
⑤ 목이 빠지게 기다리다	몹시 안타깝게 기다리다. ¶여름방학을 **목이 빠지게 기다렸다.**

정답 ① '칙사(勅使)'란 '임금의 명령을 전달하는 사신'으로, '칙사 대접'은 '(칙사를) 극진하게 대접하는 것'을 의미한다.

05

① 바가지(를) 긁다	주로 아내가 남편에게 생활의 어려움에서 오는 불평과 잔소리를 심하게 하다. ¶아침부터 생활비가 떨어졌다며 아내가 자꾸만 **바가지를 긁었다.**
② 바가지(를) 쓰다	요금이나 물건 값을 실제 가격보다 비싸게 지불하여 억울한 손해를 보다. ¶주인의 말에 넘어가서 **바가지를 쓰고** 이 장롱을 샀다.
③ 바가지(를) 차다	거지가 되다. ¶착실하던 그가 노름에 빠져들어 결국 **바가지를 찼다.**
④ 바가지(를) 씌우다	요금이나 물건 값을 실제 가격보다 비싸게 지불하여 억울한 손해를 보게 하다. ¶휴가철을 맞아 가게 주인들은 피서객에게 **바가지를 씌웠다.**
⑤ 손을 놓다	하던 일을 그만두거나 잠시 멈추다. ¶그는 화창한 날씨에 잠시 **손을 놓고** 쉬었다.

정답 ② 바가지에 적힌 숫자를 맞히지 못하면 돈을 잃기 때문에, '바가지 쓰다'는 '손해를 보는 것'을 의미하게 되었다.

06

① 귀청(이) 떨어지다	소리가 몹시 크다. ¶시끄러운 음악 소리에 **귀청이 떨어지는** 듯 했다.
② 허울 좋다	실속은 없으면서 겉으로는 번지르르하다. ¶그저 **허울 좋은** 감투일 뿐 실속은 없었다.
③ 꼬리표(가) 붙다	어떤 사람에게 나쁜 평가나 평판이 내려지다. ¶그에게는 전과자라는 **꼬리표가 붙게 되었다.**
④ 시치미(를) 떼다	자기가 하고도 하지 아니한 체하거나 알고 있으면서도 모르는 체하다. ¶사장님은 아무것도 못 보았다며 그녀에게 **시치미를 떼었다.**
⑤ 꼬리(를) 잡다	감추고 있는 것을 알아내다. ¶경찰은 범죄 조직의 **꼬리를 잡았다.**

정답 ④ '자기 매에 꼬리표를 달아 표시한 것'을 '시치미'라고 한다. '시치미를 떼다'는 '자기가 하고도 아니한 체하다'를 의미한다.

◉ 다음 밑줄 친 부분을 관용어로 바꾼 것 중 옳지 <u>않은</u> 것은?

① 젖먹이에 불과한 영덕이를 남의 집에 맡겨 놓고 돌아서야만 했던 봉순이는 영덕이가 <u>자꾸만 그리워졌다.</u> (→ 눈에 밟혔다)

② 집안에 계속되는 불행한 일로 인하여 봉순이는 <u>근심이 생겨났지만</u> 표정만큼은 늘 밝았다. (→ 혀를 내둘렀지만)

③ 먹을 것이 없어 굶고 있는 동생들을 위해서라도 봉순이는 <u>무슨 일이든 찾아</u> 나서야 했다. (→ 팔을 걷어붙이고)

④ 봉순이네 일이라면 늘 <u>적극적으로 도와주시는</u> 옆집 아주머니가 한 씨 집을 소개해 주셨다. (→ 발 벗고 나서시는)

⑤ 아주머니의 배려에 보답하기 위해서 봉순이는 힘든 일을 <u>애써 참아 가며</u> 버텨 냈다. (→ 이를 악물고)

※ 다음 밑줄 친 부분을 관용어로 바꾼 것 중 옳지 <u>않은</u> 것을 고르시오.

01
① <u>몹시 가난한</u> 형편에 누구를 돕겠느냐. (→ 가랑이가 찢어질)
② 시험을 보고 나니 온몸의 <u>긴장이 풀리고</u> 잠이 왔다. (→ 맥이 풀리고)
③ 그는 승진을 하더니 거들먹거리며 <u>우쭐거리고</u> 다닌다. (→ 배를 내밀고)
④ 그는 마지막 순간까지 가지 않겠다고 <u>분명하게</u> 이야기했다. (→ 못을 박아)
⑤ 범인은 방심하고 있다가 형사에게 <u>행적을 들키고</u> 말았다. (→ 꼬리를 물리고)

02
① 그는 친구의 악담을 듣고 <u>몹시 흥분했다.</u> (→ 피가 거꾸로 솟았다)
② 소를 잡아 머리, 다리 등으로 <u>나누어서</u> 집집마다 돌렸다. (→ 각을 떠서)
③ 사흘 동안 <u>자리를 차지하고 기다린</u> 끝에 만날 수 있었다. (→ 진을 치고)
④ 그녀는 많은 남자들의 <u>마음을 설레게 할</u> 만한 속내를 털어놓았다. (→ 가슴을 저밀)
⑤ 지금도 선생님의 은혜를 생각하면 저절로 <u>존경하는 마음이 생긴다.</u> (→ 고개가 수그러진다)

03 ① 이제 시작한 사업이지만 전망이 밝다. (→ 걸음을 뗀)

② 할머니의 사연을 듣고 나는 큰 충격을 받았다. (→ 가슴을 쳤다)

③ 예진이는 그에게 약점이 잡혀서 꼼짝도 못한다. (→ 코가 꿰여서)

④ 일단 한계를 정해 놓고 시작하는 게 좋겠다. (→ 금을 맞추어 놓고)

⑤ 이번 달리기에서 나는 아주 작은 차이로 진혁이를 이겼다. (→ 간발의 차이)

04 ① 그는 아주 감쪽같이 물건을 빼내었다. (→ 귀신도 모르게)

② 그 친구는 평소에 거짓말을 자주 하니 믿을 수 없다. (→ 거짓말을 보태니)

③ 그녀가 당신에게 모진 마음을 먹고 있으니 조심하시오. (→ 가슴에 칼을 품고)

④ 윤지는 경계심을 누그러뜨리지 않고 집요하게 파고들었다. (→ 고삐를 늦추지)

⑤ 아이는 배가 많이 고팠는지 국에 만 밥을 허겁지겁 먹어 치웠다. (→ 게 눈 감추듯)

05 ① 그 장군은 15년 만에 제대를 하였다. (→ 군복을 벗었다)

② 그는 온 힘을 다하여 열심히 공부하였다. (→ 골을 박으며)

③ 그런 말은 이미 너무 여러 번 들어서 듣기가 싫다. (→ 귀 따갑게)

④ 고기 익는 소리를 듣고 있으니 저절로 식욕이 생겼다. (→ 군침이 돌았다)

⑤ 그는 다른 사람의 말을 못 들은 척하고 자기 일만 했다. (→ 귀 밖으로 듣고)

06 ① 공짜라는 말에 마음이 끌렸다. (→ 귀가 번쩍 뜨였다)

② 그는 길거리에서 빌어먹으며 생활했다. (→ 깡통을 차며)

③ 경찰이 들이닥친 것은 범인이 이미 자취를 감춘 뒤였다. (→ 꼬리를 내린)

④ 그녀는 여러 가지를 고루 갖추어지게 하여 밥상을 차렸다. (→ 구색을 맞추어)

⑤ 그런 실수를 하다니 나도 정신이 없어 머리가 멍해 있었나 보다. (→ 나사가 빠져)

07 ① 그는 한 고등학교에서 교사 생활을 하고 있다. (→ 교편을 잡고)

② 나는 굳게 믿었던 친구에게 결국 배신을 당했다. (→ 발을 굴렀다)

③ 일단 급한 일을 해결하고 다른 일은 나중에 생각하자. (→ 불을 끄고)

④ 그는 하루하루 품삯을 받고 일하며 생계를 유지했다. (→ 날품을 팔아)

⑤ 그녀는 사람들의 세찬 비난에도 태연하였다. (→ 눈 하나 깜짝 안 하였다)

정답 및 해설

대표 **유형 풀이**

① 눈에 밟히다	잊히지 않고 자꾸 눈에 떠오르다. ¶ 어머니의 모습이 **눈에 밟혀** 발걸음을 옮길 수 없었다.
② 혀를 내두르다	몹시 놀라거나 어이없어서 말을 못하다. ¶ 모인 사람들이 전부 **혀를 내둘렀다.**
③ 팔을 걷어붙이다	어떤 일에 뛰어들어 적극적으로 일할 태세를 갖추다. ¶ 그는 **팔을 걷어붙이고** 나섰다.
④ 발 벗고 나서다	적극적으로 나서다. ¶ 그는 옳은 일이라면 항상 **발 벗고 나서는** 사람이다.
⑤ 이를 악물다	힘에 겨운 곤란이나 난관을 헤쳐 나가려고 비상한 결심을 하다. ¶ 그는 이번 일은 반드시 해내겠다고 **이를 악물었다.**

정답 ② ②에는 '근심이 생기다' 라는 의미의 관용어가 들어가야 하므로, '걱정거리가 있어 마음이 편하지 않거나 얼굴이 맑지 못하다' 를 의미하는 '(마음에) 그늘이 지다' 가 적절하다.

핵심 **문제 풀이**

01

① 가랑이(가) 찢어지다	1) 몹시 가난한 살림살이를 비유적으로 이르는 말. ¶ **가랑이가 찢어지게** 가난하다. 2) 하는 일이 힘에 부쳐 몹시 벅차다. ¶ 그 친구를 따라하다가는 **가랑이가 찢어질** 거야.
② 맥(이) 풀리다	기운이나 긴장이 풀어지다. ¶ 시험이 끝나고 나니 완전히 **맥이 풀렸다.**
③ 배(를) 내밀다	자기밖에 없는 듯 몹시 우쭐거리다. ¶ 그는 거만하게 **배를 내밀고** 다녔다.
④ 못을 박다	어떤 사실을 꼭 집어 분명하게 하다. ¶ 결정을 번복할 수 없다고 **못을 박아** 말했다.
⑤ 꼬리(를) 물다	계속 이어지다. ¶ 그에 관한 소문이 **꼬리를 물었다.**

정답 ⑤ ⑤에는 '행적을 들키다' 라는 의미의 관용어가 들어가야 하므로, '꼬리(를) 밟히다' 가 적절하다.

02

① 피가 거꾸로 솟다	피가 머리로 모인다는 뜻으로, 매우 흥분한 상태를 비유적으로 이르는 말. ¶ 그는 **피가 거꾸로 솟아** 울분을 참지 못했다.
② 각(을) 뜨다	잡은 짐승을 머리, 다리 따위로 나누다. ¶ 돼지를 잡아 **각 떠서** 모두 나누었다.
③ 진(을) 치다	자리를 차지하다. ¶ 마을 사람들이 그곳에 **진을 치고** 있었다.
④ 가슴(을) 저미다	생각이나 느낌이 매우 심각하고 간절하여 가슴을 칼로 베는 듯한 아픔을 느끼게 하다. ¶ 헤어진 첫사랑에 대한 추억이 **가슴을 저며** 왔다.
⑤ 고개가 수그러지다	존경하는 마음이 일어나다. ¶ 의병들의 희생을 생각하니 **고개가 수그러졌다.**

정답 ④ ④에는 '마음을 설레게 하다' 라는 의미의 관용어가 들어가야 하므로, '가슴을 뒤흔들다' 가 적절하다.

03

① 걸음을 떼다	준비해 오던 일을 처음으로 하기 시작하다. ¶ 그의 실험은 이제 **걸음을 뗀** 단계이다.
② 가슴을 치다	마음에 큰 충격을 받다. ¶ 어머니께서 아프시다는 말이 내 **가슴을 쳤다.**
③ 코가 꿰이다	약점이 잡히다. ¶ 순이는 그 사람에게 **코가 꿰여** 시키는 일을 모두 했다.
④ 금(을) 맞추다	같은 종류의 물건 값을 보아서 그 물건의 값을 정하다. ¶ **금을 맞추어야** 제대로 값을 받을 수가 있다.
⑤ 간발의 차이	서로 엇비슷할 정도의 아주 작은 차이. ¶ 범인을 **간발의 차이로** 놓쳤다.

정답 ④ ④에는 '한계를 정하다' 라는 의미의 관용어가 들어가야 하므로, '금(을) 긋다' 가 적절하다.

문법 · 어휘의 모든 것

① 귀신도 모르다	아주 감쪽같다. ¶ 노트북이 **귀신도 모르게** 사라졌다.
② 거짓말(을) 보태다	실지보다 더 보태어 과장해서 말하다. ¶ 그는 말을 할 때 **거짓말을 보태는** 습관이 있다.
③ 가슴에 칼을 품다	상대편에게 모진 마음을 먹거나 흉악한 생각을 하다. ¶ 그는 그날 밤 이후로 **가슴에 칼을 품고** 있었다.
④ 고삐를 늦추다	경계심이나 긴장을 누그러뜨리다. ¶ 적군은 추격의 **고삐를 늦추지** 않았다.
⑤ 게 눈 감추듯	음식을 허겁지겁 빨리 먹어 치움을 비유적으로 이르는 말. ¶ 배가 너무 고파서 **게 눈 감추듯** 음식을 다 먹어버렸다.

정답 ② ②에는 '자주 하다' 라는 의미의 관용어가 들어가야 하므로, '거짓말을 밥 먹듯 하다' 가 적절하다.

① 군복(을) 벗다	군에서 제대하다. ¶ 그는 몸이 안 좋아서 군대에 간 지 1년 만에 **군복을 벗었다.**
② 골(을) 박다	제한된 범위 밖을 나가지 못하게 하다. ¶ 한 곳에 **골을 박아** 놓으니 답답해졌다.
③ 귀(가) 따갑다	너무 여러 번 들어서 듣기가 싫다. ¶ 어머니의 잔소리를 **귀 따갑게** 들었다.
④ 군침(이) 돌다	식욕이 나다. ¶ 그는 갈비 얘기만 들어도 **군침이 돌았다.**
⑤ 귀 밖으로 듣다	1) 남의 말을 성의 있게 듣지 않고 듣는 둥 마는 둥 하다. ¶ 내 말을 **귀 밖으로 듣지** 마라. 2) 듣고도 못 들은 척하다. ¶ 그는 부모의 말을 **귀 밖으로 듣고** 놀기만 했다.

정답 ② ②에는 '온 힘을 다하다' 라는 의미의 관용어가 들어가야 하므로, '골을 싸매다' 가 적절하다.

① 귀가 번쩍 뜨이다	들리는 말에 선뜻 마음이 끌리다. ¶ 그는 복권이 당첨되었다는 말에 **귀가 번쩍 뜨였다.**
② 깡통(을) 차다	빌어먹는 신세가 되다. ¶ 낭비를 하다가는 **깡통을 차고** 길에 앉을 것이다.
③ 꼬리(를) 내리다	상대편에게 기세가 꺾여 물러서거나 움츠러들다. ¶ 그 사람은 상관에게 **꼬리를 내렸다.**
④ 구색(을) 맞추다	여러 가지가 고루 갖추어지게 하다. ¶ **구색을 맞추어** 혼수품을 마련했다.
⑤ 나사가 빠지다	정신이 없다. ¶ 그는 우리 앞에서 **나사가 빠진** 사람처럼 행동했다.

정답 ③ ③에는 '자취를 감추다' 라는 의미의 관용어가 들어가야 하므로, '꼬리(를) 감추다' 가 적절하다.

① 교편(을) 잡다	학교에서 교사 생활을 하다. ¶ 그는 현재 충주에서 **교편을 잡고** 있다.
② 발을 구르다	매우 안타까워하거나 다급해하다. ¶ 아이가 돌아오지 않자 어머니는 동동 **발을 굴렀다.**
③ 불을 끄다	급한 일을 처리하다. ¶ 급한 일이 생겨서 그 **불을 끄느라고** 좀 늦었다.
④ 날품(을) 팔다	하루하루 품삯을 받고 일하다. ¶ 그는 공사판을 찾아다니며 **날품을 팔았다.**
⑤ 눈 하나 깜짝 안 하다	태도나 기색이 아무렇지도 않은 듯이 예사롭게 굴다. ¶ 영희는 정말 **눈 하나 깜짝 안 하고** 거짓말을 늘어놓았다.

정답 ② ②에는 '배신을 당하다' 라는 의미의 관용어가 들어가야 하므로, '발등을 찍히다' 가 적절하다.

51 속담(1)

속담은 오래전부터 구전되어 오던 말로, 대개의 속담에는 날카로운 풍자와 인생에 대한 달관 및 삶의 교훈, 그리고 실감나는 비유가 번득이고 있다. 속담은 대부분 문장 형태이며, 시대와 지역에 따라 뜻과 표현이 달라지기도 한다.

대표 유형

◉ 다음 내용과 가장 관계가 깊은 속담은?

> 과정보다 결과를 중시하는 사회

① 개살구도 맛 들일 탓
② 선무당이 사람 잡는다.
③ 하늘을 쓰고 도리질한다.
④ 모로 가도 서울만 가면 된다.
⑤ 가는 말이 고와야 오는 말이 곱다.

핵심 문제

※ 다음 내용과 가장 관계가 깊은 속담을 고르시오.

01

> 좋은 생각이 많아도 실천하지 않으면 소용없다.

① 모래가 싹 난다.
② 알아야 면장을 하지.
③ 뚝배기보다 장맛이 좋다.
④ 구슬이 서 말이라도 꿰어야 보배
⑤ 귀에 걸면 귀걸이 코에 걸면 코걸이

02

> 요리사가 여러 명이면 음식이 맛이 없다.

① 잔나비 밥 짓듯
② 꾸어다 놓은 보릿자루
③ 옥도 갈아야 빛이 난다.
④ 보기 좋은 떡이 먹기도 좋다.
⑤ 사공이 많으면 배가 산으로 간다.

03 세상 만물에는 흥망성쇠가 있다.

① 달도 차면 기운다.
② 가게 기둥에 입춘
③ 돈 떨어지자 입맛 난다.
④ 죽이 풀려도 솥 안에 있다.
⑤ 큰 둑도 개미구멍으로 무너진다.

04 후배가 선배보다 낫다.

① 남의 다리 긁는다.
② 나중 난 뿔이 우뚝하다.
③ 호랑이에게 개 꾸어 준 셈
④ 벼 이삭은 익을수록 고개를 숙인다.
⑤ 나중 달아난 놈이 먼저 달아난 놈을 비웃는다.

05 늘 하던 사람이 잘한다.

① 가난한 집 신주 굶듯
② 하나를 보고 열을 안다.
③ 조상 덕에 이밥을 먹는다.
④ 고기도 먹어 본 사람이 많이 먹는다.
⑤ 비지 먹은 배는 연약과도 싫다 한다.

06 사람을 만날 때는 오래 겪어 보는 것이 중요하다.

① 웃는 낯에 침 뱉으랴.
② 호박씨 까서 한입에 털어 넣는다.
③ 사람과 산은 멀리서 보는 게 낫다.
④ 열 길 물속은 알아도 한 길 사람의 속은 모른다.
⑤ 사람은 겪어 보아야 알고 물은 건너 보아야 안다.

VII. 어휘의 관용적 표현

대표 유형 풀이

① 개살구도 맛 들일 탓	정을 붙이면 처음에 나빠 보이던 것도 점차 좋아짐.
② 선무당이 사람 잡는다.	능력이 없어서 제구실을 못하면서 함부로 하다가 큰일을 저지르게 됨.
③ 하늘을 쓰고 도리질한다.	세력을 믿고 기세등등하여 아무것도 거리낌 없이 제 세상인 듯 교만하고 방자하게 거들먹거림을 비꼬는 말.
④ 모로 가도 서울만 가면 된다.	수단이나 방법은 어찌 되었든 간에 목적만 이루면 된다는 말.
⑤ 가는 말이 고와야 오는 말이 곱다.	자기가 남에게 말이나 행동을 좋게 하여야 남도 자기에게 좋게 한다는 말.

정답 ④ '모로 가도 서울만 가면 된다.'는 수단을 가리지 않고 목적만을 이루려는 태도를 말하므로, 과정보다 결과를 중시하는 사회와 관련된다.

핵심 문제 풀이

01

① 모래가 싹 난다.	절대로 있을 수 없는 일을 고집을 부리는 경우를 이르는 말.
② 알아야 면장을 하지.	어떤 일이든 그 일을 하려면 그것에 관련된 학식이나 실력을 갖추고 있어야 함.
③ 뚝배기보다 장맛이 좋다.	겉모양은 보잘것없으나 내용은 훨씬 훌륭함.
④ 구슬이 서 말이라도 꿰어야 보배(라)	아무리 훌륭하고 좋은 것이라도 다듬고 정리하여 쓸모 있게 만들어 놓아야 값어치가 있음.
⑤ 귀에 걸면 귀걸이 코에 걸면 코걸이	1) 어떤 원칙이 정해져 있는 것이 아니라 둘러대기에 따라 이렇게도 되고 저렇게도 될 수 있음. 2) 어떤 사물을 보는 관점에 따라 이렇게도 될 수 있고 저렇게도 될 수 있음.

정답 ④ '구슬이 서 말이라도 꿰어야 보배'는 훌륭한 것이라도 쓸모 있게 만들어야 값어치가 있다는 말이므로, 좋은 생각이 많아도 실천하지 않으면 소용없는 상황과 관련된다.

02

① 잔나비 밥 짓듯	조심성 없이 경솔하게 행동하는 경우를 이르는 말. '잔나비'는 '원숭이'를 이르는 말이다.
② 꾸어다 놓은 보릿자루	여럿이 모여 이야기하는 자리에서 아무 말도 하지 않고 한옆에 가만히 있는 사람을 비유적으로 이르는 말.
③ 옥도 갈아야 빛이 난다.	1) 아무리 소질이 좋아도 잘 닦고 기르지 않으면 훌륭한 것이 되지 못함. 2) 고생을 겪으며 노력을 기울여야 뜻한 바를 이룰 수 있음.
④ 보기 좋은 떡이 먹기도 좋다.	1) 내용이 좋으면 겉모양도 반반함을 비유적으로 이르는 말. 2) 겉모양새를 잘 꾸미는 것도 필요함을 비유적으로 이르는 말.
⑤ 사공이 많으면 배가 산으로 간다.	주관하는 사람 없이 여러 사람이 자기주장만 내세우면 일이 제대로 되기 어려움.

정답 ⑤ '사공이 많으면 배가 산으로 간다.'는 여러 사람이 각자 주장하면 일이 되기 어려움을 의미하므로, 요리사가 많아 각자 자신의 방식만 고집하여 음식이 맛이 없는 상황과 관련된다.

① 달도 차면 기운다.	세상의 온갖 것이 한번 번성하면 다시 쇠하기 마련이라는 말.
② 가게 기둥에 입춘	제격에 맞지 않음을 비유적으로 이르는 말.
③ 돈 떨어지자 입맛 난다.	무엇이 없어지는 것을 본 뒤면 그것이 더 간절하게 생각난다는 말.
④ 죽이 풀려도 솥 안에 있다.	손해를 본 것 같지만 따지고 보면 손해를 본 것이 없음.
⑤ 큰 둑도 개미구멍으로 무너진다.	1) 작은 결점을 등한히 하면 그것이 더 커져서 나중에는 큰 결함을 가져오게 됨. 2) 작은 힘으로도 큰일을 이룰 수 있음.

정답 ① '달도 차면 기운다.'는 '흥하고 망함과 성하고 쇠함'이라는 의미를 지닌 '흥망성쇠(興亡盛衰)'와 관련된다.

① 남의 다리 긁는다.	기껏 한 일이 결국 남 좋은 일이 됨.
② 나중 난 뿔이 우뚝하다.	나중에 생긴 것이 먼저 것보다 훨씬 나음.
③ 호랑이에게 개 꾸어 준 셈	염치와 예의도 모르는 사람에게 그 사람이 좋아하는 물건을 맡겨 놓으면 영락없이 그 물건을 잃게 됨을 이르는 말.
④ 벼 이삭은 익을수록 고개를 숙인다.	교양이 있고 수양을 쌓은 사람일수록 겸손하고 남 앞에서 자기를 내세우려 하지 않는다는 것을 이르는 말.
⑤ 나중 달아난 놈이 먼저 달아난 놈을 비웃는다.	둘 사이에 약간의 차이는 있지만 본질적으로는 서로 같음을 이르는 말.

정답 ② '나중 난 뿔이 우뚝하다.'는 나중에 생긴 것이 나음을 의미하므로 후배가 선배보다 나음과 관련된다.

① 가난한 집 신주 굶듯	가난한 집에서는 신주까지도 제사 음식을 제대로 받아 보지 못하게 된다는 뜻.
② 하나를 보고 열을 안다.	일부만 보고 전체를 미루어 안다는 말.
③ 조상 덕에 이밥을 먹는다.	무슨 일을 빙자하여 거기에서 이득을 얻음.
④ 고기도 먹어 본 사람이 많이 먹는다.	무슨 일이든지 늘 하던 사람이 더 잘한다는 말.
⑤ 비지 먹은 배는 연약과도 싫다 한다.	하잘것없는 음식을 먹었더라도 배만 부르면 아무리 좋은 것도 더 먹을 수 없음.

정답 ④ 늘 하던 사람이 잘한다는 것은 '고기도 먹어 본 사람이 많이 먹는다.'와 관련이 있다.

① 웃는 낯에 침 뱉으랴.	좋게 대하는 사람에게 나쁘게 대할 수 없다는 말.
② 호박씨 까서 한입에 털어 넣는다.	애써 조금씩 모았다가 한꺼번에 털어 없앰.
③ 사람과 산은 멀리서 보는 게 낫다.	사람을 가까이 사귀면 멀리서 볼 때 안 보이던 결점이 다 드러나 실망하게 됨을 비유적으로 이르는 말.
④ 열 길 물속은 알아도 한 길 사람의 속은 모른다.	사람의 속마음을 알기란 매우 힘듦.
⑤ 사람은 겪어 보아야 알고 물은 건너 보아야 안다.	사람의 마음이란 겉으로 언뜻 보아서는 알 수 없으며 함께 오랫동안 지내보아야 알 수 있음.

정답 ⑤ 사람을 만날 때 오래 겪어 보아야 한다는 것은 '사람은 겪어 보아야 알고 물은 건너 보아야 안다.'와 관련이 있다.

52 속담(2)

◉ 다음 밑줄 친 상황에 어울리는 속담으로 가장 적절한 것은?

무분별한 부의 추구가 한 문화를 완전히 파괴시킨 경우를 아프리카의 유목민인 새홀 족에서 발견할 수 있다. 1920년대부터 인구 증가로 고통받던 이 부족은 1960년대 중반 평균 강수량보다 많은 비가 내려 목초가 풍부해지자 경쟁적으로 가축의 수를 크게 늘려 개인적인 이익을 취하기 시작하였다. 그 후 날씨가 건조해지자 그들은 삶의 질을 유지하기 위하여 더 많은 가축들을 방목하는 것으로 대응하였다. 그 결과 그들의 삶의 터전인 목초지는 서서히 사막으로 변하여 생존이 불가능하게 되었다.

① 우선 먹기에는 곶감이 달다.　　② 개똥도 약에 쓰려면 없다.
③ 돌다리도 두들겨 보고 건너라.　　④ 간에 붙었다 쓸개에 붙었다 한다.
⑤ 먼 사촌보다 가까운 이웃이 낫다.

※ 다음 밑줄 친 상황에 어울리는 속담으로 가장 적절한 것을 고르시오.

01

사람들은 좁은 소견으로 외국 형편도 모르고 천하대세도 살피지 못하면서, 공연히 떠들고 아는 체하고 나라는 다 망해 가건만 썩은 생각으로 갑갑한 말만 합니다. 또 어떤 사람들은 제 나라 일도 다 알지 못하면서 보지도 듣지도 못한 다른 나라 일을 다 아노라고 하니 가증스럽고 우습기만 하오.

① 우물 안 개구리　　② 눈썹에 불이 붙는다.
③ 쭈그렁밤송이 삼 년 간다.　　④ 절에 가서 젓국 달라 한다.
⑤ 촌닭이 관청 닭 눈 빼 먹는다.

02

계층적 명분관은 기존의 안정적인 질서를 깨뜨리고 역동적인 변화를 추구하고자 하는 인간의 진보적 요구를 억누르는 보수적 성격을 띠고 있었다. 이 같은 명분관은 근대로 내려오면서 신분 제도가 동요하고 붕괴함에 따라 점차 타당성을 잃게 되었다. 그러나 아직 우리 사회에는 자신의 분수를 지키는 것을 미덕으로 여기면서, 도전과 모험의 진취적 태도를 부정하는 의식의 흔적이 도처에 남아 있음을 볼 수 있다.

① 핑계 없는 무덤이 없다.　　② 송충이가 갈잎을 먹으면 죽는다.
③ 도마 위의 고기가 칼을 무서워하랴.　　④ 먹기는 파발이 먹고 뛰기는 역마가 뛴다.
⑤ 호랑이 없는 골에 토끼가 왕 노릇 한다.

문법·어휘의 모든 것

310

03

　　현재 우리나라에는 탁월한 소질을 타고났으며 그것을 계발하고자 하는 향학의 의지가 강하더라도, 가난한 까닭에 뜻을 이루지 못하는 사람들이 적지 않다. 또 한편으로는, 별로 재능이 없음에도 불구하고 오로지 돈의 힘으로 대학 또는 대학원에 진학하여 졸업장과 학위를 취득하는 사례도 허다하다. 이러한 교육 현실은 매우 불합리하다. 교육의 기회가 돈에 의해서 좌우되지 않고 사람의 능력에 따라 주어지는 교육 제도 및 장학 제도를 확립하는 일은 미래 한국이 실현해야 할 중요한 과제 중 하나이다.

① 목구멍이 포도청 　　　　　　　② 땅내가 고소하다.
③ 돈만 있으면 개도 멍첨지라. 　　④ 쪽박 쓰고 벼락을 피해
⑤ 콩 심은 데 콩 나고 팥 심은 데 팥 난다.

04

　　로버트 매튜스가 약간의 수학으로 증명했던 머피의 법칙들은 우리에게 무슨 이야기를 들려주고 있는 걸까? 세상에는 되는 일보다 생각대로 안 되는 일이 훨씬 더 많다. 더 나은 상황이란 언제든지 있기 마련이니까 일이 안 될 때마다 우리는 머피의 법칙을 떠올리며 '나는 굉장히 재수가 없구나.' 라고 생각하지만, 로버트 매튜스의 계산은 그것이 재수의 문제가 아니라는 것을 말해 준다. 어쩌면 그동안 우리가 바라 왔던 것들이 이 세상에게는 상당히 무리한 요구였는지도 모른다.

① 시작이 반이다. 　　　　　　　② 흠 없는 사람 없다.
③ 의붓아비 소 팔러 보낸 것 같다. 　④ 양반은 얼어 죽어도 겻불은 안 쬔다.
⑤ 재수 없는 포수는 곰을 잡아도 응담이 없다.

05

　　어떤 선비들이 모여 바둑과 청담(清談)으로 소일하는데, 그 집 주인은 마치 물로 씻은 듯이 아무것도 가진 것이 없는지라, 그 부인이 남편의 친구를 위하여 점심에는 수제비국이라도 끓여 드리려 하니 땔나무가 없었다. 궤짝을 뜯어 도마 위에 놓고 식칼로 쪼개다가 잘못되어 젓을 찍고 말았다. 바둑 두던 선비들은 갑자기 안에서 나는 비명을 들었다. 주인이 들어갔다가 나와서 사실 얘기를 하고 초연히 하는 말이 가난이 죄라고 탄식하였다.

청담(清談) 명리(名利)를 떠난, 맑고 고상한 이야기.

① 소경 개천 나무란다. 　　　　　② 지나가는 불에 밥 익히기
③ 책력 보아 가며 밥 먹는다. 　　④ 기둥을 치면 대들보가 운다.
⑤ 잣눈도 모르고 조복(朝服) 마른다.

대표 유형풀이

① 우선 먹기에는 곶감이 달다.	앞일은 생각해 보지도 아니하고 당장 좋은 것만 취함.
② 개똥도 약에 쓰려면 없다.	평소에 흔하던 것도 막상 긴하게 쓰려고 구하면 없다는 말.
③ 돌다리도 두들겨 보고 건너라.	잘 아는 일이라도 세심하게 주의를 하라는 말.
④ 간에 붙었다 쓸개에 붙었다 한다.	자기에게 조금이라도 이익이 되면 지조 없이 이편에 붙었다 저편에 붙었다 함.
⑤ 먼 사촌보다 가까운 이웃이 낫다.	이웃끼리 서로 친하게 지내다 보면 먼 곳에 있는 일가보다 더 친하게 되어 서로 도우며 살게 됨.

정답 ① 유목민들이 미래의 일은 생각하지 않고 당장의 이익만을 챙기기 위하여 경쟁적으로 가축의 수를 늘렸고, 그 결과 땅이 황폐화된 상황이므로, ①이 적절하다.

핵심 문제풀이

 01

① 우물 안 개구리	1) 넓은 세상의 형편을 알지 못하는 사람을 비유적으로 이르는 말.
	2) 견식이 좁아 저만 잘난 줄로 아는 사람을 비꼬는 말.
② 눈썹에 불이 붙는다.	뜻밖에 큰 걱정거리가 닥쳐 매우 위급하게 됨.
③ 쭈그렁밤송이 삼 년 간다.	1) 약하게 보이는 것이 생각보다 오래 견딤.
	2) 부족해 보이는 것이 여간하여서 다치지 아니하기 때문에 피해를 입지 아니하고 오래 견딤.
④ 절에 가서 젓국 달라 한다.	1) 사랑 또는 물건 따위가 있을 수 없는 데에 가서 엉뚱하게 그것을 찾음.
	2) 엉뚱한 짓을 함.
⑤ 촌닭이 관청 닭 눈 빼 먹는다.	겉으로는 어수룩해 보이는 사람이 실제로는 약삭빠르고 수완이 있음.

정답 ① 외국의 형편도 모르고 천하대세도 살피지 못하면서 좁은 소견으로 아는 체하는 상황을 말하고 있으므로, '견식이 좁아 저만 잘난 줄로 안다'라는 의미의 ①이 적절하다.

 02

① 핑계 없는 무덤이 없다.	아무리 큰 잘못을 저지른 사람도 그것을 변명하고 이유를 붙일 수 있다는 말.
② 송충이가 갈잎을 먹으면 죽는다.	1) 솔잎만 먹고 사는 송충이가 갈잎을 먹게 되면 땅에 떨어져 죽게 된다는 뜻으로, 자기 분수에 맞지 않는 짓을 하다가는 낭패를 봄을 비유적으로 이르는 말.
	2) 제 할 일은 안 하고 딴마음을 먹었다가는 낭패를 봄.
③ 도마 위의 고기가 칼을 무서워하랴.	죽음을 이미 각오한 사람이 무엇이 무섭겠냐는 말.
④ 먹기는 파발이 먹고 뛰기는 역마가 뛴다.	정작 애쓴 사람은 대가를 받지 못하고 딴 사람이 받는다는 말.
⑤ 호랑이 없는 골에 토끼가 왕 노릇 한다.	뛰어난 사람이 없는 곳에서 보잘것없는 사람이 득세함.

정답 ② 자신의 분수를 지키고 도전과 모험을 꺼린다는 내용이므로, '자기 분수에 맞지 않는 짓을 하면 낭패를 본다'라는 의미의 ②가 적절하다.

① 목구멍이 포도청	먹고살기 위하여, 해서는 안 될 짓까지 하지 않을 수 없음.
② 땅내가 고소하다.	머지않아 죽게 될 것 같다는 말.
③ 돈만 있으면 개도 멍첨지라.	천한 사람도 돈만 있으면 다른 사람들이 귀하게 대접함.
④ 쪽박 쓰고 벼락을 피해	봉변을 당하였을 때 당황하여 저도 모르는 사이에 어리석은 방법으로 변을 벗어나려 함.
⑤ 콩 심은 데 콩 나고 팥 심은 데 팥 난다.	모든 일은 근본에 따라 거기에 걸맞은 결과가 나타남.

정답 ③ 재능이 없음에도 불구하고 돈이 있으면 대학 또는 대학원에 진학한다는 내용이므로, 돈만 있으면 귀하게 대접함을 이르는 ③이 적절하다.

① 시작이 반이다.	무슨 일이든지 시작하기가 어렵지 일단 시작하면 일을 끝마치기는 그리 어렵지 아니함.
② 흉 없는 사람 없다.	결함이 없는 사람은 없으니 어떤 결함을 너무 과장하지 말라는 말.
③ 의붓아비 소 팔러 보낸 것 같다.	심부름하러 가서 오래도록 돌아오지 않음을 비유적으로 이르는 말.
④ 양반은 얼어 죽어도 겻불은 안 쬔다.	아무리 궁하거나 다급한 경우라도 체면을 깎는 짓은 하지 아니함.
⑤ 재수 없는 포수는 곰을 잡아도 웅담이 없다.	일이 안 되려면 하는 모든 일이 잘 안 풀리고 뜻밖의 큰 불행도 생긴다는 말.

정답 ⑤ 일이 안 될 때 재수가 없다고 생각하는 상황이므로, '일이 잘 안 풀린다'라는 의미의 ⑤가 적절하다.

① 소경 개천 나무란다.	개천에 빠진 소경이 제 결함은 생각지 아니하고 개천만 나무란다는 뜻으로, 자기 결함은 생각지 아니하고 애꿎은 사람이나 조건만 탓함.
② 지나가는 불에 밥 익히기	1) 일부러 어떤 사람을 위하여 한 것은 아니지만 결과적으로 그 사람에게 은혜가 됨. 2) 우연한 기회를 잘 잡아 이용함.
③ 책력* 보아 가며 밥 먹는다.	매일 밥을 먹을 수가 없어 책력을 보아 가며 좋은 날만을 택하여 밥을 먹는다는 뜻으로, 가난하여 끼니를 자주 거른다는 말. * 책력: 일 년 동안의 월일, 해와 달의 운행, 월식과 일식, 절기, 특별한 기상 변동 따위를 날의 순서에 따라 적은 책.
④ 기둥을 치면 대들보가 운다.	1) 직접 맞대고 탓하지 않고 간접적으로 넌지시 말을 하여도 알아들을 수 있음. 2) 주(主)가 되는 대상을 탓하거나 또는 그 대상에 일격을 가하거나 하면 그와 관련된 대상들이 자연히 영향을 입게 됨.
⑤ 잣눈*도 모르고 조복(朝服) 마른다.	제대로 알지도 못하면서 일을 하려고 함. * 잣눈: 치수를 나타내려고 자에 길이 표시를 새기거나 박은 금.

정답 ③ 아무것도 가진 것 없이 가난하다는 내용이므로, '가난하여 끼니를 자주 거른다'라는 의미의 ③이 적절하다.

※ 다음 밑줄 친 상황에 어울리는 속담으로 가장 적절한 것을 고르시오.

06

신세대는 어쩔 수 없이 새로운 언어를 더 많이 쓰기 때문에 한 세대가 바뀌면 언어도 변화하기 마련이다. 이러한 언어가 자리를 잡으면서 세대 간의 언어 차가 쌓이고 쌓이면 중세 국어와 현대 국어 사이만큼의 큰 언어 변화를 만들어 내게 될 것이다. 그렇게 보면 세대 간의 언어 차는 언어 변화의 진행상이라고 보아도 좋을 것이다.

① 낙숫물이 댓돌을 뚫는다.   ② 중매 보고 기저귀 장만한다.
③ 과부 설움은 홀아비가 안다.   ④ 부지런한 물방아는 얼 새도 없다.
⑤ 토끼 둘을 잡으려다가 하나도 못 잡는다.

07

그날 회의실로 들어오는 선배를 보고 나는 내 눈을 의심했다. 정말 저 사람이 담배 냄새에 전 단벌 양복에, 때가 누렇게 낀 셔츠를 며칠씩 입고 다니던 그 사람 맞아? 이렇게 사람이 달라질 수 있는지 몰랐다. 말쑥하게 차려입은 선배가 시장 조사 결과를 조목조목 설명하니 왠지 더 신뢰가 갔다. 저 사람, 생각보다 똑똑한 사람인 것 같다. 언제 디자인 기획에 대해서도 조언을 구해야겠다는 생각이 들었다.

① 옷이 날개라.   ② 장대로 하늘 재기
③ 거미줄에 목을 맨다.   ④ 믿는 도끼에 발등 찍힌다.
⑤ 물어도 준치 썩어도 생치

08

영어만 잘하면 성공한다는 믿음에 온 나라가 야단법석이다. 한술 더 떠 일본을 따라 영어를 공용어로 하자는 주장이 심심찮게 들리고 있다. 영어는 배워서 나쁠 것 없고, 국제 경쟁력을 키우는 차원에서도 반드시 배워야 한다. 하지만 영어보다 더 중요한 것은 우리말이다. 우리말을 제대로 세우지 않고 영어를 들여오는 일은 우리 개구리들을 돌보지 않은 채 황소개구리를 들여온 우를 또다시 범하는 것이다.

① 가재는 게 편   ② 입이 여럿이면 금도 녹인다.
③ 머리 없는 놈 댕기 치레한다.   ④ 남이 장 간다고 하니 거름 지고 나선다.
⑤ 나는 바담 풍(風) 해도 너는 바람 풍 해라.

09

어머니가 세운 신여성이란 것의 기준이 되었던 너무 뒤떨어진 외양과 터무니없이 높은 이상과의 갈등, 점잖은 근거와 속된 허영과의 모순, 영원한 문 밖 의식, 그건 아직도 나의 의식 내용이었다. 그러고 보니 나의 의식은 아직도 말뚝을 가지고 있었다. <u>제아무리 멀리 벗어난 것 같아도 말뚝이 풀어 준 새끼줄 길이일 것이다.</u>

① 소경 매질하듯   ② 썩은 새끼로 범 잡기
③ 어미 잃은 송아지   ④ 뛰어 보았자 부처님 손바닥
⑤ 우물에 가 숭늉 찾는다.

10

<u>장끼란 놈 기를 쓴다. 아래 고패 벋디디고 위 고패 당기면서 버럭버럭 기를 쓰나 살 길이 전혀 없고 털만 쏙쏙 다 빠지네.</u> 이때 넋 임자 탁 첨지가 망을 보고 있다가 만선두리 서피(鼠皮) 휘양 우그려 쓰고 지팡이를 걷어 짚고 허위허위 달려들어, 장끼를 빼어 들고 희희낙락 춤을 춘다.

고패 꿩 잡는 틀에 목을 조르게 되어 있는 쇠.
만선두리 벼슬아치가 겨울에 예복을 입을 때 머리에 쓰던 방한구(防寒具).
서피(鼠皮) ① 쥐의 가죽. ② 족제비 따위의 털가죽.
휘양 추울 때 머리에 쓰던 모자의 하나.

① 바늘로 몽둥이 막는다.   ② 호랑이 보고 창구멍 막기
③ 번갯불에 콩 볶아 먹겠다.   ④ 못된 송아지 엉덩이에 뿔이 난다.
⑤ 그물에 든 고기요 쏘아 놓은 범이라.

11

이때 춘풍이 비장 덕에 돈 받아 실어 놓고 갓, 망건, 의복 차려입고 경성으로 올라와서 제 집을 찾아간다. 춘풍의 처 문 밖에 썩 나서서 춘풍의 소매 잡고 깜짝 놀라 하는 말이,
"어이 그리 더디던고. 장사에 재미 보고 평안히 오시니까?"
춘풍이 반기면서, / "그새 잘 있었는가?"
춘풍이 이십 바리 돈을 여기저기 벌이고 장사에서 남긴 듯이 의기양양하니, 춘풍 아내 거동 보소. 주찬을 소담히 차려 놓고,
"자시오." 하니 저 잡놈 거동 보소. 〈중략〉 젓가락을 그릇에 던져 박고 고기도 씹어 뱉어 버리며 하는 말이, / <u>"평양 일색 추월이와 좋은 안주 호강으로 지냈더니 집에 오니 온갖 것이 다 어설프다.</u> 호조 돈이나 갚고 다시 평양으로 내려가서, 작은집과 한가지로 음식을 먹으리라."

비장(裨將) 무관 벼슬 이름.

① 도둑이 제 발 저리다.   ② 밑 빠진 독에 물 붓기
③ 쥐구멍에도 볕 들 날 있다.   ④ 똥 묻은 개가 겨 묻은 개 나무란다
⑤ 개구리 올챙이 적 생각 못한다.

06

① 낙숫물이 댓돌을 뚫는다.	작은 힘이라도 꾸준히 계속하면 큰일을 이룰 수 있음.
② 중매 보고 기저귀 장만한다.	준비가 너무 빠르거나 일을 너무 일찍 서두르는 경우를 비유적으로 이르는 말.
③ 과부 설움은 홀아비가 안다.	남의 곤란한 처지는 직접 그 일을 당해 보았거나 그와 비슷한 처지에 놓여 있는 사람이 잘 알 수 있음을 비유적으로 이르는 말.
④ 부지런한 물방아는 얼 새도 없다.	무슨 일이든 쉬지 아니하고 부지런히 하여야 실수가 없고 순조롭게 이루어짐.
⑤ 토끼 둘을 잡으려다가 하나도 못 잡는다.	욕심을 부려 한꺼번에 여러 가지 일을 하려 하면 그 가운데 하나도 이루지 못한다는 말.

정답 ① 세대 간의 언어 차이가 쌓여 갈수록 큰 언어 변화를 만들어 낸다는 내용이므로, '작은 것이 계속되어 큰 것을 이룰 수 있다'라는 의미의 ①이 적절하다.

07

① 옷이 날개라.	옷이 좋으면 사람이 돋보인다는 말.
② 장대로 하늘 재기	끝없이 높은 하늘의 높이를 장대를 가지고 재려 한다는 뜻으로, 가능성이 전혀 없는 짓을 함을 이르는 말.
③ 거미줄에 목을 맨다.	어처구니없는 일로 몹시 억울하고 원통함을 이르는 말.
④ 믿는 도끼에 발등 찍힌다.	잘되리라고 믿고 있던 일이 어긋나거나 믿고 있던 사람이 배반하여 오히려 해를 입음.
⑤ 물어도 준치 썩어도 생치	본래 좋고 훌륭한 것은 비록 상해도 그 본질에는 변함이 없음.

정답 ① 예전의 모습과 다르게 말쑥하게 차려입은 모습에 사람이 다시 보인다는 내용이므로, '옷이 좋으면 사람이 돋보인다'라는 의미의 ①이 적절하다.

08

① 가재는 게 편	모양이나 형편이 서로 비슷하고 인연이 있는 것끼리 서로 잘 어울리고, 사정을 보아주며 감싸 주기 쉬움을 비유적으로 이르는 말.
② 입이 여럿이면 금도 녹인다.	여러 사람이 힘을 모으면 무슨 일이든 이룰 수 있다는 말.
③ 머리 없는 놈 댕기 치레한다.	본바탕에 어울리지 않게 지나치게 겉만 꾸밈.
④ 남이 장 간다고 하니 거름 지고 나선다.	자기 주견이 없이 남이 한다고 덩달아 따라함.
⑤ 나는 바담 풍(風) 해도 너는 바람 풍 해라.	자신은 잘못된 행동을 하면서 남보고는 잘하라고 요구함.

정답 ④ 일본을 따라 영어를 공용어로 하자는 내용이므로, 자기 주견 없이 덩달아 따라함을 나타내는 ④와 관계 있다.

① 소경 매질하듯	1) 앞을 보지 못하는 사람처럼 가리지 아니하고 아무 데나 마구 치는 모양을 비유적으로 이르는 말.
	2) 옳고 그름을 판단할 줄도 모르는 사람이 젠체하고 남을 비판하는 경우를 비유적으로 이르는 말.
② 썩은 새끼로 범 잡기	1) 어수룩한 계책과 허술한 준비로 큰일을 하겠다고 덤비는 어리석음을 비유적으로 이르는 말.
	2) 허술한 계책으로 큰일에 성공한 경우를 비유적으로 이르는 말.
③ 어미 잃은 송아지	의지할 곳이 없어진 사람을 비유적으로 이르는 말.
④ 뛰어 보았자 부처님 손바닥	도망쳐 보아야 크게 벗어날 수 없음.
⑤ 우물에 가 숭늉 찾는다.	모든 일에는 질서와 차례가 있는 법인데 일의 순서도 모르고 성급하게 덤빔.

정답 ④ 멀리 벗어난 것 같아도 말뚝이 풀어 준 새끼줄 길이만큼만 벗어나게 되었다는 내용이므로, '도망쳐 보아야 크게 벗어날 수 없다'라는 의미의 ④가 적절하다.

① 바늘로 몽둥이 막는다.	당해 낼 수 없는 힘으로 큰 것을 막으려 하는 어리석은 행동을 비꼬는 말.
② 호랑이 보고 창구멍 막기	급한 나머지 임시변통으로 어리석게 맞추려는 모양을 비유적으로 이르는 말.
③ 번갯불에 콩 볶아 먹겠다.	1) 번쩍하는 번갯불에 콩을 볶아서 먹을 만하다는 뜻으로, 행동이 매우 민첩함을 이름.
	2) 하는 짓이 번갯불에 콩을 볶아 먹을 만큼 급하게 군다는 뜻으로, 어떤 행동을 당장 해치우지 못하여 안달하는 조급한 성질을 이름.
④ 못된 송아지 엉덩이에 뿔이 난다.	되지못한 것이 엇나가는 짓만 한다는 말.
⑤ 그물에 든 고기요 쏘아 놓은 범이라.	이미 잡혀 옴짝달싹 못하고 죽을 지경에 빠짐.

정답 ⑤ 덫에 걸려 기를 써도 빠져나올 수 없는 상황을 나타내고 있으므로, '이미 잡혀 벗어날 수 없음'을 의미하는 ⑤가 적절하다.

① 도둑이 제 발 저리다.	지은 죄가 있으면 자연히 마음이 조마조마하여짐을 비유적으로 이르는 말.
② 밑 빠진 독에 물 붓기	아무리 힘이나 밑천을 들여도 보람 없이 헛된 일이 되는 상태.
③ 쥐구멍에도 볕 들 날 있다.	몹시 고생을 하는 삶도 좋은 운수가 터질 날이 있다는 말.
④ 똥 묻은 개가 겨 묻은 개 나무란다.	자기는 더 큰 흉이 있으면서 도리어 남의 작은 흉을 본다는 말.
⑤ 개구리 올챙이 적 생각 못 한다.	형편이나 사정이 전에 비하여 나아진 사람이 지난날의 미천하거나 어렵던 때의 일을 생각지 아니하고 처음부터 잘난 듯이 뽐냄.

정답 ⑤ 지난날의 상황은 생각하지 않고 형편이 나아졌다고 해서 아내가 차려 준 음식을 뱉어 버리는 춘풍의 모습은 ⑤와 관계 있다.

한자 성어(1)

 한자 성어는 두 개 이상의 한자가 결합하여 만들어지는데, 대개 네 개의 글자로 이루어진 사자성어를 가리킨다. 특히 그 말이 유래된 특별한 이야기가 있을 때에는 고사성어라고도 하는데, 이러한 말들은 한 시대의 정치적 상황이나 사회상을 풍자적으로 빗대어 나타내는 경우가 많다.

대표 유형

⊙ '독서'와 가장 관계가 깊은 한자 성어는?

① 풍수지탄(風樹之嘆) 　② 감탄고토(甘呑苦吐) 　③ 한우충동(汗牛充棟)
④ 파죽지세(破竹之勢) 　⑤ 가담항설(街談巷說)

핵심 문제

※ 다음 내용과 가장 관계가 깊은 한자 성어를 고르시오.

01 ┌─────────────────────────┐
　　　│ 정치가 가혹하다. │
　　　└─────────────────────────┘

① 가렴주구(苛斂誅求) 　② 공전절후(空前絕後) 　③ 허례허식(虛禮虛飾)
④ 이율배반(二律背反) 　⑤ 위편삼절(韋編三絕)

02 ┌─────────────────────────┐
　　　│ '고학(苦學)'의 어려움. │
　　　└─────────────────────────┘

① 사고무친(四顧無親) 　② 간운보월(看雲步月) 　③ 자승자박(自繩自縛)
④ 남부여대(男負女戴) 　⑤ 계옥지간(桂玉之艱)

03 뒤늦게 손을 보다.

① 설상가상(雪上加霜)　② 해로동혈(偕老同穴)　③ 망양보뢰(亡羊補牢)
④ 목불식정(目不識丁)　⑤ 간어제초(間於齊楚)

04 꿈과 같이 헛된 부귀영화.

① 초동급부(樵童汲婦)　② 육지행선(陸地行船)　③ 천석고황(泉石膏肓)
④ 남가일몽(南柯一夢)　⑤ 금상첨화(錦上添花)

05 마음으로 전하다.

① 연목구어(緣木求魚)　② 문경지교(刎頸之交)　③ 구곡간장(九曲肝腸)
④ 함흥차사(咸興差使)　⑤ 염화미소(拈華微笑)

06 누군가를 그리워하다.

① 금지옥엽(金枝玉葉)　② 동량지재(棟梁之材)　③ 좌정관천(坐井觀天)
④ 오비이락(烏飛梨落)　⑤ 오매불망(寤寐不忘)

07 부모에게 효도하다.

① 천인공노(天人共怒)　② 혼정신성(昏定晨省)　③ 맹모삼천(孟母三遷)
④ 하석상대(下石上臺)　⑤ 절치부심(切齒腐心)

정답 및 해설

대표 유형 풀이

① 풍수지탄(風樹之嘆)	효도를 다하지 못한 채 어버이를 여읜 자식의 슬픔.
② 감탄고토(甘吞苦吐)	달면 삼키고 쓰면 뱉음. 자신의 비위에 따라 옳고 그름을 판단함을 이름.
③ 한우충동(汗牛充棟)	짐으로 실으면 소가 땀을 흘리고, 쌓으면 들보에까지 찬다는 뜻으로, 가지고 있는 책이 매우 많음을 이르는 말.
④ 파죽지세(破竹之勢)	대를 쪼개는 기세라는 뜻으로, 적을 거침없이 물리치고 쳐들어가는 기세를 이르는 말.
⑤ 가담항설(街談巷說)	거리나 항간에 떠도는 소문.

정답 ③ '독서'와 가장 관계 깊은 말은 가지고 있는 책이 많음을 이르는 '한우충동(汗牛充棟)'이다.

핵심 문제 풀이

01

① 가렴주구(苛斂誅求)	세금을 가혹하게 거두어들이고, 무리하게 재물을 빼앗음.
② 공전절후(空前絕後)	이전에도 없었고 앞으로도 없음. 전무후무(前無後無).
③ 허례허식(虛禮虛飾)	정성이 없이 겉으로만 번드르르하게 꾸밈. 또는 그런 예절이나 법식.
④ 이율배반(二律背反)	서로 모순되어 양립할 수 없는 두 개의 명제.
⑤ 위편삼절(韋編三絕)	공자가 주역을 즐겨 읽어 책의 가죽끈이 세 번이나 끊어졌다는 뜻으로, 책을 열심히 읽음을 이르는 말.

정답 ① '가혹한 정치'와 가장 관계 깊은 말은 세금을 가혹하게 거두어들이고, 무리하게 재물을 빼앗음을 이르는 '가렴주구(苛斂誅求)'이다.

02

① 사고무친(四顧無親)	의지할 만한 사람이 아무도 없음.
② 간운보월(看雲步月)	구름을 보거나 달빛 아래 거닌다는 뜻으로, 객지에서 집을 생각함을 이르는 말.
③ 자승자박(自繩自縛)	자기의 줄로 자기 몸을 옭아 묶음. 자기의 말과 행동에 자기 자신이 옭혀 곤란하게 됨.
④ 남부여대(男負女戴)	남자는 지고 여자는 임. 가난한 사람들이 살 곳을 찾아 이리저리 떠돌아다님.
⑤ 계옥지간(桂玉之艱)	계수나무보다 비싼 장작과 옥보다 귀한 쌀로 생활하는 어려움이라는 뜻으로, 물가가 비싼 도회지에서 고학(苦學)하는 어려움을 비유적으로 이르는 말.

정답 ⑤ 고학(苦學)하는 어려움을 나타내는 말은 '계옥지간(桂玉之艱)'이다.

03

① 설상가상(雪上加霜)	눈 위에 서리가 덮인다는 뜻으로, 난처한 일이나 불행한 일이 잇따라 일어남을 이르는 말.
② 해로동혈(偕老同穴)	생사를 같이하자는 부부의 굳은 맹세를 이르는 말.
③ 망양보뢰(亡羊補牢)	양을 잃고 우리를 고침. 이미 어떤 일을 실패한 뒤에 뉘우쳐도 아무 소용이 없음.
④ 목불식정(目不識丁)	아주 간단한 '丁'자를 보고도 그것이 '고무래'인 줄을 알지 못함. 아주 까막눈임을 이름.
⑤ 간어제초(間於齊楚)	약자가 강자들 틈에 끼어서 괴로움을 겪음을 이르는 말. 중국의 주나라 말엽 등나라가 제나라와 초나라 사이에 끼어서 괴로움을 겪었다는 데서 유래한다.

정답 ③ '뒤늦게 손을 봄'과 가장 관계 깊은 것은 실패한 후의 뉘우침을 나타내는 '망양보뢰(亡羊補牢)'이다.

① 초동급부(樵童汲婦)	땔나무를 하는 아이와 물을 긷는 아낙네라는 뜻으로, 평범한 사람을 이르는 말.
② 육지행선(陸地行船)	육지에서 배를 저으려 함. 안되는 일을 억지로 하려고 함을 비유적으로 이르는 말.
③ 천석고황(泉石膏肓)	자연의 아름다운 경치를 몹시 사랑하고 즐기는 성벽(性癖). 연하고질(煙霞痼疾).
④ 남가일몽(南柯一夢)	꿈과 같이 헛된 한때의 부귀영화를 이르는 말.
⑤ 금상첨화(錦上添花)	비단 위에 꽃을 더한다는 뜻으로, 좋은 일 위에 또 좋은 일이 더하여짐을 이름.

정답 ④ 꿈과 같이 헛된 부귀영화를 이르는 말은 '남가일몽(南柯一夢)' 이다.

① 연목구어(緣木求魚)	나무에 올라가서 물고기를 구한다는 뜻으로, 도저히 불가능한 일을 굳이 하려 함을 비유적으로 이르는 말.
② 문경지교(刎頸之交)	서로를 위해서라면 목이 잘린다 해도 후회하지 않을 정도의 사이라는 뜻으로, 생사를 같이할 수 있는 아주 가까운 사이, 또는 그런 친구를 이르는 말.
③ 구곡간장(九曲肝腸)	굽이굽이 서린 창자라는 뜻으로, 깊은 마음속 또는 시름이 쌓인 마음속을 이름.
④ 함흥차사(咸興差使)	심부름을 가서 돌아오지 않거나 늦게 온 사람을 일컫는 말. 조선 태조 이성계가 왕위를 물려주고 함흥에 있을 때에, 태종이 보낸 차사를 혹은 죽이고 혹은 잡아 가두어 돌려보내지 아니하였던 데서 유래한다.
⑤ 염화미소(拈華微笑)	말로 통하지 아니하고 마음에서 마음으로 전하는 일.

정답 ⑤ '마음으로 전함' 과 가장 관계가 깊은 말은 마음에서 마음으로 전하여 진리를 깨달음을 의미하는 '염화미소(拈華微笑)' 이다.

① 금지옥엽(金枝玉葉)	1) 금으로 된 가지와 옥으로 된 잎이라는 뜻으로, 임금의 가족을 높여 이르는 말. 2) 귀한 자손을 이르는 말.
② 동량지재(棟梁之材)	한 집안이나 한 나라를 떠받치는 중대한 일을 맡을 만한 인재를 이르는 말.
③ 좌정관천(坐井觀天)	우물 속에 앉아서 하늘을 본다는 뜻으로, 사람의 견문(見聞)이 매우 좁음을 이르는 말.
④ 오비이락(烏飛梨落)	까마귀 날자 배 떨어진다는 뜻으로, 아무 관계도 없이 한 일이 공교롭게도 때가 같아 억울하게 의심을 받거나 난처한 위치에 서게 됨을 이르는 말.
⑤ 오매불망(寤寐不忘)	자나 깨나 잊지 못함.

정답 ⑤ '누군가를 그리워함' 과 가장 관계가 깊은 말은 자나 깨나 잊지 못함을 이르는 '오매불망(寤寐不忘)' 이다.

① 천인공노(天人共怒)	하늘과 사람이 함께 노한다는 뜻으로, 누구나 분노할 만큼 증오스럽거나 도저히 용납할 수 없음을 이르는 말.
② 혼정신성(昏定晨省)	밤에는 부모의 잠자리를 보아 드리고 이른 아침에는 부모의 밤새 안부를 묻는다는 뜻으로, 부모를 잘 섬기고 효성을 다함을 이르는 말.
③ 맹모삼천(孟母三遷)	맹자의 어머니가 아들을 가르치기 위하여 세 번이나 이사를 하였음을 이르는 말.
④ 하석상대(下石上臺)	아랫돌 빼서 윗돌 괴고 윗돌 빼서 아랫돌 굄. 임시변통으로 이리저리 둘러맞춤을 이름.
⑤ 절치부심(切齒腐心)	몹시 분하여 이를 갈며 속을 썩임.

정답 ② '부모에게 효도함' 과 관련된 말은 부모에게 효성을 다함을 이르는 '혼정신성(昏定晨省)' 이다.

대표 유형

⊙ 다음 내용과 가장 관련 있는 한자 성어는?

> 양자(楊子)의 이웃집에서 양 한 마리가 도망을 쳤다. 양의 주인이 동네 사람들을 이끌고 양을 쫓아가려 하자, 양자가 "단 한 마리의 양을 잃었는데 어찌 그렇게 많은 사람들이 뒤쫓아가는고."라고 물었다. 이웃집 사람이 대답하기를, "도망간 쪽에는 갈림길이 많기 때문이오."라고 하였다. 얼마 뒤에, 그들이 피곤한 몸으로 돌아와서 양을 잃었다고 하였다. 양자가 양을 잃은 까닭을 묻자, 그들은 "갈림길을 가면 또 갈림길이 있어서, 양이 어디 갔는지 모르게 되어 버렸소."라고 말했다.

① 오합지졸(烏合之卒)　　② 다기망양(多岐亡羊)　　③ 언중유골(言中有骨)

④ 다다익선(多多益善)　　⑤ 맥수지탄(麥秀之嘆)

핵심 문제

※ 다음 내용과 가장 관련 있는 한자 성어를 고르시오.

01

> 옛날에 변방 노인이 기르던 말이 오랑캐의 땅으로 달아나자 마을 사람들이 위로했다. 그런데 후에 그 말이 좋은 말을 끌고 돌아왔다. 그러나 아들이 그 말을 타다가 떨어져 다리가 부러졌다. 그 후에 전쟁이 일어나자, 아들은 부러진 다리 때문에 전쟁에 나가지 않고 죽음을 면할 수 있었다.

① 천고마비(天高馬肥)　　② 새옹지마(塞翁之馬)　　③ 수주대토(守株待兔)

④ 지록위마(指鹿爲馬)　　⑤ 주마가편(走馬加鞭)

02

> 한 가지 비유를 들어 봅시다. 싸움터에서 양쪽 군사가 맞붙어 싸움을 하려고 북을 울렸다고 합시다. 북을 울려 창과 칼을 서로 부딪치며 싸우는데 갑옷을 버리고 창을 끌며 달아나되, 어떤 사람은 백 보를 달아난 후에 멈추고, 어떤 사람은 오십 보를 달아난 후에 멈추서 백 보를 달아난 사람을 비웃는다면 어떻습니까?

① 동분서주(東奔西走)　　② 대동소이(大同小異)　　③ 소탐대실(小貪大失)

④ 선공후사(先公後私)　　⑤ 각골난망(刻骨難忘)

03

춘추 전국 시대에 송나라의 저공(狙公)은 원숭이를 많이 기르고 있었다. 그런데 흉년이 들어 먹이가 부족해지자 저공은 원숭이들에게 "앞으로 너희들에게 주는 도토리를 아침에 3개, 저녁에 4개로 제한하겠다."고 말했다. 이에 원숭이들은 아침에 3개를 먹고는 배가 고파 못 견딘다고 화를 냈다. 그러자 저공은 "그렇다면 아침에 4개를 주고 저녁에 3개를 주겠다."고 말했는데, 그 말을 듣고 원숭이들이 좋아하였다고 한다.

① 당랑거철(螳螂拒轍)　　② 결초보은(結草報恩)　　③ 계란유골(鷄卵有骨)
④ 순망치한(脣亡齒寒)　　⑤ 조삼모사(朝三暮四)

04

초(楚)나라의 항우(項羽)가 한(漢)나라의 유방(劉邦)군에 패하여 해하(垓下)에서 포위되었을 때, 초나라 진영(陣營)은 군사가 격감한 데다가 군량마저 떨어져 사기가 말이 아니었다. 그런데 한밤중에 초나라 노랫소리가 들려오니 초나라 군사들이 그리운 고향 노랫소리에 눈물을 흘리며 다투어 도망쳤다. 그 노래는 한나라에 항복한 초나라 군사들이 부른 것이었다. 이에 항우는 크게 놀라, "한나라가 이미 초나라를 점령했다는 말인가." 하고 슬퍼하였다고 한다.

① 백의종군(白衣從軍)　　② 동문서답(東問西答)　　③ 사면초가(四面楚歌)
④ 대기만성(大器晩成)　　⑤ 오월동주(吳越同舟)

05

맹자가 소년 시절에 집을 떠나 공부를 하다가 어느날 갑자기 집으로 돌아왔다. 베를 짜고 있던 어머니는 맹자에게 학문의 진전이 있느냐고 물었다. 맹자가 별 진전이 없다고 대답하자 맹자의 어머니는 옆에 있던 칼로 짜던 베를 끊어 버렸다. 맹자가 놀라서 그 이유를 묻자, 맹자의 어머니는 이렇게 대답하였다. "네가 학문을 중도에서 그만두는 것은, 내가 짜던 베를 끊어 버리는 것과 마찬가지이다."

① 단기지계(斷機之戒)　　② 능소능대(能小能大)　　③ 유만부동(類萬不同)
④ 동상이몽(同床異夢)　　⑤ 갑론을박(甲論乙駁)

06

고려 공민왕 때 어떤 형제가 길을 가다 아우가 금덩어리 두 개를 주웠다. 아우는 그중 하나를 형에게 주었다. 배를 타고 강을 건너는 도중에 아우가 갑자기 금덩어리를 강물에 던지니, 이를 본 형이 괴이하게 여겨 그 까닭을 물었다. 아우는 평소에 돈독했던 형제간의 우애가 깨질까 두려워 금을 버렸다고 말했다. 이에 형도 크게 깨달아 강물에 금덩어리를 던지니, 형제간의 우애가 더욱 군어지게 되었다고 한다.

① 배은망덕(背恩忘德)　　② 면종복배(面從腹背)　　③ 견토지쟁(犬兎之爭)
④ 형우제공(兄友弟恭)　　⑤ 난형난제(難兄難弟)

① 오합지졸(烏合之卒)	까마귀가 모인 것처럼 질서가 없이 모인 병졸이라는 뜻으로, 임시로 모여들어서 규율이 없고 무질서한 병졸 또는 군중을 이르는 말.
② 다기망양(多岐亡羊)	갈림길이 많아 잃어버린 양을 찾지 못한다는 뜻으로, 학문의 길이 여러 갈래로 나뉘어 있어서 진리를 얻기 어려움을 이르는 말.
③ 언중유골(言中有骨)	말 속에 뼈가 있다는 뜻으로, 예사로운 말 속에 단단한 속뜻이 들어 있음을 이르는 말.
④ 다다익선(多多益善)	많으면 많을수록 더욱 좋음.
⑤ 맥수지탄(麥秀之嘆)	고국의 멸망을 한탄함을 이르는 말.

> **정답** ② 여러 갈래로 갈린 길에서 결국 양을 잃었다는 내용과 관계있는 것은 '다기망양(多岐亡羊)'이다.

핵심 **문제 풀이**

01

① 천고마비(天高馬肥)	하늘이 높고 말이 살찐다는 뜻으로, 하늘이 맑아 높푸르게 보이고 온갖 곡식이 익는 가을철을 이르는 말.
② 새옹지마(塞翁之馬)	인생의 길흉화복은 변화가 많아서 예측하기가 어렵다는 말.
③ 수주대토(守株待兔)	한 가지 일에만 얽매여 발전을 모르는 어리석은 사람을 이르는 말.
④ 지록위마(指鹿爲馬)	윗사람을 농락하여 권세를 마음대로 함을 이르는 말.
⑤ 주마가편(走馬加鞭)	달리는 말에 채찍질한다는 뜻으로, 잘하는 사람을 더욱 장려함을 이르는 말.

> **정답** ② 변방 노인의 길흉화복이 항상 바뀌고 있음을 보여 주는 내용과 관계있는 것은 '새옹지마(塞翁之馬)'이다.

02

① 동분서주(東奔西走)	동쪽으로 뛰고 서쪽으로 뜀. 사방으로 이리저리 몹시 바쁘게 돌아다님을 이름.
② 대동소이(大同小異)	큰 차이 없이 거의 같음.
③ 소탐대실(小貪大失)	작은 것을 탐하다가 큰 것을 잃음.
④ 선공후사(先公後私)	공적인 일을 먼저 하고 사사로운 일은 뒤로 미룸.
⑤ 각골난망(刻骨難忘)	남에게 입은 은혜가 뼈에 새길 만큼 커서 잊지 아니함.

> **정답** ② 백 보를 달아난 것이나 오십 보를 달아난 것이나 차이가 없음과 관계있는 것은 '대동소이(大同小異)'이다.

03

① 당랑거철(螳螂拒轍)	사마귀가 수레바퀴를 멈추려 한다는 뜻으로, 제 역량을 생각하지 않고 강한 상대나 되지 않을 일에 덤벼드는 무모한 행동거지를 이름.
② 결초보은(結草報恩)	죽은 뒤에라도 은혜를 잊지 않고 갚음을 이르는 말.
③ 계란유골(鷄卵有骨)	달걀에도 뼈가 있다는 뜻으로, 운수가 나쁜 사람은 모처럼 좋은 기회를 만나도 역시 일이 잘 안 됨을 이르는 말.
④ 순망치한(脣亡齒寒)	입술이 없으면 이가 시리다는 뜻으로, 서로 이해관계가 밀접한 사이에 어느 한쪽이 망하면 다른 한쪽도 그 영향을 받아 온전하기 어려움을 이르는 말.
⑤ 조삼모사(朝三暮四)	간사한 꾀로 남을 속여 희롱함을 이르는 말.

> **정답** ⑤ 꾀를 내어 원숭이들을 속인 것과 관계있는 것은 '조삼모사(朝三暮四)'이다.

① 백의종군(白衣從軍)	벼슬 없이 군대를 따라 싸움터로 감.
② 동문서답(東問西答)	물음과는 전혀 상관없는 엉뚱한 대답.
③ 사면초가(四面楚歌)	아무에게도 도움을 받지 못하는, 외롭고 곤란한 지경에 빠진 형편을 이르는 말. 초나라 항우가 사면을 둘러싼 한나라 군사 쪽에서 들려오는 초나라의 노랫소리를 듣고 초나라 군사가 이미 항복한 줄 알고 놀랐다는 데서 유래한다.
④ 대기만성(大器晩成)	큰 그릇을 만드는 데는 시간이 오래 걸린다는 뜻으로, 크게 될 사람은 늦게 이루어짐을 이르는 말.
⑤ 오월동주(吳越同舟)	서로 적의를 품은 사람들이 한자리에 있게 된 경우나 서로 협력해야 하는 상황을 비유적으로 이르는 말. 중국 춘추 전국 시대에, 서로 적대 관계인 오나라의 왕 부차(夫差)와 월나라의 왕 구천(句踐)이 같은 배를 탔으나 풍랑을 만나서 서로 단합하여야 했다는 데서 유래한다.

정답 ③ 사방이 적에게 점령당해 도움을 받지 못하는 상황과 관계있는 것은 '사면초가(四面楚歌)'이다.

① 단기지계(斷機之戒)	학문을 중도에서 그만두면 짜던 베의 날을 끊는 것처럼 아무 쓸모 없음을 경계한 말. 맹자가 공부를 중단하고 집에 돌아오자, 그의 어머니가 베를 끊어 훈계하였다는 데서 유래한다.
② 능소능대(能小能大)	모든 일에 두루 능함.
③ 유만부동(類萬不同)	1) 비슷한 것이 많으나 서로 같지는 아니함. 2) 정도에 넘침. 또는 분수에 맞지 아니함.
④ 동상이몽(同床異夢)	같은 자리에 자면서 다른 꿈을 꾼다는 뜻으로, 겉으로는 같이 행동하면서도 속으로는 각각 딴생각을 하고 있음을 이르는 말.
⑤ 갑론을박(甲論乙駁)	여러 사람이 서로 자신의 주장을 내세우며 상대편의 주장을 반박함.

정답 ① 학문을 중도에 그만두는 것은 베를 끊어 버리는 것과 마찬가지라는 내용과 관계있는 것은 '단기지계(斷機之戒)'이다.

① 배은망덕(背恩忘德)	남에게 입은 은덕을 저버리고 배신하는 태도가 있음.
② 면종복배(面從腹背)	겉으로는 복종하는 체하면서 내심으로는 배반함.
③ 견토지쟁(犬兎之爭)	개와 토끼의 다툼이라는 뜻으로, 두 사람의 싸움에 제삼자가 이익을 봄을 이르는 말.
④ 형우제공(兄友弟恭)	형은 아우를 사랑하고 동생은 형을 공경한다는 뜻으로, 형제간에 서로 우애 깊게 지냄을 이르는 말.
⑤ 난형난제(難兄難弟)	누구를 형이라 하고 누구를 아우라 하기 어렵다는 뜻으로, 두 사물이 비슷하여 낫고 못함을 정하기 어려움을 이르는 말.

정답 ④ 형제간의 우애와 관계있는 것은 '형우제공(兄友弟恭)'이다.

대표 유형

◉ 다음 밑줄 친 상황과 가장 잘 어울리는 한자 성어는?

> 내가 조회(朝會)에 사용할 아악을 창제하고자 하는데, 예로부터 법을 세우고 창제하는 것은 어려운 일이다. 어떤 때는 임금이 하고자 하는 바를 신하가 저지하기도 하고, 어떤 때는 신하가 하고자 하는 바를 임금이 듣지 아니하기도 한다. 위와 아래에서 모두 하고자 하여도 시운(時運)이 불리한 때도 있는데, 지금은 나의 뜻이 먼저 정해지고 또 국가에도 별다른 일이 없는 좋은 기회이니 최선을 다해 이 일을 이루도록 하라.

① 사필귀정(事必歸正)　　② 공평무사(公平無私)　　③ 함분축원(含憤蓄怨)
④ 천재일우(千載一遇)　　⑤ 백년하청(百年河淸)

핵심 문제

※ 다음 밑줄 친 상황과 가장 잘 어울리는 한자 성어를 고르시오.

01

> 간디의 주장은 경제 성장의 논리에 대한 무비판적인 순종과 편의주의적 생활의 안이성에 깊숙이 젖어 있는 우리들에게 헛소리처럼 들릴지도 모른다. 그러나 온갖 생명에 위해(危害)를 가해 온 산업 문명이 인간 존재의 자연적·생물학적 기초 자체를 파괴하는 데까지 도달한 지금, 그것이 정말 헛소리로 남는다면 우리의 장래는 어떻게 될 것인가?

① 마이동풍(馬耳東風)　　② 감언이설(甘言利說)　　③ 지란지교(芝蘭之交)
④ 설왕설래(說往說來)　　⑤ 견문발검(見蚊拔劍)

02

> 다음 두 가지의 필수 조건만 충족된다면, 우리의 공학적·산업적 발전이 지속될 것으로 믿어 의심치 않는다. 첫째, 화학 공학과 화공 산업 분야에 우수한 인재들이 계속 많이 모여야 한다. 둘째, 대학과 정부, 기업이 세계 최고의 수준을 유지하는 것만이 21세기 문명 대열에서 낙오하지 않는다는 사실을 명심하고 한 점의 소홀함 없이 교육과 정부 정책, 산업 전략을 마련하여 수행하여야 할 것이다.

① 유비무환(有備無患)　　② 견강부회(牽強附會)　　③ 청출어람(靑出於藍)
④ 부화뇌동(附和雷同)　　⑤ 결자해지(結者解之)

03

　　파블로 피카소가 대단한 인기를 누릴 수 있었던 한 가지 요인은 그가 작품에서 현실 세계에 대해 언급하기를 결코 포기하지 않았다는 사실이다. 그는 <u>전례없는 독창성을 획득하면서도 사실주의의 외양을 계속 유지하였다.</u> 그 결과, 알아볼 수 있는 형상을 보고 싶어 하는 관람자들과 창조적 탁월함을 찬미하는 관람자들 모두를 자신의 애호가로 만들 수 있었다.

① 화룡점정(畵龍點睛)　　② 어부지리(漁父之利)　　③ 양수겸장(兩手兼將)
④ 이구동성(異口同聲)　　⑤ 간담상조(肝膽相照)

04

　　기예는 사람이 많이 모이면 더욱 정묘(精妙)하게 마련이고, 세대가 흘러갈수록 더욱 발전하는 바, 이는 형세가 그렇게 되지 않을 수 없는 것이다. 그러므로 시골에 사는 사람들은 읍내에 있는 공장이 솜씨만 못하고, 읍내 사람들은 유명한 성터나 큰 도시에 있는 공장이 솜씨만 못하며, 유명한 성터나 큰 도시의 사람들은 서울에 있는 최신식의 묘한 기계 제작 솜씨만은 못하다.

① 거안제미(擧案齊眉)　　② 중과부적(衆寡不敵)　　③ 권토중래(捲土重來)
④ 하로동선(夏爐冬扇)　　⑤ 명재경각(命在頃刻)

05

　　사람들 중에는 지방을 제거하기 위해 체내의 지방 흡수를 인위적으로 차단하는 비만 치료제를 이용하는 이도 있는데, 이러한 <u>비만 치료제는 인체 시스템에 악영향을 끼치기도 한다.</u> 이 비만 치료제는 지방질만 제거하는 것이 아니라 지방질과 함께 소화 흡수되어 시력 보호나 노화 방지를 돕는 지용성 비타민까지 걸러낸다.

① 토사구팽(兎死狗烹)　　② 고장난명(孤掌難鳴)　　③ 양약고구(良藥苦口)
④ 교각살우(矯角殺牛)　　⑤ 표리부동(表裏不同)

06

　　인공 생명론은 생명을 구성 요소 간의 상호 작용에서 생겨나는 특성으로 보기 때문에, 상호 작용하는 간단한 구성 요소를 모아서 거대한 집합체를 만들어 내는 '상향식 방법'으로 행동의 합성을 시도하여 생명의 역동적인 형식을 연구한다. 아직까지는 <u>아무도 규명해 내지 못한</u> 생명의 역동적 과정을 인공 생명론에서 설명하게 될 경우 생물학의 한계를 보완해 줄 것으로 기대되고 있다.

① 고진감래(苦盡甘來)　　② 주객전도(主客顚倒)　　③ 진퇴유곡(進退維谷)
④ 절차탁마(切磋琢磨)　　⑤ 전인미답(前人未踏)

정답 및 해설

① 사필귀정(事必歸正)	모든 일은 반드시 바른길로 돌아감.
② 공평무사(公平無私)	공평하여 사사로움이 없음.
③ 함분축원(含憤蓄怨)	분한 마음을 품고 원한을 쌓음.
④ 천재일우(千載一遇)	천 년 동안 단 한 번 만난다는 뜻으로, 좀처럼 만나기 어려운 좋은 기회를 이르는 말.
⑤ 백년하청(百年河淸)	중국의 황허강(黃河江)이 늘 흐려 맑을 때가 없다는 뜻으로, 아무리 오랜 시일이 지나도 어떤 일이 이루어지기 어려움을 이르는 말.

정답 ④ 만나기 어려운 좋은 기회는 '천 년 동안 단 한 번 만난다'는 뜻의 '천재일우(千載一遇)'와 관계있다.

핵심 | 문제 풀이

01

① 마이동풍(馬耳東風)	동풍이 말의 귀를 스쳐 간다는 뜻으로, 남의 말을 귀담아듣지 아니하고 지나쳐 흘려버림을 이르는 말.
② 감언이설(甘言利說)	귀가 솔깃하도록 남의 비위를 맞추거나 이로운 조건을 내세워 꾀는 말.
③ 지란지교(芝蘭之交)	지초(芝草)와 난초(蘭草)의 교제라는 뜻으로, 벗 사이의 맑고도 고귀한 사귐을 이르는 말.
④ 설왕설래(說往說來)	서로 변론을 주고받으며 옥신각신함. 또는 말이 오고 감.
⑤ 견문발검(見蚊拔劍)	모기를 보고 칼을 뺀다는 뜻으로, 사소한 일에 크게 성내어 덤빔을 이르는 말.

정답 ① 귀담아듣지 않고 헛소리로 듣는다는 것은 '마이동풍(馬耳東風)'과 관계있다.

02

① 유비무환(有備無患)	미리 준비가 되어 있으면 걱정할 것이 없음.
② 견강부회(牽强附會)	이치에 맞지 않는 말을 억지로 끌어 붙여 자기에게 유리하게 함.
③ 청출어람(靑出於藍)	쪽에서 뽑아낸 푸른 물감이 쪽보다 더 푸르다는 뜻으로, 제자나 후배가 스승이나 선배보다 나음을 비유적으로 이르는 말.
④ 부화뇌동(附和雷同)	줏대 없이 남의 의견에 따라 움직임.
⑤ 결자해지(結者解之)	맺은 사람이 풀어야 한다는 뜻으로, 자기가 저지른 일은 자기가 해결하여야 함을 이르는 말.

정답 ① 전략을 미리 마련해야 함은 '준비가 되어 있으면 걱정할 것이 없음'을 뜻하는 '유비무환(有備無患)'과 관계있다.

03

① 화룡점정(畵龍點睛)	무슨 일을 하는 데에 가장 중요한 부분을 완성함을 비유적으로 이르는 말.
② 어부지리(漁父之利)	두 사람이 이해관계로 서로 싸우는 사이에 엉뚱한 사람이 애쓰지 않고 가로챈 이익을 이르는 말.
③ 양수겸장(兩手兼將)	양쪽에서 동시에 하나를 노림을 비유적으로 이르는 말.
④ 이구동성(異口同聲)	입은 다르나 목소리는 같다는 뜻으로, 여러 사람의 말이 한결같음을 이르는 말.
⑤ 간담상조(肝膽相照)	서로 속마음을 털어놓고 친하게 사귐.

정답 ③ 피카소의 작품이 독창성과 사실주의의 외양 모두를 가졌음을 말하고 있으므로, '양수겸장(兩手兼將)'과 관계있다.

① 거안제미(擧案齊眉)	밥상을 눈썹과 가지런하도록 공손히 들어 남편 앞에 가지고 간다는 뜻으로, 남편을 깍듯이 공경함을 이르는 말.
② 중과부적(衆寡不敵)	적은 수효로 많은 수효를 대적하지 못함.
③ 권토중래(捲土重來)	땅을 말아 일으킬 것 같은 기세로 다시 온다는 뜻으로, 한 번 실패하였으나 힘을 회복하여 다시 쳐들어옴을 이르는 말.
④ 하로동선(夏爐冬扇)	여름의 화로와 겨울의 부채라는 뜻으로, 격(格)이나 철에 맞지 아니함을 이르는 말.
⑤ 명재경각(命在頃刻)	거의 죽게 되어 곧 숨이 끊어질 지경에 이름.

정답 ② 많은 사람이 모일수록 기예가 정묘해진다는 것은 '적은 수효로 많은 수효를 대적하지 못함'을 뜻하는 '중과부적(衆寡不敵)'과 관계있다.

① 토사구팽(兎死狗烹)	토끼가 죽으면 토끼를 잡던 사냥개도 필요 없게 되어 주인에게 삶아 먹히게 된다는 뜻으로, 필요할 때는 쓰고 필요 없을 때는 야박하게 버리는 경우를 이르는 말.
② 고장난명(孤掌難鳴)	1) 외손뼉만으로는 소리가 울리지 아니한다는 뜻으로, 혼자의 힘만으로 어떤 일을 이루기 어려움을 이르는 말. 2) 맞서는 사람이 없으면 싸움이 일어나지 아니함을 이르는 말.
③ 양약고구(良藥苦口)	좋은 약은 입에 쓰다는 뜻으로, 충언(忠言)은 귀에 거슬리나 자신에게 이로움을 이르는 말.
④ 교각살우(矯角殺牛)	소의 뿔을 바로잡으려다가 소를 죽인다는 뜻으로, 잘못된 점을 고치려다가 그 방법이나 정도가 지나쳐 오히려 일을 그르침을 이르는 말.
⑤ 표리부동(表裏不同)	겉으로 드러나는 언행과 속으로 가지는 생각이 다름.

정답 ④ 비만을 치료하다가 인체에 악영향을 줄 수도 있다는 내용은 '잘못된 점을 고치려다가 오히려 일을 그르침'을 뜻하는 '교각살우(矯角殺牛)'와 관계있다.

① 고진감래(苦盡甘來)	쓴 것이 다하면 단 것이 온다는 뜻으로, 고생 끝에 즐거움이 옴을 이르는 말.
② 주객전도(主客顚倒)	주인과 손의 위치가 서로 뒤바뀐다는 뜻으로, 사물의 경중·선후·완급 따위가 서로 뒤바뀜을 이르는 말.
③ 진퇴유곡(進退維谷)	이러지도 저러지도 못하고 꼼짝할 수 없는 궁지.
④ 절차탁마(切磋琢磨)	옥이나 돌 따위를 갈고 닦아서 빛을 낸다는 뜻으로, 부지런히 학문과 덕행을 닦음을 이르는 말.
⑤ 전인미답(前人未踏)	1) 이제까지 그 누구도 가 보지 못함. 2) 이제까지 그 누구도 손을 대어 본 일이 없음.

정답 ⑤ 아무도 밝혀 내지 못함은 '이제까지 그 누구도 손을 대어 본 일이 없음'을 뜻하는 '전인미답(前人未踏)'과 관계있다.

※ 다음 밑줄 친 상황과 가장 잘 어울리는 한자 성어를 고르시오.

07

　의리(義理)는 무궁한 것이니, 함부로 스스로 만족하게 여겨서는 안 된다. <u>문자를 거칠게 통한 사람은 반드시 의문이 없게 마련인데, 이는 의문이 없는 것이 아니라 철저하게 궁구(窮究)하지 못했기 때문이다.</u> 의문이 없는 데서 의문이 생기고, 맛이 없는 데서 맛이 생긴 뒤에라야 능히 글을 읽었다고 말할 수 있다.

① 주마간산(走馬看山)　　　② 각골지통(刻骨之痛)　　　③ 건곤일척(乾坤一擲)
④ 후생가외(後生可畏)　　　⑤ 일벌백계(一罰百戒)

08

　한국 사회의 중산층은 노동에서의 소외, 그리고 생산과 소비 영역의 불일치에서 오는 불안감을 채우기 위해 <u>대중문화가 제공하는 일시적인 오락에 열광하거나 가정에만 안주함으로써 문제를 해결하려고 했다.</u> 그러나 그것은 근본적인 해결책이 되지 못했기 때문에, 오늘날 한국 사회의 중산층은 향락적인 생활에 빠지고, 자녀 교육에 과도한 정열을 쏟는 소시민이 되어 버렸다.

① 초미지급(焦眉之急)　　　② 침소봉대(針小棒大)　　　③ 어로불변(魚魯不辨)
④ 조령모개(朝令暮改)　　　⑤ 동족방뇨(凍足放尿)

09

　텔레비전은 모두의 정보를 모두에게 개방하고, 컴퓨터는 단순 정신 노동에서 우리를 해방시킨다. 폭넓은 해방과 개방은 위치 감각의 상실 또는 실재관·세계관의 계속적인 동요를 낳을 수도 있다. 이 자체는 고통이다. 사람들은 자기 행동 방향의 거점을 시간적·공간적·사회적으로 제약된, 또는 한계 규정된 위치에 잡지 않을 수 없기 때문이다. 이것을 사회학, 심리학에서는 '역할'이라고 부른다. 일단, <u>위치 감각을 상실하는 것이 더 고차적인 새로운 위치 감각의 형성에 이어진다면 해방과 개방은 축복일 수도 있다.</u>

① 상전벽해(桑田碧海)　　　② 전화위복(轉禍爲福)　　　③ 환골탈태(換骨奪胎)
④ 일취월장(日就月將)　　　⑤ 괄목상대(刮目相對)

10

내 신호등은 내가 만드는 것이다. 인생에 있어 파란 불이든 빨간 불이든 그 불은 모두 내가 만드는 것이다. 파란 불이기만 바라도 안 된다. 그것은 혼자만 잘 살겠다는 욕심이기 때문이다. 파란 불이 켜지면 켜지는 대로, 빨간 불이 켜지면 켜지는 대로 순응할 줄 알아야 한다. 인간으로 태어났으니 희로애락을 다 겪고 살아야 되는 것이 아닌가 싶다. 하루하루를 보내면서 늘 고마운 마음으로 살아가야 한다.

① 상부상조(相扶相助)　　② 역지사지(易地思之)　　③ 형설지공(螢雪之功)
④ 교왕과직(矯枉過直)　　⑤ 일체유심조(一切唯心造)

11

대사 가로되,
"네, 승흥(乘興)하여 갔다가 흥진(興盡)하여 돌아왔으니 내 무슨 간예함이 있으리요? 네 또 이르되 '인세에 윤회할 것을 꿈을 꾸었다' 하니, 이는 인세와 꿈을 다르다 함이니 네 오히려 꿈을 채 깨지 못하였도다. '장주가 꿈에 나비 되었다가 나비가 장주 되니' 어느 것이 거짓 것이요 어느 것이 참된 것인 줄 분변치 못하나니, 어제 성진과 소유가 어느 것은 정말 꿈이요 어느 것은 꿈이 아니뇨?'"

① 천려일득(千慮一得)　　② 생자필멸(生者必滅)　　③ 회자정리(會者定離)
④ 호접지몽(胡蝶之夢)　　⑤ 권불십년(權不十年)

12

병자수호조약 이후 때때로 굳게 맺은 갖가지 약속을 지키지 않았다고 하여 일본의 배신을 죄주려 하는 것이 아니다. 그들의 학자는 강단에서, 정치가는 실제에서, 우리 옛 왕조 대대로 닦아 물려 온 업적을 식민지의 것으로 보고 문화 민족인 우리를 야만족같이 대우하며 다만 정복자의 쾌감을 탐할 뿐이요, 우리의 오랜 사회 기초와 뛰어난 민족의 성품을 무시한다 해서 일본의 의리 없음을 꾸짖으려는 것도 아니다. 스스로를 채찍질하고 격려하기에 바쁜 우리는 남을 원망할 겨를이 없다.

① 인면수심(人面獸心)　　② 조족지혈(鳥足之血)　　③ 오비삼척(吾鼻三尺)
④ 갈이천정(渴而穿井)　　⑤ 사후약방문(死後藥方文)

07

① 주마간산(走馬看山)	말을 타고 달리며 산천을 구경한다는 뜻으로, 자세히 살피지 아니하고 대충대충 보고 지나감을 이르는 말.
② 각골지통(刻骨之痛)	뼈에 사무칠 만큼 원통함. 또는 그런 일.
③ 건곤일척(乾坤一擲)	주사위를 던져 승패를 건다는 뜻으로, 운명을 걸고 단판걸이로 승부를 겨룸을 이르는 말.
④ 후생가외(後生可畏)	젊은 후학들을 두려워할 만하다는 뜻으로, 후진들이 선배들보다 젊고 기력이 좋아 학문을 닦음에 따라 큰 인물이 될 수 있으므로 가히 두렵다는 말.
⑤ 일벌백계(一罰百戒)	한 사람을 벌주어 백 사람을 경계한다는 뜻으로, 다른 사람들에게 경각심을 불러일으키기 위하여 본보기로 한 사람에게 엄한 처벌을 하는 일을 이르는 말.

정답 ① 글을 대충 익힌 사람과 관련된 내용이므로, '자세히 살피지 아니하고 대충 보고 지나감'을 뜻하는 '주마간산(走馬看山)'과 관계있다.

08

① 초미지급(焦眉之急)	눈썹에 불이 붙었다는 뜻으로, 매우 급함을 이르는 말.
② 침소봉대(針小棒大)	작은 일을 크게 불리어 떠벌림.
③ 어로불변(魚魯不辨)	어(魚) 자와 노(魯) 자를 구별하지 못한다는 뜻으로, 아주 무식함을 비유적으로 이르는 말.
④ 조령모개(朝令暮改)	아침에 명령을 내렸다가 저녁에 다시 고친다는 뜻으로, 법령을 자꾸 고쳐서 갈피를 잡기가 어려움을 이르는 말.
⑤ 동족방뇨(凍足放尿)	언 발에 오줌 누기라는 뜻으로, 잠시 동안만 효력이 있을 뿐 효력이 바로 사라짐을 비유적으로 이르는 말.

정답 ⑤ 중산층이 불안감을 채우기 위해 일시적인 방책으로 문제를 해결하려 했음을 보여 주고 있으므로, '잠시 동안만 효력이 있을 뿐 효력이 바로 사라짐'을 뜻하는 '동족방뇨(凍足放尿)'와 관계있다.

09

① 상전벽해(桑田碧海)	뽕나무 밭이 변하여 푸른 바다가 된다는 뜻으로, 세상일의 변천이 심함을 비유적으로 이르는 말.
② 전화위복(轉禍爲福)	재앙과 근심, 걱정이 바뀌어 오히려 복이 됨.
③ 환골탈태(換骨奪胎)	1) 뼈대를 바꾸어 끼고 태를 바꾸어 쓴다는 뜻으로, 고인의 시문의 형식을 바꾸어서 그 짜임새와 수법이 먼저 것보다 잘되게 함을 이르는 말. 2) 사람이 보다 나은 방향으로 변하여 전혀 딴사람처럼 됨.
④ 일취월장(日就月將)	나날이 다달이 자라거나 발전함.
⑤ 괄목상대(刮目相對)	눈을 비비고 상대편을 본다는 뜻으로, 남의 학식이나 재주가 놀랄 만큼 부쩍 늚을 이르는 말.

정답 ② 잘못된 일이 오히려 축복일 수도 있다는 것을 말하고 있으므로, '재앙과 화난이 바뀌어 복이 됨'을 뜻하는 '전화위복(轉禍爲福)'과 관계있다.

10

① 상부상조(相夫相助)	서로서로 도움.
② 역지사지(易地思之)	처지를 바꾸어서 생각하여 봄.
③ 형설지공(螢雪之功)	반딧불·눈과 함께 하는 노력이라는 뜻으로, 고생을 하면서 부지런하고 꾸준하게 공부하는 자세를 이르는 말. 진나라 차윤이 반딧불을 모아 그 불빛으로 글을 읽고, 손강이 가난하여 겨울밤에는 눈빛에 비추어 글을 읽었다는 고사에서 유래함.
④ 교왕과직(矯枉過直)	굽은 것을 바로잡으려다가 정도에 지나치게 곧게 한다는 뜻으로, 잘못된 것을 바로잡으려다가 너무 지나쳐서 오히려 나쁘게 됨을 이르는 말.
⑤ 일체유심조(一切唯心造)	일체는 마음이 지어낸 것이라는 뜻으로, 모든 것은 오로지 마음에 달렸음을 이르는 말.

정답 ⑤ 모든 것은 마음먹기에 달려 있다는 의미는 '일체는 마음이 지어낸 것'이라는 뜻의 '일체유심조(一切唯心造)'와 관계있다.

11

① 천려일득(千慮一得)	천 번을 생각하여 하나를 얻는다는 뜻으로, 어리석은 사람이라도 많은 생각을 하면 그 과정에서 한 가지쯤은 좋은 것이 나올 수 있음을 이르는 말.
② 생자필멸(生者必滅)	생명이 있는 것은 반드시 죽음. 존재의 무상(無常)을 이르는 말.
③ 회자정리(會者定離)	만난 자는 반드시 헤어짐. 모든 것이 무상함을 나타내는 말.
④ 호접지몽(胡蝶之夢)	나비에 관한 꿈이라는 뜻으로, 인생의 덧없음을 이르는 말. 중국의 장자가 꿈에 호랑나비가 되어 날아다니다가 깨서는, 자기가 꿈에 호랑나비가 되었던 것인지 호랑나비가 꿈에 장자가 되었는지 모르겠다고 한 이야기에서 유래함.
⑤ 권불십년(權不十年)	권세는 십 년을 가지 못한다는 뜻으로, 아무리 높은 권세라도 오래가지 못함을 이르는 말.

정답 ④ 피아(彼我 ; 그와 나, 또는 저편과 이편)를 구별할 수 없는 장자의 꿈은 '호접지몽(胡蝶之夢)'과 관계있다.

12

① 인면수심(人面獸心)	사람의 얼굴을 하고 있으나 마음은 짐승과 같다는 뜻으로, 마음이나 행동이 몹시 흉악함을 이르는 말.
② 조족지혈(鳥足之血)	새 발의 피라는 뜻으로, 매우 적은 분량을 비유적으로 이르는 말.
③ 오비삼척(吾鼻三尺)	내 코가 석 자라는 뜻으로, 자기 사정이 급하여 남을 돌볼 겨를이 없음을 이르는 말.
④ 갈이천정(渴而穿井)	목이 말라야 우물을 판다는 뜻으로, 미리 준비를 하지 않고 있다가 일이 지나간 뒤에는 아무리 서둘러 봐도 아무 소용이 없음을 이르는 말.
⑤ 사후약방문(死後藥方文)	사람이 죽은 뒤에 약을 짓는다는 뜻으로, 일을 그르친 뒤에 아무리 뉘우쳐야 이미 늦었다는 말.

정답 ③ 자신의 일을 하기에도 바빠 남을 원망할 겨를이 없음은 '오비삼척(吾鼻三尺)'과 관계있다.

⦿ 문맥상 빈칸에 들어갈 표현으로 가장 적절한 것은?

> 학문하는 방도에는 별다른 것이 없고, 모를 것도 없다. (   )하면 되기 때문이다. 하인이라
> 도 나보다 한 글자 더 알고 있으면 그에게 배울 것이다. 내가 남보다 못한 것은 부끄럽게 여기면서
> 도 나보다 나은 사람에게 묻지 않는다면, 그것은 일평생 고루하고 아무 방술도 없는 그런 속에 스
> 스로 갇혀 버리고 마는 결과가 된다.

① 온고지신(溫故知新)　　② 불치하문(不恥下問)　　③ 문일지십(聞一知十)
④ 불문가지(不問可知)　　⑤ 숙흥야매(夙興夜寐)

※ 문맥상 빈칸에 들어갈 표현으로 가장 적절한 것을 고르시오.

01

> 중국은 그 나름대로 한국의 처지와 한·중 관계 사이에서 절충점을 찾으려고 고민했던 것으
> 로 보인다. 중국 외교 관계자는 "이번 조치는 국가 대 국가 관계에서 상대국의 요구를 그대로
> 수용하기도 어렵고, 그렇다고 경제적으로 매우 긴밀한 관계에 있는 한국의 요구를 무시하기
> 도 어려워서 나온 (   )이다."라고 평가했다.

① 고육지책(苦肉之策)　　② 고식지계(姑息之計)　　③ 교언영색(巧言令色)
④ 방약무인(傍若無人)　　⑤ 엄이도령(掩耳盜鈴)

02

> 호장(胡將)이 조선 국왕의 항서를 받고 세자 대군을 볼모로 잡아 들어갈새, 세자 대군이 내
> 전에 들어가 하직한대, 중전(中殿)이 세자 대군의 손을 잡으시고 눈물을 흘려 서로 잡아 떠나
> 지 못하는지라. 상이 세자 대군을 나오라 하사 눈물을 흘려 왈, "과인의 박덕함을 하늘이 밉게
> 여기사 이 지경을 당하게 되니, 어찌 (   )하리오. 너희는 만리타국에 몸을 보호하여 잘
> 가 있어라." 하시며 손을 차마 놓지 못하시거늘, 대군이 눈물을 흘리며 오열하더라.

① 전전긍긍(戰戰兢兢)　　② 노심초사(勞心焦思)　　③ 수원수구(誰怨誰咎)
④ 기고만장(氣高萬丈)　　⑤ 진퇴양난(進退兩難)

03

　　이름도 정다운 백마봉(白馬峰)은 바로 (　　　)에 서 있고, 내일 오르기로 예정된 비로봉(毘盧峰)은 단걸음에 건너뛸 정도로 가깝다. 그 밖에도, 유상무상(有象無象)의 허다한 봉들이 전시(戰時)에 할거(割據)하는 군웅(群雄)들처럼 여기에서도 우뚝 저기에서도 우뚝, 시선을 낮춰 아래로 굽어보니, 발 밑은 천인단애(千仞斷崖), 무한제(無限際)로 뚝 떨어진 황천 계곡에 단풍이 선혈(鮮血)처럼 붉다.

> **할거(割據)**　땅을 나누어 차지하고 굳게 지킴.
> **천인단애(千仞斷崖)**　천 길이나 되는 높은 낭떠러지.

① 타산지석(他山之石)　　② 오리무중(五里霧中)　　③ 호연지기(浩然之氣)
④ 막역지간(莫逆之間)　　⑤ 지호지간(指呼之間)

04

　　우리 자신의 것을 바탕으로 하지 않는 문화는 (　　　)에 불과합니다. 우리는 우리 문화의 근원이라 할 수 있는 우리의 자연에 관심을 가져야 할 것입니다. 쉼 없이 이어지는 산의 부드러우면서도 때로는 힘있는 곡선과, 자연 그대로의 오솔길, 산 따라 골 따라 순응하면서 흘러가는 냇물의 흐름과 뚜렷한 사계절의 흐름을 우리의 그림과 도자기, 생활 문화와 비교해 보면 우리 미의 근원이 자연임을 알 수 있을 것입니다.

① 용두사미(龍頭蛇尾)　　② 사상누각(沙上樓閣)　　③ 난상공론(爛商公論)
④ 고성낙일(孤城落日)　　⑤ 발본색원(拔本塞源)

05

　　"다람쥐는 일개 작은 짐승으로 배고픔이 몸에 이르고 빈곤이 처자에 미치매, 살고자 하오나 살기를 구하지 못하고 죽고자 하나 또한 구하기 어려우매 진퇴유곡(進退維谷)하던 항우(項羽)의 군사라, 다만 죽기를 달게 여기고 살기를 원하지 않는고로 방자히 산군께 위엄을 범하였나 보옵니다. 오히려 생각하올진대 가련한 바이어늘, 다람쥐로 하여금 중형으로 다스릴진대 이는 죽은 자를 다시 때리는 일이요, 오히려 (　　　)(이)오니, 엎드려 바라옵건대 산군은 위엄을 거두고 다람쥐로 하여금 쇠잔한 명을 살려 주시고 은택을 내리는 덕을 끼치사 일체 풀어 주시면 하늘과 같은 덕을 지하에 돌아간들 어찌 잊으리까. 살피고 살피심을 바라옵고 바라나이다."

① 노승발검(怒蠅拔劍)　　② 도청도설(道聽塗說)　　③ 호사유피(虎死留皮)
④ 좌고우시(左顧右視)　　⑤ 유방백세(流芳百世)

① 온고지신(溫故知新)	옛것을 익히고 그것을 미루어서 새것을 앎.
② 불치하문(不恥下問)	손아랫사람이나 지위나 학식이 자기만 못한 사람에게 모르는 것을 묻는 일을 부끄러워하지 아니함.
③ 문일지십(聞一知十)	하나를 듣고 열 가지를 미루어 안다는 뜻으로, 지극히 총명함을 이르는 말.
④ 불문가지(不問可知)	묻지 아니하여도 알 수 있음.
⑤ 숙흥야매(夙興夜寐)	아침에 일찍 일어나고 밤에 늦게 잔다는 뜻으로, 부지런히 일함을 이르는 말.

정답 ② 하인이라도 나보다 나은 점이 있다면 그에게 배울 수 있다는 내용이 들어가야 하므로, '손아랫사람이나 자기만 못한 사람에게 모르는 것을 묻는 일을 부끄러워하지 아니함'을 뜻하는 '불치하문(不恥下問)'이 적절하다.

01

① 고육지책(苦肉之策)	자기 몸을 상해 가면서까지 꾸며 내는 계책이라는 뜻으로, 어려운 상태를 벗어나기 위해 어쩔 수 없이 꾸며 내는 계책을 이르는 말.
② 고식지계(姑息之計)	우선 당장 편한 것만을 택하는 꾀나 방법. 한때의 안정을 얻기 위하여 임시로 둘러맞추어 처리하거나 이리저리 주선하여 꾸며 내는 계책을 이른다.
③ 교언영색(巧言令色)	아첨하는 말과 알랑거리는 태도.
④ 방약무인(傍若無人)	곁에 사람이 없는 것처럼 아무 거리낌 없이 함부로 말하고 행동하는 태도가 있음.
⑤ 엄이도령(掩耳盜鈴)	귀를 막고 방울을 훔친다는 뜻으로, 모든 사람이 그 잘못을 다 알고 있는데 얕은꾀를 써서 남을 속이려 함을 이르는 말.

정답 ① 중국이 한국의 요구를 수용할 수도, 무시할 수도 없는 상황에서 어렵게 계책을 세웠다는 내용이므로, '어려운 상태를 벗어나기 위해 어쩔 수 없이 꾸며 내는 계책'을 뜻하는 '고육지책(苦肉之策)'이 적절하다.

02

① 전전긍긍(戰戰兢兢)	몹시 두려워서 벌벌 떨며 조심함.
② 노심초사(勞心焦思)	몹시 마음을 쓰며 애를 태움.
③ 수원수구(誰怨誰咎)	누구를 원망하고 누구를 탓하겠냐는 뜻으로, 남을 원망하거나 탓할 것이 없음을 이르는 말.
④ 기고만장(氣高萬丈)	1) 펄펄 뛸 만큼 대단히 성이 남. 2) 일이 뜻대로 잘될 때, 우쭐하여 뽐내는 기세가 대단함.
⑤ 진퇴양난(進退兩難)	이러지도 저러지도 못하는 어려운 처지.

정답 ③ 자신의 부족함 때문에 일어난 일이니 누구를 원망하고 탓하겠느냐는 내용이 들어가야 하므로, '남을 원망하거나 탓할 것이 없음'을 뜻하는 '수원수구(誰怨誰咎)'가 적절하다.

03	① 타산지석(他山之石)	다른 산의 나쁜 돌이라도 자신의 산의 옥돌을 가는 데에 쓸 수 있다는 뜻으로, 본이 되지 않은 남의 말이나 행동도 자신의 지식과 인격을 수양하는 데에 도움이 될 수 있음을 비유적으로 이르는 말.
	② 오리무중(五里霧中)	오 리나 되는 짙은 안개 속에 있다는 뜻으로, 무슨 일에 대하여 방향이나 갈피를 잡을 수 없음을 이르는 말.
	③ 호연지기(浩然之氣)	1) 하늘과 땅 사이에 가득 찬 넓고 큰 원기. 2) 거침없이 넓고 큰 기개.
	④ 막역지간(莫逆之間)	서로 거스르지 않는 사이라는 뜻으로, 허물이 없는 아주 친한 사이를 이르는 말.
	⑤ 지호지간(指呼之間)	손짓하여 부를 만큼 가까운 거리.

> **정답** ⑤ 백마봉이 아주 가까운 거리에 서 있다는 내용이 들어가야 하므로, '손짓하여 부를 만큼 가까운 거리'를 뜻하는 '지호지간(指呼之間)'이 적절하다.

04	① 용두사미(龍頭蛇尾)	용의 머리와 뱀의 꼬리라는 뜻으로, 처음은 왕성하나 끝이 부진한 현상을 이르는 말.
	② 사상누각(沙上樓閣)	모래 위에 세운 누각이라는 뜻으로, 기초가 튼튼하지 못하여 오래 견디지 못할 일이나 물건을 이르는 말.
	③ 난상공론(爛商公論)	여러 사람이 모여서 충분히 의논함. 또는 그런 의논.
	④ 고성낙일(孤城落日)	외딴 성과 서산에 지는 해라는 뜻으로, 세력이 다하고 남의 도움이 없는 매우 외로운 처지를 이르는 말.
	⑤ 발본색원(拔本塞源)	좋지 않은 일의 근본 원인이 되는 요소를 완전히 없애 버려서 다시는 그러한 일이 생길 수 없도록 함.

> **정답** ② 우리 자신의 것을 바탕으로 세워지지 않은 문화는 기초가 튼튼하지 못하다는 내용이 들어가야 하므로, '모래 위에 세운 누각처럼 기초가 튼튼하지 못하여 오래 견디지 못할 일이나 물건'을 뜻하는 '사상누각(沙上樓閣)'이 적절하다.

05	① 노승발검(怒蠅拔劍)	성가시게 구는 파리를 보고 화가 나서 칼을 뺀다는 뜻으로, 사소한 일에 화를 내거나 또는 작은 일에 어울리지 않게 커다란 대책을 세움을 비유적으로 이르는 말.
	② 도청도설(道聽塗說)	길에서 듣고 길에서 말한다는 뜻으로, 길거리에 퍼져 돌아다니는 뜬소문을 이르는 말.
	③ 호사유피(虎死留皮)	호랑이는 죽어서 가죽을 남긴다는 뜻으로, 사람은 죽어서 명예를 남겨야 함을 이르는 말.
	④ 좌고우시(左顧右視)	이쪽저쪽을 돌아본다는 뜻으로, 앞뒤를 재고 망설임을 이르는 말.
	⑤ 유방백세(流芳百世)	꽃다운 이름이 후세에 길이 전함.

> **정답** ① 다람쥐를 중형으로 다스리는 것은 사소한 일에 화를 내는 것과 같음을 말하고 있으므로, '파리를 보고 칼을 빼는 것처럼 사소한 일에도 화를 냄'을 뜻하는 '노승발검(怒蠅拔劍)'이 적절하다.

[01~02] 다음을 읽고 물음에 답하시오.

겨울이라서 그런지 사람들은 모두 옷깃을 단단히 여미고 종종걸음을 쳤다. 짧은 겨울 해는 이미 꼬리를 감춰, 거리는 점점 어두워지고 있었다.

'이제 어찌코롬 해야 되까?'

그러나 별로 뾰족한 생각이 떠오르지 않았다. 오늘 서울 가는 기차를 타지 못하면 잠은 어디서 자야 할지 우선 그것부터 걱정이었다. 저녁밥도 먹긴 먹어야 할 텐데, 밥을 싸게 먹을 수는 없을까?

나는 나의 재산 상황을 염두에 두지 않을 수 없었다. 바로 그 순간, 바지 주머니 속의 돈이 퍼뜩 떠올랐다. 어? 그런데 잡히지 않았다. 돈이 없어져 버린 것이다. 세상에! 눈앞의 길과 건물이 출렁했다.

아무래도 아까 그 야전 점퍼를 입은 청년의 짓인 것 같았다. 도시에선 (㉠   )더니 그 말이 딱 맞는 말이었다.

그러나 당장 역으로 쫓아갈 수도 없는 노릇이었다. 그 청년은 틀림없이 아직도 역 근처에서 어슬렁대고 있을 것이다. 그것도 혼자가 아니고 여럿이서.

그들에게 잡히면 난 끝장이다. 난 이럴 수도 저럴 수도 없는 상황이 되고 말았다. 오늘 저녁을 당장 어디서 보내야 할지 대책이 서지 않았다.

가출 요령 제2장 1조에 잠은 주로 역에서 자면 된다고 되어 있었는데, 나는 지금 역으로 갈 수도 없다.

새삼스레 집 생각이 났다. 이어 배에서 만났던 할머니의 딸 집을 떠올렸다. 그러나 내 길눈으론 그곳을 다시 찾아갈 능력이 되지 않는다. 더구나 날까지 어두워져 앞인지 뒨지 천지간을 분간할 수도 없다.

– 박상률, 〈봄바람〉

01 다음 〈조건〉을 반영하여 윗글의 '나'에게 조언하는 말을 하려 할 때, 가장 적절한 것은?

> ┌─ 조건 ─┐
>
> 속담을 이용하되, '나'의 처지를 고려하여 설득한다.

① '고생 끝에 낙이 온다.'고 했어. 조금만 더 버티면 편안해질 거야.

② '금강산도 식후경'이라고 하더라. 무엇이라도 좀 먹는 게 좋겠구나.

③ '집 떠나면 고생이다.'라는 말이 있어. 이제 그만 안전한 집으로 돌아가도록 해.

④ '작은 고추가 더 맵다.'고 하지. 불량배들에게 네 진정한 용기를 보여 주는 게 좋겠어.

⑤ '가랑비에 옷 젖는 줄 모른다.'라는 말이 있어. 너도 점차 도시 생활에 익숙해질 거야.

02 ㉠에 들어갈 표현으로 가장 적절한 것은?

① 혀를 내두른다

② 목에 힘을 준다

③ 눈도 깜짝 안 한다

④ 냉수 먹고 이 쑤신다

⑤ 눈을 떠도 코 베어 간다

03 '자녀 교육의 올바른 방법'이라는 글을 쓰기 위해 만화를 분석하여 단계적으로 떠올린 내용으로 적절하지 <u>않은</u> 것은?

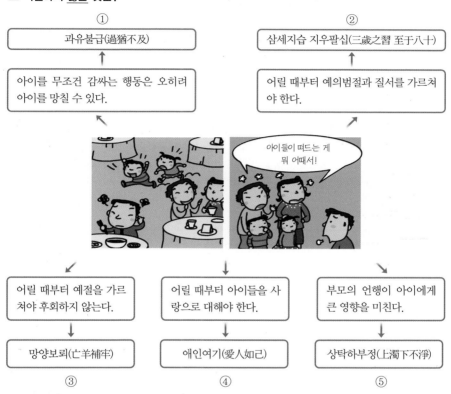

① 과유불급(過猶不及)

아이를 무조건 감싸는 행동은 오히려 아이를 망칠 수 있다.

② 삼세지습 지우팔십(三歲之習 至于八十)

어릴 때부터 예의범절과 질서를 가르쳐야 한다.

③ 어릴 때부터 예절을 가르쳐야 후회하지 않는다.

망양보뢰(亡羊補牢)

④ 어릴 때부터 아이들을 사랑으로 대해야 한다.

애인여기(愛人如己)

⑤ 부모의 언행이 아이에게 큰 영향을 미친다.

상탁하부정(上濁下不淨)

04 〈보기〉를 참고할 때, 다음 문장의 밑줄 친 부분을 관용어로 볼 수 <u>없는</u> 것은?

> **보기**
>
> 관용어는 둘 이상의 낱말이 결합하여 원래의 사전적 의미와 무관한 제3의 새로운 뜻을 나타내는 말을 가리킨다. 예를 들어, '발'과 '짧다'가 결합한 '발이 짧다'라는 말은 '먹는 자리에 남들이 다 먹은 뒤에 나타나다.'라는 새로운 뜻을 생성하게 된다. 이러한 말들은 '발이 짧다'를 '손이 짧다'처럼 다른 낱말로 대체할 수 없다는 특징을 보인다.

① 나이가 들어서 그런지 발이 저리구나.
② 한겨울에 발을 벗고 다니면 어떡하니?
③ 그곳에 한번 들어서면 발을 빼기 어렵다.
④ 딸이 오지 않자 어머니는 동동 발을 굴렀다.
⑤ 갑작스러운 태풍으로 손님들이 발이 묶였다.

[05~06] 다음을 읽고 물음에 답하시오.

> 부인이 말하기를,
> "황상을 대변하니 두렵지 아니 하였으며, 마땅히 묻는 말씀이 있었을 것이니 어찌 대답하였느냐?"
> 웅이 문답했던 말과 '13세 되면 품직하리라.' 하시던 말씀과 황제께서 태자 사랑하던 말씀을 낱낱이 고하니 부인이 (㉠)하여 말하기를,
> "황상의 넓으신 덕택이 하늘 같고 바다 같아서 갚기를 의논치 못하거니와, 네가 만일 벼슬하면 마땅히 소인들의 참소를 입을 것이니 어찌 하려 하느냐?"
> 웅이 말하기를,
> "어머님은 염려하지 마소서. 사람의 죽살이는 하늘에 달려 있고, 영광과 욕됨은 수양하기에 달려 있으니 어찌 염려가 있으며, 또 자식이 되어 어찌 (㉡)의 원수를 눈앞에 두고 그저 있사오리까? ⓐ아버지의 원수를 갚으려면 무슨 묘책이 있어야 할 것이니 엎드려 바라옵건대 어머님은 조금도 염려하지 마소서."
>
> – 작자 미상, 〈조웅전〉

05 문맥상 ㉠과 ㉡에 들어갈 말로 적절한 것은?

	㉠	㉡
①	일희일비(一喜一悲)	불공대천(不共戴天)
②	일희일비(一喜一悲)	불공함락(不攻陷落)
③	일구이언(一口二言)	불공대천(不共戴天)
④	일구이언(一口二言)	불공함락(不攻陷落)
⑤	일촉즉발(一觸卽發)	불공함락(不攻陷落)

06 ⓐ에 대한 '부인'의 대답을 다음과 같이 가정할 때, 빈칸에 들어갈 속담으로 적절한 것은?

> "옛말에 '(   )'라고 하였으니 나의 걱정도 오래가지는 않을 것이다."

① 빛 좋은 개살구
② 서 발 막대 거칠 것 없다.
③ 바늘 가는 데 실 간다.
④ 나무에 오르라 하고 흔드는 격
⑤ 가을비는 장인의 나룻 밑에서도 긋는다.

07 다음 한자 성어와 속담의 관계가 유사하지 <u>않은</u> 것은?

① 애지중지(愛之重之): 불면 꺼질까 쥐면 터질까
② 연목구어(緣木求魚): 거북이 등의 털을 긁는다.
③ 오우천월(吳牛喘月): 더위 먹은 소 달만 보아도 헐떡인다.
④ 안하무인(眼下無人): 대신(大臣) 댁 송아지 백정 무서운 줄 모른다.
⑤ 자가당착(自家撞着): 남을 물에 넣으려면 제가 먼저 물에 들어간다.

08 다음 밑줄 친 사람들에게 교훈을 줄 수 있는 한자 성어로 가장 적절한 것은?

> 나는 그동안 한국말을 배우는 여러 가지 이유들을 들었지만, 이런 경우는 처음이었다. 그리고 그 양아들을 생각하는 그녀의 깊은 마음에 감동하였다. 나는 '야, 이런 사람도 다 있구나!' 하고 놀랐으며, 그 놀람을 겉으로 표현하지 않으려고 애를 썼다. 나 같은 평범한 사람으로서는 인종과 문화가 다른 먼 나라에서 아이들을 데려와 입양하는 사람들의 경지를 이해한다는 것도 힘든 일인데, 그녀가 입양한 자식을 위해 그토록 애를 쓰는 것을 보고는 말을 잃을 지경이었다. 나는 속으로 뜨끔하면서 내가 그동안 접촉해 왔던 한국 부모들 중에 <u>외국에서 사는데 왜 한국말을 애써 가르쳐야 하느냐고 의아해하던 사람들</u>을 생각하면서 얼굴을 붉히지 않을 수 없었다.

① 권선징악(勸善懲惡)
② 입신양명(立身揚名)
③ 금의야행(錦衣夜行)
④ 수구초심(首丘初心)
⑤ 주경야독(晝耕夜讀)

09 다음 밑줄 친 부분의 의미를 속담을 활용하여 적절하게 표현한 것은?

> 요즘 세태를 흔히 황금만능주의 시대라고 한다. 우둔한 리더들은 돈이나 물질로 모든 문제를 해결하려 든다. 그러나 <u>이러한 리더십은 오히려 나중에 더 큰 힘을 들이게 되는 원인이 되기도 한다.</u> 또한 이러한 황금만능에 물든 리더십은 대개 오래 가지 못할 뿐만 아니라 그 말로(末路)도 좋지 않다. 그러나 이와는 반대로 진정한 리더는 돈보다 사람 됨됨이, 인간성으로 움직인다는 것을 명심할 필요가 있다.

① 울며 겨자 먹는 것과 같다는 말이야.
② 군불에 밥 짓는 격이라고 할 수 있지.
③ 호미로 막을 것을 가래로 막게 될지도 모른다는 얘기군.
④ 남의 잔치에 감 놓아라 배 놓아라 할 수는 없다는 말이야.
⑤ 염불에는 맘이 없고 잿밥에만 맘이 있으면 안 된다는 거야.

📖 관용어

가닥을 잡다 분위기, 상황, 생각 따위를 이치나 논리에 따라 바로잡다.

가면(을) 벗다 거짓으로 꾸민 모습을 버리고 정체를 드러내다.

가슴이 뜨끔하다 자극을 받아 마음이 깜짝 놀라거나 양심의 가책을 받다.

가슴이 서늘하다 두려움으로 마음속에 찬바람이 이는 것같이 선득하다.

간(을) 졸이다 매우 걱정되고 불안스러워 마음을 놓지 못하다.

간(이) 크다 겁이 없고 매우 대담하다.

간장을 태우다 마음을 몹시 초조하고 불안하게 만들다.

경종을 울리다 잘못이나 위험을 미리 경계하여 주의를 환기시키다.

골탕(을) 먹다 한꺼번에 크게 손해를 입거나 낭패를 당하다.

귀가 가렵다 남이 제 말을 한다고 느끼다.

귀(가) 따갑다 ① 소리가 날카롭고 커서 듣기에 괴롭다. ② 너무 여러 번 들어서 듣기가 싫다.

귀를 의심하다 믿기 어려운 이야기를 들어 잘못 들은 것이 아닌가 생각하다.

나 몰라라 하다 어떤 일에 무관심한 태도로 상관하지도 아니하고 간섭하지도 아니하다.

낚시를 던지다 남을 꾀어내기 위한 수단을 쓰다.

난장을 치다 함부로 마구 떠들다.

눈도 깜짝 안 하다 조금도 놀라지 않고 태연하다.

눈물(을) 머금다 슬픔이나 고통 따위를 억지로 참으려 애를 쓰다.

눈에 쌍심지가 오르다 몹시 화가 나서 눈을 부릅뜨다.

눈에 익다 여러 번 보아서 익숙하다.

다릿골(이) 빠지다 길을 많이 걸어서 다리가 몹시 피로해지다.

담타기(를) 쓰다 남의 허물이나 걱정거리를 넘겨받다.

덜미를 잡다 꼼짝 못 하게 하다.

된서리를 맞다 ① 되게 내리는 서리를 맞다. ② 모진 재앙이나 억압을 당하다.

뒤로 물러나다 직임이나 사회 활동에서 은퇴하다.

뒷손(을) 쓰다 은밀히 대책을 강구하거나 뒷수습을 하다.

딴죽을 걸다 서로 합의했던 일을 딴 짓을 하여 어기다.

머리(가) 굳다 ① 사고방식이나 사상 따위가 완고하다. ② 기억력 따위가 무디다.

머리(를) 썩이다 어떤 일로 몹시 애를 쓰며 생각에 몰두하다.

머리(를) 긁다 수줍거나 무안해서 어쩔 줄 모를 때 그 어색함을 무마시키려고 머리를 긁적이다.

머리(를) 들다 눌려 있거나 숨겨 온 생각·세력 따위가 겉으로 나타나다.

머리(를) 맞대다 어떤 일을 의논하거나 결정하기 위하여 서로 마주 대하다.

머리(를) 숙이다 ① 굴복하거나 저자세를 보이다. ② 마음속으로 탄복하여 수긍하거나 경의를 표하다.

머리털이 곤두서다 무섭거나 놀라서 날카롭게 신경이 긴장되다.

목(이) 막히다 설움이 북받치다.

목구멍까지 차오르다 분노, 욕망, 충동 따위가 참을 수 없는 지경이 되다.

목에 거미줄 치다 곤궁하여 아무것도 먹지 못하는 처지가 되다.

목을 걸다 ① 목숨을 바칠 각오를 하다. ② 직장에서 쫓겨나는 것을 무릅쓰다.

목이 붙어 있다 ① 살아남아 있다. ② 어떤 직위에 간신히 머물러 있다.

목청(을) 돋우다 목소리를 높이다.

바람(을) 잡다 ① 허황된 짓을 꾀하거나 그것을 부추기다. ② 마음이 들떠서 돌아다니다.

바람(이) 들다 ① 무 따위가 얼었다 녹았다 하는 바람에 물기가 빠져 푸석푸석하게 되다. ② 다 되어 가는 일에 탈이 생기다.

발(을) 디딜 틈이 없다 복작거리어 혼잡스럽다.

발목(을) 잡히다 ① 어떤 일에 꽉 잡혀서 벗어나지 못하다. ② 남에게 어떤 약점이나 단서(端緒)를 잡히다.

발을 구르다 매우 안타까워하거나 다급해하다.

발(을) 끊다 오가지 않거나 관계를 끊다.

발(을) 빼다 어떤 일에서 관계를 완전히 끊고 물러나다.

발(을) 뻗다 걱정되거나 애쓰던 일이 끝나 마음을 놓다.

발(이) 넓다 사귀어 아는 사람이 많아 활동하는 범위가 넓다.

발(이) 묶이다 몸을 움직일 수 없거나 활동할 수 없는 형편이 되다.

발이 손이 되도록 빌다 손만으로는 부족하여 발까지 동원할 정도로 간절히 빌다.

배(를) 두드리다 생활이 풍족하거나 살림살이가 윤택하여 안락하게 지내다.

배알이 꼴리다 비위에 거슬려 아니꼽다. 윤 밸이 꼴리다

배에 기름이 오르다 살림이 넉넉하여지다.

변죽(을) 울리다 바로 집어 말을 하지 않고 둘러서 말을 하다.

복장(을) 긁다 성이 나게 하다. 윤 복장(을) 뒤집다

복장(이) 터지다 몹시 마음에 답답함을 느끼다.

본때를 보이다 잘못을 다시는 저지르지 아니하거나 교훈이 되도록 따끔한 맛을 보이다.

볼 장(을) 다 보다 일이 더 손댈 것도 없이 틀어지다.

비위(가) 상하다 ① 비위가 좋지 않아 금방 게울 듯하여지다. ② 마음에 거슬리어 아니꼽고 속이 상하다.

서슬이 시퍼렇다 권세나 기세 따위가 아주 대단하다. ⑪ 서슬(이) 푸르다

손(을) 끊다 교제나 거래 따위를 중단하다.

손(을) 뻗치다 ① 이제까지 하지 아니하던 일까지 활동 범위를 넓히다. ② 적극적인 도움, 요구, 침략, 간섭 따위의 행위가 멀리까지 미치게 하다.

손에 익다 일이 손에 익숙해지다.

손을 내밀다 ① 무엇을 달라고 요구하거나 구걸하다. ② 도움, 간섭 따위의 행위가 어떤 곳에 미치게 하다. ③ 친하려고 나서다.

싹수(가) 노랗다 잘될 가능성이나 희망이 애초부터 보이지 아니하다.

아귀(가) 맞다 ① 앞뒤가 빈틈없이 들어맞다. ② 일정한 수량 따위가 들어맞다.

앞뒤를 재다 어떤 일을 할 때 자신의 이해나 득실을 신중하게 따지고 이것저것 계산하다.

어깨가 처지다 낙심하여 풀이 죽고 기가 꺾이다.

어깨를 나란히 하다 ① 나란히 서거나 나란히 서서 걷다. ② 서로 비슷한 지위나 힘을 가지다. ③ 같은 목적으로 함께 일하다.

억장이 무너지다 극심한 슬픔이나 절망 따위로 몹시 가슴이 아프고 괴롭다.

얼굴을 내밀다 모임 따위에 모습을 나타내다.

얼굴을 들다 남을 떳떳이 대하다.

엉덩이가 구리다 방귀를 뀌어 구린내가 난다는 뜻으로, 부정이나 잘못을 저지른 장본인 같다는 말.

옆구리(를) 찌르다 팔꿈치나 손가락으로 옆구리를 찔러서 비밀스럽게 신호를 보내다.

오금이 저리다 저지른 잘못이 들통이 나거나 그 때문에 나쁜 결과가 있지 않을까 마음을 졸이다.

이마를 마주하다 함께 모여 의논하다.

입에 달라붙다 입맛에 맞다.

입에 풀칠하다 근근이 살아가다.

입을 막다 시끄러운 소리나 자기에게 불리한 말을 하지 못하게 하다.

입을 모으다 여러 사람이 같은 의견을 말하다.

입을 씻다 이익 따위를 혼자 차지하거나 가로채고서는 시치미를 떼다.

입이 닳다 다른 사람이나 물건에 대하여 거듭해서 말하다.

입이 (딱) 벌어지다 매우 놀라거나 좋아하다.

입이 쓰다 어떤 일이나 말 따위가 못마땅하여 기분이 언짢다.

잔뼈가 굵다 오랜 기간 일정한 곳이나 직장에서 일을 하여 그 일에 익숙하다.

죽 끓듯 하다 화나 분통 따위의 감정을 참지 못하여 마음속이 부글부글 끓어오르다.

죽을 쑤다 어떤 일을 망치거나 실패하다.

줄행랑(을) 놓다 낌새를 채고 피하여 달아나다.

찬밥 더운밥 가리다 어려운 형편에 있으면서 배부른 행동을 하다.

침(을) 삼키다 ① 음식 따위를 몹시 먹고 싶어하다. ② 자기 소유로 하고자 몹시 탐내다.

침이 마르다 다른 사람이나 물건에 대하여 거듭해서 말하다. ⑪ 입이 닳다

칼자루를 휘두르다 권력을 사용하다.

코가 꿰이다 약점이 잡히다.

코가 납작해지다 몹시 무안을 당하거나 기가 죽어 위신이 뚝 떨어지다.

코(를) 빠뜨리다 못 쓰게 만들거나 일을 망치다.

토(를) 달다 어떤 말끝에 그 말에 대하여 덧붙여 말하다.

포문을 열다 ① 대포를 쏘다. ② 상대편을 공격하는 발언을 시작하다.

피와 살이 되다 지식이나 영양분 따위가 완전히 소화되어 자기 것이 되다.

학을 떼다 괴롭거나 어려운 상황을 벗어나느라고 진땀을 빼거나, 그것에 거의 질려 버리다.

허리를 잡다 웃음을 참을 수 없어 고꾸라진 듯이 마구 웃다. ⑪ 허리가 끊어지다

혀를 내밀다 ① 남을 비웃거나 비방하다. ② 자기의 실패를 부끄럽게 여김을 나타내는 몸짓을 하다.

혀를 차다 마음이 언짢거나 유감의 뜻을 나타내다.

홍역(을) 치르다 몹시 애를 먹거나 어려움을 겪다.

📖 속담

가는 날이 장날 어떤 일을 하려고 하는데 뜻하지 않은 일을 공교롭게 당함.

가는 말에 채찍질 ① 열심히 하고 있는데도 더 빨리 하라고 독촉함. ② 형편이나 힘이 한참 좋을 때라도 더욱 마음을 써서 힘써야 함.

가랑잎에 불붙듯 ① 성미가 조급하고 도량이 좁아 걸핏하면 발끈하고 화를 잘 냄. ② 어떤 주장에 호응하거나, 자극에 대해 빠르게 반응함.

가랑잎이 솔잎더러 바스락거린다고 한다 자기의 허물은 생각하지 않고 도리어 남의 허물만 나무람.

갈수록 태산(이라) 갈수록 더욱 어려운 지경에 처하게 되는 경우를 비유적으로 이르는 말. 📖 산 넘어 산이다

같은 값이면 다홍치마 값이 같거나 같은 노력을 한다면 품질이 좋은 것을 택한다는 말.

개같이 벌어서 정승같이 산다 돈을 벌 때는 천한 일이라도 하면서 벌고, 쓸 때는 떳떳하고 보람 있게 씀을 비유적으로 이르는 말.

개구리도 움쳐야 뛴다 뛰기를 잘하는 개구리도 뛰기 전에 움츠려야 한다는 뜻으로, 아무리 급하더라도 일을 이루려면 그 일을 위하여 준비할 시간이 있어야 함을 이르는 말.

개도 주인을 알아본다 짐승인 개도 자기를 돌봐 주는 주인을 안다는 뜻으로, 배은망덕한 사람을 꾸짖어 이르는 말.

개천에서 용 난다 미천한 집안이나 변변하지 못한 부모에게서 훌륭한 인물이 나는 경우를 이르는 말.

고기도 저 놀던 물이 좋다 평소에 낯익은 제 고향이나 익숙한 환경이 좋다는 말.

고래 싸움에 새우 등 터진다 강한 자들끼리 싸우는 통에 아무 상관도 없는 약한 자가 중간에 끼어 피해를 입게 됨을 이르는 말.

고슴도치도 제 새끼는 함함하다고 한다 ① 자기 자식의 나쁜 점은 모르고 도리어 자랑으로 삼는다는 말. ② 어버이 눈에는 제 자식이 다 잘나고 귀여워 보인다는 말.

고양이 목에 방울 달기 실행하기 어려운 것을 공연히 의논함.

고양이 쥐 생각 속으로는 해칠 마음을 품고 있으면서, 겉으로는 생각해 주는 척함을 이르는 말.

곳간에서 인심 난다 먹고 살 만큼 넉넉해야만 남을 동정하게 된다는 말.

공든 탑이 무너지랴 힘을 다하고 정성을 다하여 한 일은 그 결과가 반드시 헛되지 아니함을 이르는 말.

구멍은 깎을수록 커진다 잘못된 일을 변명하고 얼버무리려고 하면 할수록 더욱 일이 어려워짐.

굴러 온 돌이 박힌 돌 뺀다 외부에서 들어온 지 얼마 안 되는 사람이 오래전부터 있던 사람을 내쫓거나 해치려 함을 이르는 말.

굿이나 보고 떡이나 먹지 남의 일에 쓸데없는 간섭을 하지 말고 되어 가는 형편을 보고 있다가 이익이나 얻도록 하라는 말.

긁어 부스럼 아무렇지도 않은 일을 공연히 건드려서 걱정을 일으킨 경우를 이르는 말.

길이 아니거든 가지 말고 말이 아니거든 듣지 말라 언행을 소홀히 하지 말고, 정도(政道)에서 벗어나는 일이거든 아예 처음부터 하지 말라는 말.

까마귀 고기를 먹었나 잊어버리기를 잘하는 사람을 놀리거나 나무라는 말.

까마귀 날자 배 떨어진다 아무 관계 없이 한 일이 공교롭게도 때가 같아 어떤 관계가 있는 것처럼 의심을 받게 됨.

꿩 먹고 알 먹는대[먹기] 한 가지 일을 하여 두 가지 이상의 이익을 보게 됨. 📖 굿 보고 떡 먹기

나 먹기는 싫어도 남 주기는 아깝다 자기에게 소용이 없으면서도 남에게는 주기 싫은 인색한 마음을 이르는 말.

나간 놈의 몫은 있어도 자는 놈의 몫은 없다 게으른 사람에게는 혜택이 돌아가지 아니함.

나간 놈의 집구석이라 집 안이 어수선하고 정리가 안 되어 있음을 이르는 말.

나중에 들어온 놈이 아랫목 차지한다 ① 늦게 왔지만 제일 좋은 조건을 차지하게 됨을 이르는 말. ② 늦게 와서 주제넘게 좋은 자리를 차지하고 우쭐대는 경우를 놀림조로 이르는 말.

남의 눈에 눈물 내면 제 눈에는 피눈물이 난다 남에게 악한 짓을 하면 자기는 그보다 더한 벌을 받게 됨을 이르는 말.

남의 자식 흉보지 말고 내 자식 가르쳐라 남을 흉보기 전에 그것을 거울삼아 먼저 제 잘못을 뉘우치고 고치라는 말.

남의 장단에 춤춘다 자기 주견이 없이 남이 하는 대로 따라 함을 이르는 말.

낫 놓고 기역 자도 모른다 기역 자 모양으로 생긴 낫을 보면서도 기역 자를 모른다는 뜻으로, 아주 무식함을 이르는 말.

낮말은 새가 듣고 밤말은 쥐가 듣는다 ① 아무도 안 듣는 데서라도 말조심해야 한다는 말. ② 아무리 비밀히 한 말이라도 반드시 남의 귀에 들어가게 된다는 말.

내 밥 먹은 개가 발뒤축을 문다 자기에게 은혜를 입은 사람이 도리어 자기에게 해를 끼침.

내 배 부르니 평안 감사가 조카 같다 자기 배가 불러 세상에 부러울 것이 없음을 이르는 말.

내 배 부르면 종의 밥 짓지 말라 한다 자기만 만족하면 남의 곤란함을 모르고 돌보아 주지 아니함.

내 코가 석 자 내 사정이 급하고 어려워서 남을 돌볼 여유가 없음을 이르는 말.

누울 자리 봐 가며 발을 뻗어라 ① 어떤 일을 할 때 그 결과가 어떻게 되리라는 것을 생각하여 미리 살피고 일을 시작하라는 말. ② 시간과 장소를 가려 행동하라는 말.

누워서 침 뱉기 ① 남을 해치려고 하다가 도리어 자기가 해를 입게 됨을 이르는 말. ② 자기에게 해가 돌아올 짓을 함을 이르는 말. ㈜ 하늘 보고 침 뱉기

누이 좋고 매부 좋다 어떤 일에 있어 서로 다 이롭고 좋음.

눈 가리고 아웅 한다 ① 얕은 수로 남을 속이려 함. ② 실제로 보람도 없을 일을 공연히 형식적으로 하는 체하며 부질없는 짓을 함.

눈에 콩깍지가 씌었다 앞이 가리어 사물을 정확하게 보지 못함.

눈에는 눈 이에는 이 해를 입은 만큼 앙갚음하는 것을 이르는 말.

느릿느릿 걸어도 황소걸음 속도는 느리나 오히려 믿음직스럽고 알차다는 말.

다 된 밥에 재 뿌린다 애써 완성된 일을 망쳐 버림.

달 보고 짖는 개 ① 남의 일에 대하여 잘 알지도 못하면서 떠들어 대는 사람을 이르는 말. ② 대수롭지도 않은 일에 공연히 놀라거나 겁을 내서 떠들썩하는 싱거운 사람을 이르는 말.

달면 삼키고 쓰면 뱉는다 옳고 그름이나 신의를 돌보지 않고 자기의 이익만 꾀함.

닭 쫓던 개 지붕 쳐다보듯 애써 하던 일이 실패로 돌아가거나 남보다 뒤떨어져 어찌할 도리가 없이 됨.

도끼로 제 발등 찍는다 남을 해칠 요량으로 한 것이 결국은 자기에게 해롭게 된 경우를 이르는 말.

도둑질을 해도 손발이 맞아야 한다 무슨 일이든지 두 편에서 서로 뜻이 맞아야 이루어질 수 있다는 말. ㈜ 두 손뼉이 맞아야 소리가 난다

도랑 치고 가재 잡는다 ① 일의 순서가 바뀌었기 때문에 애쓴 보람이 나타나지 않음. ② 한 가지 일로 두 가지 이익을 봄.

돈이 돈을 번다 돈이 많은 사람이 그 이익을 통하여 돈을 더 벌 수 있다는 말.

되로 주고 말로 받는다 조금 주고 그 대가로 몇 곱절이나 많이 받는 경우를 이르는 말.

될성부른 나무는 떡잎부터 알아본다 잘될 사람은 어려서부터 남달리 장래성이 엿보인다는 말.

뒤웅박 팔자 입구가 좁은 뒤웅박에 갇힌 팔자라는 뜻으로, 일단 신세를 망치면 거기서 헤어 나오기 어려움을 이르는 말.

드는 줄은 몰라도 나는 줄은 안다 사람이나 재물이 붙는 것은 눈에 잘 띄지 않아도 그것이 줄어드는 것은 곧 알아차릴 수 있다는 말.

등이 따스우면 배부르다 ① 옷을 잘 입고 있는 사람이면 배도 부른 사람이라는 말. ② 추운 날 더운 데 누워 있으면 먹지 아니하여도 배고픈 줄 모른다는 말.

마음 없는 염불 하고 싶지 아니한 일을 마지못하여 하는 것을 이르는 말.

마음처럼 간사한 건 없다 사람의 마음이란 이해관계에 따라서 간사스럽게 변함을 이르는 말.

마파람에 게 눈 감추듯 음식을 매우 빨리 먹어 버리는 모습을 이르는 말. ㈜ 두꺼비 파리 잡아먹듯

말 한마디에 천 냥 빚도 갚는다 말만 잘하면 어려운 일이나 불가능해 보이는 일도 해결할 수 있다는 말.

말은 할 탓이다 같은 내용의 말이라도 하기에 달렸다는 말.

말은 해야 맛이고 고기는 씹어야 맛이다 마땅히 할 말은 해야 한다는 말.

말이 씨가 된다 늘 말하던 것이 마침내 사실대로 되었을 때를 이르는 말.

모래 위에 쌓은 성 기초가 튼튼하지 못하여 곧 허물어질 수 있는 물건이나 일을 비유적으로 이르는 말.

목마른 놈이 우물 판다 제일 급하고 일이 필요한 사람이 그 일을 서둘러 하게 되어 있다는 말. ㈜ 갑갑한 놈이 우물 판다

못 먹는 감 찔러나 본다 제 것으로 만들지 못할 바에야 남도 갖지 못하게 못쓰게 만들자는 뒤틀린 마음을 이르는 말. ㈜ 못 먹는 밥에 재 집어넣기

못 오를 나무는 쳐다보지도 마라 불가능한 일에 대해서는 처음부터 욕심을 내지 않는 것이 좋다는 말.

물에 빠져도 정신을 차려야 산다 아무리 어려운 경우에 처하여 있더라도 정신을 차리고 용기를 내면 살 도리가 있음을 이르는 말.

물에 빠지면 지푸라기라도 잡는다 위급한 때를 당하면 무엇이나 닥치는 대로 잡고 늘어지게 됨을 이르는 말.

물에 빠진 놈 건져 놓으니까 내 봇짐 내라 한다 남에게 은혜를 입고서도 그 고마움을 모르고 생트집을 잡음.

바늘 도둑이 소도둑 된다 작은 나쁜 짓도 자꾸 하게 되면 큰 죄를 저지르게 됨을 이르는 말.

바늘로 찔러도 피 한 방울 안 난다 ① 사람이 매우 단단하고 야무지게 생겼음. ② 사람의 성격이 빈틈이 없거나 융통성이 없음.

발 없는 말이 천 리 간다 말은 비록 발이 없지만 천 리 밖까지도 순식간에 퍼진다는 뜻으로, 말을 삼가야 함을 비유적으로 이르는 말.

밥 먹을 때는 개도 안 때린다 비록 하찮은 짐승일지라도 밥을 먹을 때에는 때리지 않는다는 뜻으로, 음식을 먹고 있을 때에는 아무리 잘못한 것이 있더라도 때리거나 꾸짖지 말아야 한다는 말.

배 먹고 이 닦기 배를 먹으면 이까지 하얗게 닦아진다는 뜻으로, 한 가지 일에 두 가지 이로움이 있음을 이르는 말.

배만 부르면 제 세상인 줄 안다 ① 배불리 먹기만 하면 아무 근심 걱정도 모른다는 말. ② 돈만 있으면 제 세상인 줄 알고 제멋대로 행동한다는 말.

백 번 듣는 것이 한 번 보는 것만 못하다 듣기만 하는 것보다는 직접 보는 것이 확실하다는 말.

백지장도 맞들면 낫다 쉬운 일이라도 협력하여 하면 훨씬 쉽다는 말.

뱁새가 황새를 따라가면 다리가 찢어진다 힘에 겨운 일을 억지로 하면 도리어 해만 입는다는 말.

벙어리 냉가슴 앓듯 답답한 사정이 있어도 남에게 말하지 못하고 혼자만 괴로워하며 걱정하는 경우를 이르는 말.

벙어리 속은 벙어리가 안다 같은 처지에 있는 사람이라야 그 마음을 알 수 있음을 이르는 말.

벼룩도 낯짝이 있다 매우 작은 벼룩조차도 낯짝이 있는데 하물며 사람이 체면이 없어서야 되겠느냐는 말.

벼룩의 간을 내먹는다 ① 하는 짓이 몹시 잘거나 인색함. ② 어려운 처지에 있는 사람에게서 금품을 뜯어냄.

병 주고 약 준다 남을 해치고 나서 약을 주며 그를 구원하는 체한다는 뜻으로, 교활하고 음흉한 자의 행동을 이르는 말. 윤 등 치고 배 만진다

병에는 장사 없다 아무리 장사라도 병에 걸리면 맥을 못춤.

봉사 단청 구경 ① 눈먼 봉사가 단청을 구경한다는 뜻으로, 사물의 참된 모습을 깨닫지 못함을 이르는 말. ② 아무리 보아도 그 진미(眞美)를 알아볼 능력이 없는 경우를 이르는 말.

부자가 더 무섭다 부자가 더 인색하게 굶을 이르는 말.

부자는 망해도 삼 년 먹을 것이 있다 본래 부자이던 사람은 망했다 하더라도 얼마 동안은 그럭저럭 살아 나갈 수 있음을 이르는 말.

북은 칠수록 소리가 난다 북은 힘을 주어 세게 치면 칠수록 요란한 소리가 난다는 뜻으로, 다투면 다툴수록 그만큼 손해만 커짐을 이르는 말.

비 온 뒤에 땅이 굳어진다 어떤 시련을 겪은 뒤에 더 강해짐을 이르는 말.

비를 드니까 마당을 쓸라고 한다 스스로 일을 하려고 하는데 그 일을 시킨다는 뜻으로, 일을 하려고 하는 사람에게 쓸데없는 간섭을 해서 기분을 망쳐 놓는 경우를 이르는 말.

빈대 잡으려고 초가삼간 태운다 손해를 크게 볼 것을 생각지 아니하고 자기에게 마땅치 아니한 것을 없애려고 그저 덤비기만 하는 경우를 이르는 말.

사람 나고 돈 났지 돈 나고 사람 났나 돈밖에 모르는 사람을 비난하여 이르는 말.

사람 위에 사람 없고 사람 밑에 사람 없다 사람은 본래 태어날 때부터 권리나 의무가 평등함을 이르는 말.

사람 팔자 시간문제 사람의 팔자는 순식간에 달라질 수도 있으므로 그 앞날이 어떻게 될지 알 수 없음.

사람은 죽으면 이름을 남기고 범은 죽으면 가죽을 남긴다 인생에서 가장 중요한 것은 생전에 보람 있는 일을 해 놓아 후세에 명예를 떨치는 것임을 이르는 말.

산 사람은 아무 때나 만난다 사람은 죽지 않고 살아 있으면 언젠가는 만나게 된다는 뜻으로, 다시 안 볼 것처럼 야박하게 끊지 말라는 말.

산 (사람) 입에 거미줄 치랴 아무리 살림이 어려워 식량이 떨어져도 사람은 그럭저럭 죽지 않고 먹고 살아가기 마련임을 이르는 말. 윤 사람이 굶어 죽으란 법은 없다

상주 보고 제삿날 다툰다 제삿날을 가장 잘 알고 있을 상주와 제삿날을 가지고 시비한다는 뜻으로, 어떤 방면에 아주 잘 아는 사람을 상대로 어리석게 제 의견을 고집함을 비웃는 말.

새 발의 피 아주 하찮은 일이나 극히 적은 분량임을 이르는 말.

새벽달 보자고 초저녁부터 기다린다 새벽에 뜰 달을 보겠다고 초저녁부터 나가서 기다리고 있다는 뜻으로, 일을 너무 일찍부터 서두름을 이르는 말.

서울 (가서) 김 서방 찾는다 주소도 이름도 모르고 무턱대고 막연하게 사람을 찾아가는 경우를 이르는 말.

세 살 적 버릇이 여든까지 간다 어릴 때 몸에 밴 버릇은 늙어 죽을 때까지 고치기 힘들다는 뜻으로, 어릴 때부터 나쁜 버릇이 들지 않도록 잘 가르쳐야 함을 이르는 말.

소 뒷걸음질 치다 쥐 잡기 소가 뒷걸음질 치다가 우연히 쥐를 잡게 되었다는 뜻으로, 우연히 공을 세운 경우를 비유적으로 이르는 말.

소 잃고 외양간 고친다 소를 도둑맞은 다음에서야 빈 외양간의 허물어진 데를 고치느라 수선을 떤다는 뜻으로, 일이 이미 잘못된 뒤에는 손을 써도 소용이 없음을 비꼬는 말.

소도 언덕이 있어야 비빈다 누구나 의지할 곳이 있어야 무슨 일이든 시작하거나 이룰 수가 있음을 이르는 말.

소문 난 잔치에 먹을 것 없다 큰 기대에 비해 실속이 없거나 소문이 실제와 일치하지 않는 경우를 이르는 말.

속 빈 강정 겉만 그럴듯하고 실속이 없음.

쇠귀에 경 읽기 아무리 가르치고 일러 주어도 알아듣지 못하거나 효과가 없는 경우를 이르는 말.

쇠뿔도 단김에 빼랬다 어떤 일이든지 하려고 생각했으면 한창 열이 올랐을 때 망설이지 말고 곧 행동으로 옮겨야 함을 이르는 말.

술 익자 체 장수 간다 술이 익어 체로 걸러야 할 때에 마침 체 장수가 지나간다는 뜻으로, 일이 공교롭게 잘 맞아 감을 이르는 말.

술에 술 탄 듯 물에 물 탄 듯 ① 주견이나 주책이 없이 말이나 행동이 분명하지 않음을 이르는 말. ② 아무리 가공을 하여도 본바탕은 조금도 변하지 않는 상태를 이르는 말.

아니 땐 굴뚝에 연기 날까 ① 원인이 없으면 결과가 있을 수 없음. ② 실제 어떤 일이 있기 때문에 말이 남. 윤 아니 때린 장구 북소리 날까

엎드려 절 받기 상대편은 마음에 없는데 자기 스스로 요구하여 대접을 받는 경우를 이르는 말.

열 번 쓰러지면 열 번 (다시) 일어난다 백절불굴의 강인한 정신과 기상을 이르는 말.

열 손가락 깨물어 안 아픈 손가락이 없다 혈육은 다 귀하고 소중함을 이르는 말.

오뉴월 감기는 개도 아니 걸린다 여름에 감기 앓는 사람을 변변치 못한 사람이라고 놀림조로 이르는 말.

오뉴월 개 팔자 하는 일 없이 놀고먹는 편한 팔자를 이르는 말.

옥에도 티가 있다 아무리 훌륭한 사람 또는 좋은 물건이라 하여도 자세히 따지고 보면 사소한 흠은 있다는 말.

왕후장상이 씨가 있나 높은 자리에 오르는 것은 가문이나 혈통 따위에 따른 것이 아니라 자신의 능력에 따른 것임을 이르는 말.

외손뼉이 못 울고, 한 다리로 못 간다 ① 일은 상대가 같이 응하여야지 혼자서만 해서는 잘되는 것이 아님을 비유적으로 이르는 말. ② 상대 없는 분쟁이 없음을 이르는 말.

우는 아이 젖 준다 무슨 일에 있어서나 자기가 요구하여야 쉽게 구할 수 있음을 이르는 말.

우물을 파도 한 우물을 파라 일을 너무 벌여 놓거나 하던 일을 자주 바꾸어 하면 아무런 성과가 없으니 어떠한 일이든 한 가지 일을 끝까지 하여야 성공할 수 있다는 말.

원님 덕분에 나팔 분다 남의 덕으로 당치도 아니한 행세를 하게 되거나 그런 대접을 받고 우쭐대는 모양을 이르는 말.

원수는 외나무다리에서 만난다 ① 꺼리고 싫어하는 대상을 피할 수 없는 곳에서 공교롭게 만나게 됨. ② 남에게 악한 일을 하면 그 죄를 받을 때가 반드시 옴.

윗물이 맑아야 아랫물이 맑다 윗사람이 잘하면 아랫사람도 따라서 잘하게 된다는 말.

음지가 양지 되고 양지가 음지 된다 운이 나쁜 사람도 좋은 수를 만날 수 있고 운이 좋은 사람도 어려운 시기가 있다는

말로, 세상사는 늘 돌고 돈다는 말.

입은 비뚤어져도 말은 바로 해라 상황이 어떻든지 말은 언제나 바르게 하여야 함.

작은 고추가 더 맵다 몸집이 작은 사람이 큰 사람보다 재주가 뛰어나고 야무짐.

잘되면 제 탓 못되면 조상 탓 일이 안 될 때 그 책임을 남에게 돌리는 태도를 이르는 말.

저 살 구멍만 찾는다 남이야 어떻게 되든지 전혀 상관하지 않고 제 욕심대로만 자기 이익을 취해 버림.

제 버릇 개 줄까 한번 젖어 버린 나쁜 버릇은 쉽게 고치기가 어렵다는 말.

첫술에 배부르랴 어떤 일이든 단번에 만족할 수는 없다는 말.

초록은 동색 ① 처지가 같은 사람들끼리 한패가 되는 경우를 이르는 말. ② 명칭은 다르나 따져 보면 한가지임을 이르는 말.

친구 따라 강남 간다 자기는 하고 싶지 아니하나 남에게 끌려서 덩달아 하게 됨.

평안 감사도 저 싫으면 그만이다 아무리 좋은 일이라도 당사자의 마음이 내키지 않으면 억지로 시킬 수 없음.

하늘은 스스로 돕는 자를 돕는다 어떤 일을 이루기 위해서는 자신의 노력이 중요함.

하늘을 보고 손가락질한다 ① 상대가 되지도 아니하는 보잘것없는 사람이 건드려도 꿈쩍도 아니할 대상에게 무모하게 시비를 걸며 욕함을 이르는 말. ② 어떤 일을 이루려고 노력을 하나 그럴 만한 능력이 없으므로 공연한 짓을 함을 이르는 말.

하늘의 별 따기 무엇을 얻거나 성취하기가 매우 어려운 경우를 이르는 말.

하늘이 무너져도 솟아날 구멍이 있다 아무리 어려운 경우에 처하더라도 살아 나갈 방도가 생긴다는 말.

한 귀로 듣고 한 귀로 흘린다 남의 말을 귀담아듣지 아니한다는 말.

한 입으로 두 말 하기 한 가지 일에 대하여 말을 이렇게 하였다 저렇게 하였다 한다는 말.

호미로 막을 것을 가래로 막는다 ① 적은 힘으로 충분히 처리할 수 있는 일에 쓸데없이 많은 힘을 들이는 경우를 이르는 말. ② 커지기 전에 처리하였으면 쉽게 해결되었을 일을 방치하여 두었다가 나중에 큰 힘을 들이게 된 경우를 이르는 말.

호박이 넝쿨째로 굴러떨어졌다 뜻밖에 좋은 물건을 얻거나 행운을 만났다는 말. 윤 굴러 온 호박

혹 떼러 갔다 혹 붙여 온다 자기의 부담을 덜려고 하다가 다른 일까지도 맡게 된 경우를 이르는 말.

📖 한자 성어

갑남을녀(甲男乙女) 평범한 사람들. ㈜ 필부필부(匹夫匹婦)

강구연월(康衢煙月) 태평한 세상의 평화로운 풍경.

격물치지(格物致知) 실제 사물의 이치를 연구하여 지식을 완전하게 함.

격세지감(隔世之感) 오래지 않은 동안에 몰라보게 변하여 아주 다른 세상이 된 것 같은 느낌.

격화소양(隔靴搔癢) 성에 차지 않거나 철저하지 못한 안타까움.

견리사의(見利思義) 눈앞의 이익을 보면 의리를 먼저 생각함.

견마지로(犬馬之勞) 윗사람에게 충성을 다하는 자신의 노력을 낮추어 이르는 말.

견물생심(見物生心) 어떠한 실물을 보게 되면 그것을 가지고 싶은 욕심이 생김.

견원지간(犬猿之間) 사이가 아주 나쁜 두 관계.

경국지색(傾國之色) 뛰어나게 아름다운 미인을 이르는 말. ㈜ 천하일색(天下一色)

경이원지(敬而遠之) ① 공경하되 가까이 하지는 않음. ② 겉으로는 공경하는 체하면서 실제로는 꺼리어 멀리함.

고량진미(膏粱珍味) 기름진 고기와 좋은 곡식으로 만든 맛있는 음식. ㈜ 산해진미(山海珍味)

고립무원(孤立無援) 고립되어 구원을 받을 데가 없음.

곡학아세(曲學阿世) 바른 길에서 벗어난 학문으로 세상 사람에게 아첨함.

과전불납리(瓜田不納履) 의심받기 쉬운 행동은 하지 말아야 함. ㈜ 이하부정관(梨下不整冠)

관포지교(管鮑之交) 우정이 아주 돈독한 친구 관계. ㈜ 수어지교(水魚之交), 막역지우(莫逆之友)

교외별전(敎外別傳) 불교에서, 부처의 가르침을 말이나 글에 의하지 않고 바로 마음에서 마음으로 전하여 진리를 깨닫게 하는 법. ㈜ 이심전심(以心傳心), 염화미소(拈華微笑), 염화시중(拈華示衆)

구밀복검(口蜜腹劍) 말로는 친한 듯하나 속으로는 해칠 생각이 있음. ㈜ 소중도(笑中刀)

구우일모(九牛一毛) 매우 많은 것 가운데 극히 적은 수를 이르는 말. ㈜ 창해일속(滄海一粟)

구절양장(九折羊腸) 꼬불꼬불하며 험한 산길.

군계일학(群鷄一鶴) 많은 사람 가운데서 뛰어난 인물.

극기복례(克己復禮) 자기의 욕심을 누르고 예의범절을 따름.

근묵자흑(近墨者黑) 나쁜 사람과 가까이 지내면 나쁜 버릇에 물들기 쉬움. ㈜ 마중지봉(麻中之蓬)

금과옥조(金科玉條) 금이나 옥처럼 귀중히 여겨 꼭 지켜야 할 법칙이나 규정.

금란지교(金蘭之交) 친구 사이의 매우 두터운 정.

기사회생(起死回生) 죽을 뻔하다가 도로 살아남.

기호지세(騎虎之勢) 이미 시작한 일을 중도에서 그만둘 수 없는 경우를 이르는 말.

낙화유수(落花流水) ① 가는 봄의 경치. ② 살림이나 세력이 약해져 아주 보잘것없이 됨. ③ 남녀가 서로 그리워함.

낭중지추(囊中之錐) 재능이 뛰어난 사람은 숨어 있어도 저절로 사람들에게 알려짐.

녹음방초(綠陰芳草) 여름철의 자연 경관.

녹의홍상(綠衣紅裳) ① 연두저고리와 다홍치마. ② 곱게 차려 입은 젊은 여자의 옷차림.

누란지위(累卵之危) 몹시 아슬아슬한 위기를 이르는 말.

단사표음(簞食瓢飮) 청빈하고 소박한 생활.

독수공방(獨守空房) ① 혼자서 지내는 것. ② 아내가 남편 없이 혼자 지내는 것.

독야청청(獨也靑靑) 남들이 모두 절개를 꺾는 상황 속에서도 홀로 절개를 굳세게 지키고 있음.

동가홍상(同價紅裳) 같은 값이면 다홍치마라는 뜻으로, 같은 값이면 좋은 물건을 가짐을 이르는 말.

동고동락(同苦同樂) 괴로움도 즐거움도 함께함.

동병상련(同病相憐) 어려운 처지에 있는 사람끼리 서로 가엾게 여김.

득롱망촉(得隴望蜀) 만족할 줄을 모르고 계속 욕심을 부림.

등고자비(登高自卑) ① 일을 순서대로 하여야 함. ② 지위가 높아질수록 자신을 낮춤.

등하불명(燈下不明) 등잔 밑이 어둡다는 뜻으로, 가까이에 있는 물건이나 사람을 잘 찾지 못함.

만고상청(萬古常靑) 아주 오랜 세월 동안 변함없이 푸름.

만단정회(萬端情懷) 온갖 정과 회포.

만신창이(滿身瘡痍) ① 온몸이 상처투성이가 됨. ② 일이 아주 엉망이 됨.

만화방창(萬化方暢) 따뜻한 봄날에 온갖 생물이 나서 자라 흐드러짐.

망운지정(望雲之情) 자식이 객지에서 고향에 계신 어버이를 생각하는 마음. ㈜ 망운지회(望雲之懷)

명약관화(明若觀火) 불을 보듯 분명하고 뻔함.

무위도식(無爲徒食) 하는 일 없이 놀고먹음.

묵묵부답(默默不答) 잠자코 아무 대답도 안 함.

문전성시(門前成市) 찾아오는 사람이 많아 집 문 앞이 시장을 이루다시피 함.

물아일체(物我一體) 외물(外物)과 자아, 객관과 주관, 또는 물질계와 정신계가 어울려 하나가 됨.

반포지효(反哺之孝) 자식이 자란 후에 어버이의 은혜를 갚는 효성을 이르는 말.

백중지세(伯仲之勢) 서로 우열을 가리기 힘든 형세.

백척간두(百尺竿頭) 몹시 어렵고 위태로운 지경.

부부유별(夫婦有別) 오륜(五倫)의 하나. 남편과 아내 사이의 도리는 서로 침범하지 않음에 있음.

부창부수(夫唱婦隨) 남편이 주장하고 아내가 이에 잘 따름. 또는 부부 사이의 그런 도리.

불문곡직(不問曲直) 옳고 그름을 따지지 아니함.

비분강개(悲憤慷慨) 슬프고 분해 의분이 북받침.

산전수전(山戰水戰) 세상의 온갖 고생과 어려움을 다 겪었음을 이르는 말.

살신성인(殺身成仁) 자기의 몸을 희생하여 인(仁)을 이룸.

삼고초려(三顧草廬) 인재를 맞아들이기 위하여 참을성 있게 노력함.

삼순구식(三旬九食) 삼십 일 동안 아홉 끼니 밖에 먹지 못한다는 뜻으로, 몹시 가난함을 이르는 말.

섬섬옥수(纖纖玉手) 가냘프고 고운 여자의 손.

속수무책(束手無策) 손을 묶은 것처럼 어찌할 도리가 없어 꼼짝 못함.

수간모옥(數間茅屋) 몇 칸 안 되는 작은 초가.

수불석권(手不釋卷) 손에서 책을 놓지 않고 늘 글을 읽음.

수수방관(袖手傍觀) 팔짱을 끼고 보고만 있다는 뜻으로, 간섭하거나 거들지 아니하고 그대로 버려둠.

심사숙고(深思熟考) 깊이 잘 생각함.

십벌지목(十伐之木) 열 번 찍어 안 넘어가는 나무가 없음.

십시일반(十匙一飯) 여러 사람이 조금씩 힘을 합하면 한 사람을 돕기 쉬움.

아전인수(我田引水) 자기 논에 물 대기라는 뜻으로, 자기에게만 이롭게 되도록 생각하거나 행동함.

안빈낙도(安貧樂道) 가난한 생활을 하면서도 편안한 마음으로 도를 즐겨 지킴.

애이불비(哀而不悲) 슬프지만 겉으로는 슬픔을 나타내지 아니함.

양두구육(羊頭狗肉) 겉보기만 그럴듯하게 보이고 속은 변변하지 아니함.

언감생심(焉敢生心) 어찌 감히 그런 마음을 품을 수 있겠냐는 뜻으로, 전혀 그런 마음이 없었음을 이르는 말.

언어도단(言語道斷) 어이가 없어서 말하려 해도 말할 수 없음.

언즉시야(言則是也) 말인즉 옳음.

연하일휘(煙霞日輝) 아름다운 자연 경치.

와신상담(臥薪嘗膽) 원수를 갚거나 마음먹은 일을 이루기 위하여 온갖 어려움과 괴로움을 참고 견딤.

우공이산(愚公移山) 어떤 일이든 끊임없이 노력하면 반드시 이루어짐.

유유상종(類類相從) 같은 무리끼리 서로 사귐.

유유자적(悠悠自適) 속세를 떠나 아무 속박 없이 조용하고 편안하게 삶.

은인자중(隱忍自重) 마음속에 감추어 참고 견디면서 몸가짐을 신중하게 행동함.

일거양득(一擧兩得) 한 가지 일을 하여 두 가지 이익을 얻음.
　　유 일석이조(一石二鳥)

일편단심(一片丹心) 진심에서 우러나오는 변치 아니하는 마음.

임갈굴정(臨渴掘井) 평소에 준비 없이 있다가 일을 당하여 허둥지둥 서두름. 　유 갈이천정(渴而穿井)

자업자득(自業自得) 자기가 저지른 일의 결과를 자기가 받음.

적반하장(賊反荷杖) 잘못한 사람이 아무 잘못도 없는 사람을 나무람.

적수공권(赤手空拳) 아무것도 가진 것이 없음.

전대미문(前代未聞) 이제까지 들어 본 적이 없음.

전전반측(輾轉反側) 누워서 몸을 이리저리 뒤척이며 잠을 이루지 못함.

정문일침(頂門一鍼) 따끔한 충고나 교훈.

좌불안석(坐不安席) 걱정이나 불안으로 인해 한군데에 가만히 앉아 있지 못하고 안절부절못하는 모양.

중구난방(衆口難防) 뭇사람의 말을 막기가 어렵다는 뜻으로, 막기 어려울 정도로 여럿이 마구 지껄임.

중언부언(重言復言) 이미 한 말을 자꾸 되풀이함.

천양지차(天壤之差) 하늘과 땅 사이와 같이 엄청난 차이.

천편일률(千篇一律) 여럿이 개별적 특성이 없이 모두 엇비슷한 현상.

청산유수(靑山流水) 막힘없이 썩 잘하는 말.

초지일관(初志一貫) 처음에 세운 뜻을 끝까지 밀고 나감.

촌철살인(寸鐵殺人) 간단한 말로도 남을 감동하게 하거나 남의 약점을 찌를 수 있음.

탁상공론(卓上空論) 현실성이 없는 허황한 이론이나 논의.

풍전등화(風前燈火) ① 사물이 매우 위태로운 처지에 놓여 있음. ② 사물이 덧없음.

함포고복(含哺鼓腹) 먹을 것이 풍족하여 즐겁게 지냄.

허장성세(虛張聲勢) 실속은 없으면서 큰소리치거나 허세를 부림.

호가호위(狐假虎威) 남의 권세를 빌려 위세를 부림.

호구지책(糊口之策) 가난한 살림에서 그저 겨우 먹고살아 가는 방책.

화사첨족(畵蛇添足) 쓸데없는 군짓을 하여 도리어 잘못되게 함. 줄여서 '사족(蛇足)'이라 함.

I 음운과 단어
p.44~49

01 ③
해설 ⓒ의 '젊어졌고'는 음절의 끝소리 규칙에 따라 [절머
젿꼬]로 발음해야 한다. ㉠ 'ㅎ' 탈락 ㉡ 자음 동화
(비음화) ㉣ 자음 축약 ㉤ 자음 동화(비음화)

02 ①
해설 ㉠ '회수[회수/훼수] : 도로 거두어들임 / 횟수[회쑤/
휃쑤] : 돌아오는 차례의 수효'으로 사잇소리 현상
유무에 따라서 의미가 달라진다. ㉡ 한자로 이루어
진 합성어에는 사잇소리 현상이 일어나도 사이시옷
을 붙이지 않는 것이 원칙이지만, '곳간(庫間), 셋방
(貰房), 숫자(數字), 찻간(車間), 횟수(回數), 툇간
(退間)'에는 사이시옷을 표기한다. ㉢ 합성 명사가
될 때 사잇소리 현상이 일어나기 위한 음운론적인
규칙은 갖추었으나 사잇소리 현상이 일어나지 않는
용례로는 '고래기름, 기와집, 은돈, 콩밥, 돌담, 김
밥, 인사말, 굴밥, 고무줄, 머리말' 등이 있다.

03 ③
해설 ⓒ의 '입문하여'는 비음 'ㅁ'의 앞에 있는 받침 'ㅂ'이
'ㅁ'으로 바뀌어 [임문하여]로 발음되므로 비음화가
일어난다. '집문서'에서 비음 'ㅁ'의 앞에 있는 받침
'ㅂ'이 'ㅁ'으로 바뀌어 [짐문서]로 발음되고, '맏누이'
에서 비음 'ㄴ'의 앞에 있는 받침 'ㄷ'이 'ㄴ'으로 바뀌
어 [만누이]로 발음되는 것 역시 비음화에 해당
한다.

04 ③
해설 '맛없다[마덥따]'는 '맛'의 받침 'ㅅ'이 'ㄷ'으로 교체되
는 음절의 끝소리 규칙과 '없-'의 받침 'ㅄ'에서 'ㅅ'
이 탈락하는 자음군 단순화, '-다'의 'ㄷ'이 'ㄸ'으로
교체되는 된소리되기가 나타난다. '영업용[영엄농]'
은 '용'에 'ㄴ'이 첨가되는 ㄴ첨가와 '업'의 받침 'ㅂ'이
'ㅁ'으로 교체되는 비음화가 일어난다. '깨끗하다[깨
끄타다]'는 '끗'의 받침 'ㅅ'이 'ㄷ'으로 교체되는 음절
의 끝소리 규칙과, 교체된 받침 'ㄷ'과 '하다'의 'ㅎ'이
만나 'ㅌ'으로 축약되는 자음 축약이 일어난다. '급행
열차[그팽녈차]'는 '급'의 받침 'ㅂ'과 '행'의 'ㅎ'이 축약

되어 'ㅍ'이 되는 자음 축약과, '열차'의 '열'에 'ㄴ첨가'
가 일어난다.

05 ④
해설 '꾀보'는 어근 '꾀'에 '그것을 즐기거나 그 정도가 심
한 사람'의 의미를 가진 접미사 '-보'가 결합하여,
'잔꾀가 많은 사람을 낮잡아 이르는 말'이라는 의미
를 가지게 된 명사이다. 즉, '꾀보'는 접미사 '-보'에
의해서 의미가 더해졌을 뿐, 어근 '꾀'와 새 단어 '꾀
보' 모두 명사이므로 품사가 바뀌었다는 설명은 적절
하지 않다.

06 ③
해설 ㉠은 '앞말에 특별한 뜻을 더해 주는 보조사'라고 하
였다. 그러나 ③의 '나는 개와 고양이를 좋아한다.'
에서 '와'는 앞말에 특별한 뜻을 더해 주는 것이 아니
라, '개'와 '고양이'라는 체언을 같은 자격으로 이어
서 하나의 명사구를 형성하고 있다. 따라서 '와'는
보조사가 아니라 접속 조사이다.

07 ①
해설 감탄사 '아'는 자립 형태소이면서 실질 형태소이므
로, 조건 1과 조건 3은 만족하고, 조건 2와 조건 4
는 만족하지 않는다.

08 ⑤
해설 '쓰여'는 '쓰이어'의 준말이다. 한글 맞춤법 규정에서
는 'ㅡ'와 'ㅣ'의 모음 축약 시에 '쓰여'와 '씌어'로 표
기하는 것을 모두 인정하고 있다.

09 ④
해설 '밤길'은 어근 '밤'과 어근 '길'이 결합한 합성어이다.
따라서 두 개의 형태소 또는 단어가 결합하여 합성
명사를 이룰 때, 앞말의 끝소리가 울림소리이고 뒷
말의 첫소리가 예사소리이면 뒤의 예사소리가 된소
리로 변하는 현상에 따라 [밤낄]로 발음한다.

10 ④
해설 ㄱ. '이것은 저것과 다르다.'와 같이 '다른'이 서술의

의미를 갖고 있으므로 형용사이다. ㄴ. '그'는 말하는 이도 듣는 이도 아닌 제3자를 가리키는 인칭 대명사로, 조사와 결합한다. ① ㄱ. 수사 / ㄴ. 관형사 ② ㄱ. 동사 / ㄴ. 관형사 ③ ㄱ. 부사 / ㄴ. 대명사 ⑤ ㄱ. 형용사 / ㄴ. 관형사

11 ③
해설 [A 단어] : 형태가 변하지 않는 불변어인 단어(연필, 백제, 우리, 여기, 하나, 첫째, 이/가, 까지, 조차, 매우, 그리고, 음, 그래, 모든, 자주) [B 단어] : 불변어 중에 체언이 아닌 단어(이/가, 까지, 조차, 매우, 그리고, 음, 그래, 모든, 자주) [C 단어] : 불변어 중에 체언이면서 대명사가 아닌 단어(연필, 백제, 하나, 첫째)

12 ②
해설 합성어 : 새해, 덮밥, 어깨동무, 책가방(총 4개×5점 = 20점) / 파생어 : 들볶다, 풋사과, 일꾼, 가난뱅이(총 4개 × −2점 = −8점)

Ⅱ 문장과 담화
p.98~103

01 ②
해설 ㉠에서는 형용사인 '맑다'를 진행형으로 썼다. ②의 '붉다' 역시 형용사이므로 진행형을 쓸 수 없다. '고개 위에 낙조가 붉은 것이 매우 아름답구나.'로 고쳐 써야 한다. ① 누릴 → 자유를 누릴(필수적인 목적어의 생략) ③ 불가결한 → 불가피한(단어의 잘못된 사용) ④ 차가운 냉수 → 냉수(한자어와 우리말의 의미 중복) ⑤ 단절시킨다. → 단절시킨다는 것이다.(주어와 서술어의 호응이 어색함)

02 ③
해설 '되다'와 '아니다' 앞에 조사 '이', '가'를 취하여 서술어를 보충해 주는 문장 성분은 보어이다. ⓒ는 보어이고, 나머지는 모두 주어이다.

03 ④
해설 ㄱ의 '그녀는 아빠와 달리 일을 잘한다'에서 '아빠와 달리'는 뒤의 내용을 수식하는 부사어이다.

04 ③
해설 이 시의 3연에는 종결 어미 '−구나'를 사용한 감탄문, 종결 어미 '−느냐/냐'를 사용한 의문문, 종결 어미 '−오'를 사용한 명령문이 나타난다. ① 1연에는 종결 어미 '−는가'를 사용한 의문문이 나타난다. ② 2연에는 종결 어미 '−다'를 사용한 평서문이 나타난다. ④ 4연에는 종결 어미 '−라'를 사용한 명령문, 종결 어미 '−네'를 사용한 평서문이 나타난다. ⑤ 5연에는 종결 어미 '−구나'를 사용한 감탄문, 종결 어미 '−다'를 사용한 평서문이 나타난다.

05 ④
해설 ㉣에는 특수 어휘 '모시다'를 사용하여 행위의 객체인 '이모님'을 높이고자 하는 의도만 드러나 있지, 행위의 주체인 '그'를 높이고자 하는 의도는 드러나 있지 않다.

06 ③
해설 ㉢에는 '음식 따위를 입을 통하여 배 속에 들여보내게 하다.'라는 의미의 사동사 '먹이다'를 사용하는 것이 적절하다.

07 ⑤
해설 ㉤ 뒤의 문장에서는 앞 문장에 대한 예증이나 예시가 나오지 않기 때문에 '예를 들면'이 들어가는 것이 부적절하다. 앞 문장을 보충하는 내용이 ㉤의 뒤에 곧바로 제시되고 있으므로 여기에는 '즉' 또는 '다시 말하여' 등이 들어가는 것이 적절하다. ① 앞뒤 문장의 흐름을 보면 두 문장이 인과적 관계에 있으므로 ㉠에는 '따라서'가 적절하다. ② 앞에서 언급된 '비폭력주의 운동'을 대신하는 표현이므로 ㉡에는 '그것'이 적절하다. ③ ㉢에는 '간다'를 가리키는 말이 들어가야 하므로 '그가' 적절하다. ④ ㉣에는 '지배와 착취와 억압(의 구조)'을 대신하는 표현이 들어가야 하므로 '그 (구조)'가 적절하다.

08 ②

해설 ㉤의 '형이 오기'는 '형이 오다.'라는 문장에 명사형 어미 '-기'가 붙어 만들어진 명사절이므로, ㉡은 목적어인 ㉤을 안고 있는 문장이다. ㉡에서 주어 '나는'의 서술어는 '기다렸고'이다.

09 ①

해설 제시된 문장을 보면, '그녀가 알려 줬다.'라는 문장에 '그가 아끼던 제자가 상을 받았다.'가 명사절로 안겨 목적어의 역할을 하고 있다. 또 '제자가 상을 받다.'라는 문장에서는 '그가 (제자를) 아꼈다.'가 관형절로 안겨 관형어의 역할을 하고 있다. 따라서 문장 전체의 서술어인 '알려 줬다'의 주어는 '그녀가'이고, 명사절 '제자가 상을 받았음'의 서술어 '받았음'의 주어는 '제자가'이다. 그리고 관형절 '그가 아끼던'의 서술어 '아끼던'의 주어는 '그가'이다.

10 ④

해설 (나)를 보면 ㉢은 '마을은 고요했다.'라는 문장에 관형절로 안겨 관형어의 역할을 하고 있다. (다)를 보면 ㉣은 '나는 몰랐다.'라는 문장에 명사절로 안겨 목적어의 역할을 하고 있다. 따라서 (나)와 (다) 모두 절이 전체 문장의 한 성분으로 안겨 있다.

11 ②

해설 ㄴ의 '해가 비치다'에서 '해'는 행동 주체의 의지가 나타나지 않는 무정 명사이다. 따라서 ㄴ은 객관적 사실을 부정하는 '단순 부정' 표현으로, 〈보기〉처럼 '긴 부정문'이 아니라 '여기에는 이제 해가 {안 / 못} 비친다.'처럼 '짧은 부정문'도 쓸 수 있다.

12 ⑤

해설 청유형 종결 어미는 화자가 청자에게 어떤 행동을 함께할 것을 요청하거나 제안할 때 사용된다. ㉣에서는 '-자'라는 청유형 종결 어미를 통해 엄마가 아들에게 심호흡을 해 보라고 권하고 있지만, 엄마와 함께 심호흡을 하자고 제안한 것은 아니다.

13 ②

해설 능동문인 ㉡ '나는 그림을 보았다.'의 목적어인 '그림

을'은, 피동문인 ㉢ '그림이 나에게 보였다.'에서는 '그림이'가 되므로 주어로 바뀌었다. 따라서 능동문의 목적어가 피동문에서도 목적어가 된다는 ②의 설명은 적절하지 않다.

III 국어의 규범   p.176~183

01 ②

해설 '못하다'는 앞말이 뜻하는 행동에 대하여 그것이 이루어지지 않거나 그것을 이룰 능력이 없음을 나타내는 보조 동사이므로, 하나의 단어로 취급하여 '못'과 '하다'는 항상 붙여 써야 한다. ① '전례 없이'는 한 단어가 아니므로 띄어 쓴다. ③ '버젓이'는 '-하다'가 붙는 어근에 '-이'가 붙는 경우이다. ④ 글에 나타난 '결실로서'는 자격의 의미로 쓰였으므로 '-로서'가 붙어야 한다. ⑤ '만하다'는 '어떤 대상이 앞말이 뜻하는 행동을 할 타당한 이유를 가질 정도로 가치가 있음'을 의미하는 보조 형용사로 앞말과 띄어 써야 한다.

02 ⑤

해설 ⓐ~ⓒ 모두 어원의 형태가 멀어져 굳어졌다고 볼 수 없다. ⓐ와 ⓑ는 어원적으로 원형에 더 가까운 형태가 쓰이고 있는 경우이기 때문이다.

03 ②

해설 '슈퍼마켓', '플래카드', '악센트', '액세서리', '주스'로 표기해야 외래어 표기법에 맞다.

04 ⑤

해설 ⑤의 '배[船]'와 '배[梨]'는 모두 짧게 발음된다. '눈[雪], 밤[栗], 말[言], 벌[蜂]'은 길게, '눈[眼], 밤[夜], 말[馬], 벌[罰]'은 짧게 발음된다.

05 ⑤

해설 '집을 대궐만큼 크게 짓다.'의 '만큼'은 체언 '대궐' 바

로 뒤에 붙어 앞말과 비슷한 정도나 한도임을 나타
내는 보조사이므로 앞말과 붙여 쓴다.

06 ⑤

해설 제30항-3에 의거하여 '뒷입맛'은 [뒨님맏]으로 발음
해야 한다.

07 ②

해설 '지식이나 재능 따위를 발달하게 함'을 의미하는 단
어는 '개발'이고, '계발'은 '슬기나 재능, 사상 따위를
일깨워 줌'을 의미하므로, '개발'이 맞다. ⑤ 일체(一
切) : 모든 것을 다. / 일절(一切) : '아주', '전혀',
'절대로'의 뜻으로, 흔히 행위를 그치게 하거나 어떤
일을 하지 않을 때에 쓰는 말.

08 ①

해설 '남양주'는 'Namyangju'라고 표기해야 로마자 표
기법에 맞다.

09 ④

해설 ④의 '싹뚝'은 제5항-3의 규정에 따라 '싹둑'이라고
표기해야 한다.

10 ⑤

해설 ① '부터'는 체언이나 부사어 또는 일부 어미 뒤에 붙
어 어떤 일이나 상태 따위에 관련된 범위의 시작임
을 나타내는 보조사이므로, 앞말과 붙여 쓴다. ②
'보다'는 비교의 대상이 되는 말에 붙어 '~에 비해서'
의 뜻을 나타내는 격 조사로, 앞말과 붙여 쓴다. ③
'지'는 어미 '-(으)ㄴ' 뒤에 쓰여 어떤 일이 있었던 때
로부터 지금까지의 동안을 나타내는 의존 명사이므
로, 앞말과 띄어 쓴다. ④ 앞말에 조사가 붙을 경우
그 뒤에 오는 보조 용언은 띄어 써야 하므로, '올 듯
도 하다'로 띄어 써야 한다.

11 ②

해설 ㄴ은 선배의 물음에 후배가 대답하는 상황이므로,
밑줄 친 '요'는 선배에게 존대의 뜻을 나타내는 보조
사 '요'이다. 따라서 '이요'로 바꾸어 적을 수 없다.

12 ④

해설 '귀머거리'는 동사 '귀먹다'의 어간 '귀먹-'에 모음으
로 시작되는 접미사 '-어리'가 붙어서 품사가 명사로
바뀐 것이므로, ㉡의 규정을 적용하여 어간의 원형
을 밝혀 적지 않은 것이다.

13 ③

해설 ㉢'희망'의 '희'는 자음을 첫소리로 가지고 있는 음절이
므로, '표준 발음법 제5항 다만 3'의 규정에 따라 'ㅢ'
를 [ㅣ]로 발음하여 [히망]으로 발음해야 한다.

14 ⑤

해설 〈보기〉의 ㉤에서는 '-(으)ㄹ'로 시작되는 어미의 경
우에도 제27항에 준해서 뒤에 연결되는 'ㄱ, ㄷ,
ㅂ, ㅅ, ㅈ'을 된소리로 발음해야 된다고 하였다. 따
라서 '사랑할수록'은 동사 '사랑하다'의 어간 '사랑
하-'에 연결 어미 '-ㄹ수록'이 결합한 것이므로 표준
발음은 [사랑할쑤록]이다.

15 ①

해설 ㉠에서 '들녘이'는 '들녘'의 받침 'ㅋ'이 모음으로 시작
된 조사 '이'와 결합된 경우이다. 따라서 '표준 발음
법 제13항'을 적용하면 'ㅋ'은 제 음가대로 뒤 음절
첫소리로 옮겨 [들려키]로 발음해야 한다.

16 ④

해설 '값이'는 겹받침이 모음으로 시작된 조사와 결합된
경우이다. 따라서 '표준 발음법 제14항'에 따라 'ㅅ'
을 뒤 음절 첫소리로 옮겨 발음해야 하고, 이 경우
'ㅅ'은 된소리로 발음되므로 [갑씨]로 발음된다.

17 ①

해설 국어를 로마자로 표기할 때는 음운 변동의 결과를
표기에 반영한다고 하였다. '독립문'은 비음화에 따
라 [동님문]으로, '대관령'은 유음화에 따라 [대괄령]
으로 발음된다. 그러므로 표기 일람을 참고하면 각
각 'Dongnimmun'과 'Daegwallyeong'으로 적
어야 한다.

01 ④

해설 ㉣'긔운이', 'ᄌᆞ한 것이' 등을 통해 근대 국어 시기에는 끊어 적기가 확대되었음을 알 수 있다. ① ㉠'놉히'에서 'ㅍ→ㅂ+ㅎ'의 재음소화 현상이 나타났음을 알 수 있다. ② ㉡'나를', '보는' 등에서처럼, 근대 국어 시기에는 모음 조화 현상이 잘 지켜지지 않았음을 알 수 있다. ③ ㉢'믈밋츨'에서는 거듭 적기(중철 표기) 방식이 나타났음을 알 수 있다. ⑤ ㉤'숫불빗'의 '불'은 중세 국어의 '블'이 '불'로 원순 모음화된 표기이다.

02 ⑤

해설 ㉮의 '긴 녀릆'이 ㉯에서 '긴 녀릆'으로 바뀐 것을 보면 'ᆞ'가 ㉯ 시기에 점차 사라지고 있음을 알 수 있다. 'ᆞ'는 16세기에 둘째 음절 이하에서 'ㅡ'로 변하였고, 18세기에 와서는 첫째 음절에 놓인 경우에도 'ㅏ'로 변화하는 과정을 거쳐 점차 사라졌으며 문자로서는 1933년 한글 맞춤법에 의해 폐지될 때까지 계속 사용되었다. ① ㉮에 나타난 성조의 표기가 ㉯ 시기에 사라진 것을 보면 근대로 오면서 성조와 방점이 소멸했음을 알 수 있다. ② ㉮와 ㉯ 시기에 쓰인 'ᄀᆞ릆'은 현대어에서는 '강의'라는 의미이고, '녀릆/녀릆'은 현대어에서는 '여름의'라는 의미인 것을 볼 때, ㉮, ㉯의 시기에는 'ㅅ'이 관형격 조사 '의'의 역할을 했음을 알 수 있다. ③ ㉮와 ㉯ 시기에 쓰인 '서르'는 현대어에서는 '서로'라는 의미이고, '오ᄂᆞ닌'은 '오는 것은'이라는 의미인 것을 볼 때 ㉮, ㉯의 시기에는 지금보다 모음 조화가 잘 지켜졌음을 알 수 있다. ④ ㉮의 'ᄆᆞᅀᆞᆯ'이 ㉯ 시기에는 'ᄆᆞᅌᆞᆯ'로 바뀐 것을 보면 'ㅿ'이 ㉯ 시기로 오면서 소멸되었음을 알 수 있다.

03 ③

해설 '뱜'은 끝소리가 자음이므로 주격 조사 '이'와 결합하여 ㉠은 '뱌미'가 된다. '불휘'는 끝소리가 반모음 'ㅣ'이므로 아무런 형태가 나타나지 않아 ㉡은 '불휘'가 된다. '대장부'는 끝소리가 모음 'ㅣ'도, 반모음 'ㅣ'도 아닌 모음 'ㅜ'이므로, 주격 조사 'ㅣ'와 결합하여 ㉢은 '대장뷔'가 된다.

04 ⑤

해설 ㉤에서는 선어말 어미 'ᄌᆞᆸ'을 사용한 객체 높임이 나타나고 있으나, 현대 국어처럼 '여쭙다'라는 특수 어휘를 사용하고 있는 것은 아니다. 또한 청자를 높이는 것은 상대 높임이므로 적절하지 않은 설명이다.

05 ①

해설 첫 번째 문장은 주어 '부톄'가 3인칭이며 물음말이 없는 의문문이므로 ㉠에는 '아'형 어미가 적절하다. 두 번째 문장은 주어 '네'가 2인칭인 의문문이므로 물음말과 상관없이 '-ㄴ다'를 사용해야 한다. 따라서 ㉠은 '나샤미신가', ㉡은 '빅혼다'이다.

06 ②

해설 ㉡'보믹'는 체언인 '봄'과 조사의 형태를 구분하여 적지 않고 소리 나는 대로 이어 적기한 것이다.

07 ①

해설 현대 국어의 '(하늘이) 聖子(성자)를 내셨습니다.'를 볼 때, 중세 국어의 '聖子ᄅᆞᆯ'의 문장 성분은 목적어임을 알 수 있다. 따라서 ㉠의 '-시-'는 목적어인 '聖子(성자)'가 아니라, 생략된 주어인 '하늘'을 높이는 주체 높임 선어말 어미이다.

08 ④

해설 ㄷ은 긍정이나 부정의 대답을 요구하는 판정 의문문인데, 판정 의문문에는 '-가', '-녀' 등의 어미가 쓰였다고 하였다. 따라서 ㄷ의 2인칭 주어 '너' 대신 3인칭인 '그'가 쓰이면 '모ᄅᆞ던다'를 '모ᄅᆞ던가'로 바꿔야 한다.

09 ⑤

해설 ㉤'이룰'은 자음으로 끝나는 체언이 아니라, 모음으로 끝나는 체언 '이'에 목적격 조사 '룰'이 결합한 것이다.

10 ⑤

해설 ㉤'미드니잇가'의 현대어 풀이는 '믿으시겠습니까?'

이므로, 어간은 '믿-'이다. 즉 이를 겹쳐 표기했다면 어간 '믿-'의 받침을 어간의 종성과 어미의 초성으로 겹쳐 적어야 하므로 '믿드니잇가'가 되어야 한다. 그러나 '미드니잇가'로 표기되어 있으므로 ㅂ은 이어 적기 방식으로 표기되었다는 것을 알 수 있다.

11 ①

해설 ㉠'우름'은 현대어의 '울음(울-+-음)'에, ㉡'우서'는 현대어의 '웃어(웃-+-어)'에 대응되는데, 소리 나는 대로 이어 적었으므로 이어 적기에 해당한다. ㉢'미워홈을'은 현대어의 '미워함을(미워하-+-ㅁ+을)'에, ㉣'일은'은 현대어의 '일은(일+은)'에 대응되는데, 각 형태소를 분리하여 원래 형태를 밝혀 적었으므로 끊어 적기에 해당한다. ㉤'잇스면'은 현대어의 '있으면(있-+-으면)'에 대응되는데, 형태소의 모음 사이에서 나는 자음 'ㅅ'을 앞 음절의 종성과 뒤 음절의 초성에 거듭 적었으므로 거듭 적기에 해당한다.

V 어휘의 의미

p.226~229

01 ①

해설 ㉠에는 '사물을 꿰뚫어 보는 안목과 식견'을 의미하는 '혜안(慧眼)'이, ㉡에는 '꿈, 기대 따위를 실제로 이룸'을 의미하는 '실현(實現)'이 들어가기에 적절하다. ② 복안(腹案): 겉으로 드러내지 아니하고 마음속으로만 생각함. 또는 그런 생각. ③ 시안(試案): 시험으로 또는 임시로 만든 계획이나 의견. / 구현(具現): 어떤 내용이 구체적인 사실로 나타나게 함. ④ 대안(代案): 어떤 안(案)을 대신하는 안. ⑤ 의안(疑案): 의심스러운 사건이나 안건. / 재현(再現): 다시 나타남. 또는 다시 나타냄.

02 ⑤

해설 '비견(比肩)'은 '앞서거나 뒤서지 않고 어깨를 나란히 한다'라는 뜻으로, 낮고 못할 것이 없이 정도가 서로 비슷하게 함을 이르는 말이기 때문에 ⓐ와 바꾸어

쓰기에 적절하다. ① 상대(相對): 서로 대비함. ② 대립(對立): 의견이나 처지, 속성 따위가 서로 반대되거나 모순됨. 또는 그런 관계. ③ 대조(對照): 서로 달라서 대비가 됨. ④ 비교(比較): 둘 이상의 사물을 견주어 서로 간의 유사점, 차이점, 일반 법칙 따위를 고찰하는 일.

03 ①

해설 '새로 집을 지었거나 이사한 집에 집 구경 겸 인사로 찾아보는 일'은 '집알이'다. ② 집돌림: 집집마다 돌면서 지신밟기를 하는 일. ③ 집뒤짐: 사람이나 물건 따위를 찾기 위하여 남의 집을 뒤지는 일. ④ 집가심: 초상집에서 상여가 나간 뒤에 무당을 불러 집 안의 악한 기운을 깨끗이 가시도록 물리치는 일. ⑤ 집내기: 바둑에서, 바둑을 다 둔 뒤에 흑과 백 양편이 이기고 짐을 겨루려고 집을 만드는 일.

04 ③

해설 문맥상 '저수지'는 '전력 공급이 이루어지는 본바탕'이라는 의미이므로, '공급원(供給源)'으로 바꿔 쓸 수 있다. ① 수문(水門): 물의 흐름을 막거나 유량을 조절하기 위하여 설치한 문. ② 원산지(原産地): 물건의 생산지. ④ 실험실(實驗室): 실험을 하기 위하여 필요한 장치와 설비를 갖춘 방. ⑤ 양성소(養成所): 짧은 시간에 전문 지식을 교육하여 기술자를 기르는 곳.

05 ⑤

해설 '과부족(過不足)'은 '기준에 넘거나 모자람'이라는 뜻으로, '과'에는 '넘침'의 의미가 담겨 있고, '부족'에는 '모자람'의 의미가 담겨 있다. ① 과반수(過半數): 절반이 넘는 수. ② 과다(過多): 너무 많음. ③ 과도(過度): 정도에 지나침. ④ 과소비(過消費): 돈이나 물품 따위를 지나치게 많이 써서 없애는 일.

06 ①

해설 '게걸대다'는 '상스러운 말로 소리를 지르며 불평스럽게 자꾸 떠들다'라는 의미이므로, ①은 적절하지 않다. '변변하지 못하여 보잘것없다'의 의미를 지닌 말은 '데데하다'이다.

07 ④

해설 ㉠에는 '야무지게 자꾸 긁거나 문대는 소리. 또는 그 모양'을 나타내는 말인 '빡빡'이 들어가는 것이 적절하다.

08 ⑤

해설 ㉡의 '도시'는 '아무리 해도'라는 의미로, '도무지'와 같은 의미를 지닌다.

09 ①

해설 '암팡지다'는 '몸은 작아도 힘차고 다부지다'라는 의미이므로, '빈틈이 없고 야무진 데가 있다'라는 의미를 지닌 '다부지다'와 유사하다고 할 수 있다. ② 야멸치다: 자기만 생각하고 남의 사정을 돌볼 마음이 없다. 또는 태도가 차고 야무지다. ③ 지독하다: 마음이 매우 앙칼지고 모질다. ④ 오롯하다: 모자람이 없이 온전하다. ⑤ 여북하다: 정도가 매우 심하거나 상황이 좋지 않다. 흔히 '여북하면', '여북해야'의 꼴로 나타난다.

10 ④

해설 '민심의 흐름'은 '사회 대중의 공통된 의견'이라는 의미를 지닌 '여론(輿論)'으로 바꿔 쓸 수 있다. ① 사조(思潮): 한 시대의 일반적인 사상의 흐름. ② 풍문(風聞): 바람처럼 떠도는 소문. ③ 여파(餘波): 어떤 일이 끝난 뒤에 남아 미치는 영향. ⑤ 정세(政勢): 정치상의 동향이나 형세.

11 ①

해설 ⓐ의 '기간(期間)'은 '어느 때부터 다른 어느 때까지의 동안'이라는 의미로 사용되었고, ①의 '기간(基幹)'은 '어떤 분야나 부문에서 가장 으뜸이 되거나 중심이 되는 부분'이라는 의미로 사용되었다. ② ⓑ 조절(調節): 균형이 맞게 바로잡음. 또는 적당하게 맞추어 나감. ③ ⓒ 명시(明示): 분명하게 드러내 보임. ④ ⓓ 유의(留意): 마음에 새겨 두어 조심하며 관심을 가짐. ⑤ ⓔ 상환(償還): 갚거나 돌려줌.

12 ①

해설 ⓐ의 '세우다'는 '계획, 목표 따위를 만들어 정하다.'

의 의미로 사용되었다. 이는 '국가나 정부, 제도, 계획 따위를 이룩하여 세우다.'의 의미를 지닌 '수립(樹立)하다'와 바꾸어 쓰는 것이 가장 적절하다. ② 정립(定立)하다: 정하여 세우다. ③ 설립(設立)하다: 기관이나 조직체 따위를 만들어 일으키다. ④ 제정(制定)하다: 제도나 법률 따위를 만들어서 정하다. ⑤ 지정(指定)하다: 가리키어 확실하게 정하다.

Ⅵ 어휘의 관계

p.288~291

01 ⑤

해설 '조류(鳥類)'와 '날짐승'은 한자어와 고유어가 대응을 이루는 유의 관계로 볼 수 있다. ⑤의 '성함(姓銜)'과 '이름' 역시 이와 유사한 관계라고 할 수 있다. ① 오류(誤謬): 그릇되어 이치에 맞지 않는 일. / 정정(訂正): 글자나 글 따위의 잘못을 고쳐서 바로잡음. ② 교실(教室): 학습 활동이 이루어지는 방. / 칠판(漆板): 검정이나 초록색 따위를 칠하여 그 위에 분필로 글씨를 쓰거나 그림을 그리게 만든 판. ③ 일반법(一般法): 특별한 제한 없이 일반적으로 적용되는 법. 헌법, 형법, 민법 따위. / 특별법(特別法): 특정한 지역, 사람, 사물, 사항에 국한하여 적용하는 법. ④ 성인(聖人): 지혜와 덕이 매우 뛰어나 길이 우러러 본받을 만한 사람. / 속인(俗人): 일반의 평범한 사람. 또는 고상한 맛이 없는 속된 사람.

02 ⑤

해설 ㉢의 '맞지'는 '어떤 행동, 의견, 상황 따위가 다른 것과 서로 어긋나지 아니하고 같거나 어울리다'라는 의미로 문맥상 ⓔ와 가장 유사하다. ⓐ와 ⓑ는 '크기, 규격 따위가 다른 것의 크기, 규격 따위와 어울리다', ⓒ는 '모습, 분위기, 취향 따위가 다른 것에 잘 어울리다', ⓓ는 '시간이 흐름에 따라 오는 어떤 때를 대하다'의 의미이다.

03 ⑤

해설 '지정(指定)'은 '가리키어 확실하게 정함'을 의미하므로, 의미상 '고치다'와 관련이 없다. ① 개조(改組):

조직 따위를 고쳐 다시 짬. ② 개수(改修): 고쳐서 바로잡거나 다시 만듦. ③ 확정(廓正): 잘못을 바로잡음. ④ 경정(更正): 바르게 고침.

04 ②

해설 〈보기 2〉의 첫 번째 예문의 '가다'는 '다른 곳으로 이동하다.'의 의미이므로, 이와 반의 관계를 이루는 말로 [A]에는 '말하는 사람이 있는 쪽으로 위치를 옮기다.'를 의미하는 '오다'가 와야 한다. 또한 '들다'는 '스미거나 배다'의 의미이므로, 이와 반의어가 되는 '때나 얼룩이 잘 빠지다'의 의미인 '가다'를 사용한 예문이 [B]에 들어가야 한다. 세 번째 예문에서 '가다'는 '제대로 작동하다.'의 의미이므로, 이와 반의 관계를 이루는 말로 [C]에는 '사물의 움직임이나 동작이 그치다'의 의미인 '멈추다'가 오는 것이 적절하다.

05 ⑤

해설 ㉠의 '플레밍'과 ㉡의 '플로리'는 플레밍이 페니실린을 발견하고, 플로리와 체인이 그것을 대량 생산함으로써 양쪽 모두 노벨 생리 의학상을 받게 되었으므로 상호 보완적인 관계라고 할 수 있다. ⑤의 '꽃'은 '벌'을 통해 번식하고 '벌'은 '꽃'의 꿀을 먹으므로 상호 보완적인 관계로 볼 수 있다.

06 ③

해설 ㉠, ㉡, ㉣, ㉤은 모두 반의 관계를 이룬다. 하지만 ㉢의 '중심'과 권력은 서로 반의 관계라고 볼 수 없다.

07 ⑤

해설 ⑤에서 '띠다'는 '감정이나 기운 따위를 나타내다'라는 의미이므로 '생각이나 감정을 표정이나 태도에 조금 드러내다'의 뜻을 가진 '머금다'로 해석해야 한다.

08 ⑤

해설 ⑤에서의 '보다'는 '어떤 관계의 사람을 얻거나 맞다'의 의미이므로, '가족의 일원으로 받아들이다'의 의미인 '맞다'가 유의어로 적절하다. '장만하다'는 '필요한 것을 사거나 만들거나 하여 갖추다'라는 의미를 지닌다.

09 ④

해설 ㉠은 '과정', '도중', '중간'의 뜻을 나타내는 말, ㉡은 '지나갈 수 있게 땅 위에 낸 일정한 너비의 공간', ㉢은 '걷거나 탈것을 타고 어느 곳으로 가는 노정(路程)', ㉤은 '시간의 흐름에 따라 개인의 삶이 전개되는 과정'을 의미하는 것으로 모두 하나의 항목 안에서 다뤄진다. ㉣은 '짐승 따위를 잘 가르쳐서 부리기 좋게 된 버릇'이라는 의미로, 나머지와 별도의 항목으로 다뤄진다.

10 ①

해설 제시된 글에서 '사마'는 가장 좋은 것, '관괴'는 그 다음의 것으로 볼 수 있다. 이와 유사한 것은 '최선(가장 좋고 훌륭함)'과 '차선(최선의 다음)'이다. ② 모순(矛盾): 어떤 사실의 앞뒤, 또는 두 사실이 이치상 어긋나서 서로 맞지 않음. / 당착(撞着): 말이나 행동 따위의 앞뒤가 맞지 않음. ③ 평면(平面): 평평한 표면. / 입체(立體): 삼차원의 공간에서 여러 개의 평면이나 곡면으로 둘러싸인 부분. ④ 명성(名聲): 세상에 널리 퍼져 평판 높은 이름. / 환성(歡聲): 기쁘고 반가워서 지르는 소리. ⑤ 내우(內憂): 나라 안의 걱정. / 외환(外患): 외적의 침범에 대한 걱정.

11 ④

해설 〈보기〉에서는 '밀'을 원료로 하여 '빵'과 '과자'가 생산되는 단어들의 관계를 보여 주고 있다. ④에서도 '콩'을 원료로 하여 '간장'과 '두부'를 만들 수 있으므로 〈보기〉에 제시된 관계와 가장 유사하다고 할 수 있다.

Ⅶ 어휘의 관용적 표현　p.338~341

01 ③

해설 '나'는 가출을 하여 고생을 하고 있는 상황이므로, '집 떠나면 고생이다'라는 조언을 할 수 있을 것이다. ① 고생 끝에 낙이 온다.: 어려운 일이나 고된 일을 겪은 뒤에는 반드시 즐겁고 좋은 일이 생긴다는 말. ② 금강산도 식후경: 아무리 재미있는 일이라도 배가 불러야 흥이 나지 배가 고파서는 아무 일 도 할 수 없음을 비유적으로 이르는 말. ③ 집 떠나 면 고생이다.: 이러니저러니 해도 제 집이 제일 좋 다는 말. 집을 떠나 돌아다니게 되면 아무리 대접을 받는다 해도 불편한 점이 있기 마련이라는 말. ④ 작 은 고추가 더 맵다.: 몸집이 작은 사람이 큰 사람보 다 재주가 뛰어나고 야무짐을 비유적으로 이르는 말. ⑤ 가랑비에 옷 젖는 줄 모른다.: 가늘게 내리는 비는 조금씩 젖어 들기 때문에 여간해서도 옷이 젖 는 줄을 깨닫지 못한다는 뜻으로, 아무리 사소한 것 이라도 그것이 거듭되면 무시하지 못할 정도로 크게 됨을 비유적으로 이르는 말.

02 ⑤
해설 바지 주머니 속의 돈을 자기도 모르는 사이에 야전 점퍼를 입은 청년에게 빼앗긴 것 같다는 내용이므 로, '세상 인심이 고약하다'는 의미를 지닌 '눈을 떠 도 코 베어 간다'가 가장 적절하다. ① 혀를 내두르 다: 몹시 놀라거나 어이없어서 말을 못하다. ② 목 에 힘을 주다: 거드름을 피우거나 남을 깔보는 듯한 태도를 취하다. ③ 눈도 깜짝 안 하다: 조금도 놀라 지 않고 태연하다. ④ 냉수 먹고 이 쑤시기: 잘 먹은 체하며 이를 쑤신다는 뜻으로, 실속은 없으면서 무 엇이 있는 체함을 이르는 말.

03 ④
해설 '애인여기(愛人如己)'는 '남을 자기 몸처럼 사랑함'이 라는 뜻이므로 부모가 잘못된 교육을 하는 그림의 상황과 어울리지 않는다. ① 과유불급(過猶不及): 정도를 지나침은 미치지 못함과 같다는 뜻으로, 중 용(中庸)이 중요함을 이르는 말. ② 삼세지습 지우 팔십(三歲之習 至于八十): 세 살 버릇이 여든까지 간다. 어릴 때 몸에 밴 버릇은 나이를 먹어도 좀처럼 고치기 어렵다는 말. ③ 망양보뢰(亡羊補牢): 양을 잃고 우리를 고친다는 뜻으로, 이미 어떤 일을 실패 한 뒤에 뉘우쳐도 아무 소용이 없음을 이르는 말. ⑤ 상탁하부정(上濁下不淨): 윗물이 흐리면 아랫물도 깨끗하지 못하다는 뜻으로, 윗사람이 부패하면 아랫 사람도 부패하게 됨을 이르는 말.

04 ①
해설 '발이 저리다'는 말 그대로 '다리 뼈마디나 다리의 일

부가 오래 눌려서 피가 잘 통하지 못하여 감각이 둔 하고 아리다'라는 의미로 사용되어 관용어로 볼 수 없다. ② 발을 벗다: 신발이나 양말 따위를 벗거나 아무것도 신지 아니하다. ③ 발을 빼다: 어떤 일에 서 관계를 완전히 끊고 물러나다. ④ 발을 구르다: 매우 안타까워하거나 다급해하다. ⑤ 발이 묶이다: 몸을 움직일 수 없거나 활동할 수 없는 형편이 되다.

05 ①
해설 ㉠ 부인은 웅이 황상과 문답했던 말에 기뻐하고 있 으나, 한편으로 벼슬을 하게 되면 소인들의 참소를 받을 것을 걱정하고 있으므로 '한편으로는 기뻐하고 한편으로는 슬퍼함. 또는 기쁨과 슬픔이 번갈아 일 어남'이라는 의미의 '일희일비(一喜一悲)'가 적절하 다. ㉡ 웅의 대답은 아버지의 원수를 갚는다는 내용 이므로, 하늘을 함께 이지 못한다는 뜻으로, 이 세 상에서 같이 살 수 없을 만큼 큰 원한을 가짐을 비유 적으로 이르는 말인 '불공대천(不共戴天)'이 적절하 다. ② 불공함락(不攻陷落): 공격을 하지 않고 함락 함. ③ 일구이언(一口二言): 한 입으로 두 말을 한다 는 뜻으로, 한 가지 일에 대하여 말을 이랬다저랬다 함을 이르는 말. ⑤ 일촉즉발(一觸卽發): 한 번 건드 리기만 해도 폭발할 것같이 몹시 위급한 상태.

06 ⑤
해설 제시된 '부인'의 대답에서는 부인 자신의 걱정이 그 리 오래가지 않을 것이라는 내용을 담고 있으므로, '그때그때의 잔걱정은 순간적이어서 곧 지나가 버림' 을 비유적으로 이르는 '가을비는 장인의 나룻 밑에서 도 긋는다.'가 적절하다. ① 빛 좋은 개살구: 겉보기 에는 먹음직스러운 빛깔을 띠고 있지만 맛은 없는 개살구라는 뜻으로, 겉만 그럴듯하고 실속이 없는 경우를 비유적으로 이르는 말. ② 서 발 막대 거칠 것 없다.: 서 발이나 되는 긴 막대를 휘둘러도 아무 것도 거치거나 걸릴 것이 없다는 뜻으로, 가난한 집 안이라 세간이 아무것도 없음을 비유적으로 이르는 말. ③ 바늘 가는 데 실 간다.: 사람의 긴밀한 관계 를 비유적으로 이르는 말. ④ 나무에 오르라 하고 흔 드는 격: 남을 꾀어 위험한 곳이나 불행한 처지에 빠 지게 함을 비유적으로 이르는 말.

07 ⑤

해설 '자가당착(自家撞着)'은 '같은 사람의 말이나 행동이 앞뒤가 서로 맞지 아니하고 모순됨'을, '남을 물에 넣으려면 제가 먼저 물에 들어간다.'는 '남을 해하려 하면 자기가 먼저 그러한 일을 당함'을 의미하므로, 한자 성어와 속담 간의 관계가 유사하지 않다. ① 애지중지(愛之重之): 매우 사랑하고 소중히 여기는 모양. / 불면 꺼질까 쥐면 터질까: 어린 자녀를 애지중지하여 기르는 부모의 사랑을 이르는 말. ② 연목구어(緣木求魚): 나무에 올라가서 물고기를 구한다는 뜻으로, 도저히 불가능한 일을 굳이 하려 함을 비유적으로 이르는 말. / 거북이 등의 털을 긁는다.: 털이 나지 않는 거북의 등에서 털을 긁는다는 뜻으로, 아무리 구하여도 얻지 못할 것이 뻔한 것을 애써 구하여 보려는 어리석은 행동을 이르는 말. ③ 오우천월(吳牛喘月): 간이 작아 공연한 일에 미리 겁부터 내고 허둥거리는 사람을 놀림조로 이르는 말. / 더위 먹은 소 달만 보아도 헐떡인다.: 어떤 사물에 몹시 놀란 사람은 비슷한 사물만 보아도 겁을 냄을 이르는 말. ④ 안하무인(眼下無人): 눈 아래에 사람이 없다는 뜻으로, 방자하고 교만하여 다른 사람을 업신여김을 이르는 말. / 대신(大臣) 댁 송아지 백정 무서운 줄 모른다.: 남의 권력만 믿고 거만을 부림을 비유적으로 이르는 말.

관련된다. ① 울며 겨자 먹기: 맵다고 울면서도 겨자를 먹는다는 뜻으로, 싫은 일을 억지로 마지못하여 함을 비유적으로 이르는 말. ② 군불에 밥 짓기: 어떤 일에 곁따라 다른 일이 쉽게 이루어지거나 또는 다른 일을 해냄을 비유적으로 이르는 말. ④ 남의 잔치에 감 놓아라 배 놓아라 한다.: 남의 일에 공연히 간섭하고 나섬을 비유적으로 이르는 말. ⑤ 염불에는 맘이 없고 잿밥에만 맘이 있다.: 맡은 일에는 정성을 들이지 아니하면서 잇속에만 마음을 두는 경우를 비유적으로 이르는 말.

08 ④

해설 외국에서 사는데 한국말을 애써 가르쳐야 하느냐고 의아해하는 한국의 부모들에게는 '고향을 그리워하는 마음, 근본을 잊지 않는 마음'을 의미하는 '수구초심(首丘初心)'을 통해 교훈을 줄 수 있다. ① 권선징악(勸善懲惡): 착한 일을 권장하고 악한 일을 징계함. ② 입신양명(立身揚名): 출세하여 이름을 세상에 떨침. ③ 금의야행(錦衣夜行): 비단옷을 입고 밤길을 다닌다는 뜻으로, 아무 보람이 없는 일을 함을 이르는 말. ⑤ 주경야독(晝耕夜讀): 낮에는 농사 짓고, 밤에는 글을 읽는다는 뜻으로, 어려운 여건 속에서도 꿋꿋이 공부함을 이르는 말.

09 ③

해설 우둔한 리더들의 황금만능주의적인 해결책이 오히려 나중에 일을 더 크게 벌이는 원인이 된다는 내용이므로, 일이 커지기 전에 제대로 처리하지 못해 나중에 큰 힘을 들이게 된 경우를 비유적으로 이르는 말인 '호미로 막을 것을 가래로 막는다.'라는 속담과

문법 개념 찾아보기

ㄱ

감탄문	67
감탄사	43
객체 높임법	71
고대 국어	189
과거 시제	75
관계언	40
관형사	42
관형어	55
관형절	59
교체	20
구개음화	20
구결	189
근대 국어	197

ㄴ

높임 표현	71
능동	79

ㄷ

단일어	31
담화	97
대명사	40
대용 표현	97
독립 성분	55
독립어	55
독립언	40
동사	41
동작상	75
된소리되기	20

ㅁ

명령문	67
명사	40
명사절	59
모음 동화	20
모음 축약	21

모음 탈락	21
목적어	55
문장 성분	55
미래 시제	75

ㅂ

보어	55
복합어	31
부사	43
부사어	55
부사절	59
부속 성분	55
부정문	83
비음화	20
비통사적 합성어	31

ㅅ

사동	79
사잇소리 현상	21
사회·문화적 맥락	97
상대 높임법	71
상황 맥락	97
서술어	55
서술절	59
선어말 어미	42
수사	40
수식언	40
시제	75
실질 형태소	25

ㅇ

안긴문장	59
안은문장	59
어근	31

어말 어미	42	지시 표현	97
어미	42	진행상	75
연결 어미	42		
올바른 문장	93		
완료상	75	**ㅊ**	
용언	40		
유음화	20	첨가	21
음운의 동화	19	청유문	67
음운의 변동	19	체언	40
음절의 끝소리 규칙	19	축약	21
음차	189		
응집성	97		
의문문	67	**ㅌ**	
의존 형태소	25		
이두	189	탈락	20
이어진문장	63	통사적 합성어	31
인용절	59	통일성	97

ㅈ		**ㅍ**	
자립 형태소	25	파생어	31
자음 동화	20	평서문	67
자음 축약	21	품사	40
자음 탈락	20	피동	79
자음군 단순화	20		
전성 어미	42		
접두사	31	**ㅎ**	
접미사	31		
접사	31	합성어	31
접속 표현	97	향찰	189
조사	43	현재 시제	75
종결 어미	42	형식 형태소	25
종결 표현	67	형용사	41
주동	79	형태소	25
주성분	55	훈차	189
주어	55		
주체 높임법	71		
중세 국어	193		
중의적 표현	93		

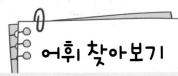
ㄱ

가게 기둥에 입춘	309
가난한 집 신주 굶듯	309
가는 말이 고와야 오는 말이 곱다.	308
가담항설(街談巷說)	320
가랑이(가) 찢어지다	304
가려내다	220
가렴주구(苛斂誅求)	320
가리다	276
가마를 태우다	300
가뭄	286
가설(假設)	217
가슴(을) 저미다	304
가슴에 새기다	297
가슴에 칼을 품다	305
가슴을 치다	304
가슴이 무겁다	297
가연성(可燃性)	282
가입(加入)	287
가재는 게 편	316
가직하다	238
각(을) 뜨다	304
각골난망(刻骨難忘)	324
각골지통(刻骨之痛)	332
각광(을) 받다	301
각론(各論)	243
간(을) 졸이다	297
간(이) 붓다	297
간(이) 크다	297
간간이	239
간과(看過)하다	239
간담상조(肝膽相照)	328
간담이 서늘하다	297
간발의 차이	304
간색(看色)하다	225
간심(看審)하다	225
간어제초(間於齊楚)	320
간에 붙었다 쓸개에 붙었다 한다.	312
간여(干與)하다	225
간운보월(看雲步月)	320

간정(諫正)하다	224
간주(看做)하다	225
간파(看破)하다	225
갈다	277
갈라내다	220
갈무리	209
갈이천정(渴而穿井)	333
감각(感覺)	242
감다	277
감독(監督)	287
감언이설(甘言利說)	328
감탄고토(甘呑苦吐)	320
갑론을박(甲論乙駁)	325
강(江)	287
강등(降等)	242
강변(强辯)	246
강제(强制)	243
강조(强調)하다	225
강화(强化)	216
개 발에 땀 나다	300
개구리 올챙이 적 생각 못한다.	317
개똥도 약에 쓰려면 없다.	312
개미	283
개부심	208
개살구도 맛 들일 탓	308
개설(開設)	259
개인(個人)	287
개재(介在)하다	238
개정(改定)	212
개진(開陳)	212
갱생(更生)	212
거미줄에 목을 맨다.	316
거붓하다	208
거안제미(擧案齊眉)	329
거짓말(을) 보태다	305
건곤일척(乾坤一擲)	332
건너뛰다	221
건설(建設)	250
건전지(乾電池)	250
건축(建築)	259

걷다	273	괄목상대(刮目相對)	332
걸다	273	괄시(恝視)	251
걸음을 떼다	304	광산(鑛山)	242
게 눈 감추듯	305	교각살우(矯角殺牛)	329
견강부회(牽强附會)	328	교복(校服)	251
견문발검(見蚊拔劍)	328	교언영색(巧言令色)	336
견토지쟁(犬兔之爭)	325	교왕과직(矯枉過直)	333
결자해지(結者解之)	328	교통사고(交通事故)	286
결초보은(結草報恩)	324	교편(을) 잡다	305
경계(境界)	251	구곡간장(九曲肝腸)	321
경망(輕妄)	242	구더기	283
경시(輕視)하다	239	구름	287
경을 치다	300	구매(購買)	258
경제성(經濟性)	282	구별(區別)	217
경축(慶祝)	258	구색(을) 맞추다	305
경호(警護)	216	구슬이 서 말이라도 꿰어야 보배(라)	308
계란유골(鷄卵有骨)	324	국가(國家)	259
계발(啓發)	212	국물도 없다	300
계옥지간(桂玉之艱)	320	군복(을) 벗다	305
고갈(枯渴)	213	군침(이) 돌다	305
고개가 수그러지다	304	굼뜨다	247
고기도 먹어 본 사람이 많이 먹는다.	309	굼벵이	283
고삐를 늦추다	305	궁싯거리다	209
고성낙일(孤城落日)	337	권불십년(權不十年)	333
고식지계(姑息之計)	336	권토중래(捲土重來)	329
고유어(固有語)	283	궐기(蹶起) 하다	238
고육지책(苦肉之策)	336	귀 밖으로 듣다	305
고장난명(孤掌難鳴)	329	귀(가) 따갑다	305
고진감래(苦盡甘來)	329	귀(가) 여리다	296
고질(痼疾)	213	귀(에) 익다	296
고황(膏肓)	213	귀가 뚫리다	296
골(을) 박다	305	귀가 번쩍 뜨이다	305
골라내다	220	귀신도 모르다	305
곰살갑다	209	귀에 걸면 귀걸이 코에 걸면 코걸이	308
곰상스럽다	209	귀청(이) 떨어지다	301
공전절후(空前絕後)	320	그림자	287
공평무사(公平無私)	328	그물에 든 고기요 쏘아 놓은 범이라.	317
과부 설움은 홀아비가 안다.	316	금(을) 맞추다	304
과속(過速)	286	금광(金鑛)	242
과오(過誤)	287	금상첨화(錦上添花)	321

금지옥엽(金枝玉葉)	321
급격(急激)	258
긍정(肯定)	217
기고만장(氣高萬丈)	336
기둥을 치면 대들보가 운다.	313
기악(器樂)	242
기억(記憶)	251
기여(寄與)	213
기차(汽車)	286
기피(忌避)	217
길조(吉兆)	246
길짐승	258
길흉(吉凶)	246
깡통(을) 차다	305
꼬리(를) 내리다	305
꼬리(를) 물다	304
꼬리(를) 잡다	301
꼬리표(가) 붙다	301
꽁무니(를) 빼다	300
꽃	283, 287
꾸어다 놓은 보릿자루	308
꿰뚫다	220
끌어내다	220

ㄴ

나는 바담 풍(風) 해도 너는 바람 풍 해라.	316
나무꾼	286
나무말미	208
나사가 빠지다	305
나중 난 뿔이 우뚝하다.	309
나중 달아난 놈이 먼저 달아난 놈을 비웃는다.	309
낙숫물이 댓돌을 뚫는다.	316
난상공론(爛商公論)	337
난형난제(難兄難弟)	325
날가리	209
날개(가) 돋치다	300

날조(捏造)	258
날짐승	258
날품(을) 팔다	305
남가일몽(南柯一夢)	321
남부여대(男負女戴)	320
남우세스럽다	209
남의 다리 긁는다.	309
남이 장 간다고 하니 거름지고 나선다.	316
납득(納得)	217
납품(納品)	217
낭보(朗報)	242
내면(內面)	259
냉동(冷凍)	251
너글너글하다	247
너르다	247
노승발검(怒蠅拔劍)	337
노심초사(勞心焦思)	336
노재(駑才)	246
녹봉(祿俸)	282
놀다	269
농구(籠球)	259
농부(農夫)	286
농원(農園)	286
농축(濃縮)	259
눈 딱 감다	297
눈 밖에 나다	300
눈 하나 깜짝 안 하다	305
눈(을) 밝히다	300
눈(이) 뒤집히다	296
눈썹에 불이 붙는다.	312
눈에 넣어도 아프지 않다	297
눈에 밟히다	304
눈에 불을 켜다	296
눈에 차다	301
눈엣가시	209
눌변(訥辯)	246
능갈치다	209
능변(能辯)	246
능소능대(能小能大)	325
늦추다	220

ㄷ

다기망양(多岐亡羊)	324
다다익선(多多益善)	324
다리(를) 놓다	297
다리품	209
다붓하다	208
다잡다	239
단기지계(斷機之戒)	325
단어(單語)	283
단장(斷腸)	213
달구치다	209
달다	279
달도 차면 기운다.	309
담석(膽石)	213
답습(踏襲)	216
당랑거철(螳螂拒轍)	324
당선자(當選者)	287
당하다	220
대기만성(大器晚成)	325
대동소이(大同小異)	324
대별(大別)	243
대형차(大型車)	258
더러	239
더럽히다	221
던지다	221
덧거칠다	239
덮다	282
데퉁스럽다	247
도끼	286
도둑눈	208
도둑이 제 발 저리다.	317
도르리	209
도마 위의 고기가 칼을 무서워하랴.	312
도입(導入)되다	224
도청도설(道聽塗說)	337
도출(導出)하다	225
독 안에 들다	300
독립(獨立)	251
돈 떨어지자 입맛 난다.	309
돈만 있으면 개도 멍첨지라.	313

돌다리도 두들겨 보고 건너라.	312
돌아보다	220
동량지재(棟梁之材)	321
동문서답(東問西答)	325
동물(動物)	259, 287
동배	209
동분서주(東奔西走)	324
동상이몽(同床異夢)	325
동족방뇨(凍足放尿)	332
동지(冬至)	243
동참(同參)하다	224
동향(動向)	212
동화(同化)	213
두루마기	283
두툼하다	247
둔재(鈍才)	246
둔지(鈍智)	246
뒤돌아보다	220
뒤집어엎다	221
드레	209
드문드문	239
들마	208
들머리	209
들어가다	220
땅내가 고소하다.	313
떠나다	220
똥 묻은 개가 겨 묻은 개 나무란다.	317
뚝배기보다 장맛이 좋다.	308
뛰어 보았자 부처님 손바닥	317
뛰어넘다	221
뜨악하다	247

ㅁ

마디다	247, 282
마뜩하다	208
마멸(磨滅)	213

마수걸이	209
마이동풍(馬耳東風)	328
마이크	286
막서리	209
막역지간(莫逆之間)	337
말다	272
망각(妄却)	217
망양보뢰(亡羊補牢)	320
망치다	221
맞닥뜨리다	220
맞아들이다	220
매다	279
매캐하다	282
맥(이) 풀리다	304
맥수지탄(麥秀之嘆)	324
맹모삼천(孟母三遷)	321
머리 없는 놈 댕기 치레한다.	316
머리(가) 크다	297
머리(를) 굽히다	297
머리가 깨다	301
머무르다	220
먹기는 파발이 먹고 뛰기는 역마가 뛴다.	312
먼 사촌보다 가까운 이웃이 낫다.	312
먼지잼	208
멀리뛰기	259
멈추다	220
메지다	247
면종복배(面從腹背)	325
명사(名詞)	283
명재경각(命在頃刻)	329
모골이 송연하다	301
모나다	247
모래가 싹 난다.	308
모로 가도 서울만 가면 된다.	308
모방(模倣)	216, 250
모사(模寫)	216
모시	282
목구멍이 포도청	313
목불식정(目不識丁)	320
목이 빠지게 기다리다	301
목재(木材)	243, 286
목청(을) 돋우다	297
목화(木花)	282
몰각(沒覺)하다	239
몰강스럽다	209
몰입(沒入)	213
못된 송아지 엉덩이에 뿔이 난다.	317
못을 박다	304
묘사(描寫)	216
무람없다	209
무력(無力)	212
무시(無視)하다	239
묵과(默過)하다	239
문경지교(刎頸之交)	321
문명(文明)	250, 258
문일지십(聞一知十)	336
문학(文學)	243, 287
문화(文化)	250
물	258
물고기	287
물어도 준치 썩어도 생치	316
뭉툭하다	247
미국(美國)	259
미정(未定)	243
민감(敏感)	251
믿는 도끼에 발등 찍힌다.	316
밑 빠진 독에 물 붓기	317

ㅂ

바가지(를) 긁다	301
바가지(를) 쓰다	301
바가지(를) 씌우다	301
바가지(를) 차다	301
바늘로 몽둥이 막는다.	317
바르다	277
바지	283

바득하다	247	벼 이삭은 익을수록 고개를 숙인다.	309
반지랍다	208	변동(變動)하다	225
반향(反響)	213	변변하다	247
받아들이다	220	변질(變質)하다	225
받자	209	변천(變遷)하다	225
발 벗고 나서다	304	변형(變形)하다	225
발(이) 묶이다	296	변환(變換)하다	225
발각(發覺)되다	239	병용(併用)되다	224
발견(發見)	251	보기 좋은 떡이 먹기도 좋다.	308
발견(發見)되다	239	보내다	221
발달(發達)	242	보리누름	208
발명(發明)	251	보수(保守)	212
발명(發明)되다	239	보수(補修)	251
발본색원(拔本塞源)	337	보완(補完)	216
발산(發散)되다	239	보존(保存)	251
발에 채다	296	복구(復舊)	250
발을 구르다	305	복귀(復歸)	217
발전기(發電機)	258	복종(服從)	213
발현(發現)되다	239	본론(本論)	259
발호(跋扈)	216	본명(本名)	251
방송(放送)	286	볼가심	209
방약무인(傍若無人)	336	봉기(蜂起)하다	238
방해(妨害)	243	봉산(鳳山) 탈춤	258
방향(方向)	212	부농(富農)	243
배(를) 내밀다	304	부지런한 물방아는 얼 새도 없다.	316
배꼽(을) 쥐다	296	부치다	278
배동바지	208	부친(父親)	251
배수진을 치다	300	부화뇌동(附和雷同)	328
배은망덕(背恩忘德)	325	분기(奮起)하다	238
배척(排斥)	217	분리(分離)	259
백년하청(百年河淸)	328	분실(紛失)	217
백의종군(白衣從軍)	325	불과(不過)하다	224
버겁다	247	불문가지(不問可知)	336
버리다	221	불사(不辭)	212
번갯불에 콩 볶아 먹겠다.	317	불식(拂拭)	212
번데기	283	불을 끄다	305
벌어지다	273	불치하문(不恥下問)	336
법규(法規)	259	불화(不和)	251
법률(法律)	259	붓다	272
베짱이	283	비	287

비둘기	286	상기(想起)하다	238
비보(悲報)	242	상법(商法)	242
비위(脾胃)	213	상부상조(相扶相助)	333
비준(批准)	213	상쇄(相殺)	216
비지 먹은 배는 연약과도 싫다 한다.	309	상실(喪失)	217
빈농(貧農)	243	상전벽해(桑田碧海)	332
빛	287	상충(相衝)	213
빠뜨리다	221	상투(常套)	212
빼다	278	새경	282
뼈를 깎다	296	새다	269
		새옹지마(塞翁之馬)	324
		색출(索出)하다	225
		생각	265
		생물(生物)	258
ㅅ		생자필멸(生者必滅)	333
		서론(序論)	259
사고무친(四顧無親)	320	서머하다	238
사공이 많으면 배가 산으로 간다.	308	서적(書籍)	243
사기(詐欺)	243	서점(書店)	250
사뜻하다	239	석유(石油)	282
사람과 산은 멀리서 보는 게 낫다.	309	선공후사(先公後私)	324
사람은 겪어 보아야 알고 물은 건너 보아야 안다.	309	선득하다	208
사면초가(四面楚歌)	325	선무당이 사람 잡는다.	308
사법(私法)	242	선양(宣揚)하다	225
사상누각(沙上樓閣)	337	선정(選定)	216
사슴	259	선친(先親)	251
사잇소리 현상	283	선택(選擇)	217
사전(辭典)	243	선호(選好)	216
사필귀정(事必歸正)	328	설명(說明)	217
사회(社會)	287	설상가상(雪上加霜)	320
사후약방문(死後藥方文)	333	설왕설래(說往說來)	328
산꼬대	208	설화(說話)	287
산재(散在)하다	238	성기다	247
산통(을) 깨다	301	성악(聲樂)	250
살다	220	성향(性向)	212
살을 떨다	301	세균(細菌)	287
살펴보다	220	세다	262
삼다	262	세분(細分)	243
삼다(三多)	262	소경 개천 나무란다.	313
		소경 매질하듯	317

소녀(少女) 243
소년(少年) 243
소등(消燈) 242
소반(素飯) 243
소설(小說) 243
소식(素食) 243
소실(消失) 217
소탐대실(小貪大失) 324
속바지 283
손가락 하나 까딱 않다 296
손방 209
손을 놓다 301
송년(送年) 243
송충이가 갈잎을 먹으면 죽는다. 312
수긍(首肯) 217
수당(手當) 282
수두룩하다 238
수락(受諾) 217
수용(收用)되다 224
수용성(受容性) 282
수원수구(誰怨誰咎) 336
수입(輸入)되다 224
수주대토(守株待免) 324
수축(收縮) 246
수출(輸出) 217
수해(水害) 243
숙흥야매(夙興夜寐) 336
순망치한(脣亡齒寒) 324
순응(順應) 213
순화(醇化) 213
숫눈길 208
숯 283
숲 283
스산하다 208
스스럽다 208
스피커 286
승격(昇格) 242
승리(勝利) 250
승용차(乘用車) 250
시각(視覺) 242
시계(時計) 286
시작이 반이다. 313
시치미(를) 떼다 301
식모(息耗) 246
식물(植物) 250, 282
신중(愼重) 242
실상(實相) 242
실재(實在)하다 238
실정(實情) 242
실책(失策) 287
심드렁하다 208
심장이 뛰다 296
심층(深層) 259
심판(審判) 259
싸다 272
싹 287
썩은 새끼로 범 잡기 317
쓰다 264
쓸다 265

ㅇ

아명(兒名) 251
아이 250
아버지 287
악어(鰐魚) 287
악어새(鰐魚-) 287
알겨내다 221
알아내다 220
알아야 면장을 하지. 308
암소 287
압축(壓縮) 259
앙살 209
애호(愛好) 216
야기(惹起)하다 238
양반은 얼어 죽어도 겻불은 안 쬔다. 313
양복(洋服) 242

양수겸장(兩手兼將)	328	오월동주(吳越同舟)	325
양약고구(良藥苦口)	329	오지랖(이) 넓다	296
어로불변(魚魯不辨)	332	오합지졸(烏合之卒)	324
어른	250	옥도 갈아야 빛이 난다.	308
어머니	287	온고지신(溫故知新)	336
어미 잃은 송아지	317	옷이 날개라.	316
어부지리(漁父之利)	328	옹골지다	208
어안이 벙벙하다	296	옹종하다	247
어연번듯하다	238	옹호(擁護)	216
언변(言辯)	246	완결(完結)	242
언어(言語)	250	완만(緩慢)	258
언중유골(言中有骨)	324	왜곡(歪曲)	217
얼굴이 두껍다	297	외면(外面)	217
엄격(嚴格)	259	요리사(料理師)	286
엄이도령(掩耳盜鈴)	336	용두사미(龍頭蛇尾)	337
업신여기다	221	용인(容認)하다	238
엉덩이가 무겁다	297	우레	258
여명(黎明)	259	우련하다	247
여성(女性)	243	우물 안 개구리	312
여탐	209	우물에 가 숭늉 찾는다.	317
여행(旅行)	286	우선 먹기에는 곶감이 달다.	312
역지사지(易地思之)	333	우편(郵便)	251
연결(連結)	259	웃는 낯에 침 뱉으랴.	309
연극(演劇)	259	월급(月給)	282
연금(年金)	282	위법(違法)	251
연목구어(緣木求魚)	321	위편삼절(韋編三絕)	320
연주회(演奏會)	286	유도(誘導)하다	225
열 길 물속은 알아도 한 길 사람의 속은 모른다.	309	유만부동(類萬不同)	325
열매	287	유미(唯美)	259
염화미소(拈華微笑)	321	유방백세(流芳百世)	337
영신(迎新)	243	유비무환(有備無患)	328
영화(映畫)	259	유실(流失)	217
예민(銳敏)	251	유인(誘引)하다	225
예술(藝術)	251	유입(流入)되다	224
예언(豫言)	217	육상(陸上)	259
예측(豫測)	217	육지행선(陸地行船)	321
오리무중(五里霧中)	337	융기(隆起)	243
오매불망(寤寐不忘)	321	은사(恩師)	259
오비삼척(吾鼻三尺)	333	은총(恩寵)	259
오비이락(烏飛梨落)	321	을씨년스럽다	209

음악(音樂)	242, 250
읍소(泣訴)하다	238
의복(衣服)	242, 258
의붓아비 소 팔러 보낸 것 같다.	313
의자(椅子)	250
이구동성(異口同聲)	328
이따금	239
이르다	263
이를 악물다	304
이상(異常)	243
이율배반(二律背反)	320
이해(理解)	217
인간(人間)	243
인면수심(人面獸心)	333
인수(引受)	212
인지(認知)	212
인출(引出)하다	225
일벌백계(一罰百戒)	332
일체유심조(一切唯心造)	333
일취월장(日就月將)	332
임자(를) 만나다	300
입(을) 모으다	296
입에 대다	297
입이 여럿이면 금도 녹인다.	316
입이 천 근 같다	296
잎	283

ㅈ

자동차(自動車)	258
자르다	221
자발(自發)	243
자승자박(自繩自縛)	320
자연(自然)	258
자욱하다	282
자유(自由)	250
자재(資材)	243
자주	239

잔나비 밥 짓듯	308
잠재(潛在)하다	238
잣눈도 모르고 조복(朝服) 마른다.	313
장대로 하늘 재기	316
장맞이	208
장미(薔薇)	287
재다	268
재수 없는 포수는 곰을 잡아도 응담이 없다.	313
재우치다	221
재해(災害)	243
저고리	283
저수지(貯水池)	286
적용(適用)되다	224
적응(適應)	213
전기(電氣)	258
전사(轉寫)	216
전인미답(前人未踏)	329
전전긍긍(戰戰兢兢)	336
전통극(傳統劇)	258
전화위복(轉禍爲福)	332
절기(節氣)	243
절에 가서 젓국 달라 한다.	312
절차탁마(切磋琢磨)	329
절치부심(切齒腐心)	321
점등(點燈)	242
점잖다	247
접경(接境)	251
접수(接受)하다	238
정교(精巧)	242
정권(政權)	286
정당(政黨)	286
정상(正常)	243
정원사(庭園師)	286
정의(正義)	250
정진(精進)	213
제복(制服)	251
조경(造景)	286
조령모개(朝令暮改)	332
조리사(調理士)	286
조삼모사(朝三暮四)	324

조상 덕에 이밥을 먹는다.	309	**ㅊ**		
조악(粗惡)	242	차다	268
조작(造作)	258	착안(着眼)	213
조족지혈(鳥足之血)	333	찬물을 끼얹었다	301
종료(終了)	242	참소(讒訴)하다	238
종속(從屬)	251	창조(創造)	250
좌고우시(左顧右視)	337	창출(創出)하다	225
좌정관천(坐井觀天)	321	채식(菜食)	250
주객전도(主客顚倒)	329	책력 보아 가며 밥 먹는다.	313
주력(注力)	213	책방(冊房)	250
주마가편(走馬加鞭)	324	책상(冊床)	250
주마간산(走馬看山)	332	책임(責任)	250
죽다	276	처벌(處罰)	251
죽이 풀려도 솥 안에 있다.	309	천고마비(天高馬肥)	324
중과부적(衆寡不敵)	329	천둥	258
중매 보고 기저귀 장만한다.	316	천려일득(千慮一得)	333
쥐구멍에도 볕 들 날 있다.	317	천석고황(泉石膏肓)	321
증식(增殖)	217	천인공노(天人共怒)	321
지나가는 불에 밥 익히기	313	천재(天才)	246
지나치다	221	천재일우(千載一遇)	328
지다	269	천치(天痴)	246
지란지교(芝蘭之交)	328	철퇴를 가하다	300
지록위마(指鹿爲馬)	324	청출어람(靑出於藍)	328
지폐(紙幣)	243	초(를) 치다	301
지향(指向)	212	초동급부(樵童汲婦)	321
지호지간(指呼之間)	337	초름하다	238
지휘자(指揮者)	286	초미지급(焦眉之急)	332
진(을) 치다	304	촌닭이 관청 닭 눈 빼 먹는다.	312
진보(進步)	242	총론(總論)	243
진입(進入)	217	추억(追憶)	251
진출(進出)	217	추월(追越)	216
진퇴(進退)	213	추출(抽出)	216
진퇴양난(進退兩難)	336	축구(蹴球)	287
진퇴유곡(進退維谷)	329	축소(縮小)	246
질병(疾病)	287	축하(祝賀)	258
질서(秩序)	250	충만(充滿)	216
집	286	취득(取得)	216
집착(執着)하다	224	취사(取捨)	216
쪽박 쓰고 벼락을 피해	313	취향(趣向)	212
쭈그렁밤송이 삼 년 간다.	312	치마	283

칙사 대접   301
침강(沈降)   243
침소봉대(針小棒大)   332

ㅋ

카메라   286
코 묻은 돈   297
코가 꿰이다   304
콩 심은 데 콩 나고 팥 심은 데 팥 난다.   313
쾌변(快辯)   246
큰 둑도 개미구멍으로 무너진다.   309

ㅌ

타다   263, 282
타산지석(他山之石)   337
타파(打破)   213
탁마(琢磨)   213
탈퇴(脫退)   287
탐미(耽美)   259
택일(擇一)   216
토끼 둘을 잡으려다 하나도 못 잡는다.   316
토사구팽(兎死狗烹)   329
톱니바퀴   286
통신(通信)   251
통용(通用)되다   224
투입(投入)되다   224
특이성(特異性)   282

ㅍ

파괴(破壞)   217
파생어(派生語)   283
파죽지세(破竹之勢)   320
파편(破片)   212
판매(販賣)   258
팔을 걷어붙이다   304
패배(敗北)   250
팽대(膨大)   246
팽만(膨滿)   246
퍼지다   282
편견(偏見)   258
편력(遍歷)   212
편애(偏愛)   258
편입(編入)되다   224
편재(偏在)하다   238
평화(平和)   286
포기(抛棄)   217
폭염(暴炎)   242
표리부동(表裏不同)   329
표출(表出)하다   225
풀   283
풍수지탄(風樹之嘆)   320
피가 거꾸로 솟다   304
피를 말리다   296
피폐(疲弊)   213
핑계 없는 무덤이 없다.   312

ㅎ

하나를 보고 열을 안다.   309
하늘을 쓰고 도리질한다.   308
하로동선(夏爐冬扇)   329
하릴없다   247
하석상대(下石上臺)   321
학교(學校)   258
학문(學問)   250

학생(學生)	258	혹한(酷寒)	242
학을 떼다	300	혼정신성(昏定晨省)	321
학자(學者)	250	홀대(忽待)	251
한국어(韓國語)	250	화가(畵家)	286
한복(韓服)	258	화룡점정(畵龍點睛)	328
한우충동(汗牛充棟)	320	화목(和睦)	251
할인(割引)	242	화물차(貨物車)	250
할증(割增)	242	화촉을 밝히다	300
함분축원(含憤蓄怨)	328	화폐(貨幣)	243
함초롬하다	208	화폭(畵幅)	286
함흥차사(咸興差使)	321	확정(確定)	243
합세(合勢)하다	224	환골탈태(換骨奪胎)	332
항복(降伏)	258	환기(喚起)하다	225
항전(抗戰)	258	활개(를) 치다	300
해동(解凍)	251	활성(活性)	212
해로동혈(偕老同穴)	320	활용(活用)되다	224
해이(解弛)	259	황혼(黃昏)	259
해작이다	239	회광(恢廣)	246
행동(行動)	243	회생(回生)	212
행위(行爲)	243	회자정리(會者定離)	333
향배(向背)	213	회피(回避)	217
허례허식(虛禮虛飾)	320	효율성(效率性)	282
허수룹다	209	후보자(候補者)	287
허술하다	247	후생가외(後生可畏)	332
허언(虛言)	217	훼방(毀謗)	243
허용(許容)하다	238	휴대전화(携帶電話)	250
허울 좋다	301	흉 없는 사람 없다.	313
헤아리다	220	흉길(凶吉)	246
헤프다	247	흉증(凶證)	246
혀를 내두르다	304	흑책질하다	239
협잡(挾雜)	243	흔들다	221
형설지공(螢雪之功)	333	희곡(戲曲)	251
형우제공(兄友弟恭)	325		
호랑이 보고 창구멍 막기	317		
호랑이 없는 골에 토끼가 왕 노릇 한다.	312		
호랑이에게 개 꾸어 준 셈	309		
호박씨 까서 한입에 털어 넣는다.	309		
호사유피(虎死留皮)	337		
호연지기(浩然之氣)	337		
호접지몽(胡蝶之夢)	333		

문법·어휘의 모든 것

MEMO

MEMO

고1 국어 수업을 위한 쉽고 체계적인 맞춤 교재

고등국어

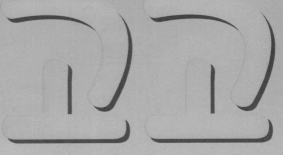

기본　문학　독서　문법

(전 4권)

고등 국어 학습, 시작이 중요합니다!

- 고등학교 공부는 중학교 공부에 비해 훨씬 더 사고력, 독해력, 어휘력이 필요합니다.
- 국어 공부는 모든 교과 학습의 기초가 됩니다.

'고고 시리즈'로 고등 국어 실력을 키우세요!

- 국어 핵심 개념, 교과서 필수 문학 작품, 주요 비문학 지문, 문법 이론 등 고등학교 국어 공부에 필요한 모든 내용을 알차게 정리하였습니다.
- 내신 대비는 물론 수능 기초를 다질 수 있는 토대를 마련할 수 있습니다.

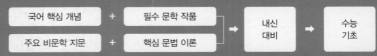